suhrkamp taschenbuch
wissenschaft 2040

Das Thema Forschungsfreiheit polarisiert: Die einen fordern sie als unabdingbare Voraussetzung der Wahrheitssuche ein, andere sehen in ihr kaum mehr als einen rhetorischen Trick, mit dessen Hilfe sich Wissenschaftler ihrer gesellschaftlichen Verantwortung zu entziehen versuchen. Um zu einer differenzierten Einschätzung der Forschungsfreiheit beizutragen, sucht Torsten Wilholt nach ihren philosophischen Grundlagen. Warum sollte eine politische Gemeinschaft gerade der Forschung besondere Freiheiten einräumen? Dieses Buch spürt den ideengeschichtlichen Ursprüngen der Wissenschaftsfreiheit nach und stellt zugleich Anknüpfungen her zur aktuellen Wissenschaftstheorie, zur sozialen Erkenntnistheorie und zur politischen Philosophie.

Torsten Wilholt ist Professor für Philosophie und Geschichte der Naturwissenschaften an der Leibniz Universität Hannover.

Torsten Wilholt
Die Freiheit der Forschung

Begründungen und Begrenzungen

Suhrkamp

Bibliografische Information der Deutschen Nationalbibliothek
Die Deutsche Nationalbibliothek verzeichnet diese Publikation
in der Deutschen Nationalbibliografie; detaillierte bibliografische Daten
sind im Internet über http://dnb.d-nb.de abrufbar.

suhrkamp taschenbuch wissenschaft 2040
Erste Auflage 2012
© Suhrkamp Verlag Berlin 2012
Alle Rechte vorbehalten, insbesondere das der Übersetzung,
des öffentlichen Vortrags sowie der Übertragung
durch Rundfunk und Fernsehen, auch einzelner Teile.
Kein Teil des Werkes darf in irgendeiner Form
(durch Fotografie, Mikrofilm oder andere Verfahren)
ohne schriftliche Genehmigung des Verlages reproduziert
oder unter Verwendung elektronischer Systeme
verarbeitet, vervielfältigt oder verbreitet werden.
Umschlag nach Entwürfen
von Willy Fleckhaus und Rolf Staudt
Druck: Druckhaus Nomos, Sinzheim
Printed in Germany
ISBN 978-3-518-29640-0

Inhalt

Vorwort

Forschungsfreiheit polarisiert: Manche sehen in ihr eine Voraussetzung der engagierten und unbefangenen Wissenssuche in den Wissenschaften, die für deren Erfolg unabdingbar und deshalb unverhandelbar ist. Andere haben, wenn die Rede auf die Forschungsfreiheit kommt, eher Risiken einer schrankenlosen und entfesselten Forschung im Sinn. Ihnen gilt das Forschungsfreiheitsprinzip nur als ein geschickter rhetorischer Coup der Wissenschaftlerinnen und Wissenschaftler, mit dessen Hilfe sie sich aus der gesellschaftlichen Verantwortung für ihr Handeln herausstehlen. Trotz oder vielleicht wegen dieser polarisierenden Rolle wird die Forschungsfreiheit selbst selten zum Gegenstand einer genauen kritischen Auseinandersetzung. Kaum jemals wird diskutiert, welche Freiheiten es genau sind, die durch ein Forschungsfreiheitsprinzip garantiert werden sollten, und wo sie grundsätzlich ihre Grenzen haben. Noch seltener werden überhaupt Gründe dafür zur Sprache gebracht, warum wir die wissenschaftliche Forschung unter den Schutz besonderer Freiheitsgarantien stellen sollen. Die Forschungsfreiheit gilt eben den einen als selbstverständlich notwendig und den andern als leere Standesrhetorik.

Selbstverständlich ist es jedoch keineswegs, dass wir aus dem großen Kreis menschlicher Betätigungsfelder ausgerechnet die wissenschaftliche Forschung mit besonderen Freiheiten ausstatten. Was ist Besonderes an ihr, das diese Maßnahme rechtfertigt oder gar notwendig macht? Ebenso wenig selbstverständlich ist allerdings die Annahme, man könne die Ansprüche der Wissenschaft auf Freiheit und Unabhängigkeit bedenkenlos vom Tisch wischen. Besonders geeignet, dies zu illustrieren, sind aus jüngerer Zeit (neben den zahlreichen Sorgen über den zunehmenden Einfluss privatwirtschaftlicher Interessen in der Wissenschaft) die Versuche der Regierung George W. Bush, die amerikanische Ressortforschung über den Klimawandel im Sinne ihrer politischen Ziele zu beeinflussen. Gerade wer die Risiken einer entfesselten Forschung fürchtet, wird sich kaum eine Wissenschaft herbeiwünschen, deren Geschicke an die Interessen mächtiger Akteure gefesselt sind.

Dies alles zeigt zunächst nur: Wir kommen um eine differenzierte, ausgewogene Betrachtung der Forschungsfreiheit nicht herum. Das vorliegende Buch widmet sich diesem Desiderat – und zwar aus einer philosophischen und nicht einer juristischen Perspektive. Denn dass die Forschungsfreiheit immer wieder ein Anknüpfungspunkt für wissenschaftspolitische und -ethische Debatten ist, ist zunächst einmal unabhängig davon, dass sie in manchen Ländern auch als rechtliche Norm existiert. Die Debatten, in denen Forschungsfreiheit eine Rolle spielt, orientieren sich selbst in diesen Ländern höchstens gelegentlich an deren juristischer Bedeutung. Mehr noch: Auch in Ländern, wo sie keine rechtliche Verankerung besitzt, geschieht die Bezugnahme auf die Freiheit der Forschung mit derselben Selbstverständlichkeit. Ihre normative Verbindlichkeit muss sich daher aus anderen, grundsätzlicheren Quellen speisen. Ein zweites Desiderat habe ich bereits implizit angedeutet: Da die Diskussion um die Forschungsfreiheit an einem Punkt erstarrt ist, an dem diese fast immer entweder für selbstverständlich genommen oder rundheraus abgelehnt wird, ist uns ein deutliches Bewusstsein für die spezifischen Gründe, die für Forschungsfreiheit sprechen könnten, abhandengekommen. Es gilt daher, Begründungen der Forschungsfreiheit zu rekonstruieren. Ein Grundgedanke dieses Buches ist es, dass das erstgenannte Desiderat einer differenzierten Betrachtung der Forschungsfreiheit nur mittels einer Erfüllung dieses zweiten Desiderats einer Rekonstruktion ihrer Begründungen erfolgreich bedient werden kann. Ein Mittel dazu wird es sein, ideengeschichtliche Ursprünge der Forschungsfreiheit aufzusuchen und Argumente zu betrachten, die zu Zeiten formuliert wurden, da die Diskussion um die Freiheit der Wissenschaft noch nicht erstarrt war. Das Hauptziel des Buches bleibt dabei jedoch immer, Begründungen zu identifizieren, die unter *gegenwärtigen* Bedingungen für eine Freiheit wissenschaftlicher Forschung sprechen können.

Wer die Gründe genau untersucht, die für ein bestimmtes Prinzip sprechen, wird dabei notwendigerweise auch auf ihre inhärenten Schwächen und Voraussetzungen und daher auf die Grenzen der Reichweite des in Rede stehenden Prinzips treffen. Wer daher eine Werbeschrift für die Forschungsfreiheit erwartet, wird vom vorliegenden Buch enttäuscht werden. Allerdings geht es mir durchaus darum, zu zeigen, dass das Ideal der Forschungsfreiheit auch in einer modernen Demokratie und auch zu einer Zeit, da

Wissenschaft und Technologie häufig Gegenstand kontroverser Beurteilungen sind, eine sinnvolle normative Funktion hat.

Um diese konstruktive Rolle der Forschungsfreiheit zu identifizieren, spüre ich *drei Begründungstypen* nach, mit deren Hilfe sich Forderungen nach der Freiheit der Forschung stützen lassen. Die erste Begründung beginnt mit der Einsicht, dass Wissen im Hinblick auf menschliche Freiheit nicht einfach ein Gut unter vielen ist. Wissen ist bei der Ausübung von Freiheit nicht nur ein mögliches Ziel, sondern vor allem stets ein zentrales Mittel. Keines unserer Ziele können wir ohne Wissen wirksam verfolgen. Die Freiheit, sich Wissen zu verschaffen, gehört in diesem Sinn zu den Grundvoraussetzungen menschlicher Autonomie. Den Versuch, aus dieser Überlegung die Forderung nach einem besonderen Schutz der Freiheit wissenschaftlicher Forschung abzuleiten, nenne ich das *Argument aus Autonomiegründen*. Mit ihm beschäftige ich mich ausführlich im ersten Teil des Buches, der außerdem einige grundlegende Überlegungen zu verschiedenen Formen von Forschungsfreiheit und den Typen gesellschaftlicher Debatten, in denen sie jeweils eine Rolle spielen, enthält.

Wenn in unseren Tagen überhaupt eine ausdrückliche Begründung der Forschungsfreiheit zu geben versucht wird, geschieht dies zumeist durch einen Verweis auf den hohen Wert, den wissenschaftliches Wissen für uns alle heute habe. Doch ganz gleich, ob damit im Einzelnen der Nutzen des Wissens für die Förderung unseres Wohlstands und Lebensstandards, unserer Gesundheit und ähnlicher Ziele gemeint ist oder ein weniger praktisch bestimmter Wert des Wissens für unser Verständnis der Welt, es ist alles andere als selbstverständlich, dass dieser Verweis über die bloße Forderung nach einer gemeinschaftlich unterstützten Forschung hinaus auch die Freiheit derselben zu begründen vermag. Um dies zu leisten, müssen noch Argumente hinzukommen, die darlegen, warum das Gemeinschaftsunternehmen Wissenschaft seine von uns geschätzten Wissenserträge genau dann am besten erbringen kann, wenn es in bestimmten Hinsichten frei ist. Begründungsansätze, die genau dies zu zeigen versuchen, sind buchstäblich so alt wie die moderne Wissenschaft selbst. Ich fasse sie zur *erkenntnistheoretischen Begründung* der Forschungsfreiheit zusammen. Ihr ist der zweite Teil dieses Buches gewidmet.

Eine dritte Begründung, ohne welche die gegenwärtige Bedeutung der Forschungsfreiheit nicht verstanden werden kann, stellt auf die politische Relevanz wissenschaftlichen Wissens ab. Um politische Präferenzen ausbilden zu können, die ihre Werte und Interessen in angemessener Weise widerspiegeln, brauchen die Bürger einer Demokratie verlässliche Informationen. Dies betrifft gerade in unserer Zeit sehr oft Themen, bei denen Laien kaum etwas übrigbleibt, als sich auf die wissenschaftliche Expertise zu verlassen. Daraus erwächst das Erfordernis einer Unabhängigkeit aller Erkenntnisprozesse, die letztlich zur Erzeugung politisch relevanter wissenschaftlicher Informationen beitragen, um sicherzustellen, dass die Ergebnisse nicht im Sinne politischer Einzelinteressen beeinflusst werden können. Auch diese Grundidee einer *politischen Begründung* der Forschungsfreiheit besitzt eine lange und einflussreiche Tradition. Diese und die Frage ihrer Bedeutsamkeit für aktuelle Forschungsfreiheitsdebatten sind Gegenstand des dritten Teils dieses Buches.

Im Schlussteil des Buches werde ich nicht nur ein allgemeines Resümee ziehen über die drei untersuchten Begründungsstrategien der Forschungsfreiheit, die Freiheitsformen, die sich mit ihrer Hilfe jeweils stützen lassen, und die ihnen inhärierenden Stärken und Grenzen, sondern diese Ergebnisse auch anhand dreier konkreter Themen illustrieren, bei deren Diskussion die Forschungsfreiheit eine jeweils besondere Rolle spielt: Forschung an embryonalen Stammzellen, Forschungen zu vermuteten Zusammenhängen zwischen »Rasse« und menschlicher Intelligenz sowie die Kommerzialisierung der akademischen Forschung.

Ich schulde vielen Menschen und Institutionen Dank für ihre Unterstützung bei der Arbeit an diesem Buch. Martin Carrier hat seine Entstehung nicht nur durch Rat und Anregungen gefördert, sondern auch durch ein aus Mitteln seines Leibniz-Preises finanziertes Forschungsjahr. Außer ihm haben auch Véronique Zanetti und Marcel Weber eine frühere Fassung, die im Juni 2010 als Habilitationsschrift an der Universität Bielefeld angenommen wurde, im Auftrag der Fakultät für Geschichtswissenschaft, Philosophie und Theologie begutachtet. Allen drei Gutachtern verdanke ich wertvolle Rückmeldungen zum Manuskript. James R. Brown unterstützte einen einjährigen Gastaufenthalt an der University of Toronto sowohl als offizieller Gastgeber als auch durch viele bereichernde Gespräche. Für die Finanzierung dieses Gastaufenthaltes durch ein Feodor Lynen-Stipendium bin ich der Alexander von Humboldt Stiftung dankbar. Wichtige Anregungen habe ich bei zahlreichen Gelegenheiten von vielen klugen Menschen erhalten. Neben den bereits Erwähnten möchte ich hier besonders Justin Biddle, Rüdiger Bittner, Mark Brown, Cornelis Menke, Philip Kitcher, Bertolt Lampe, Anna Leuschner und Hans Rott nennen. Und schließlich gebührt mein größter Dank wie immer meinen Freunden, meiner Familie und besonders meiner Frau Stephanie Hagemann-Wilholt.

I. Forschungsfreiheit

Kapitel 1:
Formen der Forschungsfreiheit in Debatten der Gegenwart

1.1 Forschungsfreiheitsdebatten

Die Freiheit wissenschaftlicher Forschung stellt immer wieder einen zentralen Bezugspunkt für Debatten in Wissenschaftspolitik und Wissenschaftsethik dar. In Deutschland ist dieser Bezugspunkt durch Artikel 5, Absatz 3, Satz 1 des Grundgesetzes vorgegeben, der lautet: »Kunst und Wissenschaft, Forschung und Lehre sind frei.« Einen ähnlichen Verfassungsrang hat die Forschungsfreiheit auch in Österreich und einigen anderen Ländern wie beispielsweise Griechenland und Portugal;[1] in vielen weiteren, für die internationale Wissenschaft zum Teil bedeutenden Ländern wie Frankreich, Großbritannien und den USA genießt sie jedoch keinen vergleichbaren Rechtsschutz.[2] In der Charta der Grundrechte der Europäischen Union[3] heißt es in Artikel 13 unter der Überschrift »Freiheit der Kunst und der Wissenschaft«: »Kunst und Forschung sind frei. Die akademische Freiheit wird geachtet.«

Die Bedeutung des Forschungsfreiheitsprinzips kann jedoch

---

1 Österreichisches Staatsgrundgesetz Art. 17, Verfassung Griechenlands Art. 16, Abs. 1, Verfassung der portugiesischen Republik Art. 42. Vergleichbare Verfassungsbestimmungen gibt es in Italien (Art. 33, Abs. 1), Kroatien (Art. 68, Abs. 1 bis 3), der Schweiz (Art. 20; vgl. auch Art. 64), der Slowakei (Art. 43, Abs. 1), Slowenien (Art. 59), Spanien (Art. 20, Abs. 1b u. 1c), der Türkei (Art. 27) und Ungarn (Art. 70G, Abs. 1 u. 2). Vgl. Ingolf Pernice, »Artikel 5 III. Freiheit der Wissenschaft«, in: Horst Dreier (Hg.), *Grundgesetz. Kommentar*, Bd. 1, Tübingen 1996, S. 457-484, hier S. 462 f., sowie Thomas Groß, *Die Autonomie der Wissenschaft im europäischen Rechtsvergleich*, Baden-Baden 1992, insb. S. 114 f.

2 Zwar haben amerikanische Verfassungsrechtler vereinzelt versucht, aus der im ersten Zusatzartikel gewährten Meinungs- und Pressefreiheit ein Prinzip der Wissenschaftsfreiheit abzuleiten, zu den engen Grenzen dieser Möglichkeit siehe jedoch James Weinstein, »Democracy, Individual Rights and the Regulation of Science«, in: *Science and Engineering Ethics* 15 (2009), S. 407-429. Zu Frankreich und Großbritannien siehe Groß, *Die Autonomie der Wissenschaft im europäischen Rechtsvergleich*, S. 72-79 u. 86-92.

3 Durch Art. 6, Abs. 1 des Vertrags von Lissabon ist die Charta der Grundrechte in den meisten Ländern der EU seit dem 1. Dezember 2009 rechtsverbindlich.

nicht auf seine verfassungsrechtliche Artikulation und juristische Auslegung reduziert werden. Dies zeigt sich deutlich daran, dass die Forschungsfreiheit auch in Ländern wie den Vereinigten Staaten, in denen sie keinen besonderen rechtlichen Status besitzt, die angesprochene Orientierungsfunktion für forschungspolitische Debatten hat. So veröffentlichte die amerikanische *Union of Concerned Scientists* im Jahr 2008 einen Aufruf unter dem Titel »Scientific Freedom and the Public Good«, der von zahlreichen Forschern unterzeichnet und von prominenten Wissenschaftlern wie Steven Weinberg, Harold Varmus und Leon Lederman öffentlich unterstützt wurde.[4] Motiviert wurde die Erklärung durch Versuche der Regierung George W. Bush, auf regierungseigene Forschungseinrichtungen einzuwirken, um die Veröffentlichung einzelner Ergebnisse zu unterdrücken, die mit der republikanischen Parteilinie zu Themen wie Stammzellen, Klimawandel, Sexualerziehung und Empfängnisverhütung schlecht in Einklang zu bringen waren.[5] Der Aufruf insistiert demgegenüber darauf, dass auch in Regierungseinrichtungen tätige Wissenschaftler das Recht besitzen, ihre Forschungen frei von äußerer Einmischung durchzuführen (wörtlich: »to conduct their work without political or private-sector interference«) und fordert von Kongress und Regierung, diese Freiheit in rechtsgültiger Form zu kodifizieren.

Die Idee, dass die Forschungsfreiheit ein Recht sei, hat in den USA jüngst auch in bioethischen Debatten eine Rolle gespielt. Ein besonders außergewöhnlicher Beleg dafür ist die im November 2004 von den kalifornischen Wählern angenommene Volksinitiative zur Stammzellenforschung, die an den Organen der repräsentativen Demokratie vorbei eine garantierte und autonome Stammzellenforschung in Kalifornien zu etablieren sucht und die denkwürdige Erklärung enthält: »Hiermit wird ein Recht eingeführt, Stammzellenforschung zu betreiben.«[6] Gerade in der Stammzellendebatte

---

4 Union of Concerned Scientists, »Scientific Freedom and the Public Good«, 2008, ⟨www.ucsusa.org/assets/documents/scientific_integrity/scientific_freedom.pdf⟩, letzter Zugriff 13. 9. 2011.

5 Siehe dazu auch unten, S. 250 u. 253-255.

6 »There is hereby established a right to conduct stem cell research.« Attorney General of the State of California, »Text of Proposed Laws. Proposition 71«, ⟨vote2004.ss.ca.gov/voterguide/propositions/prop71text.pdf⟩, letzter Zugriff 13. 9. 2011. Siehe dazu Mark B. Brown, David H. Guston, »Science, Democracy, and the Right to Research«, in: *Science and Engineering Ethics* 15 (2009), S. 351-366.

sind international zahllose Appelle an die Forschungsfreiheit laut geworden. Nur ein weiteres unter vielen Beispielen dafür bietet der *World Congress for Freedom of Scientific Research*, der im März 2009 im Europäischen Parlament in Brüssel bereits zum zweiten Mal tagte – unter Beteiligung des Europäischen Kommissars für Wissenschaft und Forschung, mehrerer Mitglieder verschiedener europäischer Regierungen und zahlreicher Wissenschaftler, darunter mehrere Nobelpreisträger. Bei seinem ersten Zusammentreffen hatte der Kongress, der ursprünglich in Reaktion auf die italienische Stammzellengesetzgebung von 2004 zusammengerufen worden war, eine Erklärung verabschiedet, in der es heißt, die Freiheit wissenschaftlicher Forschung sei »eine Voraussetzung der Demokratie, ein Bürgerrecht und politisches Recht sowie eine der wichtigsten Garantien für Gesundheit und Wohlergehen des Menschen, solange sie nicht Schädigungen anderer heraufbeschwört«.[7]

Diese Beispiele lassen bereits erkennen, dass das Forschungsfreiheitsprinzip als Kondensationspunkt internationaler gesellschaftlicher Debatten über die Wissenschaft mehr ist als ein juristischer Grundsatz. Es ist eine Norm, an die auch unabhängig von spezifischen Rechtssystemen oft appelliert wird. Hauptsächlich in diesem Sinn einer rechtsunabhängigen Norm soll das Forschungsfreiheitsprinzip in diesem Buch zum Gegenstand einer kritischen Untersuchung gemacht werden. Dass die Norm ihre gesellschaftliche und politische Realität zum Teil ihrer rechtlichen Kodifizierung und ihrer Einschreibung in Institutionen verdankt, soll dabei zwar keinesfalls aus dem Blick verloren werden. Der Ansatz, die Forschungsfreiheit zunächst als davon prinzipiell unabhängiges normatives Prinzip anzusehen, bedingt jedoch, dass ihre Rolle nicht einfach aus der Struktur der entsprechenden Institutionen und der einschlägigen Rechtsprechung abgelesen werden kann. Stattdessen ergibt sich die heute relevante Bedeutung des Prinzips indirekt aus den Debatten, in denen an Forschungsfreiheit appelliert wird.

Es ist im Rahmen dieses Buches natürlich nicht möglich, alle

---

7 »[...][A] requirement for democracy, a civil and political right and one of the most important guarantees for man's health and well-being, as long as it does not provoke damages to others«, World Congress for Freedom of Scientific Research, »Concept Paper of the Second Meeting (Brussels, March 5-7, 2009)«, ⟨freedom.lucacoscioni.it/concept-paper-second-meeting-2009⟩, letzter Zugriff 13.9.2011, meine Übersetzung.

Kontroversen, in denen dies geschieht, umfassend und detailliert darzustellen. Aus diesem Grund möchte ich im Folgenden eine idealtypische Übersicht über die vier wichtigsten zeitgenössischen Debattentypen geben, in denen der Bezug auf die Forschungsfreiheit eine wesentliche Rolle spielt.[8]

Debatten um die unmittelbaren Folgen des Forschungshandelns. Experimentelle Forschung bedingt Eingriffe in die Erfahrungswirklichkeit, die vermöge ihrer unmittelbaren kausalen Wirkungen zu Wertkonflikten führen können. Ein Beispiel dafür sind die immer wieder aufkeimenden Kontroversen um Tierversuche. Als etwa 2008 die Konfrontation zwischen Tierschützern und dem Bremer Hirnforscher Andreas Kreiter, der mit Makakenäffchen experimentiert, zu einer politischen Kontroverse eskalierte, in deren Zug der Bremer Senat ein Ende der Tierversuche zu erzwingen versuchte, wurde auch in der Presse die Frage gestellt: »Wo endet die Freiheit der Wissenschaft – und wo beginnt der Schutz unserer tierischen Mitgeschöpfe?«[9]

In dieselbe Debattenkategorie gehören auch ethische Kontroversen um Experimente und Studien mit menschlichen Probanden. Zwar sind hier einige grundsätzliche Prinzipien (wie etwa die Voraussetzung der informierten Zustimmung der Probanden zur Teilnahme am Experiment) unstrittig und durch weithin anerkannte Dokumente wie den Nürnberger Kodex und die Erklärung von Helsinki auch kodifiziert. Dass die Forschungsfreiheitsnorm nicht stark genug ist, um diese Grundsätze auszuhebeln, dürfte größtenteils unkontrovers sein. Doch sind dadurch nicht alle Fragen der Balance zwischen Forschungsfreiheit und anderen Werten und Normen beantwortet – ein Beispiel ist die Frage, ob es vertretbar ist, Studien wegen der geringeren Kosten in Entwicklungs-

---

8 Ich orientiere mich dabei stark an der argumentativen Landkarte der Wissenschaftspolitik, die der schwedische Sozialwissenschaftler Hans Glimell und ich gemeinsam entwickelt haben. Siehe Torsten Wilholt, Hans Glimell, »Conditions of Science. The Three-Way Tension of Freedom, Accountability and Utility«, in: Martin Carrier, Alfred Nordmann (Hg.), *Science in the Context of Application*, Dordrecht 2010, S. 351-370.

9 Ulrich Schnabel, »Das Leiden der Affen«, in: *Die Zeit* 48 (2008), S. 41-42, hier S. 41. Für weitere Beispiele von Forschungsfreiheitskontroversen aus dem Bereich der Tierversuche siehe Deutsche Forschungsgemeinschaft, *Forschungsfreiheit. Ein Plädoyer für bessere Rahmenbedingungen der Forschung in Deutschland*, Weinheim 1996, S. 55-63.

und Schwellenländern durchzuführen (und somit bei gegebenem Budget mehr freie naturwissenschaftliche Forschung zu ermöglichen). Da die Probanden, ihre Verwandten und Nachkommen in viel geringerem Maße von den erhofften medizinischen Fortschritten profitieren würden, als dies bei Probanden aus Industrieländern mit gut funktionierenden Gesundheitssystemen der Fall wäre, entsteht hier ein Spannungsfeld zwischen Forschungsfreiheit und globaler Gerechtigkeit.[10]

Auch die anhaltende Kontroverse um die Stammzellenforschung lässt sich in weiten Teilen als Debatte um die unmittelbaren Kausalfolgen des Forschungshandelns verstehen. Denn zwei wesentliche Streitpunkte betreffen die Fragen, ob verbrauchende Forschung an menschlichen Frühembryonen zulässig ist, sowie, ob die Erzeugung menschlicher Frühembryonen für den alleinigen Zweck der Forschung vertretbar ist.[11] Mindestens ein weiterer Streitpunkt zur Stammzellenforschung weist jedoch über diesen Debattentyp hinaus. Wo die Zulässigkeit der für einige Bereiche der Stammzellenforschung zentralen Kerntransfertechnologie grundsätzlich in Frage gestellt wird, da geschieht dies häufig aus der Sorge heraus, dass sie dem reproduktiven Klonen von Menschen den Weg bereiten würde.[12] Damit betrifft dieser Aspekt der Diskussion nicht (nur) die unmittelbaren Folgen des Experimentierens, sondern auch den folgenden, etwas anders gelagerten Debattentyp.

Abtrennbarkeitsdebatten. Oft entstehen normative Konflikte um die Wissenschaft wegen der mittelbaren und längerfristigen Folgen, die weniger durch den experimentellen Eingriff in die Erfahrungswirklichkeit selbst entstehen, sondern eher durch das in seiner Folge in die Welt gesetzte Wissen und durch so neu entstehende Praktiken oder Einstellungen. Die Auswirkungen der durch wissenschaftliche Innovationen ausgelösten Veränderungen unserer

---

10 Vgl. Patrick Boleyn-Fitzgerald, »Experimentation on Human Subjects«, in: R. G. Frey, Christopher Heath Wellman (Hg.), *A Companion to Applied Ethics*, Oxford 2003, S. 410-423.

11 Siehe dazu etwa Bettina Schöne-Seifert, »Forschung an embryonalen Stammzellen? Zur Rolle der philosophischen Ethik in der Politikberatung«, in: Kurt Pawlik, Dorothea Frede (Hg.), *Forschungsfreiheit und ihre ethischen Grenzen*, Göttingen 2002, S. 35-48 sowie unten, Abschnitt 13.2.

12 Vgl. George Q. Daley, »Cloning and Stem Cells – Handicapping the Political and Scientific Debates«, in: *New England Journal of Medicine* 349 (2003), S. 211-212.

Lebensbedingungen haben besonders im 20. Jahrhundert erhebliche Ausmaße angenommen – besonders wegen ihrer Irreversibilität und wegen der Zahl der von ihnen betroffenen Menschen stellen sie aus Sicht mancher gar einen radikalen Eingriff eigener Art in die Lebenswelt dar, der die ethische Reflexion von Handlungsfolgen vor völlig neue Herausforderungen stellt.[13] In jedem Fall ist es mittlerweile eine von vielen geteilte Auffassung, dass die mittelbaren Folgen wissenschaftlicher Neuerungen eine Rechenschaftslegung der Wissenschaften erforderlich machten, die nicht damit vereinbar sei, dass Wissenschaftler den Gang ihrer wissenschaftlichen Untersuchungen alleine und ohne Einmischung anderer gesellschaftlicher Kräfte bestimmten.

Eine sehr weit verbreitete Erwiderung lautet, man müsse strikt zwischen der Erzeugung von Wissen in den Wissenschaften einerseits und der Anwendung des so gewonnenen Wissens andererseits unterscheiden.[14] Während diese Gegenstand ethischer Reflexion und gesellschaftlicher Aushandlungsprozesse sein müsse, dürfe jene von der Rechenschaftslegung ausgenommen bleiben.

Gegen diese Abtrennbarkeit der Wissenserzeugung von der Anwendung werden jedoch gleich aus verschiedenen Richtungen starke Einwände geltend gemacht. Erstens ist die heutige Experimentalforschung zum größten Teil selbst so stark technologisiert, dass die wissenschaftliche Forschung und die Entwicklung und Verbesserung neuer Technologien vielfach untrennbar miteinander verflochten sind.[15] Ein gutes, aktuelles Beispiel dafür bieten die Na-

13 Siehe insb. Hans Jonas, *Das Prinzip Verantwortung*, Frankfurt/M. 1979.
14 Siehe beispielsweise Percy Bridgman, »Scientists and Social Responsibility«, in: *The Scientific Monthly* 65 (1947), S. 148-154, hier S. 151, Eugene Wigner, »The Scope and Promise of Science«, in: Sidney Hook u. a. (Hg.), *The Ethics of Teaching and Scientific Research*, Buffalo 1977, S. 131-133, hier S. 133, David Baltimore, »Limiting Science. A Biologist's Perspective«, in: *Daedalus* 107 (1978), S. 37-45, hier S. 41 f., Evandro Agazzi, »Responsibility. The Genuine Ground for the Regulation of a Free Science«, in: William Shea, Beat Sitter (Hg.), *Scientists and Their Responsibility*, Canton 1989, S. 203-219, hier S. 205 f., und Wolf Singer, »Neugier als Verpflichtung. Warum der Mensch unentwegt weiterforschen muss«, in: ders., *Der Beobachter im Gehirn. Essays zur Hirnforschung*, Frankfurt/M. 2002, S. 181-188, hier S. 187.
15 So Hans Jonas, »Wissenschaft und Forschungsfreiheit. Ist erlaubt, was machbar ist?«, in: Hans Lenk (Hg.), *Wissenschaft und Ethik*, Stuttgart 1992, S. 193-214, hier S. 202, vgl. auch Leon Kass, »Forbidding Science. Some Beginning Reflections«, in: *Science and Engineering Ethics* 15 (2009), S. 271-282, hier S. 278 f.

nowissenschaften, bei denen die Herstellung neuartiger technischer Objekte und Stoffe und die Erzeugung des dafür erforderlichen Wissens praktisch kaum mehr auseinanderzuhalten sind.

Zweitens ist es in vielen Fällen kaum mehr als eine fromme Hoffnung, dass sich technisch-wissenschaftliche Entwicklungen noch »an der Labortür« aufhalten ließen. Die Anwendung einer wissenschaftlichen Innovation, die einmal in den Bereich des praktisch Möglichen geraten ist, wird sich dann kaum mehr verhindern lassen, wenn sie mächtigen Akteuren in Wirtschaft und Politik erhebliche kommerzielle, Macht- oder Prestigevorteile verspricht. Dies gilt umso mehr angesichts der gründlichen Globalisierung sowohl der Wirtschaft als auch der wissenschaftlichen Gemeinschaften. So wird das reproduktive Klonen von Menschen weithin abgelehnt, es existieren zahllose nationale Verbote und eine UN-Erklärung, in der es geächtet wird – und doch, wer würde angesichts der jüngeren wissenschaftlichen Fortschritte[16] nicht vermuten, dass irgendwann einmal, irgendwo auf der Welt ein menschlicher Klon geboren werden wird?[17] Es ist nicht auszuschließen, dass dies schon längst geschehen ist. Aus Beispielen wie diesem wird oft abgeleitet, dass die Labortür eine ungeeignete Grenze der Rechenschaftslegung sei, weil diese Abgrenzung jeden Versuch, die technisch-wissenschaftliche Entwicklung im Sinne gesellschaftlicher Werte und Interessen in effektiver Weise zu beeinflussen, vereiteln würde.[18]

16 Im Januar 2008 ist es offenbar Samuel Wood (und Kollegen) in seinem kalifornischen Biotech-Unternehmen Stemagen gelungen, aus einer von ihm selbst gespendeten Hautzelle einen Embryo zu klonen, der anschließend zerstört wurde. Siehe Andrew J. French u. a., »Development of Human Cloned Blastocysts Following Somatic Cell Nuclear Transfer with Adult Fibroblasts«, in: *Stem Cells* 26 (2008), S. 485-493.

17 Vgl. Daniel Sarewitz, Edward Woodhouse, »Small is Powerful«, in: Alan Lightman u. a. (Hg.), *Living with the Genie. Essays on Technology and the Quest of Human Mastery*, Washington 2003, S. 63-83, hier S. 77.

18 Natürlich kann man auch versuchen, das Argument auf die Spitze zu treiben und somit praktisch ins Gegenteil zu verkehren: Auch die Erzeugung des wissenschaftlichen Wissens selbst, so behauptet beispielsweise Robert B. Laughlin (*Das Verbrechen der Vernunft. Betrug an der Wissensgesellschaft*, Frankfurt/M. 2008, S. 27), ließe sich praktisch nicht mehr verhindern, sobald auch nur die Ahnung einer machtvollen Anwendung aufkomme. Den Wissenschaftlern in öffentlichen Institutionen Rechenschaft abzuverlangen, bringe nichts, da die entsprechende Forschung dann eben im Geheimen ablaufe. Damit wäre jede Aussicht auf eine effektive Rechenschaftslegung der Wissenschaften von vornherein aus-

Drittens sind schon in den Forschungsprozess zahllose methodologische Entscheidungen eingebettet, die letztlich einen Einfluss auf spätere gesellschaftliche Folgen der Anwendung wissenschaftlicher Ergebnisse haben können. Entscheidungen über das Design eines Experiments oder einer Studie, über die Interpretation der Daten, sogar über die Veröffentlichung und Weitergabe von Ergebnissen haben oft große Auswirkungen auf die außerwissenschaftlichen Konsequenzen einer Untersuchung – man denke etwa an all die feinen methodologischen Entscheidungen, die von der pathologischen Beurteilung einzelner Versuchstiere letztlich zu einem Urteil über die Toxizität eines im Tierversuch getesteten Stoffes führen.[19] Dass solche Entscheidungen, die in jeder empirischen Untersuchung unumgehbar sind, stets aufgrund von »rein wissenschaftlichen« oder gar logischen Kriterien getroffen werden könnten, ist eine Illusion.[20] Stattdessen müssen bei allen methodologischen Entscheidungen idealerweise Abwägungen darüber den Ausschlag geben, welche Konsequenzen jeweils aus der Verbreitung eines korrekten positiven, eines falschpositiven, eines korrekten negativen und eines falschnegativen Ergebnisses folgen würden. Denn die Konsequenzen sind entscheidend dafür, welche Fehlerwahrscheinlichkeit jeweils als akzeptabel gelten darf. Eine Abgrenzung der innerwissenschaftlichen von außerwissenschaftlichen Konsequenzen ist dabei weder praktisch möglich noch theoretisch wünschenswert. Weil solche methodologischen Entscheidungen tief im Forschungsprozess stattfinden, können nur die forschenden Wissenschaftler selbst die Verantwortung für sie tragen.

Zum vierten und Letzten übt wissenschaftliches Wissen seinen

geschlossen. Meines Erachtens ignoriert diese Argumentation die entscheidende Bedeutung der sozialen Organisationsweise und kognitiven Arbeitsteilung für innovative wissenschaftliche Forschung. Das Innovationspotential der offen Informationen austauschenden internationalen Forschergemeinde lässt sich nicht ebenso gut in einem Geheimlabor erzeugen. Doch soll die Abtrennbarkeitsdebatte hier nur vorgestellt, nicht ausdiskutiert werden.

19 Siehe Heather Douglas, »Inductive Risk and Values in Science«, in: *Philosophy of Science* 67 (2000), S. 559-579.

20 Diese These begründe ich mit Bezug auf die Argumente von Heather Douglas und anderen unten genauer, siehe S. 243-246. Den Zusammenhang dieses Punktes mit Abtrennbarkeitsdebatten hat ebenfalls bereits Douglas hergestellt (»The Moral Responsibilities of Scientists. Tensions between Autonomy and Responsibility«, in: *American Philosophical Quarterly* 40 (2003), S. 59-68, hier S. 64).

lebensweltlichen Einfluss nicht allein über seine materialen Konsequenzen aus (das heißt in der Form neuer technologischer Möglichkeiten), sondern auch, in der Terminologie von Peter Gärdenfors, mittels seiner mentalen Konsequenzen.[21] Indem wissenschaftliches Wissen unsere Sichtweise der Welt und der Stellung des Menschen in ihr verändert, übt es einen Einfluss auf unser Selbstbild aus und damit beispielsweise auf unsere Vorstellungen über die Gesellschaft und Kultur, in der wir leben, und über unser Verhältnis zur Natur. Manche Wissenschaftsforscher sprechen auch von einer Koproduktion von Wissenschaft und sozialer Ordnung.[22] Ein Beispiel, an dem derartige Konsequenzen besonders deutlich werden, bietet die noch immer kontrovers diskutierte Frage, ob mögliche Korrelationen zwischen Intelligenz und »Rasse« ein legitimer Forschungsgegenstand sind.[23] Eine Befürchtung ist, dass solche Forschungen unabhängig von ihren konkreten Ergebnissen rassistische Vorurteile in der Gesellschaft nicht mindern können, umgekehrt aber eine Bestärkung der Vorurteile bei den entsprechenden Ergebnissen durchaus denkbar ist und typischerweise auch dann noch nachhaltig weiterwirkt, wenn sich die Ergebnisse später als wissenschaftlich unhaltbar erweisen.[24] Aber auch die Praktiken und Konventionen des Forschungsprozesses selbst können mentale Konsequenzen haben – man denke nur an die Rekonfiguration unserer Konzeption von Eigentum und geistigem Eigentum im Hinblick auf biologische Wesen, die sich im Zuge der Genforschung vollzieht.[25] Weil solche Folgen bereits mit den frühesten Stadien von Forschung einhergehen können und bereits ohne spezifische Anwendung gemeinsam mit der Forschung selbst und ihren Ergebnissen in die

---

21 Peter Gärdenfors, »Is There Anything We Should Not Want to Know?«, in: Jens-Erik Fenstad u. a. (Hg.), *Logic, Methodology and Philosophy of Science VIII*, Amsterdam 1989, S. 63-78, hier S. 63 f.

22 Siehe Sheila Jasanoff (Hg.), *States of Knowledge. The Co-Production of Science and Social Order*, London 2004.

23 Siehe Steven Rose, »Should Scientists Study Race and IQ? No: Science and Society Do Not Benefit«, *Nature* 457 (2009), S. 786-788, Stephen Ceci, Wendy M. Williams, »Should Scientists Study Race and IQ? Yes: The Scientific Truth Must Be Pursued«, *Nature* 457 (2009), S. 788 f.

24 Genaueres zu dieser Befürchtung siehe unten, S. 181 f. sowie Abschnitt 13.3.

25 Siehe Stephen Hilgartner, »Mapping Systems and Moral Order. Constituting Property in Genome Laboratories«, in: Jasanoff (Hg.), *States of Knowledge*, S. 131-141.

Welt gelangen, stellen sie einen weiteren Grund dar, in der Unterscheidung zwischen Wissensgewinnung und Anwendung keine relevante Grenze der Rechenschaftslegung zu sehen.

Aktuell tauchen Abtrennbarkeitsdebatten regelmäßig im Zusammenhang mit der Forschung an genetisch modifizierten Nutzpflanzen auf. Auch im Bereich der Nanotechnologie ist die Frage, inwieweit die Sorge um die gesellschaftlichen Folgen des Wissens bereits früh im Forschungsprozess ernsthaft berücksichtigt und nicht den Forschern allein überlassen werden sollte, auf die Tagesordnung gekommen.[26] Aufgrund der sich durchsetzenden Ansicht, dass eine Abtrennung der Wissenserzeugung von der Anwendung im Hinblick auf das Erfordernis einer Rechenschaftslegung für wissenschaftlich-technische Entwicklungen nicht sinnvoll ist, wird unter dem Schlagwort »*upstream engagement*« häufig gefordert, eine öffentliche Beteiligung bereits in den frühen Phasen der Forschung und bereits in den Prozessen zuzulassen, durch welche die Ziele und Inhalte der Forschungsagenda zuallererst bestimmt werden.[27] Wenn Rechenschaftslegung und Beteiligung der Öffentlichkeit einen echten Einfluss auf die Entscheidungen über Forschungsziele haben sollen, treten sie unvermeidlich in Konkurrenz mit dem Forschungsfreiheitsprinzip.

Parteilichkeitsdebatten. Eine der vier von Robert Merton identifizierten zentralen Normen des wissenschaftlichen Ethos ist *disinterestedness*, also Unparteilichkeit und Uneigennützigkeit.[28] Laut Merton ist ihre tatsächliche Wirksamkeit weniger der selbstlosen Einstellung individueller Wissenschaftler zuzuschreiben als bestimmten Charakteristika der sozialen Organisationsweise der Wissenschaften, nämlich der wechselseitigen Überwachung der Wissenschaftler, die ihre Basis im öffentlichen, nachprüfbaren Charakter wissenschaftlicher Forschung habe. Natürlich haben Wissenschaftler vielfältige Interessen: Sie wollen an der Forschungsfront und nicht im empfundenen Achterwasser der Forschung arbeiten, sie möchten ihre Disziplin voranbringen, aber auch ihre eigene

---

26 Vgl. Sarewitz, Woodhouse, »Small is Powerful«.

27 Siehe beispielsweise James Wilson, Rebecca Willis, *See-through Science. Why Public Engagement Needs to Move Upstream*, London 2004.

28 Robert K. Merton, »The Normative Structure of Science«, in: ders., *The Sociology of Science. Theoretical and Empirical Investigations*, hg. v. Norman W. Storer, Chicago 1973 (erstveröffentlicht 1942), S. 267-278, hier S. 275 f.

Karriere fördern, zu Einfluss gelangen, Geld verdienen. Sie besitzen außerdem religiöse, politische und andere weltanschauliche Überzeugungen, deren Förderung und Umsetzung ihnen mehr oder weniger am Herzen liegen können. Die bei Merton noch vorhandene Zuversicht, dass diese Gemengelage von Interessen und Vorprägungen durch die selbstregulatorischen Mechanismen der Organisationsweise wissenschaftlicher Forschung neutralisiert werden könne, hat in den vergangenen Jahrzehnten stark abgenommen – dazu haben auch Arbeiten der sozialwissenschaftlichen Wissenschaftsforschung beigetragen, die das Wirken handfester Interessen und parteilicher Voreingenommenheiten im Wissenschaftsgeschehen im Detail nachverfolgt haben.[29]

In nachdrücklicher Weise haben beispielsweise feministische Wissenschaftsforscherinnen das Bild der unparteiischen Wissenschaft in Frage gestellt.[30] So haben die männlich dominierten medizinischen Wissenschaften über Jahrhunderte kaum einen Versuch ausgelassen, physiologisch zu belegen, dass Frauen für intellektuell anspruchsvolle Aufgaben ungeeignet seien: Frauengehirne seien zu kalt und weich (17. Jh.), die weibliche Schädelhöhle zu klein für ein leistungsfähiges Gehirn (18. Jh.), Belastung des Gehirns beeinträchtige das weibliche Fortpflanzungsvermögen (19. Jh.), mangelnde Lateralisierung mache das Frauengehirn bei bestimmten Aufgaben unterlegen (20. Jh.), anatomische Detailunterschiede würden zu geringerer Leistungsfähigkeit führen (spätes 20. Jh.) – wann immer eine solche Hypothese wissenschaftlich unhaltbar wurde, trat hartnäckig der nächste Ansatz auf den Plan.[31] Manche Kritiker haben aus diesen und anderen Erfahrungen der Wissenschaftsgeschichte die Lehre gezogen, das Ideal einer unbehelligten Wissenschaft gehöre als fromme Fiktion aufgegeben:

29 Exemplarisch genannt werden können hier Steven Shapin und Simon Schaffer, *Leviathan and the Air Pump. Hobbes, Boyle and the Experimental Life*, Princeton 1985, Bruno Latour, Steve Woolgar, *Laboratory Life. The Construction of Scientific Facts*, Beverly Hills 1979, und Andrew Pickering, *Constructing Quarks. A Sociological History of Particle Physics*, Edinburgh 1984.

30 Zur Übersicht über die Beiträge der feministischen Wissenschaftsforschung siehe Janet Kourany, *The Gender of Science*, Englewood Cliffs 2002.

31 Janet Kourany, »Socially Responsible Directions for Philosophy of Science«, in: Cassandra L. Pinnick u. a. (Hg.), *Scrutinizing Feminist Epistemology. An Examination of Gender in Science*, New Brunswick 2003, S. 202-221, hier S. 213.

Indem er eine Welt beschreibt, in der Grundlagenforschung abgetrennt von der Gesellschaft existiert, kann man den Mythos der uneingeschränkten Forschung daher weniger als eine Rechtfertigung für den Schutz der Wissenschaftler vor den Launen der Politiker und Wähler ansehen [...] denn als ein Grundprinzip zugunsten des Erhalts der bestehenden Machtstruktur und der Prioritäten des Systems.[32]

Entsprechend ist auch in Parteilichkeitsdebatten die Forderung aufgekommen, die Festlegung der Tagesordnung der Wissenschaften nicht den Selbststeuerungsmechanismen der wissenschaftlichen Disziplinen zu überlassen, sondern über die Förderung von Forschungsprojekten gezielt nach der Maßgabe bestimmter sozialer und politischer Werte zu entscheiden. Dies vertritt beispielsweise Janet Kourany unter dem Titel eines neuen »Ideals der sozial verantwortlichen Wissenschaft«.[33]

Eine andere Art von Parteilichkeitsdebatten dreht sich um Fälle, in denen Wissenschaftler unter Verdacht geraten, allzu sehr Partei für ihre eigene Sache oder die ihrer Zunft zu nehmen. Dies passiert beispielsweise in Diskussionen um Großinvestitionen in Forschungseinrichtungen[34] wie auch in Kontroversen um die Integrität und Vertrauenswürdigkeit der Forschung angesichts von Fälschungs- und anderen Betrugsskandalen.[35] Gemeinsam ist allen Parteilichkeitsdebatten, dass in ihnen aufgrund eines wahrgenommenen Mangels an Unparteilichkeit und Uneigennützigkeit der Wissenschaften die bei Merton noch für selbstverständlich gehaltene Ansicht zur Disposition gestellt wird, Zielsetzung und Gestaltung wissenschaftlicher Forschungsprogramme blieben am besten der wissenschaftlichen Selbststeuerung überlassen.

Nichtlinearitätsdebatten. Nach einer überkommenen wissen-

---

32 »In portraying a world in which basic research exists apart from society, the myth of unfettered research may therefore be viewed at its root not as a justification for protecting scientists from the whims of politicians and voters [...] but rather as a rationale for preserving the existing power structure and priorities of the system.« Daniel Sarewitz, *Frontiers of Illusion. Science, Technology, and the Politics of Progress*, Philadelphia 1996, S. 48, meine Übersetzung.

33 Janet Kourany, »Replacing the Ideal of Value-Free Science«, in: Martin Carrier u. a. (Hg.), *The Challenge of the Social and the Pressure of Practice. Science and Values Revisited*, Pittsburgh 2008, S. 87-111.

34 Vgl. Sarewitz, *Frontiers of Illusion*, Kapitel 1.

35 Vgl. David Guston, *Between Politics and Science. Assuring the Integrity and Productivity of Research*, Cambridge 2000, insb. Kapitel 4.

schaftsprogrammatischen Auffassung führt wissenschaftliche Grundlagenforschung praktisch automatisch auch zu neuen Ideen in den anwendungsorientierten Wissenschaften, während Innovationen dort wiederum beinahe zwangsläufig neuartige technische Anwendungen bedingen und so wirtschaftlichen und gesellschaftlichen Nutzen herbeiführen.[36] Diese manchmal als »lineares Modell« oder »Kaskadenmodell« bezeichnete Sicht des Innovationsprozesses ist jedoch schon seit längerem stark in die Kritik geraten.[37] Erstens weisen viele Beobachtungen an der Wissenschafts- und Technikgeschichte in eine ganz andere Richtung: Zwar lassen sich zahlreiche Wechselwirkungen zwischen wissenschaftlichen und technischen Innovationen belegen, doch funktioniert die Beeinflussung in beide Richtungen.[38] (Derek de Solla Price resümierte gar, dass die der angeblichen Kaskade entgegengesetzte Einflussrichtung von der technischen hin zur wissenschaftlichen Innovation die deutlich vorherrschende sei.[39]) Zweitens setzt das lineare Modell implizit eine Sichtweise der anwendungsorientierteren Stufen des Forschungsprozesses voraus, der zufolge in diesen Stadien hauptsächlich eine Anwendung der in den grundlegenderen Forschungsprozessen neu entdeckten gesetzesartigen Prinzipien auf bekannte Anwendungsprobleme stattfindet. Dadurch ergäben sich dann praktisch von alleine neue technische Handlungsoptionen. Dies ist jedoch eine unrealistische Wissenschaftstheorie der angewandten Forschung. Es hat sich gezeigt, dass bei der Anwendung allgemeiner Prinzipien auf konkrete Systeme der Erfahrungswirklichkeit praktisch immer ein komplexes Wechselspiel von Idealisierungen, Ad-hoc-Anpassungen und neu gemessenen phänomenologischen Regularitäten den Forschungsprozess bestimmt – besonders dann, wenn die Anwendung durch

---

36 Klar vertreten wird diese Auffassung beispielsweise in Vannevar Bushs einflussreichem Bericht an den amerikanischen Präsidenten von 1945 (*Science, the Endless Frontier. A Report to the President on a Program for Postwar Scientific Research*, Neudr., Washington 1960).

37 Vgl. beispielsweise Nathan Rosenberg, *Exploring the Black Box. Technology, Economics, and History*, Cambridge 1994, Kapitel 8, und Guston, *Between Politics and Science*, Kapitel 3.

38 Siehe George Wise, »Science and Technology«, in: *Osiris* (2nd series) 1 (1985), S. 229-246.

39 Derek J. de Solla Price, »Of Sealing Wax and String. A Philosophy of the Experimenter's Craft and Its Role in the Genesis of High Technology«, in: ders., *Little Science, Big Science ... and Beyond*, New York 1986, S. 237-253.

praktische Herausforderungen motiviert ist und deshalb außerhalb des Laborkontextes funktionieren muss.[40] Grundlageninnovationen sind auf dem Anwendungsgebiet nicht automatisch fruchtbar, und umgekehrt passieren häufig fruchtbare Entwicklungen der angewandten Forschung ohne neues Grundlagenwissen. Das lineare Modell unterschätzt das Eigenleben angewandter Forschung.

Mit der schwindenden Zuversicht in das lineare Modell ging spätestens seit den 1980er Jahren in vielen westlichen Ländern ein Umdenken in der Wissenschaftspolitik einher. Wenn technologische Innovation und mit ihr wirtschaftliches Wachstum nicht automatisch aus Grundlageninnovationen hervorgehen, dann ist auch wirtschaftspolitischen Zielen nicht zwangsläufig am besten damit gedient, möglichst umfangreiche Ressourcen in freie naturwissenschaftliche Grundlagenforschung zu stecken. Stattdessen setzte die Politik vermehrt auf gezielte Programmförderung für technologisch und wirtschaftlich vielversprechende Forschungszweige sowie insbesondere auf die Instrumente der Technologietransferpolitik, um die Kooperation zwischen Wissenschaft und Wirtschaft zu fördern und somit indirekt die Forschungsagenda gezielt auf wirtschaftlich relevante Innovationen auszurichten.[41]

Zuweilen wird bereits die Vergabe von Forschungsgeldern durch gezielte Programmförderung als Einschnitt in die Forschungsfreiheit kritisiert.[42] Besonders aber die sich in der Folge der genannten Veränderungen einstellende zunehmende Ökonomisierung der Forschung wird häufig als Bedrohung der Wissenschaftsfreiheit angesehen. So schreibt Kristin Shrader-Frechette:

In manchen Fällen mag von der akademischen Freiheit der Wissenschaftler nichts bleiben als das Recht, sich vom Meistbietenden kaufen zu lassen. [...] Solche Wirtschaftsverknüpfungen mit der Wissenschaft [...] stellen in dem Maße Probleme dar, in dem sie Autonomie, Forschungsfreiheit und das öffentliche Interesse an der Forschung bedrohen.[43]

40 Vgl. Matthias Adam, Martin Carrier und Torsten Wilholt, »How to Serve the Customer and Still Be Truthful. Methodological Characteristics of Applied Research«, *Science and Public Policy* 33 (2006), S. 435-444, hier S. 437 f.

41 Siehe Wilholt/Glimell, »Conditions of Science«, S. 359-362.

42 So bei Loren Graham (»Concerns about Science and Attempts to Regulate Inquiry«, in: *Daedalus* 107 [1978], S. 1-21): »The concerns of fund administrators about scientific research impinge on freedom of inquiry in several indirect ways [...].«

43 »In [some] cases, the academic freedom of scientists may become nothing more

Sogar Papst Johannes Paul II fühlte sich 2002 gezwungen, zu warnen: »Wenn die Wissenschaft sich auf den Weg des Utilitarismus begibt, besteht die Gefahr, dass ihre spekulative Dimension, in der die innere Dynamik des intellektuellen Fortschreitens des Menschen besteht, vermindert oder ganz ausgelöscht wird.«[44]

Die Diskussion um die Ausrichtung wissenschaftlicher Forschung auf wirtschaftliche Interessen ist jedoch nur eine (die aktuell vorherrschende) von mehreren möglichen Varianten der Nichtlinearitätsdebatte. Dem Interesse der Allgemeinheit am praktischen Nutzen, der aus wissenschaftlicher Forschung erwachsen soll, muss nicht zwingenderweise durch einen möglichst reibungslosen Fluss verwertbarer Erkenntnisse in die Privatwirtschaft optimal gedient sein. Eine alternative Traditionslinie der Nichtlinearitätsdebatten setzt eher auf eine planvolle, gezielte und demokratisch legitimierte Ausrichtung der Forschungsagenda auf Forschungsziele, die dem gesellschaftlichen Interesse entsprechen. Der britische Chemiker John Desmond Bernal, der schon in den 1930er Jahren in einflussreicher Weise dafür warb, räumte bereits ein, dass dies auf Einschränkungen der Forschungsfreiheit hinauslaufen würde.[45] Auch spätere Autoren, die für eine Demokratisierung und eine von ge-

than the right to be bought by the highest bidder. [...] Such business-industry connections with academia [...] present problems to the degree that they threaten autonomy, freedom of research, and the public interest in research.« Kristin Shrader-Frechette, *Ethics of Scientific Research*, London 1994, S. 31 f., meine Übersetzung.

44 Johannes Paul II, »Schreiben an den apostolischen Nuntius in Polen anläßlich der internationalen Konferenz zum Thema ›Der Interessenkonflikt und seine Bedeutung in Wissenschaft und Medizin‹«, 25. März 2002, ⟨www.vatican.va/ holy_father/john_paul_ii/letters/2002/documents/hf_jp-ii_let_20020411_con ference-poland_ge.html⟩, letzter Zugriff 13. 9. 2011. Eine repräsentative Darstellung der mit der zunehmenden Ökonomisierung verbundenen Bedenken vonseiten akademischer Forscher bietet John Ziman, »The Continuing Need for Disinterested Research«, in: *Science and Engineering Ethics* 8 (2002), S. 397-399, und ders., »Non-instrumental Roles of Science«, in: *Science and Engineering Ethics* 9 (2003), S. 17-27.

45 John D. Bernal, *The Social Function of Science*, Neudr., Cambridge/Mass. 1967 (erstveröffentlicht 1939, dt.: *Die soziale Funktion der Wissenschaften*, Berlin 1986), S. 277 f. Bernals Auffassungen beruhen dabei auf einem Bild der Wissenschaftsentwicklung, das der neueren Kritik des linearen Modells sehr ähnlich ist: Er sieht die treibenden Kräfte der wissenschaftlich-technischen Dynamik in Handwerkskunst, Ingenieurwesen und anderen praktisch orientierten Unterfangen. Siehe auch unten, Kapitel 6, Fußn. 33.

sellschaftlichen Interessen bestimmte Ausrichtung der Forschungsagenda plädierten, haben ausdrücklich zu erkennen gegeben, dass
dafür Beschränkungen der Freiheit beziehungsweise Autonomie
wissenschaftlicher Forschung in Kauf zu nehmen seien.[46]

Die vier genannten Debattentypen sind nicht immer klar voneinander abgrenzbar: Wie schon erwähnt, hat die Diskussion um
die Stammzellenforschung Aspekte einer Debatte um die unmittelbaren Folgen des Forschungshandelns, aber auch einer Abtrennbarkeitsdebatte; in ähnlicher Weise stellen die Diskussionen um
Forschungen zu »Rasse« und Intelligenz eine Kombination aus
Abtrennbarkeits- und Parteilichkeitsdebatte dar. Wichtig ist, dass
die Debattentypen eine ungefähre Abbildung der Bandbreite von
Auseinandersetzungen um die Ziele und Mittel der Wissenschaften
abgeben, in denen Forschungsfreiheit heute eine Rolle spielt. Diese
Kontexte bestimmen das Spektrum dessen, was heute unter Forschungsfreiheit verstanden wird. Wie wir gleich genauer sehen wer-
den, gibt dieser Rahmen der Untersuchung nicht eine bestimmte
Form der Freiheit wissenschaftlicher Forschung vor, sondern eher
eine ganze Bandbreite miteinander mehr oder weniger verwandter
Freiheitsformen. Im Sinne einer möglichst großen Relevanz dieses
Buches für die tatsächlichen zeitgenössischen Debatten möchte ich
mich möglichst nicht auf einen einzelnen Ausschnitt dieses Be-
deutungsspektrums beschränken, sondern stattdessen die gesamte
Vielfalt der Formen der Forschungsfreiheit als Gegenstand der Betrachtung ansehen. Eine Differenzierung nach den verschiedenen
Varianten des Forschungsfreiheitsbegriffs werde ich dort einflech-
ten, wo es zum Verständnis der Stärken und Grenzen einzelner Begründungen erforderlich ist.

Ziel des Buches ist es nicht, Lösungen für die oben angedeuteten Debatten zu liefern. Es geht vielmehr darum, ihren gemeinsamen Streitpunkt, die Freiheit wissenschaftlicher Forschung, genau
und differenziert zu bestimmen – insbesondere in Hinsicht auf die
verfügbaren und heute noch überzeugenden Begründungen einer
Forschungsfreiheitsnorm. Im Zentrum unserer Betrachtungen wird
dabei die Freiheit naturwissenschaftlicher Forschung stehen – ganz
einfach, weil die weitaus meisten zeitgenössischen Forschungsfrei-

---

46 Siehe Paul K. Feyerabend, *Erkenntnis für freie Menschen*, veränd. Ausg.,
Frankfurt/M. 1980, S. 167 f., und Philip Kitcher, »On the Autonomy of the Sciences«, in: *Philosophy Today* 48 (2004), S. 51-57, hier S. 56.

heitsdebatten sich an naturwissenschaftlichen Forschungen entzünden. Viele Überlegungen werden sich dennoch auf die geistes- und sozialwissenschaftliche Forschung übertragen lassen.

1.2 Formen der Forschungsfreiheit

Der vielen und zuweilen emphatischen Appelle an die Forschungsfreiheit ungeachtet ist es häufig nicht vollkommen klar, welche Form oder Formen von Freiheit ein Forschungsfreiheitsprinzip genau beinhalten soll. Wie ich im Folgenden darlegen möchte, changiert die Verwendung des Begriffs in aktuellen Debatten zwischen verschiedenen, miteinander verwandten Bedeutungen. Diese differenzierenden Ausführungen sollen aber nicht den Zweck haben, eine ganz bestimmte Bedeutung als den »eigentlichen« oder »richtigen« Forschungsfreiheitsbegriff zu identifizieren. Da die ganze Bandbreite der Bedeutungen in den gegenwärtigen Debatten eine Rolle spielt, soll sie auch in ihrer ganzen Vielseitigkeit Gegenstand dieses Buches bleiben. Es wird aber sinnvoll sein, die verschiedenen Formen von Forschungsfreiheit gleich zu Beginn zu benennen, um später immer wieder auf sie zurückgreifen zu können.

In einer naheliegenden Bedeutung ist unter Forschungsfreiheit die Freiheit zu verstehen, wissenschaftliche Untersuchungen nach frei gewählten Zielen einleiten und durchführen zu können, ohne dabei behindert zu werden. Um diese Freiheit geht und ging es im Kern in vielen Abtrennbarkeitsdebatten. Ein engster Sinn dieser Form von Freiheit lässt sich durch die Bezeichnung der »Freiheit der Ziele« wissenschaftlicher Forschung erfassen. Die Reichweite des Forschungsfreiheitsbegriffs beschränkt sich aber längst nicht immer darauf. Wenn etwa in Debatten um die unmittelbaren Folgen des Forschungshandelns ebenfalls an die Forschungsfreiheit appelliert wird, ist klar, dass es hier auch um eine »Freiheit der Mittel« geht.[47] Diese Erweiterung des Forschungsfreiheitsbegriffs scheint fast unmittelbar auf der Hand zu liegen: Viele Forschungen setzen die Verwendung bestimmter Mittel voraus, so dass ohne die Frei-

---

47 Die Unterscheidung zwischen der Freiheit der Ziele und derjenigen der Mittel trifft in ähnlicher Weise auch John A. Robertson (»The Scientist's Right to Research. A Constitutional Analysis«, in: *Southern California Law Review* 51 [1978], S. 1203–1281, hier S. 1204 f.).

heit der Mittel die Freiheit der Ziele auf eine praktisch wirkungslose Formalität schrumpft. Ein frühes Beispiel für eine Debatte um die unmittelbaren Folgen des Forschungshandelns, bei der die Frage nach der Freiheit der Ziele auf beinahe zwingende Weise auf die Frage nach jener der Mittel führt, ist die in der Renaissance und frühen Neuzeit geführte Kontroverse um das Sezieren von Leichen, ohne das die Weiterentwicklung der anatomischen Kenntnisse der Mediziner kaum denkbar gewesen wäre.[48]

Versteht man die Freiheit der Mittel als konsequente Fortsetzung der Idee von der Freiheit der Ziele, um diese nicht zu einer bloßen Formalberechtigung verkommen zu lassen, erschließt sich auch ein sehr weitreichender Gebrauch des Forschungsfreiheitsbegriffs in gegenwärtigen Debatten, der mit den wachsenden Kosten wissenschaftlicher Forschung verbunden ist. Während Wissenschaftler lange Zeit auf ihre eigenen Ressourcen oder die Unterstützung privater Mäzene zurückgriffen, ist die Verfolgung innovativer wissenschaftlicher Ziele auf solchen Grundlagen heute vielfach praktisch unmöglich. Den Bau einer Großanlage wie des aus 27 gigantischen Radioteleskopen bestehenden *Very Large Array* würde nicht einmal ein in die Radioteleskopie vernarrter Rockefeller unserer Tage aus eigener Kraft zu unternehmen bereit sein (wie Loren Graham bereits 1978 anmerkte).[49] In Forschungsfreiheitsdebatten wird entsprechend auch immer wieder eine Freiheit der Mittel auch in diesem Sinne eingefordert: Die Gesellschaft – in Form des Staates – soll die finanziellen Mittel zur Verfügung stellen, um eine Erforschung der Natur nach Maßgabe der von den Wissenschaftlern frei gewählten Forschungsziele zu ermöglichen. In praktisch allen Auseinandersetzungen, die in die Kategorie der Nichtlinearitätsdebatten fallen, lassen sich Bezugnahmen auf die Forschungsfreiheit überhaupt nur in diesem weit gefassten Sinn einer Freiheit der Mittel verstehen – denn in ihnen geht es im Allgemeinen nicht um Behinderungen oder Verbote bestimmter Forschungsziele oder -methoden, sondern um die Verwendung von (öffentlichen) Ressourcen. Dabei ist natürlich auch denjenigen, die sich in den Debatten auf Forschungsfreiheit berufen, klar, dass es in einer Welt begrenzter Ressourcen eine völlige Freiheit der Mittel nicht geben

---

48 Vgl. Mary Niven Alston, »The Attitude of the Church Towards Dissection Before 1500«, in: *Bulletin of the History of Medicine* 16 (1944), S. 221-238.

49 »Concerns about Science and Attempts to Regulate Inquiry«, S. 7.

kann. Die Forderung ist daher eher in dem Sinn zu verstehen, dass die Gesellschaft idealerweise ausreichend Mittel zur Verfügung stellen sollte, um eine anhaltende und lebendige Weiterentwicklung der Disziplinen zu ermöglichen (was immer das genau bedeutet), und dass über die genaue Verwendung der Mittel die Wissenschaftler selbst entscheiden sollten. In Deutschland interpretiert auch die höchstrichterliche Rechtsprechung die Forschungsfreiheit als eine Freiheit der Mittel in diesem Sinn:

Der Staat hat die Pflege der freien Wissenschaft und ihre Vermittlung an die nachfolgende Generation durch Bereitstellung von personellen, finanziellen und organisatorischen Mitteln zu ermöglichen und zu fördern. Das bedeutet, daß er funktionsfähige Institutionen für einen freien Wissenschaftsbetrieb zur Verfügung zu stellen hat. Diesem Gebot kommt deswegen besondere Bedeutung zu, weil ohne eine geeignete Organisation und ohne entsprechende finanzielle Mittel, über die im wesentlichen nur noch der Staat verfügt, heute in weiten Bereichen der Wissenschaften, insbesondere der Naturwissenschaften, keine unabhängige Forschung und wissenschaftliche Lehre mehr betrieben werden kann. […] Im Bereich des mit öffentlichen Mitteln eingerichteten und unterhaltenen Wissenschaftsbetriebs […] hat der Staat durch geeignete organisatorische Maßnahmen dafür zu sorgen, daß das Grundrecht der freien wissenschaftlichen Betätigung soweit unangetastet bleibt, wie das unter Berücksichtigung der anderen legitimen Aufgaben der Wissenschaftseinrichtungen und der Grundrechte der verschiedenen Beteiligten möglich ist.[50]

Die Unterscheidung zwischen der Freiheit der Ziele und der Freiheit der Mittel hat enge Bezüge zur in der philosophischen Tradition üblichen Unterscheidung zwischen einem negativen und einem positiven Sinn politischer Freiheit. In der gängigsten Variante dieser Unterscheidung zeichnet sich die negative Sichtweise politischer Freiheit dadurch aus, dass sie unter Freiheit die Abwesenheit externer Beschränkungen dessen versteht, was ein Mensch tun, sein oder werden kann (und zwar von Beschränkungen von der Art, wie sie ein Mensch oder ein Kollektiv von Menschen gegen ein Individuum richten kann). Der positiven Sichtweise zufolge besteht Freiheit dagegen in dem Möglichkeitsraum dessen, was einem Menschen tatsächlich offensteht, zu tun, zu sein und

50 BVerfGE 35, 79 (»Hochschul-Urteil«) vom 29.5.1973, in: *Entscheidungen des Bundesverfassungsgerichts,* Bd. 35, Tübingen 1974, S. 79-148, hier S. 114 f.

zu werden – nach Berücksichtigung aller Umstände.[51] Der Unterschied zwischen diesen Perspektiven kann große Auswirkungen auf die Beurteilung politischer Freiheit haben. So werden Hunger und Armut eines Menschen dem positiven Sinn zufolge typischerweise als Beschränkung seiner Freiheit gelten, während dies dem negativen Sinn nach selbst dann nicht der Fall sein muss, wenn ihm infolge von Armut und Hunger kaum noch faktische Handlungsmöglichkeiten bleiben.[52] Wendet man die Unterscheidung auf die Forschungsfreiheit an, erscheint die Freiheit der Ziele als negativer Sinn von Forschungsfreiheit, während die Freiheit der Mittel ihrem positiven Sinn entspricht. Es scheint sich fast unweigerlich die Frage zu stellen, welcher von beiden der richtige und eigentliche Sinn von Forschungsfreiheit ist.

Dagegen, dieser Frage ernsthaft nachzugehen, spricht allerdings eine sehr nachhaltige Kritik der Unterscheidung zwischen positiver und negativer Freiheit, im Zuge derer sowohl die scharfe Dichotomie selbst als auch der Sinn und Zweck einer Diskussion darüber, welche von beiden Sichtweisen die richtige sei, in Frage gestellt

51 So wird die Unterscheidung beispielsweise bei Amartya Sen eingeführt (»Freedom of Choice. Concept and Content«, in: *European Economic Review* 32 [1988], S. 269-294, hier S. 272 u. 293). Ähnlich auch bei Joel Feinberg, *Social Philosophy*, Englewood Cliffs 1973, S. 12 f., und Gerald C. MacCallum, »Negative and Positive Freedom«, in: *The Philosophical Review* 76 (1967), S. 312-334, hier S. 320 f. In der wohl bekanntesten Abhandlung über negative und positive Freiheit, Isaiah Berlins »Two Concepts of Liberty« (in: ders., *Four Essays on Liberty*, London 1969, S. 118-172 [dt.: »Zwei Freiheitsbegriffe«, in: *Freiheit: Vier Versuche*, Frankfurt/M.1995, S. 197-256]), wird die Unterscheidung allerdings deutlich anders definiert. Für Berlin zeichnet sich der positive Sinn von Freiheit vor allem dadurch aus, dass das Subjekt von Freiheit nicht einfach in dem gesehen wird, was dem Alltagsverständnis zufolge eine Person ist. Stattdessen bemühe sich der positive Sichtweise, das »eigentliche« Subjekt der Freiheit auszumachen, so dass beispielsweise auch interne Beschränkungen (z. B. ein manipuliertes Bewusstsein) als Beschränkungen der (positiven) Freiheit gälten. Diese Sichtweise könne sowohl die Gestalt annehmen, das eigentliche Selbst in einem rationalen oder moralischen Teil der Person zu sehen, als auch diejenige, ein überpersönliches, kollektives Selbst zu postulieren (wie etwa bei Rousseau) und in diesem das Subjekt politischer Freiheit zu suchen. Berlins Sichtweise der Unterscheidung ist für unseren Kontext offenbar weniger einschlägig.

52 Auch unter den negativen Sichtweise können allerdings Hunger und Armut als Einschränkungen der Freiheit gelten – aber nur dann, wenn sie selbst als Beschränkungen angesehen werden, die dem Individuum *von anderen* auferlegt worden sind. Vgl. Berlin, »Two Concepts of Liberty«, S. 122 f.

wurden. Diese Kritik Gerald MacCallums lässt sich, wie ich zeigen möchte, auch für eine Betrachtung der Formen der Forschungsfreiheit fruchtbar machen.[53]

MacCallum zufolge gibt es nur einen sinnvollen Freiheitsbegriff. Versuche, in der negativen und positiven Sichtweise verschiedene Bedeutungen von »Freiheit« zu sehen, beruhen für ihn auf einem Verkennen ihrer relationalen Natur. MacCallum analysiert Freiheit als dreistellige Relation der Form: »x ist frei von y, z zu tun oder zu werden«. Dabei rangiert die Variable x über Handelnde, y über verhindernde Bedingungen (wie Zwänge, Beschränkungen, Einmischungen und Barrieren) und z über Handlungen und bestimmte Zustände.[54] Positive und negative Sichtweisen erweisen sich also in erster Linie als unterschiedliche Auffassungen über den zulässigen Bereich der Variablen y: Während negative Sichtweisen nur Anwesenheiten (Gitterstäbe, Bajonette) als verhindernde Bedingungen gelten lassen, zählen für positive Sichtweisen auch Abwesenheiten (Armut, Schwäche) zum zulässigen Bereich von y. Überdies ist y der negativen Konzeption zufolge auf menschengemachte Umstände eingeschränkt, was bei positiven Sichtweisen nicht (oder nicht unbedingt) der Fall ist.

Bezüglich der Kontroverse um positive und negative Freiheit wird hier zunächst deutlich, dass sich der zulässige Bereich der Variablen y auf mehr als nur zwei Weisen definieren lässt. Statt nur zweier gibt es schon allein entlang dieser Dimension zahllose verschiedene mögliche Freiheitsauffassungen.[55] Übergänge zwischen ihnen können graduell sein. Außerdem sind offenbar auch für die anderen beiden Variablen verschiedene Bereichsbelegungen möglich: Der Raum der Freiheiten ist mehrdimensional, was durch die Redeweise von nur zwei Freiheitstypen verschleiert wird.[56] Mac-

---

53 MacCallum, »Negative and Positive Freedom«. Für eine andere Kritik der Unterscheidung siehe Feinberg, *Social Philosophy*, S. 12-14.

54 MacCallum, »Negative and Positive Freedom«, S. 314.

55 So beschreibt Ian Carter (*A Measure of Freedom*, Oxford 1999, insb. S. 219-223), wie auch innerhalb des »negativen« Lagers diese Dimension ganz unterschiedlich festgelegt wird: Für Friedrich Hayek können nur *absichtlich* von Menschen herbeigeführte Bedingungen als Freiheitseinschränkungen gelten. Diese Bedingung macht Hillel Steiner nicht, jedoch gelten für ihn nur *physische* Hindernisse als Beschränkungen – was wiederum bei Hayek nicht vorausgesetzt wird.

56 MacCallum stört sich insbesondere auch daran, dass in der traditionellen Unterscheidung negativer und positiver Freiheit Unterschiede in den Auffassungen

Callum kommentiert: »Genau deswegen sind Versuche, diejenigen, die über Freiheit geschrieben haben, in zwei entgegengesetzte Lager einzuteilen, so verzerrt und letztlich vergeblich. Es gibt einen zu reichhaltigen Bestand an Arten und Weisen, auf die Freiheitstheorien voneinander abweichen können.«[57]

Ebenso entscheidend ist die Einsicht, dass Freiheiten und Freiheitskonzeptionen, die in verschiedenen Bereichen der drei Variablen angesiedelt sind, einander nicht ausschließen. Sehr unterschiedliche Freiheiten können *gemeinsam* Voraussetzungen eines gelungenen Lebens oder einer funktionierenden Demokratie sein – oder eines florierenden Wissenschaftssystems.[58]

Ich werde deshalb im Folgenden zwar an der Unterscheidung zwischen Freiheit der Ziele und Freiheit der Mittel aus analytischen Gründen festhalten, dabei aber ausdrücklich anerkennen, dass damit in Wirklichkeit ein graduelles Spektrum von Auffassungen darüber gemeint ist, welche Arten von Beschränkungen als Verletzungen der Forschungsfreiheit gelten. Außerdem stellt die Ziel-Mittel-Unterscheidung nur eine von mehreren Dimensionen dar, entlang welcher sich Formen der Forschungsfreiheit unterscheiden können; zusätzlich verdienen auch die durch die anderen beiden

über den zulässigen Bereich der Variablen *y* mit Unterschieden im Hinblick auf die Variable *x* zusammengeworfen werden (diesen Aspekt der Unterscheidung haben wir nicht ausführlich betrachtet, siehe jedoch oben Fußn. 51).

57 »Precisely this renders attempts to arrange writers on freedom into two opposing camps so distorted and ultimately futile. There is too rich a stock of ways in which accounts of freedom diverge.« MacCallum, »Negative and Positive Freedom«, S. 327, meine Übersetzung.

58 MacCallums Kritik der traditionellen Weise, scharf zwischen zwei Freiheitskonzeptionen zu unterscheiden, zu akzeptieren, muss nicht bedeuten, die Lehren aus Berlins warnender Kritik an bestimmten Formulierungen der »positiven Freiheit« preiszugeben. Man kann sie, etwas anders als Berlin selbst, so verstehen, dass unter dem Namen der politischen Freiheit auch bestimmte Vorstellungen propagiert werden, die sich gar nicht allein durch die dreistellige Grundrelation der Freiheit ausdrücken lassen – nämlich Ideen, typischerweise eingebettet in eine dezidierte Auffassung über das Wesen des Menschen, denen zufolge wahre Freiheit nur durch Selbstverwirklichung und Selbstvervollkommnung erreicht werden kann. (Siehe dazu Quentin Skinner, »A Third Concept of Liberty«, in: Robert E. Goodin, Philip Pettit [Hg.], *Contemporary Political Philosophy*, Malden ²2006, S. 398-415.) Da solche Selbstvervollkommnungskonzeptionen in Forschungsfreiheitsdebatten meines Erachtens keine erkennbare Rolle spielen, werde ich diesen Punkt nicht weiter verfolgen.

Variablen der dreistelligen Freiheitsrelation gegebenen Dimensionen eine differenzierende Betrachtung.

Diese betrifft als Nächstes MacCallums erste Variable – das Subjekt der Freiheit. Auf den ersten Blick scheint dies im Fall der Forschungsfreiheit der einzelne Wissenschaftler zu sein. Unter dieser individualistischen Sichtweise ist es allerdings seltsam, dass es viele sehr einschneidende Einschränkungen der Freiheiten *einzelner* Forscher gibt, die in den Forschungsfreiheitsdebatten niemals thematisiert werden: Weder die Abhängigkeit einzelner Forscher von den Entscheidungen von Forschungsgruppenleitern noch diejenige praktisch aller Wissenschaftler von begutachtenden Kollegen, die im *peer review*-Verfahren über die Zuteilung beantragter Drittmittel oder über den Zugang zu prestigeträchtigen Publikationsmöglichkeiten entscheiden, werden als Einschränkungen der Forschungsfreiheit angeprangert. Dies wird erklärlich, sobald man in Betracht zieht, dass sowohl *peer review*-Verfahren als auch die teilweise hierarchische Organisationsweise von Forschung zentrale Instrumente der *Selbststeuerung der wissenschaftlichen Disziplinen* sind, vermöge derer diese (zumindest der Idee nach) ihre Forschungsagenda weitgehend ohne äußere Einflüsse festlegen. Dass diese Mechanismen, welche die individuellen Entscheidungsspielräume einzelner Wissenschaftler notwendigerweise einschränken, in den Forschungsfreiheitsdebatten weitgehend unangetastet bleiben, lässt erkennen, dass in diesen häufig implizit ein *kollektives* Subjekt wissenschaftlicher Freiheit vorausgesetzt wird. Es geht (jedenfalls in Abtrennbarkeits-, Parteilichkeits- und Nichtlinearitätsdebatten) sehr oft um die Freiheit bestimmter Forschungs*gemeinschaften* und ganzer wissenschaftlicher Disziplinen, über ihre eigene wissenschaftliche Tagesordnung durch geeignete Methoden der Selbststeuerung und frei von »außerdisziplinärer« Einmischung zu verfügen. Dem steht nicht entgegen, dass es in *manchen* Forschungsfreiheitsdebatten auch um die Freiheit individueller Wissenschaftler geht. Auch entlang der Subjektdimension deckt der Forschungsfreiheitsbegriff eine Bandbreite von Formen ab. Ich werde nötigenfalls differenzieren, indem ich einerseits von *individueller* und andererseits von *disziplinenbezogener* (und, allgemeiner, *kollektiver*) Forschungsfreiheit spreche.

Die beiden bisher betrachteten Dimensionen der Differenzierung – Freiheit der Ziele kontra Freiheit der Mittel und individuelle kontra kollektive Forschungsfreiheit – sind zwar begrifflich unabhängig voneinander, in der argumentativen Wirklichkeit der Forschungsfreiheitsdebatten gibt es jedoch eine wichtige Verbindung. Eine Freiheit der Ziele wird gelegentlich für Individuen und gelegentlich für Disziplinen in Anspruch genommen (Ersteres zum Beispiel in Debatten über die unmittelbaren Folgen des Forschungshandelns, Letzteres in Nichtlinearitätsdebatten). Bei einer ausgeprägten Freiheit der Mittel aber kommt eine Einforderung für das Individuum kaum in Frage – jedenfalls dann nicht, wenn darunter auch eine gewisse Verfügung über die für die Forschung erforderlichen finanziellen Mittel verstanden werden soll. Diese Forderung kann angesichts der begrenzten Ressourcen der politischen Gemeinschaften, innerhalb derer sie aufgestellt wird, praktisch ausschließlich die Form der Beanspruchung einer kollektiven Forschungsfreiheit annehmen – insbesondere die Form einer Forderung nach finanzieller Förderung der wissenschaftlichen Gemeinschaft und ihrer Disziplinen, verbunden mit einem Anspruch auf Selbststeuerung.[59] Die Freiheit der Mittel und die kollektive Forschungsfreiheit im Sinne einer Selbststeuerung der Wissenschaft kommen zusammen in der Idee einer öffentlich geförderten, institutionalisierten, aber selbständigen Wissenschaft als gesellschaftlicher Gemeinschaftsunternehmung. Die Wirkmächtigkeit dieser Idee erkennt man unter anderem daran, dass die Forschungsfreiheitsdebatten auf Einschränkungen der Freiheit in öffentlichen Forschungseinrichtungen deutlich empfindlicher reagieren denn auf solche in privatwirtschaftlich getragenen Institutionen. (Speziellere Varianten der Freiheit der Mittel, wie beispielsweise die Forderung, dass nach besserem anatomischen Wissen strebende Mediziner auch das Recht haben müssen, Leichen zu sezieren, können freilich auch im Sinne der individuellen Freiheitsdimension eingefordert werden.)

Auch die dritte Dimension der Freiheitsrelation – frei, *was* zu tun? – birgt wichtige Differenzierungen für eine Betrachtung der Forschungsfreiheit. Offenbar sind primär alle Aktivitäten einge-

---

59 Diese Verknüpfung der beiden Dimensionen hat eine Entsprechung in der traditionellen Diskussion über negative und positive Sichtweisen politischer Freiheit, der zufolge negative Freiheitskonzeptionen typischerweise individualistisch seien, während positive dazu neigten, kollektive Subjekte zu postulieren. Vgl. Berlin, »Two Concepts of Liberty«, insb. S. 167-172.

schlossen, die zur wissenschaftlichen Wissensgewinnung erforderlich sind. Dazu möchte ich die Kommunikationsaktivitäten der Wissenschaftler nur insofern zählen, als sie zum arbeitsteiligen Prozess der Wissensgewinnung beitragen. Die Freiheit, Forschungsergebnisse, Theorien und andere wissenschaftliche Standpunkte offen zu kommunizieren, ist selbst zuallererst eine Form der *Meinungsfreiheit*. Zusätzlich hat sie auf vielfältige Weise eine *instrumentelle* und somit mittelbare Bedeutung für die Forschungsfreiheit. Insbesondere in Form der akademischen Lehrfreiheit ist die wissenschaftliche Kommunikationsfreiheit oft als besonders schutzwürdig angesehen worden. Die Forderung nach Lehrfreiheit ist also sowohl historisch als auch systematisch eng mit Begründungen der Forschungsfreiheit verbunden. Daher wird uns die wissenschaftliche Kommunikationsfreiheit immer wieder beschäftigen, obwohl sie nicht im engeren Sinn selbst eine Form von Forschungsfreiheit ist.

Mit dieser Vorklärung ist es jedoch hinsichtlich der dritten Freiheitsdimension noch nicht getan. Entlang dieser dritten Variablen stellt sich für jede Konzeption der Forschungsfreiheit die Frage, für *welche* wissenschaftlichen Forschungen sie gilt. Nicht jede Begründung der Forschungsfreiheitsnorm kann für alle Bereiche wissenschaftlicher Forschung in gleichem Maße gelten. Argumente, die einen besonderen Schutz von Forschungen zu politisch brisanten Forschungsthemen vor staatlicher Einmischung stützen, besitzen nicht automatisch auch Bedeutung für die Freiheit mathematischer Grundlagenforschung. Begründungen, die sich auf den Nutzen technologischer Fortschritte für das Allgemeinwohl stützen, können nicht selbstverständlich für die Freiheit archäologischer Forschung in Anspruch genommen werden. Diese Dimension der Forschungsfreiheit, die vor dem Hintergrund verschiedener Konzeptionen und Begründungen auf vielfältige Weise eingegrenzt werden kann, werde ich unter dem Begriff der *Reichweite* der entsprechenden Begründungen betrachten.

Zusätzlich zu den verschiedenen *Formen* der Forschungsfreiheit, deren Raum durch die drei Dimensionen aufgespannt wird, können gelegentlich weitere Differenzierungen erforderlich sein. Dazu gehört die Frage, wem gegenüber die Forschungsfreiheit eingefordert wird bzw. wer sie garantieren soll.[60] Üblicherweise ist dies der

60 Vgl. Michael Dummett, »Ought Research to Be Unrestricted?«, in: *Grazer philosophische Studien* 12/13 (1981), S. 281-298, hier S. 283.

Staat, im Einzelfall können aber auch einzelne Akteure oder umgekehrt überstaatliche Organisationen angesprochen sein.[61] Dass sich im Allgemeinen die Einforderung der Forschungsfreiheit an ein politisches Gemeinwesen richtet, ist für die Begründungsfrage durchaus bedeutsam. Denn jede Begründung der Forschungsfreiheitsnorm hat damit automatisch einen zumindest impliziten Bezug auf die politische Gemeinschaft, in der sie garantiert werden soll. Wir werden sehen, dass dieser Bezug bei manchen Begründungen eine große Rolle spielen kann.

Ein Argument für die Forschungsfreiheit scheint es allerdings zu geben, bei dem diese unabhängig von konkreten politischen Gemeinschaften jedem kognitiven Subjekt überhaupt zukommt: Beinhaltet nicht die Autonomie des Menschen ganz grundsätzlich auch die Freiheit, Wissen zu suchen? Und ist nicht die Freiheit wissenschaftlicher Forschung nur ein Spezialfall dieser elementaren menschlichen Freiheit? Dieser Begründungsversuch wird uns im folgenden Kapitel beschäftigen.

---

61 Die Frage ist nicht zu verwechseln mit der unter dem Stichpunkt der *Freiheitsformen* behandelbaren Frage, gegen *wessen Eingriffe* die Forschungsfreiheitsnorm schützen soll. (Dies ließe sich als Bereichsbestimmung für MacCallums Variable *y* beschreiben.) Vielmehr geht es darum, wer sicherstellen soll, dass die Norm respektiert wird.

Kapitel 2:
Das Argument aus Autonomiegründen

2.1 Ein ganz einfaches Argument?

Warum sollte die Freiheit wissenschaftlicher Forschung – in einer oder mehreren der im vorigen Kapitel vorgestellten Formen – einer politischen Gemeinschaft als besonders schützenswert erscheinen? Es scheint eine sehr einfache, naheliegende und intuitive Antwort auf diese Frage zu geben: Wir schätzen Forschungsfreiheit, weil wir Freiheit überhaupt schätzen – insbesondere kognitive Freiheit, also die Freiheit, auf verschiedenste Arten und Weisen Wissen zu erwerben. Eugene Wigner beispielsweise stellt die Wissenschaftsfreiheit klar in diesen Zusammenhang, wenn er schreibt: »Der Gegenstandsbereich der Wissenschaft sollte nicht reguliert werden. Jedermann sollte frei sein, seinen kognitiven Interessen nachzugehen.«[1] Hilary Putnam bekennt sich ausdrücklich zu einer solchen Begründung der Wissenschaftsfreiheit. Er bezeichnet sie als das »kantische Argument« und führt sie auf den fundamentalen Wert menschlicher Autonomie zurück: »Das kantische Argument besagt, dass, von ihrem Wert für die Gesellschaft einmal ganz abgesehen, die intellektuelle Freiheit – Kant nennt sie Autonomie – vollkommen unverzichtbar für die Integrität der Person ist.«[2]

Im Grundverständnis dieser ganz unmittelbaren Begründung der Forschungsfreiheit möchte ich mich Putnam anschließen und sie unter dem Namen »Argument aus Autonomiegründen« diskutieren. Die Grundidee ist, dass Forschungsfreiheit Bestandteil einer elementareren Freiheit der Wissenssuche ist, und diese wiederum ist als Bestandteil oder Voraussetzung menschlicher Selbstbestimmung schützenswert.

---

1 »The subject matter of science should not be regulated. Everyone should be free to pursue his cognitive interests.« Eugene Wigner, »The Scope and Promise of Science«, in: Sidney Hook u.a. (Hg.), *The Ethics of Teaching and Scientific Research*, Buffalo 1977, S. 131-133, hier S. 132.

2 »The Kantian argument is that, quite apart from its value to society, intellectual liberty – Kant calls it Autonomy – is absolutely indispensible [*sic*] to the integrity of the person.« Hilary Putnam, »Scientific Liberty and Scientific Licence«, in: *Grazer philosophische Studien* 30 (1987), S. 43-51, hier S. 45.

Der Begriff der persönlichen Autonomie ist komplex und facettenreich.[3] Zunächst bezieht er sich auf eine menschliche Kapazität, nämlich, grob gesagt, die Fähigkeit, die Richtung des eigenen Lebens zu gestalten. In dieser Hinsicht wird unter dem Autonomiebegriff ganz besonders die Fähigkeit betont, die eigenen Wünsche, Ziele und Werte kritisch zu reflektieren, sie als Ergebnis dieser Reflexion gegebenenfalls zu ändern und diejenigen von ihnen, zu denen man sich im Ergebnis bekennt, auch zur Grundlage des eigenen Handelns zu machen.[4] Neben dieser Kapazität kann Autonomie auch ein Ideal und ein Recht bedeuten – nämlich das Ideal beziehungsweise Recht, die genannte Kapazität in möglichst großem Maße zu besitzen und auszuüben.[5]

Genau dieses Recht ist es, auf das im Argument aus Autonomiegründen – explizit oder implizit – vielfach Bezug genommen wird.[6] Aus dem Ideal und dem Recht auf Autonomie den Schutz kognitiver Freiheiten abzuleiten, hat zweifelsohne eine lange geistesgeschichtliche Tradition. Dass Putnam das Argument als »kantisches Argument« identifiziert, ist dabei nicht falsch, aber doch leicht irreführend – schon deshalb, weil sich bei Kant mehrere verschiedene Argumente finden, die sinnvollerweise mit der Forschungsfreiheit in Verbindung gebracht werden können, und von denen einige

---

3 Sehr hilfreich in seine Facetten und Bestandteile aufgeschlüsselt wird er bei Joel Feinberg (*The Moral Limits of the Criminal Law*, Bd. 3: *Harm to Self*, New York 1986, Kapitel 18 u. 19). Siehe auch Gerald Dworkin, *The Theory and Practice of Autonomy*, Cambridge 1988.

4 Dies in Anlehnung an G. Dworkin, *The Theory and Practice of Autonomy*, Kapitel 1.

5 Zu dieser und weiteren Differenzierungen siehe Feinberg, *The Moral Limits of the Criminal Law*, Kapitel 18.

6 Weitere Autoren, die Überlegungen im Sinne des Arguments aus Autonomiegründen als Begründung der Forschungsfreiheit anführen, sind Richard Delgado, David Millen (»God, Galileo, and Government. Toward Constitutional Protection of Scientific Inquiry«, in: *Washington Law Review* 53 (1978), S. 349-404, hier S. 364 f.), Marcello Pera (»Should Science Be Supervised, and If So, by Whom?«, in: William Shea, Beat Sitter [Hg.], *Scientists and Their Responsibility*, Canton 1989, S. 58-72, hier S. 69), Andrea Degginger (»Freedom of Research and Basic Rights«, in: Shea/Sitter [Hg.], *Scientists and Their Responsibility*, S. 241-248, hier S. 241), und David Resnik (»Social Epistemology and the Ethics of Research«, in: *Studies in History and Philosophy of Science* 27 (1996), S. 565-586, hier S. 578). Als Begründung der Freiheit wissenschaftlicher Kommunikation wird es diskutiert bei Christian Munthe, Stellan Welin (»The Morality of Scientific Openness«, in: *Science and Engineering Ethics* 2 (1996), S. 411-428, hier S. 422-425).

deutlich raffinierter und genauer ausgeführt sind als das Argument aus Autonomiegründen.[7] Passend ist Putnams Bezeichnung dennoch insofern, als der Begriff der Autonomie in Kants Moralphilosophie bekanntlich eine zentrale Rolle spielt. Allerdings ist die kantische Autonomie keineswegs einfach mit intellektueller Integrität gleichzusetzen, sondern bedeutet zunächst und insbesondere eine sehr spezifische, für die Moral fundamentale Kapazität: Moralische Prinzipien haben für Kant ihren Ursprung im Vernunftgebrauch und sind Gesetze, die wir uns selbst geben.[8] Auch die Achtung für die Autonomie anderer (durchaus auch im heute üblichen, weniger spezifischen Sinn von Autonomie, den ich oben eingeführt habe) wird von Kant für moralisch verbindlich erklärt. Dies drückt sich in der berühmten Pflicht aus, »keinen anderen Menschen bloß als Mittel zu meinen Zwecken abzuwürdigen«.[9] Dass der Mensch ein Recht auf diese Achtung als Zweck an sich vermöge seiner Autonomie hat, machen Kants Erläuterungen dazu in einer Vorlesung von 1784 besonders deutlich:

Wenn nur vernünftige Wesen können Zweck an sich selbst seyn, so können sie es nicht darum seyn, weil sie Vernunft, sondern weil sie Freiheit haben. Die Vernunft ist bloß ein Mittel. [...] Ohne Vernunft kann ein Wesen nicht Zweck an sich selbst seyn; denn es kann sich seines Daseyns nicht bewußt seyn, nicht darüber reflektieren. [...] Aber die Freiheit, nur die Freiheit allein, macht, daß wir Zweck an sich selbst sind. [...] Die Freiheit muß, wenn sie unter Gesetzen seyn soll, sich selbst das Gesetz geben.[10]

7   Dies zeigt sich zum Beispiel daran, dass Kurt Bayertz ein ganz anderes Argument als Putnam als das »kantische Argument« für die Wissenschaftsfreiheit betitelt (»Drei Argumente für die Freiheit der Wissenschaft«, in: *Archiv für Rechts- und Sozialphilosophie* 86 [2000], S. 303-326, hier S. 311) – nämlich eines, das in den Begründungskontext fällt, den ich in Teil III dieses Buches behandeln werde. Tatsächlich finden sich bei Kant wichtige Elemente aller drei der von mir in diesem Buch behandelten wesentlichen Begründungen (Argument aus Autonomiegründen, erkenntnistheoretische Begründung und politische Begründung). Vgl. unten, S. 75-77 u. 220-222.
8   Vgl. *Grundlegung zur Metaphysik der Sitten,* hg. v. Karl Vorländer, Hamburg 1965, AA IV 432 f. und 440.
9   *Metaphysik der Sitten,* hg. v. Bernd Ludwig, Bd. 2, Hamburg 1990, AA VI 450; vgl. ebd. VI 462 und natürlich die berühmte entsprechende Formulierung des kategorischen Imperativs in der *Grundlegung zur Metaphysik der Sitten,* AA IV 429.
10 »Kants Naturrecht gelesen im winterhalben Jahre 1784« [»Naturrecht Feyerabend«], in: *Kant's gesammelte Schriften,* Bd. 27, hg. v. d. Akademie der Wissenschaften der DDR, Berlin 1979, S. 1317-1394, hier S. 1321 f. Siehe dazu auch Paul

Etwas schwieriger wird es, bei Kant Argumente zu finden, die spezifischer *epistemische* Freiheiten aus der Autonomie und der damit verbundenen menschlichen Würde ableiten. Im Aufklärungsartikel (ebenfalls von 1784) heißt es allerdings, auf die Aufklärung »Verzicht zu tun, sei es für seine Person, mehr aber noch für die Nachkommenschaft, heißt die heiligen Rechte der Menschheit zu verletzen und mit Füßen treten. Was aber nicht einmal ein Volk über sich selbst beschließen darf, das darf noch weniger ein Monarch über das Volk beschließen […].«[11] Kontext dieser Bemerkung ist die Diskussion der Frage, ob nicht eine Gesellschaft sich durch freiwillige gegenseitige Verpflichtung unter eine »Obervormundschaft« stellen und so quasi ein Moratorium der Aufklärung vereinbaren könne. Kant verneint und argumentiert dabei ausdrücklich naturrechtlich:

Ein Zeitalter kann sich nicht verbünden und darauf verschwören, das folgende in einen Zustand zu setzen, darin es ihm unmöglich werden muß, seine Erkenntnisse zu erweitern, von Irrtümern zu reinigen und überhaupt in der Aufklärung weiterzuschreiten. Das wäre ein Verbrechen wider die menschliche Natur, deren ursprüngliche Bestimmung gerade in diesem Fortschreiten besteht […].[12]

Man mag in diesen Passagen zumindest Elemente des Arguments aus Autonomiegründen erkennen – jedenfalls, wenn man die »heiligen Rechte der Menschheit« auf Aufklärung und Fortschreiten in der Erkenntnis in ihrer Würde und Autonomie verankert sieht, was angesichts Kants berühmter Identifikation des Selbstdenkens als Kern der Aufklärung nicht allzu kühn erscheint.[13] Wir werden in der Folge jedoch noch sehen, dass andere Argumente zugunsten

Guyer, »The Value of Reason and the Value of Freedom«, in: *Ethics* 109 (1998), S. 22-35, dem auch der Verweis auf diese Stelle entnommen ist.

11 »Beantwortung der Frage: Was ist Aufklärung?«, in: ders., *Was ist Aufklärung? Ausgewählte kleine Schriften*, hg. v. Horst D. Brandt, Hamburg 1999, S. 20-27, hier S. 25 (AA VIII 39 f.).

12 Ebd., S. 24 (AA VIII 39).

13 Vgl. auch die *Kritik der reinen Vernunft* (hg. v. Raymund Schmidt, Hamburg 1990), B 780, wo das Recht auf freie öffentliche Diskussion, dort ebenfalls als »heilig« bezeichnet, abgeleitet wird als auf dem »ursprünglichen Rechte der menschlichen Vernunft« beruhend, »welche keinen anderen Richter erkennt, als selbst wiederum die allgemeine Menschenvernunft«.

der Freiheit kognitiver und auch spezifisch wissenschaftlicher Betätigung bei Kant viel deutlicher auszumachen sind.

Ein viel eindeutigerer historischer Präzedenzfall für das Argument aus Autonomiegründen ist Johann Gottlieb Fichtes *Zurückforderung der Denkfreiheit* von 1793. Dort argumentiert Fichte naturrechtlich für ein Menschenrecht auf Denkfreiheit, wobei er deutliche Bezüge zu einer Konzeption des autonomen Vernunftwesens herstellt, zu welcher diese Freiheit notwendig gehört:

Frei denken zu können ist der auszeichnende Unterschied des Menschenverstandes vom Thierverstande. […] Das Vermögen im Menschen, durch welches er dieses Vorzugs fähig ist, ist eben das, durch welches er frei *will*; die Aeußerung der Freiheit im Denken ist eben so, wie die Aeußerung derselben im Wollen, inniger Bestandtheil seiner Persönlichkeit; ist die nothwendige Bedingung, unter welcher er sagen kann: ich *bin*, bin selbstständiges Wesen.[14]

Fichte schließt:

Freie Untersuchung jedes möglichen Objects des Nachdenkens, nach jeder möglichen Richtung hin, und ins Unbegränzte hinaus, ist ohne Zweifel ein Menschenrecht. Niemand darf seine Wahl, seine Richtung, seine Gränzen bestimmen, als er selbst. […] Es ist Bestimmung seiner Vernunft, keine absolute Gränze anzuerkennen; und dadurch wird sie erst Vernunft, und er dadurch erst ein vernünftiges freies selbstständiges Wesen. Mithin ist Nachforschen ins Unbegränzte *unveräußerliches* Menschenrecht.[15]

Die Denkfreiheit schließt für Fichte auch Freiheit zu äußeren Aktivitäten der Wissenssuche und -vermittlung ein: Die Obrigkeit habe »kein Recht unserm Forschen seine Gegenstände zu bestimmen, oder seine Gränzen zu setzen«.[16] Das Recht der Freiheit der wissenschaftlichen Mitteilung und die akademische Lehrfreiheit gehören ebenfalls dazu.[17]

Beim Argument aus Autonomiegründen ließe sich also mit eini-

---

14 *Zurückforderung der Denkfreiheit von den Fürsten Europens, die sie bisher unterdrückten*, in: Reinhard Lauth, Hans Jacob (Hg.), *J. G. Fichte-Gesamtausgabe*, Bd. I-1, Stuttgart-Bad Cannstatt 1964, S. 163-192, hier S. 175, Hervorhebungen im Original.

15 Ebd., S. 182 f.

16 Ebd., S. 187.

17 Vgl. ebd., insb. S. 176 f. u. 183.

gem Recht von einem *fichteschen* Argument für die Forschungsfreiheit sprechen. Die zentrale Frage für die vorliegende Untersuchung ist jedoch, ob und inwiefern genau es sich vor dem Hintergrund der Forschungsfreiheitsdebatten der Gegenwart sinnvoll in Anschlag bringen lässt.

2.2 Stärken und Grenzen des Arguments aus Autonomiegründen

Eine moderne Variante des Arguments, die als Begründung der Forschungsfreiheit fungieren können sollte, müsste offenbar auf den Voraussetzungen aufbauen, (i) dass persönliche Autonomie überhaupt ein Ideal oder gar ein Recht ist, (ii) dass Praktiken der Wissenssuche und insbesondere wissenschaftliche Forschung bedeutsame Formen der Ausübung persönlicher Autonomie sind und (iii) dass diese Umstände für die politische Gemeinschaft Gründe darstellen, bestimmte Formen der Forschungsfreiheit zu garantieren oder zu schützen.

Als Ideal im Sinne der ersten Voraussetzung ist die persönliche Autonomie vielfach und eindringlich beschworen worden, prägnant etwa durch Wilhelm von Humboldt:

Der wahre Zweck des Menschen – nicht der, welchen die wechselnde Neigung, sondern welchen die ewig unveränderliche Vernunft ihm vorschreibt – ist die höchste und proportionirlichste Bildung seiner Kräfte zu einem Ganzen. Zu dieser Bildung ist Freiheit die erste, und unerlassliche Bedingung.[18]

Humboldts Formulierungen hatten großen Einfluss auf den Liberalismus, besonders wegen ihrer Übernahme durch John Stuart Mill, der, an Humboldt ausdrücklich anschließend, das Ideal der Autonomie zu einem zentralen Element seines Freiheitsessays machte.[19] Auch wenn es sich im Selbstverständnis der westlichen

18 *Ideen zu einem Versuch, die Gränzen der Wirksamkeit des Staats zu bestimmen* [1792], in: ders., *Werke in fünf Bänden*, Bd. 1, hg. v. Andreas Flitner, Klaus Giel, Darmstadt ⁴2002, S. 56-233, hier S. 64.

19 *On Liberty* [1859], in: ders., *On Liberty and Other Essays*, hg. v. J. Gray, Oxford 1991, S. 1-128, hier Kapitel 3 (dt.: *Über die Freiheit*, hg. v. Manfred Schlenke, Stuttgart 1988).

Welt seitdem immer mehr etabliert hat – erhaben über jede Kritik ist das Ideal sicher nicht. Zunächst einmal kann es kein vollständiges moralisches Ideal bieten, denn persönliche Autonomie zu besitzen und auszuüben schließt beispielsweise nicht aus, selbstsüchtig, kalt oder grausam zu sein.[20] Mehr noch: Wenn es mit einer gewissen Insistenz vertreten wird, kann das Ideal der Autonomie in Widerspruch zu anderen wichtigen Werten geraten. Verstanden als unbedingte Forderung nach maximaler Unabhängigkeit wird das Ideal der Autonomie unvereinbar mit Werten wie Loyalität und Wohlwollen, allgemeiner: mit allen Werten, die in Bindungen zu anderen Menschen realisiert sind.[21]

Das Argument aus Autonomiegründen ist allerdings auch nicht auf eine derart starke Lesart des Autonomieideals angewiesen. Es ist mit einer Konzeption von Autonomie vereinbar, der zufolge freiwillig eingegangene Bindungen und Verbindlichkeiten nicht als Einschränkungen der Autonomie gelten, und die deshalb mit Loyalität, Wohlwollen und anderen wichtigen Werten im Einklang stehen kann.[22] Auch genügt es für die Zwecke des Arguments, wenn persönliche Autonomie *eine* von mehreren menschlichen Eigenschaften und Kapazitäten ist, deren Besitz und Ausübung als wertvoll angesehen wird. Dies alles gilt jedenfalls, sofern das Argument aus Autonomiegründen nicht als Begründung für ein Prinzip der völlig schrankenlosen Forschung herhalten soll. (Doch ein unbedingtes Forschungsfreiheitsprinzip, bei dem die freie Forschung in jedem beliebigen Wertkonflikt automatisch die Oberhand behält, wird in den Forschungsfreiheitsdebatten typischerweise auch gar nicht eingefordert.)

Was die zweite Voraussetzung des Arguments aus Autonomiegründen angeht, gibt es sicher starke Gründe dafür, Praktiken des Wissenserwerbs ganz allgemein als besonders wichtig für die persönliche Autonomie anzusehen. Denn nicht nur gehören zu den möglichen Zielen, die eine autonome Person sich setzen und verfolgen kann, natürlich auch epistemische Ziele – auch für die Verfolgung anderer, nicht selbst epistemischer Ziele ist Wissen eine elementare Grundlage, da für die effektive Verfolgung praktisch jeden Ziels verlässliche Informationen erforderlich sind. In den Wor-

20 Vgl. Feinberg, *The Moral Limits of the Criminal Law*, Bd. 3, S. 45.
21 Dazu ausführlich G. Dworkin, *The Theory and Practice of Autonomy*, Kapitel 2.
22 Siehe Feinberg, *The Moral Limits of the Criminal Law*, Bd. 3, S. 39.

ten Bernard Williams': »Menschen Informationen und das Recht, sie zu verbreiten, zu verweigern, ist sowohl unmittelbar eine Verletzung der Freiheit [...] als auch eine Entwertung der Freiheit auf anderen Gebieten, da wirksames Handeln Wissen voraussetzt.«[23]

Jedes politische Gemeinwesen kann bestimmte Freiheiten der Bürger einschränken – entweder nach Abwägung des Autonomieideals gegen andere Werte, wie etwa der äußeren Sicherheit des Gemeinwesens, oder mit der Absicht, durch gezielte Beschränkung einzelner Freiheiten die allgemeinen Voraussetzungen für Besitz und Ausübung von Autonomie für alle Bürger zu verbessern – wie etwa im Falle eines allgemeinen Verbotes, Waffen zu führen. Die grundlegende Rolle von Informationen für den Besitz und die Ausübung der persönlichen Autonomie bedeutet, dass eine Beschränkung der freien *Wissenssuche* nur als Ausnahme und nur dann erfolgen sollte, wenn die Exekutive ansonsten der ihr übertragenen Verantwortung für die Sicherheit und den Bestand des Gemeinwesens nicht gerecht werden kann. Ein weiterer Grund, solche Einschränkungen möglichst zu begrenzen, liegt darin, dass Wissen auch eine spezifisch politische Rolle für die öffentliche Kontrolle spielt, der die Exekutive gerade wegen ihrer besonderen Machtmittel und Möglichkeiten unterliegen muss.[24] Doch im Argument aus Autonomiegründen geht es noch nicht um diese politische Rolle des Wissens, die uns zu einer ganz anderen Form der Begründung der Wissenschaftsfreiheit führen wird (siehe Teil III dieses Buches). Für das Argument aus Autonomiegründen relevant ist zunächst nur die grundlegende Rolle der Wissenssuche für alle anderen individuellen Freiheiten. Sie erklärt, warum eine Lüge, ein Geheimnis oder eine gezielt verhinderte Erkenntnis im Nachhinein als ein geradezu erniedrigender Eingriff in unser Leben empfunden werden kann: Das Vorenthalten von Wissen entwertet unsere Freiheit. Die elementare Bedeutung der Wissenssuche erkennt beispielsweise auch die UN-Menschenrechtserklärung an, die im Einklang mit dieser Überlegung die allgemeine Freiheit einfordert, »über Medien jeder

---

23 »[T]o deny people information and the right to spread information both violates liberty directly [...] and devalues liberty in other areas, since effective action requires knowledge.« Bernard Williams, *Truth and Truthfulness. An Essay in Genealogy*, Princeton 2002, S. 211 f. (dt.: *Wahrheit und Wahrhaftigkeit*, Frankfurt/M. 2003), meine Übersetzung. Siehe auch unten, Abschnitt 6.1.

24 Vgl. ebd., S. 207.

Art und ohne Rücksicht auf Grenzen Informationen und Gedankengut zu suchen, zu empfangen und zu verbreiten.«[25]

An der elementaren Freiheit der Wissenssuche ändert sich auch nichts Grundsätzliches, wenn diese gemeinschaftlich und systematisch erfolgt – und damit, abhängig vom Grad ihrer Systematizität, mehr und mehr den Namen der wissenschaftlichen Forschung verdient.[26] Zwar beinhaltet gerade naturwissenschaftliche Forschung Eingriffe in die Erfahrungswirklichkeit, die grundsätzlich auch das Leben anderer beeinträchtigen könnten. Doch dass genau an diesem Punkt die aus Autonomiegründen erwachsende Forschungsfreiheit eine Grenze haben muss, ist eine Selbstverständlichkeit *jedes* Freiheitsrechts, das jedem Menschen immer nur in dem Maße zustehen kann, wie es, in Kants Worten, »mit jedes Anderen Freiheit nach einem allgemeinen Gesetz zusammen bestehen kann«.[27] Dies gehört zur inneren Logik des Arguments aus Autonomiegründen und stellt keine besondere Begrenzung des Arguments dar, die sich erst durch seine Anwendung auf die naturwissenschaftliche Forschung ergäbe. Dass, wie unter (i) gesehen, das Ideal der Autonomie kein vollständiges und unbedingtes moralisches Ideal sein kann, bedeutet, dass die so begründete Forschungsfreiheit nicht nur bei Konkurrenz mit der Autonomie anderer, sondern auch im Konflikt mit anderen gravierenden Werten an gerechtfertigte Grenzen stoßen kann. Gerechtigkeit und Glück sind Beispiele für Werte, die sich (möglicherweise) nicht vollständig auf den Wert persönlicher Autonomie reduzieren lassen und deshalb Abwägungen erforderlich machen können.[28] Doch auch diese Abwägbarkeit betrifft alle im Ideal der persönlichen Autonomie begründeten Freiheiten gleichermaßen. Wie genau die Abwägung zu erfolgen hat, ist ein Grundproblem des Liberalismus, das hier nicht gelöst werden kann. An dieser Stelle genügt es, festzuhalten, dass Einschränkungen der Freiheit der Wissenssuche (zu der auch wissenschaftliche

25 Generalversammlung der Vereinten Nationen, »*Allgemeine Erklärung der Menschenrechte*«, ⟨www.ohchr.org/EN/UDHR/Pages/Language.aspx?LangID=ger⟩, letzter Zugriff 13.9.2011, Art. 19.

26 Vgl. Paul Hoyningen-Huene, »Systematicity. The Nature of Science«, in: *Philosophia (Israel)* 36 (2008), S.167-180.

27 *Metaphysik der Sitten*, AA VI 237.

28 Vgl. Isaiah Berlin, »Two Concepts of Liberty«, in: ders., *Four Essays on Liberty*, London 1969, S.118-172, hier S.170 (dt.: »Zwei Freiheitsbegriffe«, in: *Freiheit. Vier Versuche*, Frankfurt/M. 1995).

Forschung gehört) tiefe Einschnitte in die persönliche Autonomie bedeuten und deshalb nur als Ausnahme und nur zugunsten
schwerwiegender Belange der politischen Gemeinschaft oder zur
Bewahrung der Autonomie anderer erfolgen sollten. Die wirklich
spezifischen Begrenzungen des Arguments aus Autonomiegründen
für den Kontext der Forschungsfreiheitsdebatten offenbaren sich
erst bei der Betrachtung seiner dritten Voraussetzung.

Inwiefern erwachsen aus dem Ideal und dem Recht der Autonomie in Verbindung mit der zentralen Bedeutung der Wissenssuche
für selbige Gründe für eine politische Gemeinschaft, bestimmte
Formen der Forschungsfreiheit zu schützen oder zu garantieren?
Mit dieser Frage gelangen wir zu Voraussetzung (iii) des Arguments
aus Autonomiegründen. Wie schon gesehen, sollte die politische
Gemeinschaft die Freiheit der Wissenssuche so weit als möglich
respektieren – das heißt, es sollten Eingriffe und Beschränkungen
in die Ausübung dieser Freiheit, solange sie nicht die elementaren
Freiheiten anderer stört, nur ausnahmsweise und nur dann erfolgen, wenn dies für den Erhalt bedeutender Werte der politischen
Gemeinschaft insgesamt unvermeidbar erscheint. Natürlich wird
im Einzelfall immer wieder kontrovers sein, wann solche Ausnahmen gerechtfertigt sind. War es gerechtfertigt, dass das FBI 1977
in Princeton die Physik-Examensarbeit von John Phillips beschlag-
nahmte, die sich allein auf der Grundlage öffentlich zugänglicher
Quellen mit Konstruktionsprinzipien einer Atombombe befasste?
Ist der Vorwurf des FBI hinnehmbar, dass Phillips, in den spürbar
fassungslosen Worten des Physiknobelpreisträgers Robert Laughlin, »allein schon durch das Nachdenken über Atomwaffen gegen
die Bestimmungen des Atomic Enery Act verstoßen« habe?[29] Die
Antwort hängt offenbar von einer Abschätzung des Ausmaßes der
Bedrohung der öffentlichen Sicherheit ab, die von Phillips' Arbeit ausging. Aus dem Argument aus Autonomiegründen folgt
jedenfalls *nicht*, dass Phillips' Betätigung *unantastbar* hätte sein
müssen, weil es sich bei ihr im Grunde »nur« um »Nachdenken«
handelte.[30] *Dass* es (in Form militärischer, geheimdienstlicher und

29 Robert B. Laughlin, *Das Verbrechen der Vernunft. Betrug an der Wissensgesellschaft*,
 Frankfurt/M. 2008, S. 73.
30 Laughlins äußerst kritische Sichtweise jedweder Einschränkung der Wissen-
 schafts- oder Informationsfreiheit ist offenbar von Überlegungen nach Art des
 Arguments aus Autonomiegründen motiviert. Er selbst fasst zusammen, es ginge

anderer Staatsgeheimnisse) *überhaupt* Beispiele für gerechtfertigte Ausnahmefälle gibt, in denen staatliche Eingriffe in die freie Wissenssuche gestattet sein müssen, kann nur bestreiten, wer glaubt, eine Regierung, die (wie jede Regierung) in gewissem Maße mit der Sicherheit der Bürger betraut ist, könne dieser Aufgabe auch gänzlich ohne Geheimhaltung gerecht werden. Aber abgesehen von vereinzelten Ausnahmen liefert das Argument aus Autonomiegründen durchaus eine Begründung für das Prinzip, dass politische und staatliche Gewalten nicht in die freie Wissenssuche eingreifen sollten, und somit für eine als Abwehrrecht gegen (insbesondere staatliche) Einmischung verstandene Forschungsfreiheit.

In Bezug auf die im vorigen Kapitel skizzierten Formen der Forschungsfreiheit handelt es sich bei der so begründbaren Freiheit also im Wesentlichen um eine Freiheit der Ziele. Denn aus einem Abwehrrecht gegen Einmischung erwächst zwar auch die Freiheit, aus eigener Kraft die für die Wissenssuche erforderlichen Mittel anzustreben, ohne im Allgemeinen daran gehindert zu werden. Doch die weitergehende und in vielen Forschungsfreiheitsdebatten relevantere Auffassung von der Freiheit der Mittel, der zufolge diese hauptsächlich eine Verantwortung der politischen Gemeinschaft bedeutet, für die bei der Forschung benötigten (insbesondere finanziellen) Ressourcen Sorge zu tragen, lässt sich so zunächst nicht begründen.

Allerdings könnte man versucht sein, das Argument aus Autonomiegründen in diese Richtung auszubauen, indem man unterstellt, politische Gemeinschaften müssten persönliche Autonomie nicht nur respektieren und schützen, sondern auch *fördern*. Ob sie diese Verantwortung haben, muss hier nicht in aller Allgemeinheit erörtert werden, sondern nur im Hinblick darauf, ob sich so eine Freiheit der Mittel für wissenschaftliche Forschung (im genannten weitergehenden Sinne) begründen lässt. Ich möchte zeigen, dass eine Erweiterung des Arguments aus Autonomiegründen in dieser Richtung einem Denkfehler aufsitzen würde.

Der wesentliche Grund dafür besteht schlicht darin, dass eine politische Gemeinschaft die Mittel, die sie zur Förderung wissenschaftlicher Forschung als Ausübung persönlicher Autonomie zur Verfügung stellen würde, zuvor durch allgemeine Steuern aufbrin-

ihm um »die Freiheit, Dinge zu erfahren und zu verstehen, die für das eigene Leben bedeutsam sind«. Ebd., S. 9.

gen müsste. Besteuerung schränkt jedoch die Autonomie der Besteuerten ein. Diese könnten die Mittel sonst unter anderem auch für die Wissenssuche aufwenden. Wenn von finanziellen Mitteln die Rede ist, kann von der Förderung persönlicher Autonomie durch Verfügbarmachung der Mittel zur Wissenssuche nur ein Teil der Mitglieder der Gemeinschaft profitieren, und dies nur auf Kosten einer Einschränkung der Autonomie anderer.

Natürlich könnte es genau dafür Rechtfertigungen geben. Sofern es sich zum Beispiel bei denjenigen, deren Autonomie durch eine Maßnahme in Verbindung mit den für sie erhobenen Steuern insgesamt eingeschränkt würde, im Allgemeinen um diejenigen handelte, die bisher gegenüber den Nutznießern der Maßnahme im Vorteil hinsichtlich ihrer Freiheiten und Möglichkeiten insgesamt gewesen wären, könnte die Maßnahme aus Gerechtigkeitserwägungen gerechtfertigt sein. Offenbar ist aber in den Forschungsfreiheitsdebatten die Freiheit der Mittel weder im Sinne einer gleichen Förderung für alle (wie etwa im Fall des allgemeinen Schulwesens) noch im Sinne einer gezielten Förderung der bislang Benachteiligten gemeint. Wie auch immer die Freiheit der Mittel im Einzelnen ausbuchstabiert wird: Ihre Nutznießer zeichnen sich nicht durch Benachteiligung aus, sondern durch besondere Befähigung zur Forschung, durch Mitgliedschaft in der wissenschaftlichen *community* oder durch Ausübung eines bestimmten Berufs oder Amts.

Es scheint zwei Möglichkeiten zu geben, die Privilegierung der so ausgezeichneten Gruppe bei der Förderung der Autonomie durch mittelbezogene Forschungsfreiheit zu begründen. Erstens könnte man behaupten, dass der so definierte Personenkreis einen größeren Bedarf für diese spezielle Dimension persönlicher Autonomie hat. So argumentieren etwa die amerikanischen Staatsrechtler Richard Delgado und David Millen:

Das Recht auf Selbstentfaltung, das Personen innewohnt [...], existiert [...], um ihnen die vollständige Entwicklung ihres Charakters und ihrer menschlichen Potenziale zu ermöglichen. [...] Für ernsthafte Wissenschaftler ist die Wissenschaft ein sie völlig vereinnahmendes Unterfangen, welches das hauptsächliche kreative Auslassventil ihres Lebens darstellen kann.[31]

31 »The right to self-fulfillment, which inheres in persons [...], exists [...] to permit them to develop fully their character and potentialities as human beings. [...] For serious scientists, science is a fully engrossing endeavor that may constitute

Eine Begründung der Freiheit der Mittel wäre allerdings durch diese Überlegung nur in Verbindung damit zu rechtfertigen, dass auch für andere Menschen eine Förderung der Verwirklichung ihrer individuellen Potenziale stattfindet – und zwar entweder für alle Menschen im gleichen Maße oder in besonderem Maße für die bisher Benachteiligten. Offenbar trifft auch dies nicht den Sinn der Freiheit der Mittel, der in Forschungsfreiheitsdebatten gemeint ist.

Die zweite, wesentlich aussichtsreichere Möglichkeit besteht darin, zu argumentieren, dass eine auf den Personenkreis der Wissenschaftler begrenzte Förderung der freien Wissenssuche letztlich auch der persönlichen Autonomie aller (oder der meisten) anderen Mitglieder der politischen Gemeinschaft zugutekomme. Angesichts der oben begründeten elementaren Bedeutung von Wissen für die Ausübung von Autonomie überhaupt macht diese Begründung auf den ersten Blick einen guten Eindruck: Diejenigen Mitglieder der Gemeinschaft, die für die Wissenssuche ein besonderes Talent und die richtige Ausbildung haben, sollten in ihrer freien Wissenssuche aus Mitteln der Gemeinschaft gefördert werden, um wichtige Voraussetzungen für unser aller Besitz und Ausübung persönlicher Autonomie zu schaffen.

Auf den zweiten Blick wird allerdings klar, dass die Forscher unter dieser Sichtweise *im Auftrag* der gesamten politischen Gemeinschaft nach Wissen suchen müssten. Die Wissenssuche ist nicht mehr selbst *als* Ausübung der persönlichen Autonomie der Suchenden geschützt, sondern als Schaffung der epistemischen Voraussetzungen *für* Autonomie. Während dies einen Grund dafür liefert, dass diese Suche aus allgemeinen Steuern gefördert wird, hält das Argument in dieser Lesart keine Begründung mehr bereit, warum die Forscher bei der Suche mehr Freiheiten genießen sollten als die Bauarbeiter, die Wege und Straßen bauen und so in unser aller Auftrag wichtige Voraussetzungen für die Ausübung unserer Bewegungsfreiheit schaffen.

Man mag einwenden, dass die Suche nach Wissen etwas ganz anderes sei als der Wege- und Straßenbau: Während ein Weg nach Auftrag und Plan und ohne nennenswerte Freiheiten angelegt werden könne, könne Wissen überhaupt nicht oder jedenfalls nicht in effizienter Weise gesucht und gefunden werden, ohne dass die

the principal creative outlet of their lives.« Delgado/Millen, »God, Galileo, and Government«, S. 364, meine Übersetzung.

Suchenden in ihren Entscheidungen über die jeweils von ihnen verfolgten Fragestellungen und die von ihnen verwendeten Ansätze und Methoden möglichst frei seien. Dies ist ein sehr ernstzunehmendes Argument für die Forschungsfreiheit, gegen das ich an dieser Stelle nichts weiter zu entgegnen habe, als dass es ein *anderes* Argument ist als das Argument aus Autonomiegründen. Es bezieht seine Überzeugungskraft aus einer erkenntnistheoretischen Erwägung, der zufolge bestimmte Formen der Forschungsfreiheit erforderlich sind, um erfolgreich nach Wissen zu suchen. Dass dies so ist, ist eine keineswegs triviale Behauptung. Sie bildet den Kern einer erkenntnistheoretischen Begründung der Forschungsfreiheit, die, um auch politisch überzeugend zu sein, zwar zur zusätzlichen Prämisse haben muss, dass die politische Gemeinschaft als Ganzes vom bei der freien wissenschaftlichen Forschung gefundenen Wissen profitiert. Dies muss jedoch nicht deshalb der Fall sein, weil Wissen für die persönliche Autonomie aller Bürger von Bedeutung ist. Eine Bandbreite von Begründungen für den Wert des wissenschaftlichen Wissens kommt dafür in Frage. Ich werde deshalb die erkenntnistheoretische Begründung in Teil II zunächst getrennt vom Argument aus Autonomiegründen betrachten. Dass *eine* der Dimensionen, die dem wissenschaftlichen Wissen einen Wert für alle Mitglieder der politischen Gemeinschaft (oder jedenfalls für einen Personenkreis, der über die Wissenschaftlergemeinschaft selbst weit hinausgeht) geben, auch in seiner Bedeutung für die persönliche Autonomie besteht, soll dabei nicht vergessen werden.[32] Die Kombination der erkenntnistheoretischen Begründung der Forschungsfreiheit mit einem Wert wissenschaftlicher Erkenntnis aus Autonomiegründen werde ich eher als eine Variante der erkenntnistheoretischen Begründung betrachten denn als Version des Arguments aus Autonomiegründen. Auch wenn dies hauptsächlich eine architektonische Entscheidung über den Aufbau dieses Buches ist, scheint mir doch zumindest ein Anhaltspunkt auch systematisch dafür zu sprechen: Die Grundidee des Arguments aus Autonomiegründen ist, dass jeder seinen kognitiven Interessen weitestgehend nachkommen dürfen (Wigner) und Richtung und Grenzen seiner Untersuchung selbst setzen sollte (Fichte). Diese Grundidee bezieht sich klarerweise darauf, dass dies um der *eigenen* persönli-

---

32 Siehe insb. unten, Abschnitt 7.1.

chen Autonomie der Forschenden willen der Fall sein sollte. Bei einer Kombination des Wertes von Wissen für die persönliche Autonomie aller Bürger mit einem erkenntnistheoretischen Argument dafür, dass Forschungsfreiheit die organisatorische Voraussetzung für die erfolgreiche Suche nach dem in Rede stehenden Wissen liefert, geht dieser Bezug verloren.

Es ist nicht zu vergessen, dass das Argument aus Autonomiegründen selbst, ohne die erkenntnistheoretische Zusatzargumentation, durchaus Begründungskraft für eine Freiheit der Wissenssuche besitzt. Allerdings muss es im Wesentlichen bei der Begründung einer Freiheit der Ziele stehen bleiben. Zwar mag es auch einen Grund bereitstellen, die Wissenssuchenden möglichst dabei gewähren zu lassen, wenn sie aus eigener Kraft die Mittel für ihre Wissenssuche aufzubringen versuchen. So lässt sich auch Fichte verstehen, der behauptet: »[W]er das Recht zum Zwecke hat, der hat es auch zu den Mitteln, wenn kein anderes Recht ihm im Wege steht.«[33] Diese Überlegung aber auf eine aktive Förderung durch Verfügbarmachung insbesondere finanzieller Mittel für die freie Forschung zu erweitern, lässt sich nicht widerspruchsfrei durchführen. Mittel in diesem Sinne können politische Gemeinschaften nur durch Umverteilung verfügbar machen, wobei immer die Freiheit der einen auf Kosten der Freiheit anderer gemehrt wird. Dass dadurch mittelbar und langfristig die persönliche Autonomie *aller* vergrößert wird, lässt sich nicht ausschließen, ist aber eine ehrgeizige Behauptung, die weit über den ursprünglichen Argumentationsgehalt des Arguments aus Autonomiegründen hinausgeht.

Eine weitere Begrenzung der Stärke des Arguments zeigt sich bei Betrachtung der Frage, wer oder was als das Subjekt der mit seiner Hilfe begründbaren Forschungsfreiheit angesehen werden kann. Denn persönliche Autonomie ist individuell, und so kann auch nur eine individuelle Forschungsfreiheit aus ihr heraus gerechtfertigt werden. Zwar mag es Konzeptionen geben, die als Analoga der persönlichen Autonomie auf überindividueller Ebene verstanden werden können – wie etwa die »politische Autonomie« eines Gemeinwesens (auf die das Wort »Autonomie« begriffsgeschichtlich

---

33 *Zurückforderung der Denkfreiheit von den Fürsten Europens, die sie bisher unterdrückten*, S.183. Dort ist die Bemerkung Teil von Fichtes Ableitung des Rechts auf Lehr- und Lernfreiheit, da er das Empfangen und Geben von Unterricht als Mittel zum Zweck der gemeinschaftlichen Wissenssuche betrachtet.

zurückgeht) oder die »Volkssouveränität« (besonders in Verbindung mit der Vorstellung einer rousseauschen *volonté générale*). Als starkes Ideal oder Recht verstanden, sind diese dafür kritisiert worden, dass sie allzu leicht zur Motivation oder Rationalisierung dienen können, die individuelle Selbstbestimmung zugunsten der kollektiven zu untergraben.[34] Doch der Konflikt zwischen ihnen und der individuellen Freiheit braucht uns nicht weiter zu beschäftigen, denn sie können im Sinne einer Begründung kollektiver Forschungsfreiheit ohnehin nicht dienlich sein. Subjekt der überindividuellen Autonomiekonzeptionen ist stets die *gesamte* politische Gemeinschaft, während kollektive Formen der Forschungsfreiheit sich auf Forschergemeinschaften, Subdisziplinen, Disziplinen oder möglicherweise die wissenschaftliche *community* als Ganzes beziehen. Dass die kollektive Autonomie einer bestimmten Berufsgruppe (oder einer noch kleineren Gemeinschaft) einen Eigenwert besitzt, lässt sich aus den bestehenden Konzeptionen individueller oder kollektiver Autonomie nicht ableiten. Sie mag einen instrumentellen Wert besitzen, der jedoch erst mit Hilfe anderer Argumente begründet werden muss.

Natürlich bedeutet dies nicht, dass die aus Autonomiegründen erwachsenden Freiheiten der Einzelnen erlöschen, wenn sie sich bei der Wissenssuche mit anderen zusammentun. Insofern können Forschende ihre Autonomie auch in einer Forschungsgruppe ausüben. Die kollektive Freiheit, um die es in Forschungsfreiheitsdebatten der Gegenwart geht, müsste aber mehr beinhalten als nur die Summe der individuellen Freiheiten der Forscher. Die disziplinenbezogene Forschungsfreiheit muss eine Freiheit sein, die dem Kollektiv selbst zukommt und auch dann noch die Oberhand behält, wenn sie in Konkurrenz zu den individuellen Freiheiten der einzelnen Wissenschaftler tritt – wie es etwa bei einer hierarchischen Organisationsweise von Forschungsgruppen und bei der Durchführung von *peer review*-Verfahren unausweichlich ist. Da diese (oder andere, vergleichbare) Mechanismen zur Selbststeuerung der Disziplinen erforderlich sind, kann die kollektive Forschungsfreiheit sonst nicht sinnvoll als Freiheit zur kollektiven Selbststeuerung ohne außerdisziplinäre Einmischung verstanden werden. Eine bloße Aggregation individueller Freiheiten reicht also nicht aus.

---

34 Siehe Berlin, »Two Concepts of Liberty«, insb. die Abschnitte VI-VII.

Ich fasse zusammen: Die Forschungsfreiheit, die sich durch das Argument aus Autonomiegründen stützen lässt, ist eine individuelle Freiheit der Ziele. Sie ist die Freiheit des Einzelnen, allein oder in Gemeinschaft mit anderen aus eigenen Mitteln und Kräften wissenschaftliches Wissen zu suchen. Sie kann Abwehrrechte Einzelner gegen die Behinderung ihrer Wissenssuche begründen, denn wegen der grundlegenden Bedeutung von Information für den Besitz und die Ausübung von Autonomie in fast allen Bereichen sind Eingriffe in die freie Wissenssuche besonders tiefe Einschnitte in das Vermögen, ein selbstbestimmtes Leben zu führen. So stützt das Argument aus Autonomiegründen eine Art »privater« Forschungsfreiheit. Selbst in diesem, ihrem ureigensten Wirkungsbereich kann die so begründete Freiheit allerdings keine unbedingte sein. Gerechtfertigte Grenzen kann sie sowohl in der Freiheit der anderen als auch in bedeutenden Werten (wie Gerechtigkeit und Glück) finden, die sich nicht auf persönliche Autonomie alleine zurückführen lassen.

Die Herausforderungen der hier erforderlichen Abwägungen sind in dieser Formulierung natürlich nur angedeutet. Stellen wir uns beispielsweise vor, eine Gruppe von Privatleuten stellte aus eigenen Mitteln und Kräften Forschungen mit dem Ziel an, zu beweisen, dass irgendeine bestimmte Minderheit in Deutschland genetisch bedingt eine geringere durchschnittliche Intelligenz besäße als der Rest der Deutschen. Offenbar besäßen solche Forschungen das Potenzial, durch ihre mittelbaren und langfristigen Folgen negative Auswirkungen auf die Gerechtigkeit, auf das Glück vieler Menschen und auch auf ihre persönliche Autonomie zu haben. Negative Folgen könnten solche Forschungsanstrengungen auch bei völliger Haltlosigkeit der Forschungshypothese entfalten.[35] Sollten Gesetzgeber und Exekutive in diesem Fall die Möglichkeit haben, die Forschungen gleich zu verbieten? Dagegen spräche zunächst das ganz pragmatische Argument, den »Forschungen« der Privatleute nicht den Nimbus des verbotenen Wissens und damit eine Art von Aufmerksamkeit zu verschaffen, die sie nicht verdienten – ein Verbot könnte vor dem Hintergrund verbreiteter Vorurteile schnell zur Verbreitung der Mutmaßung führen, an den Forschungen müsse wohl etwas dran sein, sonst würden sie ja nicht unterdrückt. Einmal abgesehen von dieser pragmatischen Erwägung müsste in

---

35 Vgl. Philip Kitcher, *Science, Truth, and Democracy*, New York 2001, S. 98 f., und siehe unten, Abschnitt 13.3.

die Abwägung *auch* die Freiheit der Wissenssuche eingehen. Eine Unterscheidung zwischen »guten« und »schlechten« Erkenntniszielen kann für die *Berücksichtigung* der persönlichen Autonomie der Wissenssuchenden keine Rolle spielen. Dass im Ergebnis die Abwägung zugunsten der Forschungsfreiheit ausfallen *muss*, folgt aber aus dem Argument aus Autonomiegründen schon deshalb nicht, weil dazu das Ideal der Autonomie ein unbedingtes und vollständiges moralisches Ideal sein müsste – was nicht der Fall sein kann, wie wir oben, bei der Diskussion von Voraussetzung (i) des Arguments aus Autonomiegründen, gesehen haben.

Die entscheidendere Einschränkung des Arguments im Hinblick auf die Forschungsfreiheitsdebatten der Gegenwart besteht jedoch darin, dass es über den Bereich einer individuellen Freiheit der Ziele nicht hinausgreifen kann. In den meisten Fällen geht es in Forschungsfreiheitsdebatten um weiter reichende Formen der Forschungsfreiheit – es geht um die Wissenschaft als ein ganz wesentlich aus öffentlichen Mitteln gefördertes Gemeinschaftsprojekt und daher fast immer auch um eine Freiheit der Mittel. Sehr häufig geht es überdies um die Frage, ob die wissenschaftliche Gemeinschaft mit Hilfe geeigneter Mechanismen der Selbststeuerung ohne äußere Einmischung entscheiden sollte, wofür diese Mittel verwendet werden. Die Grenzen des Arguments aus Autonomiegründen werden also in den Forschungsfreiheitsdebatten in zweifacher Hinsicht regelmäßig überschritten.

Um die Formen von Forschungsfreiheit rechtfertigen zu können, die in heutigen Diskussionszusammenhängen eine Rolle spielen, genügt es also nicht, auf die persönliche Autonomie der Forschenden zu verweisen. Es bedarf anderer, weitergehender Begründungen. Wie wir gesehen haben, ist es eine vielversprechende Idee, dass das in den Wissenschaften gesuchte Wissen nicht nur wegen des Interesses der Forschenden selbst erstrebenswert ist, sondern einen Wert besitzt, der die politische Gemeinschaft als Ganzes angeht. Während diese Prämisse die Bereitstellung öffentlicher Ressourcen für das wissenschaftliche Erkenntnisunternehmen rechtfertigt, genügt sie allein noch nicht, um auch klarzustellen, warum zu diesem Unternehmen Freiheit erforderlich ist. Denn aus ihrer persönlichen Autonomie erwächst den Wissenschaftlern weiterhin nur ein Recht auf freie Wissenssuche, insofern sie aus eigenen Mitteln und Kräften ihren eigenen kognitiven Interessen nachgehen.

Sobald sie innerhalb eines öffentlich geförderten Gemeinschafts-unternehmens im öffentlichen Interesse agieren, bedarf es anderer, zusätzlicher Gründe, um für ihre Freiheit auch innerhalb dieses Unterfangens zu argumentieren. Einer ehrwürdigen Denktradition zufolge sind diese Gründe darin zu suchen, dass Freiheit für die (effiziente) gemeinschaftliche Wissenssuche sachlich erforderlich sei. Das größere Potenzial dieser Begründungsvariante der Forschungsfreiheit erkannte ein Vorläufer von Kant und Fichte, der die Denkfreiheit (in Gestalt der *libertas philosophandi*) ebenfalls naturrechtlich zu begründen suchte. In seinem *Jus Naturae* schreibt Christian Wolff 1746:

Die Freiheit zu philosophieren kommt den Gelehrten von Natur aus zu. Denn ohne Freiheit zu philosophieren gibt es keinen Fortschritt der Wissenschaft (s. *Disc. praelim.*, §169). Daher, weil die Gelehrten verpflichtet sind, mit vereinten Kräften die Erkenntnis der Dinge und die Wissenschaft zu fördern […], erteilt das Gesetz der Natur auch das zur Erfüllung dieser natürlichen Pflicht erforderliche Recht.[36]

Drei Dinge sind im Unterschied zu Fichte hervorzuheben: Erstens kommt das Naturrecht Wolff zufolge einem bestimmten Kreis von Menschen zu, nämlich den Gelehrten, die sich ganz der Erkenntnis verschreiben.[37] Diese sind zweitens einer gemeinschaftlichen Unternehmung verpflichtet. Drittens fügt Wolff explizit die Prämisse hinzu, dass die Freiheit für den Erfolg dieses kognitiven Gemeinschaftsunternehmens erforderlich sei und verweist zu deren ausdrücklicher Begründung auf den Einführungsteil seiner lateinischen Logik, den *Discursus praeliminaris de philosophia in genere*. Die dort ausgeführte Begründung wird uns in Teil II beschäftigen. Wolff reiht sich, wie wir im folgenden Kapitel sehen werden, damit in eine lange Reihe von Autoren ein, die die Wissenschaftsfreiheit als sachliche Voraussetzung des wissenschaftlichen Erfolges vertei-

---

36 »*Libertas philosophandi eruditis natura competit.* Etenim sine libertate philosophandi nullus est scientiae progressus (§. 169. *Disc. praelim.*). Quamobrem cum eruditi conjunctis viribus rerum cognitionem ac scientiam promovere debeant […], lex autem naturae tribuat jus ad satisfaciendum obligationi naturali necessarium […].« Christian Wolff, *Jus naturae methodo scientifica pertractatum*, pars VI (= *Gesammelte Werke* Abt. II Bd. 22), hg. v. Marcel Thomann, Hildesheim 1968., cap. VII, §909, S. 763, meine Übersetzung, Hervorhebung im Original.
37 Ebd., §878, S. 698 (»rerum cognitioni ac scientiae acquirendae sese consecrant«).

digen – und damit einem Argumentationsmuster folgen, das ich die *erkenntnistheoretische Begründung der Forschungsfreiheit* nenne.

Die erkenntnistheoretische Begründung ist jedoch nicht die einzige Argumentationslinie, die über die Begrenzungen des Arguments aus Autonomiegründen hinauszuführen verspricht. Wir sind bereits kurz auf einen zusätzlichen und spezifisch politischen Grund zu sprechen gekommen, aus dem die Wissenssuche möglichst geringen Beschränkungen unterworfen sein sollte, dass nämlich dies in einem demokratischen Gemeinwesen für die öffentliche Kontrolle der Staatsgewalten erforderlich sei. Auch dieser Gedanke eröffnet eine Möglichkeit, zu begründen, dass eine Freiheit der Mittel für das Kollektivunternehmen Wissenschaft, selbst wenn sie aus einer die Freiheit des Einzelnen zunächst beschneidenden Besteuerung stammt, insgesamt die Freiheit aller vermehrt. Genauer gesagt, muss zu diesem Zweck argumentiert werden, dass eine freie, nämlich von den politischen Gewalten *unabhängige* Wissenschaft in der heutigen Zeit zu den Voraussetzungen eines funktionierenden demokratischen Prozesses gehört. Diese Begründung ist nicht einfach eine auf politisch relevantes Wissen spezialisierte Variante der erkenntnistheoretischen. Denn in dieser neuen Begründung muss nicht behauptet werden, dass Freiheit eine Voraussetzung für effiziente gemeinschaftliche Wissensgewinnung wäre. Sie beruht vielmehr auf der spezielleren Überlegung, dass die politische Unabhängigkeit der Prozesse der Erkenntnisgewinnung und ihre Freiheit speziell von Eingriffen staatlicher Organe deshalb wichtig ist, weil die Bürger das so gewonnene Wissen zum Teil zur Grundlage ihrer politischen Entscheidungen machen. Ich werde deshalb diese *politische Begründung der Forschungsfreiheit* getrennt von der erkenntnistheoretischen betrachten – dies geschieht in Teil III.

Es hat sich gezeigt, dass das Argument aus Autonomiegründen nur eine äußerst begrenzte Bedeutung für die Forschungsfreiheitsdebatten der Gegenwart haben kann. Doch die Reflexion über seine Grenzen und über die Möglichkeiten, diese mit Hilfe weiter reichender Begründungen der Forschungsfreiheit zu überwinden, haben uns den weiteren Rahmen für die Untersuchung der philosophischen Grundlagen der Forschungsfreiheit vorgegeben.

II. Die erkenntnistheoretische Begründung

Kapitel 3:
Die Tradition der erkenntnistheoretischen Begründung

In diesem zweiten Teil des Buches wird es um eine bestimmte Art und Weise gehen, Forschungsfreiheit zu rechtfertigen und zu verteidigen, die im Kern aus dem Argument besteht, dass eine Freiheit zu forschen für einen fruchtbaren Fortschritt unserer kollektiven Suche nach Wissen unverzichtbar ist. Die zahlreichen Varianten dieses Arguments werde ich im Begriff der *erkenntnistheoretischen Begründung der Forschungsfreiheit* zusammenfassen. Es wäre auch gerechtfertigt, genauer von der *sozialepistemologischen* Begründung der Forschungsfreiheit zu sprechen, weil alle Varianten dieser Argumentation starke Voraussetzungen über den Zusammenhang zwischen einer bestimmten (nämlich freien) sozialen Organisation unserer Bemühungen um Wissen und deren Erfolg machen. Ich werde jedoch dem weniger sperrigen Ausdruck den Vorzug geben.

Die Ideengeschichte der erkenntnistheoretischen Begründung kann und soll hier nicht in jedem Detail nachverfolgt werden, aber es lohnt sich doch, einige ihrer wichtigsten historischen Anknüpfungspunkte gezielt aufzusuchen. So lässt sich zeigen, dass die erkenntnistheoretische Begründung der Forschungsfreiheit sich bereits zur Zeit der wissenschaftlichen Revolution findet, aus der die moderne, forschende Wissenschaft hervorgegangen ist, und diese seitdem in wirkmächtiger Weise begleitet.

Am 23. Februar 1616 wurde in Rom eine Entscheidung des Heiligen Offiziums bekanntgegeben. Die Qualifikatoren hatten über Galileo Galilei zu urteilen, der in Briefen und Schriften den Kopernikanismus vertreten hatte. Dabei ging es insbesondere um die Kernthesen, dass die Sonne statt der Erde den Mittelpunkt der Welt bilde und diese nicht unbeweglich sei, sondern sich sowohl auf einer Bahn um die Sonne als auch um die eigene Achse bewege. In diesem ersten Prozess kam Galilei vergleichsweise glimpflich davon: Die genannten Behauptungen wurden als philosophisch absurd und (teilweise) häretisch verurteilt; Galilei selbst wurde förmlich belehrt und ermahnt, derlei in Zukunft nicht mehr zu behaupten oder zu verteidigen.[1]

Die Nachrichten vom Prozess hatten Thomas Campanella in einer neapolitanischen Gefängniszelle erreicht, in der er wegen angeblicher Verschwörung gegen die spanische Regierung einsaß.[2] Eilig verfasste der Bewunderer Galileis dort zu Beginn des Jahres 1616 eine Verteidigungsschrift, vermutlich in der Hoffnung, das Verfahren noch zu beeinflussen. Sie wurde 1622 in Frankfurt unter dem Titel *Apologia pro Galilaeo* veröffentlicht und stellt eine frühe und beeindruckende Verteidigung der Forschungsfreiheit dar.[3]

Campanella empfiehlt, jede Doktrin, die ihren Anhängern die Untersuchung der Naturdinge verbietet, der Falschheit zu verdächtigen. Die Natur als Erkenntnisquelle wird ausdrücklich gerechtfertigt; eine schädliche Konkurrenz zur in der Bibel offenbarten Wahrheit sei nicht zu befürchten, »da nämlich die Wahrheit der Wahrheit nicht widerspricht (wie durch das Laterankonzil unter Leo X. und andernorts gestützt wird) und auch nicht das Buch der schöpfenden Gottesweisheit dem Buch der offenbarenden Gottesweisheit«.[4] In ganz ähnlicher Weise hatte Galilei selbst der Heiligen Schrift das Buch der Natur an die Seite gestellt (auch in einer der in diesem ersten Prozess hauptsächlich inkriminierten Schriften, dem Brief an die Großherzogin Christina).[5] Das christli-

---

1 Vgl. Klaus Fischer, *Galileo Galilei*, München 1983, Abschnitt II.3.b. Über den genauen Inhalt dieser Belehrung herrschte später Uneinigkeit: Insbesondere waren die Beteiligten unterschiedlicher Ansicht darüber, ob Galilei auch verboten worden sei, den Kopernikanismus als eine mögliche Hypothese zu diskutieren. Eine dahingehende (vermutlich falsche) Aktennotiz wurde ihm im zweiten Prozess von 1633 zum Verhängnis.

2 Vgl. Grant McColley, »Introduction«, in: Thomas Campanella, *The Defense of Galileo*, hg. u. übers. v. Grant McColley, Nachdruck, New York 1975, S. VII-XLIV.

3 Nach Robert Sutton (»The Phrase *Libertas Philosophandi*«, in: *Journal of the History of Ideas* 14, 1953, S. 310-316) enthält Campanellas Schrift gar »the first reasoned argument to be published in support of the freedom of scientific investigation«.

4 »… cum enim veritas veritati non contradicat, ut habetur in concilio Lateranensi sub Leone X et alibi, nec liber sapientiae Dei creantis libro sapientiae Dei relevantis […].« Thomas Campanella, *Apologia per Galileo*, lateinisch u. italienisch, hg. v. Salvatore Femiano, Mailand 1975, S. 80, meine Übersetzung.

5 Brief an Christina di Lorena aus dem Jahre 1615; siehe Antonio Favaro u. a. (Hg.), *Le Opere di Galileo Galilei*, Bd. 5, Florenz 1968, S. 316. In engl. Übersetzung als »Letter to the Grand Duchess Christina«, in: Stillman Drake (Hg.), *Discoveries and Opinions of Galileo*, New York 1957, S. 173-216, hier S. 182 f. (dt.: *Lettera a Cri-*

che Gesetz, so Campanella, in dem so viel Wahrheit stecke, könne durch die wahrheitssuchende Naturforschung nicht bedroht sein. Es sei geradezu unchristlich, nicht dieser, sondern der auf die Heiden Aristoteles und Ptolemäus zurückgehenden Tradition den Vorzug zu geben.[6]

In unserem Zusammenhang sind besonders zwei Kernaussagen Campanellas hervorzuheben. Erstens erklärt er, dass die Wahrheitssuche zum Christsein dazugehöre; genauer »dass, wer den Christen das Studium der Philosophie und der Wissenschaften verböte, ihnen auch verbietet, Christen zu sein, und dass allein das christliche Gesetz den Seinen alle Wissenschaften anvertraut, weil es seine eigene Falschheit nicht fürchtet«.[7] (Dagegen, meint Campanella, hätten sowohl die Griechen wie die Mohammedaner aus Angst vor der Wahrheit die Wissenschaft unterdrückt.) Zweitens betont Campanella, dass, selbst falls Galilei irrte, der Christenwelt kein Schaden entstünde:

Wenn aber Galileis Meinung falsch wäre, wird dies der theologischen Lehre kein Ungemach bereiten. Es steht nämlich nicht alles, was falsch ist, gegen den Glauben [...]. Außerdem: Wenn Falsches erfunden wird, wird es nicht überdauern. Weswegen ich dafür halte, dass diese Art zu philosophieren nicht verboten werden sollte [...].[8]

Damit finden wir bei Campanella bereits zwei wichtige Kernelemente einer erkenntnistheoretischen Begründung der Forschungsfreiheit: erstens die Hervorhebung der übergeordneten Bedeutung der Suche nach Wissen und zweitens die These, dass bei freier Erlaubnis der Naturforschung (dieser »Art zu philosophieren«) deren falsche Ergebnisse, falls solche vorkommen sollten, keinen Scha-

---

stina di Lorena, italienisch – deutsch [= Brief an Christine von Lothringen], Passau 2008). Ähnlich bereits in einem Brief an Benedetto Castelli vom 21.12.1613, siehe *Le Opere*, Bd. 5, S. 282.

6 Campanella, *Apologia pro Galileo*, insb. Kapitel III, Abschnitt »Probatur assertio quarta« (S. 78-86).

7 »... quod qui vetet Christianis studium philosophiae et scientiarum, vetat etiam esse Christianos, et quod sola lex Christiana commendet suis omnes scientias, quia de falsitate sui non timet.« Ebd., S. 60, meine Übersetzung.

8 »Si autem falsa sit Galilaei sententia, nil incommodabit theologicae doctrinae. Non enim omne falsum est contra fidem [...]. Item si falsa invenietur, non perdurabit. Quapropter arbitror non debere hunc philosophandi modum vetari [...].« Ebd., S. 92, meine Übersetzung.

den anrichten und wieder untergehen würden. Um Letzteres zu unterstreichen, listet Campanella sogar eine Reihe kosmologischer und geographischer Behauptungen der Kirchenväter auf, die diese von den heidnischen Philosophen übernommen hätten und deren Falschheit inzwischen erkannt sei.[9] So führt er (wie nach ihm andere Autoren[10]) die kategorische Ablehnung der Möglichkeit von Antipoden als einen mittlerweile entlarvten Irrtum an. Das Beispiel ist mit Hintersinn gewählt, denn der von Campanella verschwiegene Hintergrund der Antipodenfrage ist, dass Augustinus die Unmöglichkeit von auf der gegenüberliegenden Seite der Welt lebenden Menschen mit Gewissheit aus der Bibel ableiten zu können geglaubt hatte.[11]

Dieser zweite Bestandteil der Begründung ist für die Frühzeit der modernen Naturwissenschaften und ihre Bemühungen um Freiheit von vornehmlich theologisch motivierten Einschränkungen kennzeichnend. Die Wissenschaftler konnten schlecht gegen religiöse Autoritäten auf bessere Evidenz ihrer Behauptungen bestehen; so war es klug, stattdessen hauptsächlich darauf zu verweisen, dass von ihnen keine Gefahr ausginge. Auch außerhalb des Machtbereichs der katholischen Kirche war eine solche Verteidigung bisweilen vonnöten. So wurde der Cartesianismus, nachdem der calvinistische Theologe Gisbert Voet ihm die Beförderung von Atheismus und Skeptizismus vorgeworfen und ihn wegen seines Substanzdualismus scharf kritisiert hatte, 1643 an der Universität Utrecht offiziell verurteilt.[12] Descartes verteidigte sich in einem im

---

9 Ebd., S. 94.

10 So Christian Wolff (*Discursus praeliminaris de philosophia in genere/Einleitende Abhandlung über Philosophie im allgemeinen*, hg. u. übers. v. Günter Gawlik, Lothar Kreimendahl, Stuttgart-Bad Cannstatt 1996, § 163), und Nicholas Gundling (»De Libertate Fridericianae«, in: Johann Erhard Kapp [Hg.] *Clarissimorum virorum orationes selectae*, Leipzig 1722, S. 803-836, hier S. 817 f., vgl. unten, S. 75).

11 Da es offenbar absurd sei anzunehmen, Menschen könnten die unermesslichen Ozeane überquert und so von der einen auf die andere Seite der Welt gelangt sein, würde die Existenz von Antipoden der biblischen Aussage widersprechen, dass Adam Vorfahr der gesamten Menschheit ist. Augustinus, *De civitate dei*, hg. v. Bernardus Dombart, Leipzig 1905, XVI 9.

12 Vgl. Dominik Perler, *René Descartes*, München 1998, S. 245-249. Auch in Marburg wurde 1653 die cartesische Lehre den Professoren der philosophischen Fakultät durch deren Statuten ausdrücklich verboten. Vgl. Georg Kaufmann, *Die Lehrfreiheit an den deutschen Universitäten im neunzehnten Jahrhundert*, Leipzig 1898, S. 42.

selben Jahr in Amsterdam gedruckten offenen Brief an Voet. Dort heißt es:

So frei ist nämlich das Philosophieren immer gewesen, und so viele haben auf unschädliche Weise bei der Erkenntnis von Naturdingen geirrt, dass, falls nach anderen auch ich mich täuschen sollte, davon keine Gefahr für das Menschengeschlecht zu befürchten ist; wenn ich aber mit Glück die Wahrheit gefunden haben werde, ist großer Nutzen zu erwarten: Und deshalb kann es geschehen, dass diejenigen, welche die Wahrheit lieben, wegen der zarten und ungewissen Hoffnung, sie in meinen Schriften zu finden, selbige öffentlich zu machen mich einladen mögen.[13]

Bemerkenswert ist, dass Descartes eine Asymmetrie für die Ergebnisse seiner Forschung in Anspruch nimmt: Der Schaden falscher Ergebnisse ist klein, der Nutzen richtiger Ergebnisse jedoch groß.

Im selben Jahr, in dem sich der Streit zwischen Voet und Descartes so zuspitzte, verabschiedete das englische Parlament (inmitten des Englischen Bürgerkrieges) die so genannte »Printing Ordinance«, die den Druck eines Buches ohne ausdrückliche Genehmigung (»license«) der staatlichen Zensurbehörde verbot. John Milton fand Einwände gegen diese neue Einrichtung und veröffentlichte sie schon 1644 in der Streitschrift *Areopagitica*. Ähnlich wie Campanella und Descartes sieht Milton in den Beschränkungen, mit denen er sich auseinandersetzt, ein Hindernis für die kollektive Suche der englischen Nation nach Wahrheit.[14] Er weist darauf hin, dass eine einmal fälschlicherweise unterdrückte Wahrheit oft für lange Zeit verloren ist: »Oft bringen nicht einmal die Umwälzungen der Zeitalter den Verlust einer einmal zurückgewiesenen Wahrheit wieder ein, in Ermangelung derer es dann ganzen Nationen schlechter ergeht.«[15]

13 »Tam liberum enim semper fuit philosophari, et tam multi hactenus circa rerum naturalium cognitionem innoxie errarunt, ut si ego post alios fallar, nihil inde periculi humanae genti sit timendum; sed si forte veritatem invenero, magna utilitas expectanda: et ideo fieri potest, ut ii qui amant veritatem, ob tenuem et dubiam spem ejus in meis scriptis inveniendae, me ad ipsa vulganda invitent.« *Epistola Renati Des Cartes ad celeberrimum virum D. Gisbertum Voetium*, in: *Œuvres de Descartes*, hg. v. Charles Adam, Paul Tannery, Bd. VIII-2, Paris 1965, S. 1-194, hier S. 3, meine Übersetzung. Siehe dazu auch Robert B. Sutton, *European and American Backgrounds of the American Concept of Academic Freedom, 1500-1914*, Dissertation, University of Missouri 1950, S. 93 u. 134.
14 John Milton, *Areopagitica*, hg. v. Richard C. Jebb, Cambridge 1918, insb. S. 43-50.
15 »[R]evolutions of ages do oft not recover the loss of a rejected truth, for the want of which whole nations fare the worse.« Ebd., S. 7.

Milton fügt dieser Argumentation den zusätzlichen Aspekt hinzu, dass sogar im Hinblick auf solche bereits bekannten und etablierten Meinungen, die tatsächlich wahr seien, die freie Diskussion kontrastierender Auffassungen von Nutzen sei: Sie festige die Erkenntnis der Wahrheit.

Schlechtes Fleisch wird auch bei gesündester Zubereitung kaum je gute Nahrung abgeben; doch darin liegt der Unterschied zu schlechten Büchern, dass diese einem besonnenen und verständigen Leser in vielerlei Hinsicht dienlich sein können zum Entdecken, zum Widerlegen, zum Mahnen und zum Illustrieren. [...] Alle Meinungen, ja Irrtümer, so sie gekannt, gelesen und sortiert, sind sehr dienlich und hilfreich dabei, zügig das zu erlangen, was am wahrsten ist.[16]

Dies bezieht Milton sogar ausdrücklich auch auf religiöse Wahrheiten, die ohne die Herausforderung durch kontrastierende Auffassungen zu einem träge und leidenschaftslos vorgetragenen Formalbekenntnis zu verkommen drohten.[17] Man könne getrost alle Auffassungen zur Veröffentlichung zulassen, denn im freien Widerstreit der Lehren werde sich die Wahrheit durchsetzen: »Lasst sie und Falschheit miteinander ringen; wer hätte je die Wahrheit unterliegen sehen in einem freien und offenen Aufeinandertreffen?«[18] Und weiter:

Wer wüsste nicht, dass, neben dem Allmächtigen, die Wahrheit stark ist; sie hat keine Richtlinien nötig, noch listige Pläne, noch Lizenzvergaben, um siegreich zu sein; solches sind vielmehr die Kniffe und Schutzmaßnahmen, die der Irrtum gegen ihre Macht verwendet. Gebt ihr nur Raum, und fesselt sie nicht, wenn sie schläft [...].[19]

<hr />

16 »Bad meats will scarce breed good nourishment in the healthiest concoction; but herein the difference is of bad books, that they to a discreet and judicious reader serve in many respects to discover, to confute, to forewarn, and to illustrate. [...] [A]ll opinions, yea, errors, known, read, and collated, are of main service and assistance toward the speedy attainment of what is truest.« Ebd., S. 18, meine Übersetzung.

17 Ebd., S. 43-47.

18 »Let her and Falsehood grapple; who ever knew Truth put to the worse, in a free and open encounter?« Ebd., S. 58, meine Übersetzung.

19 »For who knows not that Truth is strong, next to the Almighty; she needs no policies, nor stratagems, nor licensings to make her victorious, those are the shifts and the defences that error uses against her power: give her but room, and do not bind her when she sleeps [...].« Ebd., S. 59, meine Übersetzung.

Man sieht hier den sehr klaren Ausdruck einer weiteren Asymmetrieannahme (der wir in weniger deutlicher Form schon bei Campanella begegnet sind): dass Wahrheiten sich im freien Widerstreit durchsetzen werden, Falschheiten nicht.

Zwar ist die *Areopagitica* ein Plädoyer für allgemeine Meinungsfreiheit und nicht für die Freiheit der Naturforschung, doch sie verdient hier Berücksichtigung, weil sich die sozialepistemologische Begründung der Forschungsfreiheit nicht immer von einer sozialepistemologischen Begründung der Meinungsfreiheit trennen lässt, und beide zugleich weiterentwickelt werden. In der frühen Neuzeit sind oft beide Freiheiten gemeint, wenn von der »*libertas philosophandi*« die Rede ist.[20] Deren enge Verknüpfung mit den entstehenden Wissenschaften (*scientiae et artes*) belegt das folgende Zitat aus der wohl bekanntesten Abhandlung über die Freiheit zu philosophieren, Spinozas *Tractatus theologico-politicus* von 1670.[21] Mit Blick auf die *libertas philosophandi* merkt Spinoza an: »Ganz zu schweigen davon, dass diese Freiheit in höchstem Maße notwendig ist zur Förderung der Wissenschaften; denn diese werden nur von denen mit glücklichem Erfolg betrieben, welche ein freies und äußerst wenig voreingenommenes Urteil haben.«[22]

Auch im Hinblick auf den religiösen Toleranzgedanken ist die Idee, dass Freiheit des Meinungsaustausches eine gute Voraussetzung für die Durchsetzung der Wahrheit liefert, ein verbreiteter Topos. So schreibt John Locke 1689 in seinem *Letter concerning Toleration*:

---

20 Vgl. Sutton, »The Phrase *Libertas Philosophandi*«.

21 Baruch de Spinoza, *Tractatus theologico-politicus*, in: ders., *Opera*, Bd. 3, hg. v. Carl Gebhardt, Heidelberg 1925, S. 1-247. Der vollständige Titel des *Tractatus*, zugleich eine treffende Inhaltsangabe, lautet: »Philosophisch-politischer Traktat, enthaltend einige Abhandlungen, in denen gezeigt wird, dass die Freiheit zu philosophieren nicht nur unbeschadet der Frömmigkeit und des Friedens im Staat zugestanden werden kann, sondern dass sie nur zugleich mit dem Frieden im Staat und mit der Frömmigkeit selbst aufgehoben werden kann«. (Übersetzung nach: Baruch de Spinoza, *Theologisch-politischer Traktat*, hg. v. Günter Gawlick, übers. v. Carl Gebhardt, Hamburg 1976.)

22 »[U]t jam taceam, quod haec libertas apprime necessaria est ad scientias, et artes promovendum; nam hae ab iis tantum foelici cum successu coluntur, qui judicium liberum, et minime praeoccupatum habent.« Spinoza, *Tractatus theologico-politicus*, S. 243, meine Übersetzung. Vgl. Spinoza, *Theologisch-politischer Traktat*, S. 304.

[E]s ist nicht die Aufgabe der Gesetze, für die Wahrheit von Meinungen, sondern für das Wohl und die Sicherheit des Gemeinwesens [...] Sorge zu tragen. Und so gehört es sich. Denn der Wahrheit würde es sicherlich gut ergehen, wenn man sie einmal auf sich selbst angewiesen sein ließe. Sie hat selten, und ich fürchte, sie wird niemals viel Hilfe von der Macht großer Männer erhalten, denen sie nur selten bekannt und noch seltener willkommen ist. Sie wird nicht durch Gesetze gelehrt, noch hat sie irgendein Bedürfnis nach Zwang, um sich Eingang in die Seelen der Menschen zu verschaffen. Irrtümer allerdings gewinnen mit Hilfe fremder und geborgter Unterstützung die Oberhand.[23]

Auch in Lockes Toleranzargument scheint also deutlich die Überzeugung durch, die Wahrheit werde sich durchsetzen, wenn nur eine Einmischung äußerer Gewalten unterbleibe.

Hinsichtlich der Aufnahme dieser Freiheitsgedanken im 18. Jahrhundert ist besonders Christian Wolff interessant, der viele der genannten Elemente aufgreift und verbindet. Wolff hat selbst in verschiedenen Kontexten für die *libertas philosophandi* geworben, unter anderem in seiner lateinischen Logik von 1728. (Die dort gegebene Begründung lässt sich auch unabhängig von der bereits in Kapitel 2 erwähnten naturrechtlichen Argumentation im späteren *Jus naturae* verstehen und würdigen.) In Wolffs rationalistischer Sichtweise hängt der Erkenntnisgewinn der Philosophie von der Befolgung der richtigen Methode ab. Diese erfordert unter anderem, dass der Philosoph nur solche Annahmen macht, die er aus eigenen Grundsätzen beweisen kann. Wenn dem Philosophen die freie Vertretung der von ihm für wahr befundenen Meinungen untersagt wird – ein Zustand, den Wolff als Knechtschaft der Philosophie (*servitus philosophandi*) bezeichnet – dann kann offenbar die richtige Methode nicht eingehalten werden. Wolff konstatiert: »Ohne Freiheit des Philosophierens gibt es keinen Fortschritt der

23 »[T]he business of laws is not to provide for the truth of opinions, but for the safety and security of the commonwealth [...]. And so it ought to be; for truth certainly would do well enough, if she were once left to shift for herself. She seldom has received, and I fear never will receive, much assistance from the power of great men, to whom she is but rarely known, and more rarely welcome. She is not taught by laws, nor has she any need of force to procure her entrance into the minds of men. Errors indeed prevail by the assistance of foreign and borrowed succours.« John Locke, *Ein Brief über Toleranz*, Englisch-deutsch, hg. u. übers. v. Julius Ebbinghaus, Hamburg ²1966, S. 80 (engl.)/S. 81 (dt.), Übersetzung leicht geändert.

Wissenschaft.«[24] Bis hierher spielt der kollektive Charakter des Erkenntnisprozesses in diesen rationalistischen Überlegungen noch keine Rolle, doch Wolff nimmt auch den Gedanken der Bedeutung wechselseitiger Kritik auf:

Einer erkennt die vom anderen gelehrte Wahrheit an und bedient sich ihrer, um Weiteres zu entdecken. Der andere merkt einen Irrtum an, der begangen wurde, oder berichtigt ihn, und der, der ihn begangen hat, erkennt ihn an und sucht ihn zu berichtigen, wenn er nicht schon von anderen berichtigt worden ist. So wird mit vereinten Kräften das Wachstum der Wissenschaften befördert.[25]

Wie bereits Campanella und andere, so legt auch Wolff Wert auf die Feststellung, »dass die natürliche oder philosophische Wahrheit der offenbarten nicht widersprechen kann«[26] und dass bei Einhaltung der Methode von der Philosophie keine Gefahr für Religion, Tugend und Staat zu befürchten sei.[27]

In der *Deutschen Politik* (1721) stellt Wolff fest, der richtige Rahmen für die Ausübung der *libertas philosophandi* wäre eine freie Akademie der Wissenschaften, in der die besten Gelehrten zu versammeln wären.[28] Zur Freiheit der Akademie gehöre auch, dass der Staat für ein ausreichendes Auskommen ihrer Mitglieder sowie für die Mittel zur Unterhaltung von Werkstätten und Ähnlichem zu

---

24 »Sine libertate philosophandi nullus est scientiae progressus.« Wolff, *Discursus praeliminaris*, S. 224 (lat.)/S. 225 (dt.).

25 »[U]nus veritatem ab altero traditam agnoscit eaque ad ulteriora detegenda utitur; alter lapsum admissum vel annotat, vel emendat &, qui eum admisit, eundem agnoscit &, nisi jam ab altero emendatus fuerit, ipsemet eum emendare studet. Collatis adeo viribus incrementa Scientiarum promoventur.« Ebd., S. 228-230 (lat.)/S. 229-231 (dt.), Übersetzung leicht verändert. Auch im *Jus naturae* (1746) führt Wolff nochmals aus, dass die Gelehrten die Beförderung der Wissenschaften mit vereinten Kräften zu besorgen hätten, vgl. Christian Wolff, *Jus naturae methodo scientifica pertractatum*, pars VI (= Gesammelte Werke Abt. II Bd. 22), hg. v. Marcel Thomann, Hildesheim 1968, cap. VII, § 863, S. 680-682.

26 Wolff, *Discursus praeliminaris*, § 163, S. 208 (lat.)/S. 209 (dt.), »veritatem naturalem seu philosophicam revelatae contradicere non posse«.

27 Ebd., § 165. Vgl. auch Wolffs Betonung der These, dass von einer freien Akademie der Wissenschaften keine Gefahr ausginge, in Christian Wolff, *Vernünfftige Gedancken von dem gesellschaftlichen Leben der Menschen und insonderheit dem gemeinen Wesen* (= Gesammelte Werke Abt. I Bd. 5), hg. v. Hans Werner Arndt, Hildesheim 1975 (im Folgenden zitiert als *Deutsche Politik*), S. 247.

28 *Deutsche Politik*, §§ 299-309.

sorgen habe.[29] In der universitären Lehre sollten nach Wolffs Ansicht dagegen weit weniger Freiheiten herrschen. Der Lehrstoff sei »durch gute Gesetze und Ordnung« vorzuschreiben und den Lehrenden ebenso wenig zu gestatten, »etwas aus Ungehorsam gegen die hohe Obrigkeit, von der sie ihr Amt haben, nach ihrem eigenen Dünckel darinnen zu ändern, als man den Lernenden erlaubet nach ihrem eigenen Gefallen ihr Studiren einzurichten«.[30]

Den Freiheitsgedanken auch für die Universitätswissenschaften in Anspruch zu nehmen, war im frühen 18. Jahrhundert den meisten noch eine allzu unerhörte Idee. Eine bemerkenswerte Ausnahme stellt die Rede über die Freiheit der Friedrichs-Universität (*De Libertate Fridericianae*) dar, die 1711 der Philosoph und Jurist Nicholas Gundling an der noch jungen Universität Halle hielt. Er stellt darin ausdrücklich die Forderung auf, Forschung und Unterricht an den Universitäten sollten keinerlei Grenzen gesetzt werden.[31] Gundling begründet diese Idee mit einer erkenntnistheoretischen Argumentation, deren Grundstein die Allgegenwart menschlichen Irrens ist: »Viele meinen, dass sie die Wahrheit in Händen halten, und halten sie doch nicht.«[32] Der Irrtum ist nach Gundlings Ansicht auch in den Wissenschaften ein praktisch unvermeidbarer Schritt auf dem Weg zur Erkenntnis:

Schrittweise wird jener Gipfel der Weisheit erklommen, der zwischen tausend Felsspitzen und Sträuchern von Meinungen sich erhebt; so dass es so gut wie nicht geschehen kann, dass auch die Gründlichsten hie und da ausrutschen und anstoßen und Falsches erfassen, bevor sie dort ankommen, wo zu keinem Irren und Ausrutschen mehr Gelegenheit ist. Nun stell dir aber vor, die Irrenden würden nicht geduldet, die Getäuschten unterdrückt, die Gestrauchelten niedergetrampelt und weggejagt – wer wäre es, der zu jener höchsten Feste der Wahrheit aufsteigen könnte? Daher ist der Vernunft Freiheit zu gewähren [...].[33]

29 Ebd., §§ 302 u. 305.

30 Ebd., § 293, S. 230.

31 Nicolas Gundling, »De Libertate Fridericianae«, in: Johann Erhard Kapp (Hg.), *Clarissimorum virorum orationes selectae*, Leipzig 1722, S. 803-836. Siehe auch Friedrich Paulsen, *Geschichte des gelehrten Unterrichts auf den deutschen Schulen und Universitäten*, Bd. 1, Leipzig ²1896, S. 530 f., und Sutton, *European and American Backgrounds of the American Concept of Academic Freedom*, S. 146-150.

32 »Multi manibus se tenere veritatem putant, nec tenent tamen.« Gundling, »De Libertate Fridericianae«, S. 819, meine Übersetzung.

33 »Per gradus ad illud sapientiae culmen adscenditur, quod inter mille scopulos

Gundling wendet sich sogar dagegen, den entsprechenden Freiheitsbegriff einzuschränken, indem man eine Abgrenzung (statthafter) Freiheit von (unstatthafter) Frechheit oder Dreistigkeit (*licentia*) vornähme. Eine solche Grenze ließe sich nicht intersubjektiv festlegen: »Was nämlich von jenen Freiheit genannt wird, wird von diesen unter dem verhassten Namen der Frechheit geführt.«[34] Als Beleg dafür, dass die Grenze zwischen Freiheit und Frechheit auch dem Wandel der Zeiten unterworfen ist, führt Gundling das bereits genannte Beispiel der These von der Existenz der Antipoden an: Virgil von Salzburg sei (im 8. Jh.) wegen der Unerhörtheit und vermeintlichen Frechheit dieser Behauptung durch Bonifatius in Schwierigkeiten gebracht worden, während inzwischen, so Gundling, niemand mehr an ihrer Richtigkeit zweifele.[35]

Dass auch in den Universitätswissenschaften frei geforscht werden muss, ergibt sich für Gundling daraus, dass auch diese nicht im Vollbesitz der für ihre jeweiligen Gegenstandsbereiche relevanten Wahrheiten sind. Diese Behauptung erstreckt sich für ihn ganz ausdrücklich auf alle vier Fakultäten:

Auch ist nämlich nicht alles so erkundet, dass nichts mehr zu erforschen verbliebe. Es haben die Theologen, die Rechtsgelehrten, die Mediziner, die Philosophen [noch einiges], was sie erforschen, auf die Probe stellen, untersuchen mögen. Die Wahrheit ist noch immer in der Mitte aufgestellt; wer kann, möge zu ihr aufsteigen; wer es wagt, möge sie ergreifen: Wir werden applaudieren.[36]

Dagegen muten Kants Forderungen im *Streit der Fakultäten* von 1798 zunächst vergleichsweise bescheiden an, da er Freiheit nur für

opinionumque frutices exsurgit; adeo vt fieri fere nequeat, quin labantur interdum et impingant, & falsa prehendant diligentissimi quique, antequam eo perueniant, vbi nulla amplius errandi labendique accasio est. Iam vero finge, errantes non tolerari, deceptos premi, lapsos proculcari & propelli, quis erit qui ad illam veritatis altissimam arcem sit ascensurus? Ergo libertas rationi est afferenda […].« Ebd., S. 823., meine Übersetzung.

34 »Quod enim ab illis libertas vocatur, ab his exoso licentiae nomine traducitur.« Ebd., S. 817, meine Übersetzung.

35 Ebd., S. 817 f.

36 »Neque enim ita omnia explorata sunt, vt nihil amplius peruestigandum restet: habent Theologi, habent ICti, habent Medici, habent Philosophi, quae inquirant, tentent, examinent. Veritas adhuc in medio posita est: qui potest, adscendat: qui audet, rapiat: & applaudemus.« Gundling, »De Libertate Fridericianae«, S. 829, meine Übersetzung.

die philosophische Fakultät beansprucht. Da die Regierung Kontrolle über die Ausbildung der Geistlichen, Richter und Ärzte ausüben müsse, dürfe sie sich nach Kant auch das Recht vorbehalten, die Lehre an den drei oberen Fakultäten (der theologischen, juristischen und medizinischen) zu sanktionieren. Gerade deshalb aber muss es zusätzlich zu diesen dreien noch eine freie Fakultät geben:

> Es muß zum gelehrten gemeinen Wesen durchaus auf der Universität noch eine Fakultät geben, die, in Ansehung ihrer Lehren vom Befehle der Regierung unabhängig, keine Befehle zu geben, aber doch alle zu beurteilen, die Freiheit habe, die mit dem wissenschaftlichen Interesse, d. i. mit dem der Wahrheit, zu tun hat, wo die Vernunft öffentlich zu sprechen berechtigt sein muß; weil ohne eine solche die Wahrheit (zum Schaden der Regierung selbst) nicht an den Tag kommen würde [...].[37]

Zu bemerken ist, dass die philosophische Fakultät zu Kants Zeiten neben der Philosophie, den Philologien und den historischen Wissenschaften auch die Mathematik und alle Naturwissenschaften umfasste. (An der medizinischen Fakultät wurde zum damaligen Zeitpunkt nur vereinzelt naturwissenschaftliche Forschung betrieben, jedoch immerhin genug, um Kant zu der Bemerkung zu veranlassen, sie sei freier als die beiden anderen oberen Fakultäten und der philosophischen nahe verwandt.[38]) Kant präsentiert das freie Urteil dieser Wissenschaften als unerlässlich für die Wahrheitssuche. In der philosophischen Fakultät, in der sie organisiert sind, komme deshalb alles auf Wahrheit statt auf Nützlichkeit an; sie diene dazu, die primär der Nützlichkeit verpflichteten oberen Fakultäten zu kontrollieren.[39] Eine sozialepistemologische Begründung hatte Kant schon zuvor (bei der »Beantwortung der Frage: Was ist Aufklärung?« aus dem Jahre 1784) zur Verteidigung einer Freiheit der öffentlichen Meinungsäußerung zur Anwendung gebracht, die er mit ihrer Bedeutung für den »Fortschritt der Aufklärung« begründete.[40] An seiner neuerlichen Verwendung dieses Arguments

---

37 Immanuel Kant, *Der Streit der Fakultäten*, hg. v. Horst D. Brandt, Piero Giordanetti, Hamburg 2005, AA VII 19 f.

38 Ebd., AA VII 26.

39 Ebd., AA VII 28.

40 »Der *öffentliche* Gebrauch seiner Vernunft muß jederzeit frei sein, und der allein kann Aufklärung unter Menschen zustande bringen [...]. Ich verstehe aber unter dem öffentlichen Gebrauche seiner eigenen Vernunft denjenigen, den jemand

ist neben der Zuspitzung auf die Freiheit der in der philosophischen Fakultät versammelten Wissenschaften auch der ausdrückliche Bezug auf ein Gesamtunternehmen Wissenschaft (das »gelehrte gemeine Wesen«) interessant. In abstrakterer Art hatte Kant bereits in der *Kritik der reinen Vernunft* auf eine Weise für die Freiheit der Vernunft argumentiert, in der die erkenntnistheoretische Begründung anklingt:

Allemal aber und ohne allen Zweifel ist es nützlich, die forschende sowohl, als prüfende Vernunft in völlige Freiheit zu versetzen, damit sie ungehindert ihr eigen Interesse besorgen könne, welches eben so wohl dadurch befördert wird, daß sie ihren Einsichten Schranken setzt, als daß sie solche erweitert, und welches allemal leidet, wenn sich fremde Hände einmengen, um sie wider ihren natürlichen Gang nach erzwungenen Absichten zu lenken.[41]

An gleicher Stelle zeigt sich, dass dies auch für Kant mit dem Vertrauen in eine Variante der Milton-Asymmetrie verbunden ist: »Laßt diese Leute nur machen; wenn sie Talent, wenn sie tiefe und neue Naturforschung, mit einem Worte, wenn sie nur Vernunft zeigen, so gewinnt jederzeit die Vernunft.«[42]

Besonders in Deutschland festigte sich der Gedanke, dass Freiheit (in einem meist nicht näher bestimmten Sinn) für den Fortschritt der Wissenschaften notwendig sei, im 19. Jahrhundert weiter. Das vielleicht berühmteste Bekenntnis dazu ist Wilhelm von Humboldts Erklärung aus dem Jahre 1810 in Bezug auf die Berliner Akademie und die damals gerade in Gründung befindliche Berliner Universität: »Da diese Anstalten ihren Zweck indess nur erreichen können, wenn jede, soviel als immer möglich, der reinen Idee der Wissenschaft gegenübersteht, so sind Einsamkeit und Freiheit die in ihrem Kreise vorwaltenden Prinzipien.«[43]

Der Staat, so Humboldt, habe die Pflicht, »äussere Formen und

als Gelehrter von ihr vor dem ganzen Publikum der *Leserwelt* macht.« Immanuel Kant, »Beantwortung der Frage: Was ist Aufklärung«, in: ders., *Was ist Aufklärung? Ausgewählte kleine Schriften*, hg. v. Horst D. Brandt, Hamburg 1999, S. 22 (AA VIII 37), Hervorhebungen im Original.

41 *Kritik der reinen Vernunft*, hg. v. Raymund Schmidt, Hamburg 1993, B 772.

42 Ebd., B 774.

43 Wilhelm v. Humboldt, »Ueber die innere und äussere Organisation der höheren wissenschaftlichen Anstalten in Berlin«, in: ders., *Werke in fünf Bänden*, Bd. 4, hg. v. Andreas Flitner, Klaus Giel, Darmstadt ⁶2002, S. 255-266, hier S. 255.

Mittel« für die wissenschaftlichen Institutionen zu garantieren, müsse sich aber ansonsten bewusst sein, dass er »immer hinderlich ist, sobald er sich hineinmischt«.[44] Obwohl Humboldt keine systematische Begründung dieser Thesen vornimmt, lässt sich erkennen, dass ähnliche Gedanken wie bei Gundling und Kant für ihn ausschlaggebend sind. Er betont mehrfach die Bedrohung der Einseitigkeit als große Gefahr für die Universität[45] und hebt hervor, dass es zum Wesen der Wissenschaft gehöre, keine für fertig und endgültig erklärten Lehren zu verbreiten, sondern »das Princip zu erhalten, die Wissenschaft als etwas noch nicht ganz Gefundenes und nie ganz Aufzufindendes zu betrachten, und unablässig sie als solche zu suchen«.[46] Es liegt nahe, dieses Prinzip der grundsätzlichen Fehlbarkeit und Unabgeschlossenheit der bereits etablierten wissenschaftlichen Auffassungen in eine sozialepistemologische Begründung zu integrieren: Da wir grundsätzlich nie im Besitz der ganzen Wahrheit sind, darf die Wissenschaft sich nie einseitig auf eine etablierte Lehre versteifen, sondern muss frei genug sein, alles in Frage stellen und revidieren zu können, wenn unsere Suche nach Wissen weiter fortschreiten soll.[47]

Mit der Vorstellung, dass die Wissenschaft nie als bereits vollendet zu betrachten sei, teilt Humboldt einen zentralen Gedanken der wohl ausführlichsten und einflussreichsten Ausarbeitung der erkenntnistheoretischen Begründung im 19. Jahrhundert, dem zweiten Kapitel von John Stuart Mills *On Liberty* (1859). Zwar bringt dieses, wie sein Titel »On the Liberty of Thought and Discussion« verrät, ein Argument zugunsten einer allgemeinen Meinungsfreiheit vor, doch dessen Übertragung auf die Forschungsfreiheit liegt nicht fern. Deshalb ist es auch von neueren Wissenschaftstheoretikern immer wieder mit der Forschungsfreiheit in Verbindung gebracht worden – von Paul Feyerabends Plädoyer für eine Metho-

44 Ebd., S. 257.
45 Ebd., S. 258 f.
46 Ebd., S. 257.
47 Dass Humboldt tatsächlich einen epistemologischen Zweck des freien Widerstreits der Ideen im Sinn hatte, wird auch anhand der folgenden Bemerkung deutlich, in der er den Vorteil einer Universität gegenüber der Akademie beschreibt: »Der *Gang der Wissenschaft* ist offenbar auf einer Universität, wo sie immerfort in einer grossen Menge und zwar kräftiger, rüstiger und jugendlicher Köpfe herumgewälzt wird, *rascher und lebendiger.*« Ebd., S. 262, meine Hervorhebung.

denfreiheit der wissenschaftlichen Forschung bis hin zu den Sozial-epistemologen der Gegenwart.[48]

Ähnlich wie bei Gundling ist die Fehlbarkeit menschlichen Ur-teilens der Ausgangspunkt von Mills Argumentation. Weder ein Individuum noch eine Nation oder ein ganzes Zeitalter seien un-fehlbar, deshalb könne eine Meinung wahr sein, auch wenn die Übereinkunft aller Zeitgenossen sie für falsch halte.[49] Keine Mei-nung solle deshalb unterdrückt werden, denn möglicherweise be-raube man damit die Menschheit der Möglichkeit, einen Irrtum gegen eine Wahrheit einzutauschen. Trotz der offensichtlichen Ähnlichkeiten der Argumente Gundlings und Mills sei auf einen interessanten Unterschied hingewiesen: Gundling fordert, dass man auch Forscher, die (tatsächlich) Falsches vertreten, gewähren lassen solle, da es unvermeidlich sei, auf dem Weg zur Wahrheit ge-legentlich zu irren. Dagegen soll nach Mill eine *vermeintlich* falsche Meinung deshalb nicht unterdrückt werden, weil sie möglicherwei-se tatsächlich wahr sein könnte.

Damit eine solche verkannte Wahrheit sich durchsetzen kann, muss es Mill zufolge freien Meinungsaustausch geben – denn dass relevante Wahrheiten sich der Menschheit einfach durch Erfahrung mitteilen und von alleine zur Kenntnis genommen werden, sei die Ausnahme: »Nur sehr wenige Tatsachen sind in der Lage, ihre eige-ne Geschichte zu erzählen, ohne Kommentare, die ihre Bedeutung zum Vorschein kommen lassen.«[50] Mills Einschätzung der Bedeu-tung der freien Diskussion für die Wissensgewinnung geht so weit, sie zur notwendigen Voraussetzung dafür zu erklären, dass Men-schen überhaupt zu rational gesicherten Überzeugungen gelangen:

Die vollständige Freiheit, unserer Meinung zu widersprechen und sie zu widerlegen, ist eben gerade die Bedingung, unter welcher wir gerechtfertigt

---

48 Vgl. Paul Feyerabend, *Wider den Methodenzwang*, Frankfurt/M. [4]1993, S. 34 f. und *Probleme des Empirismus*, Braunschweig 1981, S. 273-283, Philip Kitcher, *Sci-ence, Truth, and Democracy*, New York 2001, S. 94-96, Helen Longino, *The Fate of Knowledge*, Princeton 2002, S. 3 f.

49 John Stuart Mill, *On Liberty*, in: ders., *On Liberty and Other Essays*, hg. v. J. Gray, Oxford 1991, S. 1-128, hier S. 22 f. (dt.: *Über die Freiheit*, hg. v. Manfred Schlenke, Stuttgart 1988).

50 »Very few facts are able to tell their own story, without comments to bring out their meaning.« Ebd., S. 25, meine Übersetzung.

sind, ihre Wahrheit zu Zwecken des Handelns anzunehmen; und auf keiner anderen Grundlage kann ein Wesen mit menschlichen Fähigkeiten irgendeine rationale Absicherung dafür haben, dass es recht hat.[51]

Damit die Wahrheit sich in der Auseinandersetzung durchsetzen kann, muss ihre Äußerung nach Mill frei von Nachstellungen und Strafen sein. Hier zeigt sich eine feine Wandlung des Argumentationsschwerpunktes im Vergleich zu Milton und Locke. Wo diese darauf bestanden hatten, die Wahrheit allein sei stark genug, um keiner Unterstützung durch die Zensur zu bedürfen, weist Mill darauf hin, dass sie nicht so stark sei, sich auch gegen Verfolgung behaupten zu können: »Es ist ein Artikel bequemer Sentimentalität, dass Wahrheit, bloß als solche, ein ihr innewohnendes und dem Irrtum verwehrtes Vermögen besäße, sich gegen den Kerker und den Scheiterhaufen durchzusetzen.«[52] Natürlich ergänzen sich diese zwei Seiten der sozialepistemologischen Medaille: Die Wahrheit hat dann (Milton) und nur dann (Mill) beste Chancen, sich durchzusetzen, wenn widerstreitende Ansichten frei vertreten werden können. Die unterschiedlichen Tendenzen der jeweils implizierten Annahmen über das Durchsetzungsvermögen der Wahrheit werden uns dennoch später noch beschäftigen.

Wie bereits Milton, so unterstreicht auch Mill ausdrücklich den Nutzen abweichender Ansichten auch für den Fall, dass diese falsch und die allgemein anerkannten Überzeugungen tatsächlich richtig sein sollten. Auch eine wahre Überzeugung bedürfe der regelmäßigen Herausforderung durch Alternativen, damit ihre Träger der

---

51 »Complete liberty of contradicting and disproving our opinion, is the very condition which justifies us in assuming its truth for purposes of action; and on no other terms can a being with human faculties have any rational assurance of being right.« Ebd., S. 24, meine Übersetzung. Der Vergleich mit solchen sozialen Erkenntnistheorien, die den Individualismus in der Erkenntnistheorie überwinden und Wissen als ein wesentlich soziales Phänomen beschreiben wollen, bietet sich an (vgl. Longino, *The Fate of Knowledge*, Kapitel 5 u. 6). Dabei ist zu bemerken, dass es erstens für Mill offenbar eine kontingente Eigenheit unserer epistemischen Situation ist, dass wir auf freien Meinungsaustausch angewiesen sind, die durch die spezifischen »human faculties« bedingt ist, und dass zweitens noch zu klären wäre, ob »rational assurance« in Mills Sinn in jedem Fall für Wissen erforderlich ist.

52 »It is a piece of idle sentimentality that truth, merely as truth, has any inherent power denied to error, of prevailing against the dungeon and the stake.« Mill, *On Liberty*, S. 34, meine Übersetzung.

Gründe gewärtig bleiben, derentwegen sie an ihr festhalten: »Wie wahr sie auch sein mag, wenn sie nicht vollständig, häufig und furchtlos diskutiert wird, wird sie als totes Dogma besessen werden und nicht als lebendige Wahrheit.«[53]

Auch dieses Element einer erkenntnistheoretischen Begründung der Denk- und Forschungsfreiheit hat sich weiter erhalten. So behauptete später Charles Sanders Peirce über die (von ihm sehr weit gefasste) philosophische Forschung, dass festgefahrene Ansichten dort selbst dann schädlich seien, wenn sie wahr seien: »Doch selbst wenn sie richtig sind, oder beinahe richtig, verhindern sie wahre Beobachtung ebensosehr wie ein Paar blauer Brillengläser einen Menschen daran hindern wird, das Blau des Himmels zu beobachten.«[54] Peirce war es auch, der, obgleich er sich der erkenntnistheoretischen Begründung nicht ausführlich gewidmet hat, sie doch in eine kompakte Formel gefasst hat, die zumindest in der amerikanischen Diskussion um akademische Freiheit weite Verbreitung gefunden hat:

Aus dieser ersten und in gewissem Sinne einzigen Regel der Vernunft, dass man, um zu lernen, zu lernen wünschen muss, und bei diesem Wunsch nicht zufrieden sein darf mit dem, was man bereits zu denken geneigt war, folgt ein Korollar, das es selbst verdient, in der Stadt der Philosophie in jede Mauer gemeißelt zu werden: Blockiere nicht den Weg der Untersuchung.[55]

Dass diesem pragmatistischen Plädoyer für freie Untersuchung dieselbe Asymmetrieannahme zugrunde liegt, der bereits Milton Ausdruck verliehen hatte, wird spätestens dann klar, wenn Peirce in seiner berühmten Definition Wahrheit als idealen Endzustand

---

53 »[H]owever true it may be, if it is not fully, frequently, and fearlessly discussed, it will be held as a dead dogma, not a living truth.« Ebd., S. 40, meine Übersetzung.

54 »But even if they are right, or nearly right, they prevent true observation as much as a pair of blue spectacles will prevent a man from observing the blue of the sky.« Peirce, »Notes on Scientific Philosophy«, in: Charles Hartshorne, Paul Weiss (Hg.), *Collected Papers of Charles Sanders Peirce*, Bd. 1-2, Cambridge/Mass. 1965, S. 50-72, hier Abschnitt 1.134, S. 55, meine Übersetzung.

55 »Upon this first, and in one sense this sole, rule of reason, that in order to learn you must desire to learn, and in so desiring not to be satisfied with what you already incline to think, there follows one corollary which itself deserves to be inscribed upon every wall of the city of philosophy: Do not block the way of inquiry.« Ebd., Abschnitt 1.135, S. 56, meine Übersetzung.

einer ausreichend weit geführten Untersuchung definiert. Die Plausibilität dieser Definition beruht nach Peirce ganz ausdrücklich auf der Annahme: »Die Wahrheit, zur Erde niedergetrampelt, wird wieder auferstehen.«[56]

Es lässt sich erkennen, dass eine in vielen Ländern beheimatete Denktradition sich mit der erkenntnistheoretischen Begründung befasst und sie beständig weiterentwickelt hat, von den Anfängen der modernen Naturwissenschaften bis in die Zeit hinein, da die Wissenschaftsfreiheit in Deutschland zu einer juristischen Norm zu werden begann.[57] Trotz vieler feiner Unterschiede zwischen den hier dargestellten Begründungen lässt sich ein gemeinsamer argumentativer Kern dieser Begründungstradition identifizieren und auf seine Tragfähigkeit für die gegenwärtige Diskussion hin untersuchen.

---

56 »Truth crushed to earth shall rise again.« Peirce, »How to Make Our Ideas Clear«, in: Charles Hartshorne, Paul Weiss (Hg.), *Collected Papers of Charles Sanders Peirce*, Bd. 5-6, Cambridge/Mass. 1965, S. 248-271, hier Abschnitt 5.408, S. 269, meine Übersetzung.
57 Mehr dazu unten, Abschnitt 9.2.

Kapitel 4:
Die soziale Erkenntnistheorie
der Forschungsfreiheit

4.1 Die erkenntnistheoretische Begründung
als Argumenttyp

Die erkenntnistheoretische Begründung der Forschungsfreiheit lässt sich mit einem bestimmten Argumenttyp identifizieren. Es empfiehlt sich, eher von einem Argumenttyp als von einem bestimmten Argument zu sprechen, um verschiedenen einflussreichen Versionen gerecht werden zu können. Dazu sollte die Formulierung von Prämissen und Schlussfolgerung in mehreren Punkten zunächst bewusst offenbleiben.

(P1) Unsere kollektive Suche nach relevanten Wahrheiten ist ein bedeutendes Unterfangen, das wir nach Möglichkeit fördern sollten.

(P2) Die Geltung eines Prinzips der Forschungsfreiheit wird unsere kollektive Suche nach relevanten Wahrheiten am besten fördern.

(K) Wir sollten einem Prinzip der Forschungsfreiheit zur Geltung verhelfen.

In den Prämissen ist ausdrücklich von relevanten Wahrheiten die Rede. Dieses Moment ist uns bei den historischen Formulierungen bisher nicht ausdrücklich begegnet, muss aber vorausgesetzt werden, um die Prämissen gut begründen zu können. Eine uneingeschränkte Suche nach wahren Propositionen wäre in mehreren Hinsichten trivial: Erstens hat jeder von uns ständig Zugang zu leicht beobachtbaren, aber unbedeutenden Erfahrungstatsachen (zum Beispiel wann Torsten Wilholt am 28. 12. 2011 sein Frühstück beendet hat) und zweitens können wir, die Beherrschung elementarer logischer Konstanten vorausgesetzt, nach Belieben logisch wahre Sätze generieren oder aus kontingenterweise wahren Sätzen weitere erzeugen. Im Hinblick auf eine Suche nach wahren Propositionen schlechthin wäre es daher kaum begründbar, warum es sich bei ihr um ein bedeutendes Unterfangen im Sinne von P1 handeln sollte. Ebenso wäre der Erfolg dieser Suche von keinen besonderen begünstigenden Bedingungen abhängig, so dass man nicht überzeugend für P2 argumentieren könnte. Plausibel werden P1 und P2 nur im Hinblick auf nicht leicht zu erreichende Wahrheiten, die für uns von Bedeutung sind. Welche genau diese relevanten Wahrheiten sind, wird vor allem davon abhängen, auf welche Weise die erste Prämisse stark gemacht werden soll. Vorerst ist klar, dass jede Variante der erkenntnistheoretischen Begründung an der Bedeutsamkeit einer bestimmten Klasse von Wahrheiten ansetzen muss.[1]

Die Prämisse P1 wird in historischen Fällen zuweilen mit der praktischen Bedeutung der Wahrheit begründet: Das Verborgenbleiben einer Wahrheit könne den Interessen der Regierung (Kant) oder der ganzen Nation (Milton) schaden. Campanella dagegen erklärt die Wahrheitssuche zum wesentlichen Bestandteil des (Christen-)Lebens überhaupt. Die Mehrheit der dargestellten Autoren setzt die Prämisse P1 implizit und offenbar als selbstverständlich voraus. Wir werden die Begründungsproblematik für P1 in den Kapiteln 5 bis 7 ausführlich betrachten.

Zunächst wird es uns um die Prämisse P2 gehen. Hinter dieser Prämisse stehen diejenigen Annahmen der erkenntnistheoretischen Begründung, die im engeren Sinne die soziale Erkenntnistheorie betreffen. Dass ein Prinzip der Forschungsfreiheit unsere kollektive Wahrheitssuche »am besten« begünstigen würde, wie in P2 formuliert, ist für die Überzeugungskraft des Arguments erforderlich. Denn dass wir einem solchen Prinzip Geltung verschaffen sollten, folgt nur dann aus den übrigen Voraussetzungen des Arguments, wenn das soziale Arrangement der Wissensproduktion unter Bedingungen der Forschungsfreiheit die kollektive Suche nach relevanten Wahrheiten effektiver fördert, als andere praktisch umsetzbare Prinzipien oder Arrangements dies tun würden. Dieses komparative Element der erkenntnistheoretischen Begründung scheint bei den historischen Autoren nur gelegentlich auf – etwa bei Milton, dessen Argumentation auf eine Gegenüberstellung

---

1 Aus ähnlichen Gründen hat Kitcher den Begriff »significant truth« zu einem Kernelement seiner Wissenschaftstheorie gemacht. Vgl. Philip Kitcher, *The Advancement of Science. Science without Legend, Objectivity without Illusions*, New York 1993, Kapitel 3, § 8, Kapitel 4, § 3, und *Science, Truth, and Democracy*, New York 2001, Kapitel 6.

der Erfolgsaussichten von Wahrheitssuche unter Bedingungen der Meinungsfreiheit und unter Bedingungen der Zensur hinausläuft.

Wie könnte nun eine Stützung des Forschungsfreiheitsprinzips durch sozialepistemologische Erwägungen genau aussehen? Im Hinblick auf die disziplinenbezogene Forschungsfreiheit bietet sich auf den ersten Blick eine Berufung auf Kompetenzerwägungen an. Die erforderliche Fachkompetenz für eine gut informierte Entscheidung liegt nur innerhalb der Disziplin vor. Gut informierte Entscheidungen über Forschungsprojekte haben aber, so könnte man argumentieren, eine größere Aussicht darauf, die kollektive Suche nach relevanten Wahrheiten zu fördern, als schlecht informierte.

Allerdings würde eine solche Kompetenzargumentation ein zu einseitiges und beschränktes Bild von den Alternativen zur disziplinenbezogenen Forschungsfreiheit zeichnen. Ein Verzicht auf diese müsste nicht automatisch bedeuten, dass die Entscheidungshoheit über Forschungsprojekte in den Händen uninformierter Laien liegen würde. Selbst wenn die erforderliche Fachkompetenz gegenwärtig nur innerhalb der Disziplinen vorhanden sein sollte, muss dies wohl nicht bei jeder Organisationsform der Wissenschaften so sein.

Ein Gemeinwesen, in dem Entscheidungen über Forschungsprojekte außerhalb der Disziplinen getroffen werden, könnte sich entsprechend organisieren, um die erforderliche Fachkompetenz auch außerhalb der Disziplinen vorzuhalten. Beispielsweise könnten die Entscheidungen von Gremien gefällt werden, die aus Vertretern gesellschaftlicher Gruppen zusammengesetzt sind, die jedoch eine besondere Zusatzausbildung genossen haben und sich zusätzlich von Fall zu Fall kompetent beraten lassen.[2] Solche Gremien hätten möglicherweise eine bessere Fähigkeit, die jeweils im Sinne der Prämisse P1 *relevanten* Wahrheiten zu ermitteln und könnten daher prinzipiell durchaus eine den disziplineninternen Entscheidungsprozessen überlegene Leistung bei der Beförderung unserer kollektiven Suche nach relevanten Wahrheiten entwickeln.

Wer P2 auf Kompetenzerwägungen stützen wollte, müsste daher die stärkere Kompetenzthese vertreten, dass die für Projektwahlentscheidungen erforderliche Kompetenz nur von aktiven Mitgliedern

---

2 Bei Kitcher (*Science, Truth, and Democracy*, Kapitel 10) werden vergleichbare Vorstellungen im Rahmen eines idealisierten Szenarios behandelt.

der Disziplinen besessen werden *könne*. Eine vergleichbare These hat der physikalische Chemiker Michael Polanyi vertreten und genutzt, um für die Abschirmung wissenschaftlicher Praktiken gegen außerwissenschaftliche, insbesondere politische Einflussnahme zu argumentieren. Polanyi zufolge ist ein wesentlicher Teil des Wissens, über das aktiv am wissenschaftlichen Leben teilnehmende Personen verfügen müssen, persönliches, das heißt nicht explizierbares Wissen. Dieses Wissen ist aber entscheidend, um sich Urteile über den Fortgang einer Wissenschaft bilden zu können, weshalb Entscheidungen über denselben ausschließlich den aktiv am wissenschaftlichen Leben Beteiligten überlassen bleiben sollten.[3]

Wenn Polanyis Idee des persönlichen Wissens in der Wissenschaftstheorie auch weite Aufnahme gefunden hat, müsste sie doch für die hier in Rede stehende Argumentation unplausibel stark gelesen werden. Sicher ist persönliches Wissen in vielen Wissenschaften bedeutsam, und es lässt sich im Vergleich zu explizitem Wissen nur mit erhöhten Transmissionskosten kommunizieren. Die Voraussetzung, dass sich das für Projektwahlentscheidungen erforderliche persönliche Wissen der beteiligten Forscher *überhaupt* nicht kommunizieren ließe, lässt sich dagegen schwerlich begründen. Die Vermeidung von Transmissionskosten zwischen Wissenschaftlerinnen und Entscheiderinnen ist ein relevanter Faktor bei der erkenntnistheoretischen Begründung der Forschungsfreiheit (und wird im Folgenden noch eine Rolle spielen), doch es ist nicht *prima facie* klar, dass dieser Faktor Vorteile alternativer Organisationsformen in anderer Hinsicht (etwa bei der Beurteilung der Relevanz von Wahrheiten) aufwiegen kann. Den Ausschlag werden andere, über bloße Kompetenzerwägungen hinausgehende Argumente geben müssen.

Besonders bei Gundling und Mill zeigt sich noch eine ganz andere sozialepistemologische Begründungsstrategie für P2 – nämlich

---

3 Der Gedanke ist bei Polanyi eingebettet in eine komplexe Theorie der Bedeutung von implizitem Wissen und Tradition in den Wissenschaften, vgl. Michael Polanyi, *Personal Knowledge. Towards a Post-Critical Philosophy*, New York, Evanston 1964 [1958], insb. Kapitel 7. Die Verbindung zwischen seiner Theorie persönlichen Wissens und einer auf Kompetenzerwägungen gestützten Verteidigung der Wissenschaftsfreiheit wird besonders deutlich in seinem Aufsatz »Self-Government of Science«, in: ders., *The Logic of Liberty. Reflections and Rejoinders*, London 1951, S. 49-67, siehe insb. S. 57.

eine, die von der Fehlbarkeit menschlichen Urteilens ausgeht. Die Begründung lässt sich wie folgt auf forschungsbezogene Freiheit zuspitzen: Alle Urteile über die voraussichtliche Fruchtbarkeit von Forschungsprojekten sind fehlbar. Da man nicht ausschließen kann, dass Projekte, die nach verbreiteten Maßstäben heute nicht empfehlenswert scheinen, sich langfristig als wegweisend herausstellen werden, sollte man möglichst eine freie Projektwahl zulassen.

In vorsichtiger Andeutung einer evolutionären Metapher ließe sich sagen: Forschungsfreiheit begünstigt deshalb unsere kollektive Suche nach relevanten Wahrheiten, weil sie für eine Diversität von Forschungsansätzen sorgt. Nur einige dieser Ansätze werden sich durchsetzen und zu neuem Wissen führen, wobei es zu jedem Zeitpunkt unmöglich ist, mit Sicherheit vorherzusagen, welche dies sein werden. Diese Grundidee werden wir näher betrachten müssen.

4.2 Der Wert der Diversität in den Wissenschaften

Der grundsätzliche epistemische Wert von Diversität in den Forschungsansätzen ist keineswegs selbstverständlich. Schließlich könnte ein vielfältiges Nebeneinander auch dazu führen, dass sich Forschungsansätze, die auf falschen Annahmen oder ungeeigneten Methoden aufbauen, durchsetzen und dabei Ansätze, die auf dem richtigen Weg sind, verdrängen. Und selbst wenn Letztere nicht völlig untergehen, sondern ihre Ergebnisse weiterhin in der Disziplin Aufnahme finden, so hat dies kaum kollektiven erkenntnistheoretischen Nutzen, solange die Gemeinschaft gleichzeitig mit aus anderen Projekten hervorgehenden Falschheiten überschwemmt wird, die ebenso Anerkennung finden. Entscheidend für den Erkenntniserfolg einer epistemischen Gemeinschaft ist nicht allein die absolute Menge erlangter relevanter Wahrheiten, sondern auch ihr Verhältnis zu den gleichzeitig im Überzeugungsbestand der Gemeinschaft etablierten Falschheiten.[4]

Hier zeigt sich, welche Bedeutung für das erkenntnistheoretische Argument die schon von Campanella angedeutete Asymmetrie

4 Vgl. Alvin I. Goldman, James C. Cox, »Speech, Truth, and the Free Market for Ideas«, in: *Legal Theory* 2 (1996), S. 1-32.

hat, dass Falschheiten auf lange Sicht untergehen und Wahrheiten Bestand haben werden. Ich bezeichne sie als »Milton-Asymmetrie«, weil ihr in der *Areopagitica* auf besonders prägnante Weise Ausdruck verliehen wird.

Die bis heute beste Begründung für die Annahme der Milton-Asymmetrie nennt bereits Wolff: Forscher bemerken die Irrtümer ihrer Kollegen und korrigieren sie. Hinter der Milton-Asymmetrie muss der Mechanismus der wechselseitigen Kritik stecken. Diese Idee wurde durch Mill nachdrücklich vertreten und, besonders durch Karl Popper, auch in die Wissenschaftstheorie aufgenommen.[5]

David Hull hat den Mechanismus der wechselseitigen Kritik für die gegenwärtige Organisationsform der Wissenschaften beschrieben.[6] Diese beruht nach Hull auf einem Anreizsystem, das die in Karrierevorteile umsetzbare Anerkennung (*credit*) wissenschaftlicher Arbeit mit der in den Wissenschaften immer erforderlichen Nutzung von Ergebnissen anderer Wissenschaftler verknüpft. Denn *credit* erwerben sich Forscher im Allgemeinen, wenn andere auf ihre Ergebnisse aufbauen und dabei auf sie verweisen. Meistens überprüfen Wissenschaftler die Ergebnisse anderer nicht selbständig. Nach Hull geschieht dies allerdings, sobald Probleme bei der eigenen Forschung auftauchen, die mit den verwendeten Ergebnissen anderer zu tun haben könnten. Durch die mögliche Gefährdung der eigenen Forschung ist also ein Anreiz zur Überprüfung der Ergebnisse anderer gegeben.

Überdies legen die *credit* verleihenden Zitationen auch eine Spur zurück zum Urheber eines Ergebnisses, so dass sie zugleich auch die Möglichkeit von Misskredit (*discredit*) für den Fall schaffen, dass sich Ergebnisse im Nachhinein als falsch herausstellen.[7] Wird der Urheber daraufhin als wenig zuverlässig angesehen, zeigt sich der Nachteil auch in Form von verminderten Aussichten auf zukünftigen Erwerb von *credit*. Daher schafft das beschriebene System auch Anreize dafür, von vornherein möglichst nur solche Ergebnisse zu veröffentlichen, die der kritischen Überprüfung durch Kollegen standhalten können.

---

5 Siehe z. B. Karl R. Popper, *Objective Knowledge. An Evolutionary Approach*, Oxford 1972, S. 33-35 u. 260 f. (dt.: *Objektive Erkenntnis*, Hamburg 1993).

6 David L. Hull, *Science as a Process. An Evolutionary Account of the Social and Conceptual Development of Science*, Chicago 1988, insb. S. 305-321 u. 341-353.

7 Vgl. ebd., S. 317.

Eine erste Voraussetzung dafür, dass dieser Mechanismus tatsächlich zur Ausbildung der Milton-Asymmetrie führt, ist also offenbar, dass die von Wissenschaftlern erzielten Ergebnisse tatsächlich in der Arbeit von anderen Forschern Anwendung finden. Natürlich ist dies bei weitem nicht bei allen wissenschaftlichen Ergebnissen der Fall. Allerdings darf man davon ausgehen, dass solche Ergebnisse, die keine oder wenig Verwendung in der weiterführenden Forschung finden, auch nicht zu dauerhaften Überzeugungen der Wissenschaftler werden, sondern allmählich in Vergessenheit geraten.

Eine weitere Voraussetzung ist, dass Wissenschaftler die Ergebnisse anderer tatsächlich effektiv überprüfen können. Dazu muss eine Überprüfung durch einen zweiten Forscher die Wahrscheinlichkeit erhöhen, dass die am Ende sich durchsetzende Beurteilung des Ergebnisses der Wahrheit entspricht. Das wäre natürlich unmöglich, wenn die Ergebnisse wissenschaftlicher Forschung *reine* Konstrukte und Ergebnisse von Aushandlungsprozessen wären, deren Ausgang grundsätzlich nicht mit der Wahr- oder Falschheit der verhandelten Thesen korreliert wäre.[8] Aus einem solchen radikal sozialkonstruktivistischen Blickwinkel betrachtet kann deshalb die Diversität in den Wissenschaften keinen epistemischen Wert haben. (Es ist deshalb nicht sehr überzeugend, wenn der radikale Sozialkonstruktivismus gelegentlich als politisch fortschrittliche oder emanzipatorische Wissenschaftstheorie beworben wird. Wie könnte die vermeintliche Entlarvung wissenschaftlicher Ergebnisse als bloße Widerspiegelungen der vorherrschenden Ideologien und Interessen zugleich als Werbung für eine pluralistischere, demokratischere oder in irgendeinem anderen politischen Sinn »bessere« Wissenschaft verstanden werden, wenn wissenschaftliche Ergebnisse *prinzipiell* nur Aushandlungsergebnisse und nichts darüber hinaus sein könnten?[9])

8 Diese Extremposition wurde vor allem in der Frühzeit des sozialkonstruktivistischen Diskurses artikuliert, z. B. bei David Bloor (*Knowledge and Social Imagery*, London 1976) und Barry Barnes (*Interests and the Growth of Knowledge*, London 1977).

9 Feministische Wissenschaftstheoretikerinnen wie Helen Longino haben diesen Widerspruch erkannt und deshalb längst eine Abkehr vom sozialkonstruktivistischen Paradigma eingeläutet (»Essential Tensions – Phase Two. Feminist, Philosophical, and Social Studies of Science«, in: Louise M. Antony, Charlotte Witt (Hg.), *A Mind of One's Own. Feminist Essays on Reason & Objectivity*, Boulder/Colorado 1993, S. 257-272).

Lässt man die konstruktivistische Extremposition hinter sich, dann wird die Voraussetzung der effektiven Überprüfbarkeit zu einer aufschlussreichen Bedingung. Wesentlich dafür, dass die Überprüfung durch einen zweiten Forscher wirklich Aufschluss über den Wahrheitsgehalt des Ergebnisses gibt, ist die Unabhängigkeit der zweiten Untersuchung von der ersten.[10] Liegt beispielsweise einem falschen Ergebnis ein systematischer Fehler in den verwendeten Hintergrundannahmen oder den praktizierten Methoden zugrunde, und wird bei der Überprüfung auf dieselben Hintergrundannahmen und Methoden zurückgegriffen, dann schlägt der Mechanismus der wechselseitigen Kritik fehl.[11]

Nun scheinen einige der bekannten und weithin anerkannten Beobachtungen Thomas Kuhns an der von ihm so genannten normalwissenschaftlichen Forschung im Hinblick auf die Unabhängigkeit der Forscher pessimistisch zu stimmen. In der Normalwissenschaft versuchen Forscher, innerhalb eines etablierten Paradigmas Rätsel zu lösen. Das bedeutet, dass sie die einheitlichen methodologischen Festlegungen, metaphysischen Grundannahmen und Problemlösungsstandards nicht hinterfragen und die dadurch vorgegebenen Beschränkungen typischerweise nicht einmal mehr wahrnehmen.[12] Hinsichtlich bestimmter Überzeugungen könnte es deshalb den Normalwissenschaftlern, die innerhalb desselben Paradigmas operieren, an der für die wechselseitige Kritik notwendigen Unabhängigkeit mangeln. Allerdings hat Kuhn auch aufgezeigt, dass diese Betriebsblindheit von Zeit zu Zeit überwun-

10 Dieser Aspekt kommt schon in Spinozas Bemerkung zum Tragen, es könnten nur diejenigen, »welche ein freies und äußerst wenig voreingenommenes Urteil haben«, zum Fortschritt der Wissenschaften beitragen. Siehe oben, S. 71.

11 Diese Bedeutung der Unabhängigkeit lässt sich mit Mitteln der subjektiven Wahrscheinlichkeit auch quantitativ verdeutlichen. Sei h eine Hypothese. Zwei Forscher erzielen die Ergebnisse e_1 und e_2, die von h vorhergesagt wurden, d.h. $P(e_1/h) = P(e_2/h) = 1$. Das Maß, in dem h dadurch als bestätigt angesehen werden kann, ist durch $P(h/e_1 \wedge e_2)$ gegeben. Es gilt aber:
$$P(h/e_1 \wedge e_2) = P(h/e_1)/P(e_2/e_1).$$
Damit e_2 also überhaupt einen relevanten Beitrag zur Bestätigung von h leisten kann, der über die Bestätigung durch e_1 alleine hinausgeht, muss $P(e_2/e_1)$ merklich kleiner als 1 sein. Das heißt nichts anderes, als dass das Ergebnis e_2 von e_1 unabhängig sein muss.

12 Vgl. Thomas S. Kuhn, *The Structure of Scientific Revolutions*, Chicago ³1996, insb. Kapitel 10 u. 11 (dt.: *Die Struktur wissenschaftlicher Revolutionen*, 2., rev. Aufl., Frankfurt/M. 1976).

den wird. Wenn sich die Probleme bei der wissenschaftlichen Arbeit häufen und nicht mehr durch Hilfskorrekturen kontrollieren lassen, beginnen einzelne Forscher auch irgendwann, das Paradigma in seinen konstitutiven Grundvoraussetzungen zu hinterfragen. Die Möglichkeit wissenschaftlicher Revolutionen beweist die Fähigkeit der Wissenschaftler zu unabhängiger Kritik – wenn auch die korrigierende Wirkung Kuhn zufolge oft erst nach langen Zeiträumen der Ansammlung von Anomalien zu erwarten ist.

Im Übrigen ist das durch Kuhn geprägte Bild der zeitlich aufeinander folgenden und für eine gewisse Zeit eine ganze Disziplin beherrschenden normalwissenschaftlichen Paradigmen im Hinblick auf viele Teilbereiche und Epochen der Wissenschaftsgeschichte deutlich überzeichnet. Schon Imre Lakatos hat darauf hingewiesen, dass es nur in wenigen Fällen und immer nur für kurze Zeit vorgekommen ist, dass innerhalb eines Forschungsfeldes ein einziges Forschungsprogramm eine echte Monopolstellung erringen konnte. Unter der lakatosschen Sichtweise stellt sich die Wissenschaftsgeschichte vielfach eher als eine Geschichte konkurrierender Forschungsprogramme denn als eine Geschichte einander ablösender Perioden der Normalwissenschaft dar.[13] Diese Konkurrenz begünstigt natürlich die kritische Beleuchtung von Voraussetzungen, sofern sie von den konkurrierenden Programmen nicht geteilt werden.

Es darf dabei nicht vergessen werden, dass bestimmte soziale Bedingungen die Kritik von Voraussetzungen der Forschung behindern oder begünstigen können. So kann man beispielsweise dafürhalten, dass in der Anthropologie die Erkenntnis der möglichen Bedeutung des Sammelns und Zubereitens von Nahrung (besonders für den Nachwuchs) beim frühen Menschen für die Entwicklung des Werkzeuggebrauchs und somit für die Evolution des Menschen sich erst der Beteiligung von Frauen an der anthropologischen Forschung verdankt. Einer rein männlichen Gemeinschaft von Anthropologen wäre es möglicherweise nicht gelungen, das einseitige Bild vom jagenden Mann als alleinigem Motor der Entwicklung des frühen Menschen zu entkräften.[14] So ist es glaub-

---

13 Imre Lakatos, »Falsification and the Methodology of Scientific Research Programmes«, in: Imre Lakatos, Alan Musgrave (Hg.), *Criticism and the Growth of Knowledge*, Cambridge 1970, S. 91-195, insb. S. 155.

14 Vgl. Helen Longino, *Science as Social Knowledge. Values and Objectivity in Scientific Inquiry*, Princeton 1990, S. 106-108.

würdig, dass die Beteiligung von verschiedenen gesellschaftlichen Gruppen am Forschungsprozess, wie etwa Helen Longino sie fordert, der wechselseitigen Kritik und somit der Entfaltung der Milton-Asymmetrie zuträglich ist.[15]

Es ist an dieser Stelle nicht möglich, jeden Zweifel auszuräumen, dass die Voreingenommenheit der Forscher nicht auch unter Bedingungen offener wechselseitiger Kritik oft dafür sorgt, dass die Wahrheit auch längerfristig im Dunkeln bleibt. Entscheidend ist aber, dass jeder solche Zweifel erst recht die Erkenntnischancen einer Wissenschaft ohne Diversität treffen würde. Da es einer wissenschaftlichen Disziplin nach jeder halbwegs realistischen Anschauung unmöglich ist, von Anfang an den einen richtigen Ansatz zu ermitteln, stehen die epistemischen Chancen auf jeden Fall besser, wenn mehrere Ansätze ins Rennen geschickt werden. Der Mechanismus der wechselseitigen Kritik, angetrieben durch das von Hull beschriebene Anreizsystem, weckt die berechtigte Hoffnung, dass Erfolg in diesem Wettbewerb mit Wahrheit der Annahmen und Ergebnisse korreliert ist.

Noch nicht ausreichend geklärt ist möglicherweise, warum die Diversität in den Wissenschaften eine synchrone und keine diachrone sein sollte. Schließlich könnte es ja sein, dass es dem allgemeinen Wissensfortschritt förderlicher wäre, die Forschungsansätze sukzessive zu bearbeiten, das heißt Alternativen erst dann ins Auge zu fassen, wenn derjenige Ansatz, der zunächst allgemein als aussichtsreichster angesehen wurde, gescheitert ist. Dieses Bedenken lässt sich aber durch Berücksichtigung der Umstellungskosten bei einem solchen sukzessiven Verfahren zerstreuen. Für die Praxis jedes spezifischen Forschungsansatzes müssen im Allgemeinen viele Voraussetzungen erfüllt sein: Die beteiligten Forscher müssen über spezifische Wissensbestände ebenso verfügen wie über bestimmte praktische Fähigkeiten und Vertrautheit mit der jeweiligen Methode; es muss außerdem oft eine bestimmte technische Ausstattung vorliegen. Beim sukzessiven Vorgehen müssten nach jedem Scheitern eines Ansatzes in der gesamten Disziplin erst wieder die Voraussetzungen für den nächstaussichtsreichsten Ansatz geschaffen werden. Zwar stehen dem Zeitverlust, den dies bedeuten würde, vermutete Vorteile durch größtmögliche Konzen-

15 Ebd., S. 78-80.

tration der personellen und materiellen Ressourcen auf den Ansatz mit den vermeintlich besten Erfolgschancen gegenüber, doch dass der Grenznutzen der zusätzlichen Mitarbeiter und Mittel für den Mainstreamansatz so groß ist, dass er die Nachteile eines wiederholten Abbrechens und Neu-Ansetzens einer ganzen Disziplin aufwiegen könnte, ist nicht glaubhaft.[16] Es zeigt sich, dass der Vorteil einer synchronen Diversität von Forschungsansätzen vor allem darin besteht, die mit den jeweiligen Ansätzen verbundenen Forschungskulturen am Leben zu halten, so dass sie nicht erst neu geschaffen werden müssen, wenn sich im Laufe der Wissenschaftsentwicklung eine Konstellation ergibt, in der es auf einen bestimmten Ansatz ankommt.[17] Überdies ist zu erwarten, dass der Mechanismus der wechselseitigen Kritik bei einer synchronen Diversität von Ansätzen besser funktioniert. Es scheint also tatsächlich viel dafür zu sprechen, dass, in Humboldts Worten, »jede Einseitigkeit aus den höheren wissenschaftlichen Anstalten verbannt sein muss.«[18]

16 Überdies könnte die sukzessive Vorgehensweise der synchronen nur dann überlegen sein, wenn wissenschaftliche Disziplinen über die erforderlichen prognostischen Mittel verfügten, um bei der sukzessiven Durchführung der Ansätze die letztlich erfolgreichen Ansätze häufiger auf den vorderen als auf den hinteren Plätzen der Reihenfolge zu platzieren.

17 Philip Kitcher (*The Advancement of Science*, Kapitel 8, §14) hat den epistemischen Wert von Diversität allein auf der Grundlage des nachlassenden Grenznutzens zusätzlicher Ressourcen für einen einzigen Forschungsansatz zu zeigen versucht. Unter der Voraussetzung bestimmter plausibler Abhängigkeiten der Erfolgswahrscheinlichkeit vom investierten Personalaufwand zeigt er, dass eine Aufteilung auf verschiedene Ansätze ratsam ist, sofern mindestens eine der folgenden Bedingungen erfüllt ist: Es sind viele wissenschaftliche Arbeitskräfte verfügbar; die einzelnen Ansätze versprechen bei der Investition von ein wenig Arbeitskraft bereits schnell einige Erfolgswahrscheinlichkeit; die intrinsischen Erfolgsaussichten der verschiedenen Methoden sind nicht zu unterschiedlich. Meines Erachtens macht es sich Kitcher bei dieser Rechtfertigung der Diversität zu schwer, indem er nur die kurzfristigen Konsequenzen der verschiedenen Verteilungen berücksichtigt. Wie ich oben begründet habe, ergeben sich langfristig erhebliche Kosten, sobald eine Forschungsmonokultur aufgegeben werden muss und neben dem vorherrschenden Ansatz nicht gleichzeitig konkurrierende Programme am Leben erhalten wurden. Dies ist ein Vorteil der kognitiven Diversität, der von deutlich weniger strengen Randbedingungen abhängig ist als Kitchers Begründung.

18 Humboldt, »Ueber die innere und äussere Organisation der höheren wissenschaftlichen Anstalten in Berlin«, in: ders., *Werke in fünf Bänden*, Bd. 4, hg. v. Andreas Flitner, Klaus Giel, Darmstadt ⁶2002, S. 255-266, hier S. 258.

Argumente auf der Grundlage erkenntnistheoretischer Vorteile von Diversität haben in der Wissenschaftstheorie eine Tradition als Begründungen für *methodologische* Freiheiten. Bereits Kuhn hat darauf hingewiesen, dass methodologische Freiheiten dort erforderlich werden, wo die Weiterentwicklung der Wissenschaften es erforderlich macht, Risiken einzugehen.[19] Für Kuhn gehören diese Risiken unvermeidlich zum Forschungsprozess dazu, weil nicht von vornherein klar sein kann, welches der aussichtsreichste Weg ist, mit einer Anomalie innerhalb eines Paradigmas umzugehen. Idealerweise sollten deshalb einige Mitglieder der wissenschaftlichen Gemeinschaft versuchen, die Anomalie innerhalb des Paradigmas zu lösen, während andere mit risikoreicheren Ansätzen auf sie reagieren. Weil diese Diversität in den Umgangsweisen mit der Anomalie für das wissenschaftliche Gemeinschaftsunternehmen insgesamt förderlich ist, erfüllt eine methodologische Flexibilität, die es erlaubt, dass rationale Wissenschaftler zu unterschiedlichen methodologischen Entscheidungen gelangen, eine positive Funktion für den Gesamtprozess.[20] Für Kuhn ist es deshalb durchaus ein produktives Charakteristikum wissenschaftlicher Praktiken, wenn Entscheidungen über die jeweils richtige Vorgehensweise nicht durch die Anwendung algorithmischer Regeln getroffen werden, sondern als Ergebnis der Bewertung der Ansätze vor dem Hintergrund eines mehr oder weniger geteilten wissenschaftlichen Wertekanons, der jedoch individuell unterschiedlich ausgelegt und gewichtet werden kann, so dass unterschiedliche Entscheider zu verschiedenen Ergebnissen kommen können, ohne dass einer von ihnen damit gegen einen wissenschaftlichen Rationalitätsstandard verstoßen müsste. Auch Kuhns einflussreicher Kritiker Lakatos hat an dieser Begründung des Pluralismus festgehalten und es aus diesem Grund für fruchtbar gehalten, wenn zu jedem Forschungsprogramm eine Alternative auf dem Markt ist, die deshalb sogar dann für eine Weile weiterentwickelt und kultiviert werden sollte, wenn ihre Erfolge in Form von neuartigen Vorhersagen zunächst ausblei-

19 *The Structure of Scientific Revolutions*, S. 186.
20 Ebd., und Thomas S. Kuhn, »Objectivity, Value Judgment, and Theory Choice«, in: ders., *The Essential Tension*, Chicago 1977, S. 320-339, hier S. 332; siehe dazu auch Paul Hoyningen-Huene, *Reconstructing Scientific Revolutions. Thomas S. Kuhn's Philosophy of Science*, Chicago 1993, S. 151 f.

ben.[21] Auch nach Lakatos liegt darin die Bedeutsamkeit methodologischer Toleranz begründet.[22]

Vor dem Hintergrund dieser neueren wissenschaftsphilosophischen Tradition stellt sich die Frage, ob die erkenntnistheoretische Begründung ihrem Wesen nach ein Argument für *methodologische* Freiheit ist – also für die Freiheit von Forschern und Forschungsgruppen, *gegeben eine bestimmte Fragestellung*, über spezifische methodische Herangehensweisen an diese Fragestellung möglichst unabhängig entscheiden zu dürfen. Oder stützt die Begründung auch den Ruf nach der Freiheit, über die zu verfolgende Fragestellung selbst entscheiden zu können? Während die in diesem Abschnitt angeführten Überlegungen den erkenntnistheoretischen Vorteil einer Diversität von Ansätzen zu jeder Fragestellung belegen, scheinen sie auf den ersten Blick nicht zugleich auch einen erkenntnistheoretischen Vorteil einer Diversität von Fragestellungen nachzuweisen. Dazu ist jedoch anzumerken, dass die Unterscheidung zwischen methodologischen Entscheidungen und Entscheidungen über die Fragestellung nicht immer sauber zu treffen sein wird. Beim Wechsel von einer methodischen Herangehensweise zur nächsten verschiebt sich oft auch die Fragestellung. Die Verschiebung ist umso deutlicher, je stärker die Herangehensweisen voneinander abweichen. Nochmals mit Kuhn gesprochen, gehört zu einem Paradigmenwechsel immer auch ein Problemwechsel (*problem shift*).[23] Beispielsweise gilt (in der Konkurrenz zwischen dem cartesischen und dem newtonischen Ansatz zur Erklärung der Himmelsphänomene) nur innerhalb des cartesischen Paradigmas die Frage, warum alle Planeten in derselben Richtung um die Sonne kreisen, als zum eigentlichen Problemfeld gehörig. Eine völlige Fixierung der Fragestellungen wäre deshalb nur um den Preis eines Verlustes auch methodologischer Freiheit zu haben.

Aus einem etwas anderen Blickwinkel lässt sich dieser Punkt wie folgt darstellen: Zu den umstrittenen Fragestellungen einer Disziplin gehört immer auch die Frage selbst, welche Fragestellungen mit den Mitteln der disziplinären Forschungspraktiken sinnvoll verfolgbar sind. Auch bezüglich dieser Frage ist eine offene und vielfältige

---

21 Lakatos, »Falsification and the Methodology of Scientific Research Programmes«, S. 157; vgl. ebd., S. 122.

22 Ebd., S. 157.

23 *The Structure of Scientific Revolutions*, S. 103.

Konkurrenz von Ideen und Ansätzen wünschenswert, um über den Mechanismus der wechselseitigen Kritik Fehleinschätzungen überwinden zu können. In dieser Hinsicht einen neuen und originellen Ansatz zu haben, bedeutet aber, eine bisher in der Disziplin nicht verfolgte beziehungsweise für nicht verfolgbar gehaltene Fragestellung aufzugreifen. Allerdings betont dieser Blickwinkel den Wert einer freien Wahl der Fragestellungen für die *Entdeckung* neuer Forschungsmöglichkeiten. Zur Verteidigung der Freiheit, einer bereits entdeckten und von niemandem sonst betriebenen Forschungslinie nachzugehen, ist diese Argumentation weniger geeignet. Es wird deutlich, dass die Frage nach der freien Wahl der Fragestellungen eng mit der Frage verbunden ist, ob alle wissenschaftlichen Probleme gleich verfolgenswert sind. Diese müssen wir für den Augenblick zurückstellen; sie wird erst in den Kapiteln 5 bis 7 genauer beleuchtet. Zugunsten der Ansicht, dass innerhalb des Rahmens der in der Disziplin ohnehin verfolgten Fragestellungen die Wahl der Forscher möglichst frei sein sollte, ergeben sich jedoch bereits aus dem folgenden Abschnitt einige stützende Gesichtspunkte.

4.3 Forschungsfreiheit als bestes Mittel zur Herbeiführung von Diversität

Setzt man zunächst den grundsätzlichen Nutzen einer Diversität der Forschungsansätze voraus, bleibt die entscheidende Frage, ob ein Forschungsfreiheitsprinzip die beste Möglichkeit darstellt, diese Diversität zu erreichen. Denkbar wäre doch beispielsweise auch, dass eine zentrale Agentur die Diversifizierung der Forschungslandschaft organisierte und die Allokation von personellen und materiellen Mitteln zu den jeweiligen Ansätzen vornähme. Warum soll ein Freiheitsprinzip besser funktionieren?

Um diesen Schritt der erkenntnistheoretischen Begründung zu untermauern, bietet sich ein Gedanke an, den Philip Kitcher in einem etwas anderen Kontext entwickelt hat: Wenn individuelle Forscher ihre Projektwahlentscheidungen entsprechend ihren egoistischen Interessen (ihre Karriere zu fördern) treffen, führt dies nach Kitcher unter bestimmten Bedingungen automatisch zu einer Verteilung der kognitiven Arbeitskräfte über die unterschiedlichen Projektansätze, die auch im Hinblick auf das kollektive Ziel der

Gewinnung möglichst vielen relevanten Wissens sehr förderlich ist.[24] Denn da individuelle Wissenschaftler für wichtige wissenschaftliche Ergebnisse mit wissenschaftlichem *credit* belohnt werden, werden sie sich automatisch solche Projekte suchen, bei denen die Wahrscheinlichkeit des Erfolges für sie persönlich am größten ist; zum Beispiel werden sie auch auf scheinbare Außenseiterprojekte ausweichen, sobald die überforschten Mainstreamprojekte einem zusätzlichen Mitarbeiter kaum noch Chancen zu individuellem Erfolg bieten.

Kitcher geht es bei diesen Überlegungen nicht um die Begründung der Forschungsfreiheit,[25] sondern um eine Verteidigung des Wahrheitserwerbs als Ziel der Wissenschaften gegen wissenssoziologische Kritiken. Eine Vielzahl von Studien der Interessen von Wissenschaftlern und deren Auswirkungen auf Forschungsentscheidungen hat bekanntermaßen manche Wissenschaftsforscher dazu gebracht, das Ziel der Wahrheitssuche als bloße Rhetorik abzutun. Dagegen will Kitcher zeigen, dass auch das Handeln von solchen Wissenschaftlern, deren Entscheidungen hauptsächlich von egoistischen und (aus individueller Sicht) nichtepistemischen Motiven ausgehen, im kollektiven Gesamteffekt dem epistemischen Ziel dienen kann:

Genau die Faktoren, von denen oft gedacht wird, sie würden die (epistemisch wohlgestaltete) Ausübung von Wissenschaft stören – zum Beispiel der Durst nach Ruhm und Vermögen –, spielen möglicherweise tatsächlich eine konstruktive Rolle bei unseren gemeinschaftlichen epistemischen Projekten, indem sie es uns als Gruppe ermöglichen, viel mehr Erfolg zu haben, als wir gehabt hätten, wenn wir uns wie unabhängige, epistemisch reine Individuen verhalten hätten.[26]

24 Kitcher, »The Division of Cognitive Labor«, in: *Journal of Philosophy* 87 (1990), S. 5-22, und *The Advancement of Science*, Kapitel 8.

25 Die vorliegenden Überlegungen sind trotzdem bereits von D. Wade Hands (»Social Epistemology Meets the Invisible Hand. Kitcher on the Advancement of Science«, in: *Dialogue* 34 [1995], S. 605-621, insb. S. 611) in kritischer Absicht als Verteidigung eines Forschungsfreiheitsprinzips gedeutet worden. An anderer Stelle werde ich auf Kitchers ausdrückliche Diskussion der Forschungsfreiheit zurückkommen (»An Argument About Free Inquiry«, in: *Noûs* 31 [1997], S. 279-306, *Science, Truth, and Democracy*, Kapitel 8, und »On the Autonomy of the Sciences«, in: *Philosophy Today* 48 [2004], S. 51-57), die allerdings ein stärkeres Gewicht auf die Grenzen der Forschungsfreiheit legt.

26 »The very factors that are frequently thought of as interfering with the (episte-

Der Grund dafür ist, dass allein an den epistemischen Zielen orientierte Forscher dasjenige Projekt wählen müssten, das aus ihrer Sicht die größten Chancen zur Erzeugung relevanter Wahrheiten hat. Falls die Einschätzungen diesbezüglich innerhalb der Disziplin einigermaßen homogen sind, kann dies leicht zu einer Forschungsmonokultur führen, die, wie wir gesehen haben, mit Nachteilen für das kollektive Wissensprojekt einhergeht.

Dagegen kann man sich Kitcher zufolge einen aus egoistischen Motiven handelnden Forscher leicht vereinfacht wie folgt vorstellen: Nehmen wir an, hinsichtlich eines bestimmten Problems wäre ein attraktiver Preis für dasjenige Individuum, das als erstes eine Lösung findet, ausgesetzt; an der Lösung könnte prinzipiell innerhalb verschiedener Ansätze mit unterschiedlichen intrinsischen Erfolgsaussichten (Wahrscheinlichkeiten, dass die Lösung innerhalb des jeweiligen Ansatzes gefunden wird) gearbeitet werden.[27] (Insofern das tatsächlich in den Wissenschaften zur Anwendung kommende System der Verteilung von *credit* wesentlich auf der Prioritätsregel beruht, sind dies durchaus realistische Modellannahmen. Ihr zufolge kommt die gesamte Anerkennung für ein Ergebnis derjenigen Person zugute, die es zuerst veröffentlicht.) Die individuelle Wahrscheinlichkeit, den Preis zu gewinnen, verteile sich in diesem vereinfachten Modell innerhalb jedes Ansatzes gleichmäßig auf alle, die an ihm arbeiten. Der aus egoistischen Motiven handelnde Forscher gleicht dann einem Akteur, der in diesem Modell in seinen Entscheidungen allein darauf abzielt, seine persönliche Aussicht auf den Preis zu maximieren. Selbst falls die Erfolgswahrscheinlichkeit $p_i(n)$ eines Ansatzes i mit der Anzahl n der Beteiligten immer weiter wächst, kann sie (da $p_i(n)$ nach oben beschränkt ist) nicht dauerhaft linear mit n wachsen; somit müssen die Aussichten für die individuellen Mitarbeiter, $p_i(n)\,/\,n$, ab einer bestimmten Grö-

mically well-designed) pursuit of science – the thirst for fame and fortune, for example – might actually play a constructive role in our community epistemic projects, enabling us, as a group, to do far better than we would have done had we behaved as independent epistemically pure individuals.« Kitcher, *The Advancement of Science*, S. 351, meine Übersetzung.

27 Vgl. ebd., S. 348-352. Die intrinsische Erfolgsaussicht P_i des Ansatzes i ist nach Kitcher der asymptotische Grenzwert der Erfolgswahrscheinlichkeit des Projekts für eine gegen unendlich gehende Mitarbeiterzahl n. Die tatsächliche Erfolgsaussicht ist kleiner als P_i und kann auf verschiedene Weise als von n abhängig modelliert werden, z. B. durch $p_i(n) = P_i(1 - e^{-kn})$.

ße des Forschungsprogramms abnehmen. Projekte mit geringerer intrinsischer Erfolgswahrscheinlichkeit, die aber noch nicht so überlaufen sind, werden dann für die einzelnen Forscher attraktiv. Damit trägt die egoistische Motivation des Wissenschaftlers, selbst den Preis zu erbeuten, zur Stabilisierung wissenschaftlicher Diversität bei, die, wie wir gesehen haben, für das Projekt der kollektiven Wahrheitssuche einen Wert besitzt.

Für Kitchers Argumentationsziel – die Verteidigung des Anspruchs, dass die Wissenschaften trotz der egoistischen Orientierung einzelner Wissenschaftler auf *credit* und Karriere als kollektives Unterfangen ein auf die Wahrheitssuche ausgerichtetes ist – ist es wichtig, dass seine Überlegungen die tatsächlichen Verhältnisse in den Wissenschaften in den für seine Argumentation wesentlichen Punkten einigermaßen realistisch widerspiegeln. Dies ist verschiedentlich bezweifelt worden. So kritisiert Goldman, dass die freie Entscheidung von Forschern zwischen verschiedenen Ansätzen in heutiger Zeit nicht realistisch sei, da im Allgemeinen die für eine solche Entscheidung erforderliche Gewährung von Mitteln von zentralen Agenturen abhängig sei und somit nicht in der Hand der einzelnen Forscher läge.[28] Zur Verteidigung des Arguments lässt sich darauf hinweisen, dass die von Kitcher beschriebenen Mechanismen dennoch immerhin die Entscheidungen von Forschern darüber beeinflussen können, welche Projekte sie *beantragen*, und dass die dadurch erzeugte Diversität auf Antragsebene vermutlich auch durch die Agenturen nicht *völlig* neutralisiert wird (zumal ja die Diversität im kollektiven Interesse der Disziplin ist, welches Gutachter und Agenturen möglicherweise berücksichtigen). Doch für unsere gegenwärtige Perspektive auf das Thema der kognitiven Arbeitsteilung ist eine solche Verteidigung nicht nötig. Es genügt, wenn wir uns davon überzeugen, dass Freiheit in der Wahl der Forschungsansätze die Diversität innerhalb der Disziplinen und damit deren Aussichten auf die Gewinnung relevanten Wissens begünstigen *würde*, wenn sie tatsächlich vorläge. Wenn wir uns davon überzeugen könnten, wäre ein großer Schritt in Richtung einer erkenntnistheoretischen Begründung getan.

28 Alvin I. Goldman, *Knowledge in a Social World*, Oxford 1999, S. 257.

4.4 Die Wissenschaften und die unsichtbare Hand

Obgleich Kitcher selbst den Begriff nicht verwendet, haben viele Kommentatoren in seinem Argument eine Erklärung durch einen Mechanismus der unsichtbaren Hand gesehen.[29] Tatsächlich weisen Kitchers Überlegungen Merkmale auf, die typisch für Erklärungen der unsichtbaren Hand sind: Das Ergebnis (in Kitchers Fall die kognitive Arbeitsteilung) wird als durch einen dezentralen Prozess hervorgerufen erklärt; ausdrückliche Übereinkünfte oder zentralisierte Entscheidungen der beteiligten Akteure gibt es nicht.[30] Das Ergebnis wird überdies nicht absichtsvoll herbeigeführt, sondern entsteht als Nebenprodukt der Handlungen von Akteuren, die ihre eigenen, vom Ergebnis unabhängigen Ziele verfolgen.[31]

Außer diesen Merkmalen gibt es auch eine Ähnlichkeit des Argumentationsziels mit demjenigen des prominentesten Unsichtbare-Hand-Arguments, nämlich der Verteidigung des Marktliberalismus durch Adam Smith: Es soll gezeigt werden, dass nur auf das eigene Interesse bedachte Personen, gegeben die richtigen (wettbewerbsfördernden) Institutionen, ein gesellschaftlich optimales Ergebnis erzeugen können.[32] Auch ist eine mögliche Parallele zwischen der Forschungsfreiheit und dem wirtschaftspolitischen Laisser-faire nicht erst jüngst entdeckt worden. Schon Kant berichtet im *Streit der Fakultäten* von der berühmten Antwort des französischen Kaufmanns auf die Frage eines Ministers, wie der Handel durch die Regierung am besten organisiert werden könne:

---

29 Vgl. Miriam Solomon, »Multivariate Models of Scientific Change«, in: David L. Hull u.a. (Hg.), *PSA 1994*, Bd. 2, East Lansing 1995, S. 287-297, hier S. 294; Hands, »Social Epistemology Meets the Invisible Hand«, Philip Mirowski, »The Economic Consequences of Philip Kitcher«, in: *Social Epistemology* 10 (1996), S. 153-169, hier S. 156.

30 Vgl. Geoffrey Brennan, Philip Pettit, »Hands Invisible and Intangible«, in: *Synthese* 94 (1993), S. 191-225. Zu allgemeinen Merkmalen von Erklärungen der unsichtbaren Hand (auch in der Wissenschaftstheorie) vgl. Petri Ylikoski, »The Invisible Hand and Science«, in: *Science Studies* 8 (1995), S. 32-43.

31 Vgl. Edna Ullman-Margalit, »Invisible-Hand Explanations«, in: *Synthese* 39 (1978), S. 263-291.

32 Vgl. D. Wade Hands, »Caveat Emptor. Economics and Contemporary Philosophy of Science«, in: *Philosophy of Science* 64 (Proceedings) (1997), S. S107-S116, hier S. S111.

Nachdem der eine dies, der andere das, in Vorschlag gebracht hatte, sagte ein alter Kaufmann, der so lange geschwiegen hatte: Schafft gute Wege, schlagt gut Geld, gebt ein promptes Wechselrecht u. d. gl., übrigens aber »laßt uns machen«. Dies wäre ungefähr die Antwort, welche die philosophische Fakultät zu geben hätte, wenn die Regierung sie um die Lehren befrüge, die sie den Gelehrten überhaupt vorzuschreiben habe: den Fortschritt der Einsichten und der Wissenschaften nicht zu hindern.[33]

Unsichtbare-Hand-Erklärungen in der Wissenschaftstheorie sind vielfach in die Kritik geraten.[34] Gemeinhin nehmen die Kritiker am abstrakten Charakter der zugrundegelegten Modelle Anstoß und bezweifeln den Realismus der Modellannahmen – die unsichtbare Hand gilt als »optimistische Phantasie«.[35] Dieser Vorwurf ist auch gegen Kitchers Erklärung der Entstehung kognitiver Arbeitsteilung aus dem Eigeninteresse der Forscher erhoben worden.

Genauer wird Kitchers Akteursmodellen vorgeworfen, die Wechselwirkungen mit Entscheidungen anderer Akteure nicht ausreichend zu berücksichtigen.[36] Was damit gemeint ist, hat die Ökonomin Esther-Mirjam Sent mit einem spieltheoretischen Szenario konkretisiert.[37] Darin wählen zwei Forscher, A und B, zwischen zwei Forschungsansätzen T_1 und T_2. T_1 ist komplexer und kann nur erfolgreich entwickelt werden, wenn beide Forscher daran arbeiten. T_2 kann auch von einem Einzelnen umgesetzt werden, allerdings gibt es dafür weniger Belohnung in Form von wissenschaftlichem *credit*. Die Ergebnisse der vier möglichen Entscheidungskombinationen sind in der folgenden Matrix in der Form [Nutzen für A/Nutzen für B] repräsentiert.

| | | Forscher B | |
		wählt T_1	wählt T_2
Forscher A	wählt T_1	[9 / 9]	[0 / 8]
	wählt T_2	[8 / 0]	[7 / 7]

33 Immanuel Kant, *Der Streit der Fakultäten,* hg. v. Horst D. Brandt, Piero Giordanetti, Hamburg 2005, AA VII 19 f. (Fußn. 5).

34 Siehe die in den Fußnoten 29 und 32 angegebene Literatur.

35 Solomon, »Multivariate Models of Scientific Change«, S. 294.

36 So bereits bei Mirowski, »The Economic Consequences of Philip Kitcher«, S. 164.

37 Esther-Mirjam Sent, »The Economic Value(s) in and of Science«, Vortrag, gehalten auf der Konferenz *Science and Values* am Zentrum für interdisziplinäre Forschung, Universität Bielefeld, 9.-12. Juli 2003, §3.1.

Bei dieser Situation handelt es sich *nicht* um ein Gefangenendilemma: Die sowohl individuell als auch kollektiv optimale Lösung (links oben) ist ein Nash-Gleichgewichtszustand des Spiels.[38] Dennoch, so Sent, könne es durchaus passieren, dass dieses Optimum nicht erreicht werde. Denn an T_2 zu arbeiten stelle für beide Forscher das geringere Risiko dar, da ein Mindestnutzen von 7 garantiert sei. Auch wenn die beiden Forscher sich absprechen könnten, ergebe sich ein Problem daraus, dass es für jeden Forscher, egal wie er sich selbst entscheide, auf jeden Fall besser sei, wenn der jeweils andere an T_1 arbeite. Deshalb, so Sent, sei es auf jeden Fall von Vorteil, den *Eindruck* zu erwecken, man wolle an T_1 arbeiten; und somit könnten die Forscher ihren wechselseitigen Beteuerungen diesbezüglich keinen Glauben schenken. Sie schließt, dass Kitchers von Eigeninteresse gesteuerte Forscher wahrscheinlich beim Ergebnis [7/7] enden würden, was aus gesellschaftlicher Perspektive nicht optimal sei.

Sents Beispiel gehört zu einer Klasse von Phänomenen, die Kitcher durchaus berücksichtigt.[39] Wenn ein Forschungsansatz, um attraktive Erfolgsaussichten zu entwickeln, eine bestimmte Mindestanzahl von Mitarbeitern braucht, kann es sein, dass die Gemeinschaft bei einer suboptimalen Arbeitsverteilung hängenbleibt (bei der gar kein Forscher an dem genannten Ansatz arbeitet), weil es für jeden Forscher irrational ist, als Einzelner dorthin zu wechseln. Das Problem, so Kitcher, sei jedoch begrenzt, wenn die Wissenschaftlergemeinschaft in der Form von Lehnsgütern (»*fiefdoms*«) organisiert sei, bei denen das Landvolk gemeinsam mit dem Lehnsherrn den Ansatz wechsle. In der typischen Organisation der naturwissenschaftlichen Forschung in Arbeitsgruppen und Laboratorien sieht Kitcher diese Voraussetzungen erfüllt.

Ist Kitchers Lösung auf der Grundlage der Autorität von Laboratoriumsleitern der einzige Ausweg aus dem Problem? Sents spieltheoretische Überlegungen weisen tatsächlich nach, dass eine freie Verabredung von Forschern zur Zusammenarbeit mit Schwierigkeiten behaftet ist. (Dies kann auch Kitchers Lösung beeinträchtigen, falls die erforderliche Mindestzahl von Mitarbeitern für einen Ansatz die Größe von Arbeitsgruppen übersteigt und somit eine

---

38 Ein Nash-Gleichgewicht ist ein Zustand, bei dem kein Spieler durch einseitigen Wechsel zu einer anderen Option seine Lage verbessern kann.

39 Kitcher, *The Advancement of Science*, S. 351 f.

Verabredung zwischen mehreren Laboratorien erforderlich wird.) Allerdings sind die Schwierigkeiten in unserem Zusammenhang nur fatal, wenn man Sents Argument so versteht, dass es *unmöglich* ist, eine verbindliche Verabredung zum gemeinsamen Wechsel in einen bestimmten Forschungsansatz zu treffen. Jenseits des abstrakten spieltheoretischen Modells sind aber verschiedene Möglichkeiten erkennbar, die eine solche Verbindlichkeit herzustellen helfen: Es gibt nachprüfbare Indikatoren dafür, dass man beginnt, mit einer bestimmten Art von Ansatz zu arbeiten (etwa die Vergabe von Diplom- und Doktorarbeitsthemen, die Anschaffung von Instrumenten etc.); Einzelforscher wie Arbeitsgruppen befinden sich außerdem typischerweise in einem Netzwerk von mehr oder weniger engen Kooperationen, so dass sie einen mit der bewussten Täuschung von Kollegen einhergehenden Vertrauensverlust nicht in Kauf nehmen könnten (ganz abgesehen davon, dass zwischen Laboratorien sogar formal verbindliche Übereinkünfte zur Zusammenarbeit geschlossen werden können). Verabredungen zur Zusammenarbeit sind also möglich, sogar ohne Wissenschaftsorganisation nach Gutsherrenart.

Die Vorbehalte gegen Unsichtbare-Hand-Erklärungen in der Wissenschaftstheorie werden häufig durch die erwähnte Parallele zur neoklassischen Ökonomik begründet. Da diese nicht alle Probleme der Rückführung sozialer Makrophänomene auf mikroökonomische Mechanismen lösen könne, müssten auch analoge wissenschaftstheoretische Unterfangen wie dasjenige Kitchers zum Scheitern verurteilt sein.[40] Solche Kritiken verkennen jedoch, dass die Analogie zur Ökonomie nur eine lockere ist. Wie sich Wissenschaftler, die ihren eigenen Interessen folgen, auf verschiedene Forschungsansätze aufteilen, lässt sich, wie wir gesehen haben, ohne ausdrückliche Anleihen bei Preismechanismen, Nachfragefunktionen oder dergleichen erklären. Das Modell ist höchstens in einem äußerst weiten Sinn ein ökonomisches.

40 Mirowski, »The Economic Consequences of Philip Kitcher«, S. 163, vgl. Hands, »Social Epistemology Meets the Invisible Hand«, S. 616-618. Wie sehr die Ablehnung von Kitchers Ansatz allein durch seine wahrgenommene Nähe zur neoklassischen Ökonomik motiviert ist, zeigt sich daran, dass sowohl Mirowski (S. 156) als auch Hands (S. 619, Fußn. 17) es offenbar schon für verdächtig halten, dass Kitcher im Vorwort zu *The Advancement of Science* (S. vii) dem Ökonomen Michael Rothschild für hilfreiche Kommentare dankt.

Dies gilt es im Blick zu behalten, auch wenn im Folgenden die lose Analogie zur unsichtbaren Hand in der Ökonomie in gewissem Sinn sogar noch ausgebaut werden soll. Noch haben wir nur gesehen, dass freie Projektwahl unter gewissen Voraussetzungen zu einer Diversifizierung der Forschungslandschaft führt. Doch um die Prämisse P2, um die es uns letztlich geht, zu stützen, muss noch dafür argumentiert werden, dass diese Art und Weise, Diversität zu erzeugen, anderen Organisationsformen überlegen ist.

Wie schon erwähnt, ist die maßgebliche Alternative zur dezentralisierten Entscheidung über Forschungsansätze und -projekte unter Bedingungen der Forschungsfreiheit eine Zentralisierung solcher Entscheidungen – in welcher spezifischen Form auch immer. Beim Vergleich dieser Möglichkeiten spielt die Verfügbarkeit des für die Entscheidungen relevanten Wissens eine zentrale Rolle. Für die Organisation einer diversifizierten Forschungslandschaft, in der die Chancen für möglichst viele erfolgreiche (das heißt relevantes Wissen zutage fördernde) Projekte möglichst groß sein sollen, spielen zwei Arten von Wissen eine Rolle: globales Wissen über die verschiedenen möglichen Ansätze und lokales Wissen über die einzelnen Forscher, Forschergruppen, Laboratorien und sonstigen Einrichtungen. Zum globalen Wissen gehören alle möglichen Informationen, die für die Einschätzung der Erfolgswahrscheinlichkeit der verschiedenen Ansätze und Projekte relevant sind – zum Beispiel Wissen über einschlägige Theorien, über technologische Entwicklungen, über die vergangenen Erfolge und Misserfolge bestimmter Methoden, über den Stand der Forschung bei jedem einzelnen Ansatz und darüber, in welchem Umfang bereits an ihm gearbeitet wird. Zum lokalen Wissen gehören Informationen über besondere Fähigkeiten, Fertigkeiten und Spezialkenntnisse einzelner Forscher, über die Kombination solcher Kompetenzen in den vorhandenen Forschergruppen, über bestehende und mögliche Kooperationen und Netzwerke sowie über die vorhandene und verfügbare Ausstattung an den einzelnen Einrichtungen. Sowohl das globale als auch das lokale Wissen sind ständig im Fluss und bedürfen fortwährender Aktualisierung.

Für eine dezentrale Organisation von Diversität ist es, wenn wir Kitchers Argument folgen, entscheidend, dass die einzelnen Forscher und Forschergruppen über das notwendige Wissen verfügen, um ihre eigenen Chancen auf wissenschaftlichen Erfolg (in Form von *credit*) bei den verschiedenen möglichen Projekten realistisch einzuschätzen. Dazu brauchen sie sowohl möglichst umfassendes globales Wissen als auch lokales Wissen – über ihre eigenen Voraussetzungen, aber auch über diejenigen ihrer Mitbewerber.

Bei einer zentralen Organisationsweise müssten die zentralen Autoritäten sowohl über möglichst umfassendes globales Wissen als auch über möglichst erschöpfendes und detailliertes lokales Wissen hinsichtlich aller Forschungseinrichtungen ihres Entscheidungsbereiches verfügen, um eine möglichst fruchtbare Verteilung von Forschungsaufträgen veranlassen zu können. An dieser Stelle wird ein entscheidender Vorteil der dezentralen Organisation erkennbar: Während das globale Wissen auf dem Wege des wissenschaftlichen Veröffentlichungswesens erfasst werden kann, ist es nicht sehr glaubhaft, dass es gelingen könnte, das gesamte relevante lokale Wissen, das über die gesamte wissenschaftliche Gemeinschaft verstreut ist, fortwährend zu erheben, an eine zentrale Autorität zu kommunizieren und dort sinnvoll zu verarbeiten. Dies liegt nicht nur am kolossalen Umfang des in Rede stehenden Wissensbestandes, sondern auch an seinem zu großen Teilen impliziten Charakter und den damit verbundenen hohen Transmissionskosten.

Dass dieses Unterfangen nicht erfolgversprechend wäre, ist hinreichend plausibel und bedarf keiner ausführlichen Begründung – aber stehen die dezentralen Entscheider besser da? Immerhin müssen auch sie nicht nur lokale Informationen über ihre eigenen Voraussetzungen haben (die für sie leicht verfügbar sind), sondern auch solche über die ihrer Mitbewerber. Jedoch, und hier liegt der entscheidende Vorteil, ist ihnen im Gegensatz zu einer zentralen Autorität auch mit *aggregierten* Informationen über die übrige Gemeinschaft gedient. Es genügt einer Forschergruppe, zu wissen, dass sie im Vergleich zu anderen Gruppen in ihrer Subdisziplin beispielsweise über eine *überdurchschnittlich* intensive Ballung mathematischen Talents, aber einen *unterdurchschnittlich* guten Zugang zu einem Teilchenbeschleuniger verfügt, um ihre Erfolgswahrscheinlichkeiten in verschiedenen Ansätzen in der relevanten Weise abschätzen zu können. Diese Art von Wissen ist für Forscher, die ausreichend regelmäßig und offen mit einem einigermaßen repräsentativen Anteil ihrer Fachkollegen kommunizieren und interagieren, auf dem Wege induktiver Verallgemeinerung erreichbar.

Es ist unverkennbar, dass auch dieses Argument Ähnlichkeiten mit einer klassischen ökonomischen Überlegung aufweist: Auch Ökonomen haben die Vorteile einer dezentral entscheidenden Wirtschaftsordnung gegenüber einer Planwirtschaft mit der besseren Ausnutzung des über die Gesellschaft verstreuten Wissens begründet. Besonders einschlägig ist hier Friedrich Hayeks klassische Abhandlung »The Use of Knowledge in Society«.[41] Auch nach Hayek ist die zentrale Frage,

> ob unser Erfolg wahrscheinlicher wird, wenn wir einer einzigen zentralen Instanz all das Wissen zur Verfügung stellen, das verwendet werden sollte, das aber zunächst über viele verschiedene Individuen verteilt ist, oder wenn wir den Individuen solches zusätzliches Wissen mitteilen, wie sie es benötigen, um ihre Pläne mit denen anderer in Passung zu bringen.[42]

Den Ausschlag zugunsten der dezentralen Organisation gibt auch bei Hayek eine Art lokalen Wissens (»knowledge of the particular circumstances of time and place«) und der Umstand, dass sich dieses seiner Natur nach nicht in statistischer Form einem zentralen Entscheider verfügbar machen lasse.[43]

Wieder lohnt es sich auch, darauf hinzuweisen, dass sich die Parallelen der beiden Argumente in diesen relativ oberflächlichen Ähnlichkeiten erschöpfen. Denn für das eigentlich ökonomische Element des hayekschen Arguments gegen die Planwirtschaft fehlt in unserer sozialepistemologischen Überlegung jedes Gegenstück. Es ist dies die neoklassische These, dass den individuellen ökonomischen Akteuren alle Informationen, die sie (über ihr lokales Wissen hinaus) für optimale Entscheidungen brauchen, über das Preissystem mitgeteilt werden.[44] Denn Hayek zufolge ist die einzige für dezentrale Entscheider relevante Art globalen Wissens das Wissen über Veränderungen in der Knappheit von Gütern, und diese schlagen sich sofort in Preisveränderungen nieder.

Die oben ausgeführte Argumentation setzt weder voraus, dass

---

41 In: *American Economic Review* 35 (1945), S. 519-530.

42 »[…] whether we are more likely to succeed in putting at the disposal of a single central authority all the knowledge which ought to be used but which is initially dispersed among many different individuals, or in conveying to the individuals such additional knowledge as they need in order to enable them to fit their plans in with those of others.« Ebd., S. 521, meine Übersetzung.

43 Ebd., S. 521-524.

44 Ebd., S. 525-528.

Forschungsansätze als knappe Güter anzusehen wären, noch dass irgendeine Art von Preismechanismus in der Wissenschaft wirksam wäre. Die Begründung dafür, dass die individuellen Forscher(-gruppen) über die relevanten aggregierten Informationen verfügen, stützt sich vielmehr auf die offene und regelmäßige Kommunikation und Interaktion zwischen den Mitgliedern einer (Sub-)Disziplin. Es handelt sich hier also abermals nicht um die Anwendung eines ökonomischen Modells, sondern allenfalls um die heuristische Ausnutzung einer losen Analogie zu einem klassischen ökonomischen Argument (dessen Erfolg oder Versagen im Hinblick auf seinen ursprünglichen Gegenstandsbereich für uns deshalb nicht entscheidend ist).

Es ist wichtig, den Unterschied dieses Arguments zu der oben (S. 85 f.) in Anlehnung an Polanyi skizzierten Begründung des Forschungsfreiheitsprinzips aus Kompetenzgründen zu verdeutlichen. Zwar geht es in beiden Fällen um die optimale Nutzung des persönlichen Wissens von Wissenschaftlern. Das zuletzt untersuchte Argument macht sich jedoch *nicht* die Behauptung zu eigen, es könnten prinzipiell nur Mitglieder der Disziplin ausreichend wohlinformierte forschungsstrategische Entscheidungen treffen. Stattdessen geht es allein um die Frage, ob eine dezentrale oder eine zentralisierte Organisation der Entscheidungen einen besseren Nutzen vom gesamten, über die Wissenschaftlergemeinschaft verstreuten Wissen macht.

Dennoch lohnt sich ein erneuter Blick auf Polanyi, weil er über die Ausnutzung lokalen Wissens hinaus noch eine weitere Ressource sieht, die durch eine dezentrale Organisation besser erschlossen wird: »Jeder Versuch, die Gruppe […] unter einer einzigen Befehlsgewalt zu organisieren, würde die unabhängigen Initiativkräfte eliminieren und ihre gemeinschaftliche Effektivität reduzieren auf diejenige der Einzelperson, die sie aus dem Zentrum heraus anleitet.«[45] Statt der optimalen Nutzung des Wissens geht es Polanyi an dieser Stelle um die optimale Ausschöpfung von moti-

---

45 »Any attempt to organise the group […] under a single authority would eliminate their independent initiatives and thus reduce their joint effectiveness to that of the single person directing them from the centre.« Michael Polanyi, »The Republic of Science. Its Political and Economic Theory«, in: *Minerva* 1 (1962), S. 54-73, hier S. 56, meine Übersetzung.

vierter Initiative und Kreativität der individuellen Wissenschaftler. Wenn diese Faktoren, wie er behauptet, in dem Maße zunähmen, wie sie selbst über die von ihnen verfolgten Ansätze und Projekte entscheiden dürfen, wäre dies ein weiterer Grund, erkenntnistheoretische Vorteile eines Forschungsfreiheitsprinzips zu erwarten. Plausibilisieren lässt sich diese These vor allem im Hinblick auf das wichtige Feld der *Entdeckung* von Ansätzen und Forschungsmöglichkeiten. Dass ein Wissenschaftler hier Initiative und Kreativität entwickelt, ist vor allem dann zu erwarten, wenn er Aussicht darauf hat, den neu entdeckten Ansatz auch selbst bearbeiten und weiterentwickeln zu können. Aber auch bei der bloßen Ausführung von Projekten mögen motivationspsychologische Aspekte wie die Identifikation mit dem selbst gewählten Projekt eine Rolle spielen. Auf solch psychologischer Grundlage behauptet jedenfalls Polanyi, der Wissenschaftler müsse stets das Projekt wählen, das ihn persönlich am stärksten involviert.[46]

Das Problematische an diesem Argument ist, dass sich seine Geltung und Tragweite nur sehr schwer abschätzen lassen. Zwar gibt es Erfahrungen mit Steuerungsversuchen, etwa aus der Zeit des Aufblühens von Großforschungsprojekten in den 1970er Jahren, die Resistenzen von Wissenschaftlern gegen die externe Entscheidung über Forschungsprojekte zu belegen scheinen. So kam es wiederholt zu Problemen dabei, fähige Forscher für politisch beschlossene Projekte zu rekrutieren und zu mangelnder Resonanz gegenüber ausgeschriebenen Förderprogrammen, die die Disziplinen in bestimmte Richtungen lenken sollten. Vielfach wurden Steuerungsversuche durch eine nur scheinbare Orientierung an den Programmzielen und rhetorische Umetikettierung der eigentlich verfolgten Forschungsvorhaben unterlaufen.[47] Doch können für solche Resistenzen immer auch andere als die von Polanyi nahegelegten motivational-psychologischen Bedingungen als Erklärungen angeführt werden. (Beispielsweise könnten die beteiligten Forscher befürchten, in den gesteuerten Programmen von den durch die Eigendynamik der Disziplinen vorgegebenen maßgeb-

---

46 Ebd., S. 57.
47 Wolfgang van den Daele u. a., »Die politische Steuerung der wissenschaftlichen Entwicklung«, in: dies. (Hg.), *Geplante Forschung. Vergleichende Studien über den Einfluß politischer Programme auf die Wissenschaftsentwicklung* Frankfurt/M. 1979, S. 11-63, hier S. 51.

lichen Forschungsfronten abgehängt und somit der Aussicht auf wissenschaftlichen *credit* beraubt zu werden.[48])

Besonders bedenkenswert ist aber, dass es auch ohne ein schützendes Prinzip der Forschungsfreiheit der Arbeit von Wissenschaftlern nicht auf jeder Ebene an Freiheiten und somit an Möglichkeiten, Kreativität und Initiative zu entfalten, mangeln müsste. So ist die Geschichte der Industrieforschung reich an Beispielen von Forschern, die innerhalb eines an einem von außen vorgegebenen technologischen Ziel orientierten Vorhabens im entscheidenden Moment durch ihre persönliche Initiative wichtige wissenschaftliche Innovationen hervorgebracht haben. Ein illustrativer Fall ist die Arbeit der Halbleiter-Forschungsgruppe der Bell Laboratories, die kurz nach dem Zweiten Weltkrieg gegründet worden war, um einen elektronischen Verstärker auf Festkörperbasis zu entwickeln. Die Forschung der Gruppe brachte nicht nur neuartige Experimentiertechniken hervor; die ersten, fehlgeschlagenen Experimente führten auch zu einer wichtigen Modifikation der Theorie der Halbleiter (eingeführt durch den Bell-Mitarbeiter John Bardeen in seiner Theorie der Oberflächenzustände).[49] Letztlich führte sie 1948 zur Erfindung des so genannten Spitzentransistors und 1956 zu einem Physiknobelpreis für die Bell-Forscher Bardeen, Walter Brattain und William Shockley. Weitere vergleichbare Episoden sind die Entwicklung der Elektronenmikroskopie bei Siemens oder die Forschungen zur Supraleitung bei IBM – die Zahl der Fälle lässt sich problemlos mehren. Diese Beispiele aus der Glanzzeit der großen Industrielaboratorien sind keineswegs Monumente einer untergegangenen Zeit: Auch heute noch gehen wissenschaftliche Innovationen aus Industrieforschungskontexten mit strengen Zielvorgaben hervor.[50]

Die genannten Fälle legen nahe, dass wissenschaftliche Initiative und Kreativität einerseits und externe Vorgaben auf Programm- und sogar auf Projektebene andererseits einander nicht ausschlie-

---

48 Vgl. ebd., S. 52.
49 Ernest Braun, »Selected Topics from the History of Semiconductor Physics and Its Applications«, in: Lillian Hoddeson u. a. (Hg.), *Out of the Crystal Maze. Chapters from the History of Solid-State Physics*, New York 1992, S. 443-488, hier S. 466-472.
50 Siehe Torsten Wilholt, »Design Rules. Industrial Research and Epistemic Merit«, in: *Philosophy of Science* 73 (2006), S. 66-89.

ßen, solange es auf der Ebene des unmittelbaren Forschungshandelns noch ausreichend Spielräume zur Entfaltung gibt.[51] Sie neutralisieren Polanyis Kreativitätsargument nicht völlig: Vielleicht ist es gerade die Ebene der programmatischen Entscheidungen, auf der die Wissenschaft nicht auf die Initiative und Kreativität *aller* Mitglieder ihrer Disziplinen verzichten kann? Ein bereits genanntes Moment in dieser Hinsicht ist die Erfindung völlig neuer Forschungsansätze.

Es zeigt sich, dass Initiative und Kreativität der Wissenschaftler eine weniger leicht zu beurteilende Ressource sind als ihr Wissen. Ich werde deshalb im Folgenden davon ausgehen, dass die erkenntnistheoretische Begründung der Forschungsfreiheit sich auf Vorteile bei der Nutzbarmachung der über die wissenschaftlichen Disziplinen verteilten *Wissen*sressourcen stützt. Mögliche zusätzliche Vorteile bei der Mobilisierung von Initiative und Kreativität sollen dadurch nicht grundsätzlich in Abrede gestellt werden – ihr Nachweis ist jedoch für die solide Begründung eines Forschungsfreiheitsprinzips sehr problematisch.

4.5 Diversität und die unsichtbare Hand: Ergebnis und Voraussetzungen

Am Anfang einer heutigen Fassung der erkenntnistheoretischen Begründung kann also die These stehen, dass ein Forschungsfreiheitsprinzip wegen seiner Vorteile bei der Nutzbarmachung lokalen Wissens eine überlegene Möglichkeit darstellt, die für die effiziente Gewinnung neuen wissenschaftlichen Wissens notwendige Diversität der Wissenschaften zu erzeugen. Durch eine Rückschau auf die hierzu bereits angeführten Überlegungen möchte ich nun feststellen, welche Voraussetzungen gegeben sein müssen, damit die These glaubhaft ist, und wie sie genau verstanden werden muss.

Eine erste wichtige Voraussetzung ist die, dass für die betreffenden Forschungsansätze und -projekte ein *Anreizsystem* gegeben ist, durch das Beiträge zur Mehrung des wissenschaftlichen Wissens

---

51 Vgl. Torsten Wilholt, »Bedingungen wissenschaftlicher Innovation unter der Vorherrschaft von Anwendungsinteressen. Freiheit und Komplexität«, in: Günter Abel (Hg.), *Kreativität: XX. Deutscher Kongress für Philosophie, 26.-30. September 2005 in Berlin, Sektionsbeiträge*, Bd. 2, Berlin 2005, S. 377-388.

belohnt werden. Das oben beschriebene System der Verleihung von *credit* durch Zitation und Verwendung der Ergebnisse anderer soll diese Funktion erfüllen. Am bestehenden *Credit*-System werden regelmäßig einige Probleme kritisiert: Scheinautorenschaft, die absichtliche ungerechtfertigte Gewährung oder Vorenthaltung von *credit* und die Bildung von Zitationskartellen sind die wesentlichsten Schwierigkeiten. Solange es gelingt, diese auf ein Minimum zu begrenzen, scheint das System der Aufgabe jedoch im Allgemeinen grundsätzlich gewachsen zu sein.

Allerdings können bei besonderen Konstellationen auch grundsätzliche Schwierigkeiten auftreten. Was wäre, wenn bestimmte Forschungsansätze es schwierig oder gar unmöglich machten, den Beiträgen einzelner Forscher *credit* zuzuordnen? Schwierigkeiten in dieser Richtung sind in Großforschungsprojekten bereits aufgetreten. Ein Beispiel ist die Entwicklung der Fusionsforschung in der Phase des Übergangs zu reaktornahen Großexperimenten. Bei diesen ist der Reaktor selbst das Experiment; es lassen sich daran nicht kontinuierlich wissenschaftliche Ergebnisse erzielen, sondern erst das Endprodukt bringt nach Jahren der Entwicklung die entscheidenden Beiträge zu neuem Wissen. Außerdem verlangen die größer werdenden Experimente mehr und mehr Mitarbeiter, deren Einzelbeiträge zum wissenschaftlichen Ertrag schwer zuzuordnen sind. Entsprechend haben sich die stärksten sozialen Resistenzen gegen die politische Steuerung der Fusionsforschung gegen die Einleitung und Förderung genau dieser Phase gerichtet.[52]

Auf Grundlage unserer bisherigen Überlegungen müssen wir erwarten, dass ohne das Eingreifen politischer Steuerung solche Forschungen nicht unternommen würden. Denn einzelne Forscher hätten jeden Grund, Projekte, in denen sie kontinuierlich individuellen *credit* sammeln könnten, einem solchen Vorhaben vorzuziehen.[53] Man muss daher einschränkend eingestehen, dass

---

52 Günter Küppers, »Fusionsforschung – zur Zielorientierung im Bereich der Grundlagenforschung«, in: van den Daele u. a. (Hg.), *Geplante Forschung*, S. 287-325, hier S. 318-321 u. 323 f., und van den Daele u. a., »Die politische Steuerung der wissenschaftlichen Entwicklung«, S. 51 f.

53 Denkbar wäre es natürlich, dass es auch Großforschungsunternehmungen geben könnte, die so bedeutsam sind, dass selbst die Aussicht auf ein Hundertstel Anteil an dem letztlich für das erhoffte Ergebnis zu erwartenden *credit* die Wette auf den ungewissen Ausgang lohnenswert macht. Doch in der Realität ist der Umgang mit anteiligem *credit* an einem Einzelerfolg schwierig, sofern der ein-

die erkenntnistheoretische Begründung nach der hier vorliegenden Betrachtungsweise nur ein Forschungsfreiheitsprinzip für solche Bereiche der wissenschaftlichen Forschung rechtfertigen kann, in denen die Gewährung von wissenschaftlichem *credit* als Anreizsystem für individuelle Einzelbeiträge zur Mehrung des wissenschaftlichen Wissens funktioniert.

Möglicherweise noch entscheidender ist die Einsicht, dass das Anreizsystem nur dann zu einer echten erkenntnistheoretisch vorteilhaften Diversifizierung führen kann, wenn es auch kühne, ungewöhnliche Ansätze zu belohnen weiß, sobald diese Erfolge vorzuweisen haben. Würde in einer Forschungsgemeinschaft eine so große Voreingenommenheit zugunsten konventioneller Methoden herrschen, dass neuartigen Ansätzen systematisch jeder *credit* verweigert würde, müsste man erwarten, dass gerade bei individuell freier Wahl der Projekte und Ansätze die Gemeinschaft auf einen methodologischen Mainstream konvergieren würde. Die Wissenschaftsgeschichte kennt zahlreiche Fälle, in denen (aus der Rückschau betrachtet) zukunftsweisenden Ansätzen aus Gründen methodologischer Voreingenommenheit die Anerkennung verweigert wurde. Als beispielsweise John James Waterston 1845 der Royal Society seine Überlegungen zur kinetischen Gastheorie vorlegte, in denen viele der entscheidenden Ideen, denen Rudolf Clausius, James Clerk Maxwell und andere später zum Durchbruch verhelfen sollten, bereits erfolgreich ausgeführt waren, wurden sie von den Gutachtern als blanker Unsinn (»nothing but nonsense«) abgelehnt. Waterston wandte sich anderen Dingen zu, und sein Manuskript geriet für 50 Jahre in Vergessenheit.[54] Zum Glück würden solche Fälle nur dann zu einem völligen Zusammenbruch des diversitätsfördernden Mechanismus der freien Konkurrenz um *credit*

zelne Beitrag des Individuums von den anderen Mitgliedern der Disziplin nicht nachvollzogen werden kann. Zwar ist Gemeinschaftsarbeit in den Naturwissenschaften heute die Regel, doch erst die häufige Beteiligung an Gemeinschaftspublikationen (wenn möglich in wechselnden Konstellationen und gelegentlich in der Rolle der erstgenannten Autoren) macht den individuellen Verdienst für die Gemeinschaft wirklich nachvollziehbar.

54 Stephen G. Brush, *The Kind of Motion We Call Heat. A History of the Kinetic Theory of Gases in the 19th Century*, Bd. 1, Amsterdam 1976, insb. S. 139 f. u. 146-149, vgl. Robert K. Merton, »Priorities in Scientific Discovery«, in: ders., *The Sociology of Science. Theoretical and Empirical Investigations*, Chicago 1973, S. 286-324, hier S. 318.

führen, wenn die Verweigerung von Anerkennung für unkonventionelle Ideen so systematisch erfolgte, dass Forscher mit kreativen Ideen jede Hoffnung auf Anerkennung aufgeben würden. Es bleibt jedoch festzuhalten, dass die erkenntnistheoretische Begründung der Forschungsfreiheit auf die Annahme angewiesen ist, dass die freie Allokation von *credit* durch die Forschergemeinschaft unvoreingenommen genug ist, dass auch vom Mainstream abweichende Ideen und methodische Ansätze sich Hoffnung auf Anerkennung im Erfolgsfall machen dürfen.[55]

Eine weitere Voraussetzung betrifft den Charakter des Forschungsfreiheitsprinzips, das durch die vorliegenden Überlegungen motiviert werden kann. Die These, dass ein Freiheitsprinzip zu einer epistemisch günstigen Diversität führt, stützt sich darauf, dass einzelne Forscher oder Forschergruppen eine ihr lokales Wissen auswertende und ihre persönlichen Aussichten auf *credit* reflektierende Wahl treffen können. Das bedeutet aber, dass das durch die erkenntnistheoretische Begründung gestützte Forschungsfreiheitsprinzip nur ein Prinzip der *individuellen* Forschungsfreiheit sein kann. Ein Prinzip der disziplinenbezogenen Forschungsfreiheit lässt sich nicht auf analoge Weise begründen. Hinsichtlich eines Schutzes vor außerdisziplinärer Einmischung wäre nicht begründbar, warum eine Entscheidung über Forschungsprojekte auf diese Weise eher zu einer epistemisch vorteilhaften Arbeitsteilung unter den Forschern führen würde. Die innerhalb der Disziplin konzentrierte Sachkompetenz alleine reicht, wie wir gesehen haben, nicht aus, um eine Überlegenheit gegenüber alternativen Formen der Forschungsorganisation nachzuweisen. Erst der Vorteil der klug (weil das globale und lokale Wissen optimal ausnutzend) arrangierten Diversität macht die Überzeugungskraft der erkenntnistheoretischen Begründung aus.

Dabei ist individuelle Entscheidungsfreiheit, die durch das Argument gestützt werden kann, nicht allein auf methodologische Entscheidungen beschränkt, sondern auch Freiheiten in Bezug auf Entscheidungen über die überhaupt zu verfolgende Fragestellung

<hr>

55 In Anlehnung an Michael Polanyi (»The Republic of Science«, S. 58) lässt sich dies auch als die Voraussetzung beschreiben, dass die Wissenschaftlergemeinschaft bei der Zuteilung von Anerkennung auch die *Originalität* eines Beitrags wertschätzt (und nicht nur konformitätsfördernde Merkmale wie Akkuratheit, Plausibilität und innersystematische Bedeutung).

versprechen, zu einer möglichst fruchtbaren Forschungsvielfalt beizutragen. Dies liegt nicht nur an den bereits oben festgestellten Umständen, dass methodologische Freiheiten nicht leicht von Freiheiten in der Wahl der Fragestellung zu trennen sind und dass Freiheiten der Fragestellungen unverzichtbar für die Entdeckung neuer Fragestellungen sind. Die Überlegungen in Hinblick auf die optimale Ausnutzung lokalen Wissens liefern einen zusätzlichen Grund dafür, denn je freier ein Forscher oder eine Forschergruppe darin ist, die eigene Forschungsagenda auf die lokal vorhandenen Vorteile abzustimmen, desto besser wird die letztlich resultierende kognitive Arbeitsteilung innerhalb einer Disziplin an die Verteilung der jeweils lokal vorhandenen Ressourcen und Möglichkeiten angepasst sein.

Damit sich dieses Arrangement wirklich nach dem besten verfügbaren Wissen richten kann, brauchen alle Beteiligten ständig möglichst aktuelles globales und, zumindest in aggregierter Form, auch lokales Wissen über laufende Projekte. Dieser Umstand verweist wiederum auf eine weitere Voraussetzung: Das individuelle Forschungsfreiheitsprinzip, das durch die erkenntnistheoretische Begründung gestützt werden kann, ist untrennbar von einem Prinzip *freier und offener Interaktion und Kommunikation* zwischen den Wissenschaftlern. Denn jede Forschergruppe muss beurteilen können, wie ihre lokalen Voraussetzungen im Vergleich zu denjenigen anderer Gruppen dastehen, und muss aufgrund dieses Urteils und vor dem Hintergrund möglichst genauer Informationen über den Stand der Forschung, die relevanten Technologien, die aktuelle Methoden- und Theorienlandschaft und die Aktivitäten im Rest der Disziplin reflektierte Projektentscheidungen treffen. Die Vermittlung des entscheidungsrelevanten Wissens ist (anders als in der neoklassischen Wirtschaftstheorie) nicht im Mechanismus der unsichtbaren Hand einbegriffen. Die erkenntnistheoretische Begründung funktioniert deshalb nur in Verbindung mit einem wissenschaftlichen Kommunikationswesen, das dafür sorgt, dass die entscheidenden Informationen ständig in die wissenschaftliche Gemeinschaft hineingetragen werden. Dabei ist es für das Argument nicht entscheidend, wie für die offene Interaktion und Kommunikation gesorgt wird. In den gegenwärtigen akademischen Wissenschaften ist es hauptsächlich das auf Veröffentlichungen beruhende Anreizsystem, das dafür sorgt, dass Informationen über Methoden und Ergebnisse regelmäßig öffentlich gemacht werden. Aus Sicht der erkenntnistheoretischen Begründung könnte aber prinzipiell auch auf andere Weise dafür gesorgt sein.

Die letzte Voraussetzung, die ich an dieser Stelle hervorheben möchte, ist die grundsätzliche *Möglichkeit einer unabhängigen Konkurrenz* von Forschungsansätzen. Ganz offenbar können sich die epistemischen Vorteile von Diversität nur entfalten, wenn auch wirklich mehrere unabhängige Ansätze miteinander in Konkurrenz treten können. Bei einigen Fällen sehr aufwändiger Forschung ist diese Bedingung aus Gründen der Ressourcenknappheit nicht erfüllbar: So können etwa nur sehr wenige Experimente unter Weltraumbedingungen durchgeführt werden. Für solche Experimente wäre eine Berufung auf ein Forschungsfreiheitsprinzip nicht durch die erkenntnistheoretische Begründung gestützt.[56]

Insgesamt lässt sich auf der Grundlage der vorgebrachten Argumente die folgende These stützen:

(P2*) Individuelle Forschungsfreiheit führt unter bestimmten Bedingungen zu einer diversifizierten Forschungslandschaft, die im Hinblick auf die Produktion möglichst vieler wissenschaftlich akzeptabler Ergebnisse zentralisierten Formen der Forschungsorganisation überlegen ist.

(Dabei sind mit »bestimmten Bedingungen« ein funktionierendes Anreizsystem, die freie Interaktion und Kommunikation zwischen den Forschern und die grundsätzliche Möglichkeit unabhängiger Konkurrenz gemeint.) Dies ist für sich genommen eine gehaltvolle Feststellung. Und doch liegen noch entscheidende Differenzen zur in der Tradition der erkenntnistheoretischen Begründung implizit vorausgesetzten Prämisse P2 vor (siehe oben, S. 83), in der behauptet wird, dass die Geltung eines Prinzips der Forschungsfreiheit unsere kollektive Suche nach relevanten Wahrheiten am besten fördert.

Neben den genannten Bedingungen, von denen P2* den epistemischen Erfolg einer freien Forschungsorganisation abhängig macht, besteht die wesentlichste Differenz im folgenden Punkt: In P2 geht es um relevante Wahrheiten, auf die in einem kognitiven Gemeinschaftsvorhaben abgezielt wird. Das absichtlich zunächst etwas ungenau bestimmte »wir«, das dieses Vorhaben trägt, ist nicht

---

56 Vgl. Torsten Wilholt, »Scientific Autonomy and Planned Research. The Case of Space Science«, in: *Poiesis and Praxis* 4 (2006), S. 253-265.

identisch mit der Forschergemeinschaft. Es muss sich vielmehr auf die *politische* Gemeinschaft beziehen, die das eingeforderte Forschungsfreiheitsprinzip etablieren, respektieren und garantieren soll. Demzufolge muss es auch um Wahrheiten gehen, die relevant aus der Perspektive dieser politischen Gemeinschaft sind. In P2* ist dagegen von wissenschaftlich akzeptablen Ergebnissen die Rede, ohne dass dabei Ansprüche über die Relevanz dieser Ergebnisse für die unmittelbaren oder mittelbaren Erkenntnisinteressen der Allgemeinheit erhoben werden. Dies ist kein trivialer Punkt, weil nicht *prima facie* auszuschließen ist, dass die von freier Forschung gelieferten Wahrheiten weniger relevant für die Erkenntnisinteressen der Allgemeinheit sein könnten, als man es von anderen Formen der Forschungsorganisation erwarten dürfte. Welches sind also diese Erkenntnisinteressen? Dies hängt ganz wesentlich davon ab, auf welche von mehreren verschiedenen Weisen die Prämisse P1 der erkenntnistheoretischen Begründung gerechtfertigt wird. Es zeigt sich also, dass die beiden Prämissen nicht vollkommen getrennt voneinander behandelt werden können. In den folgenden drei Kapiteln soll es deshalb um verschiedene Begründungsmöglichkeiten dafür gehen, dass, wie in P1 behauptet, unsere kollektive Suche nach relevanten Wahrheiten ein bedeutendes und förderungswürdiges Unterfangen ist.

Kapitel 5:
Zum intrinsischen Wert von Wahrheit und Wissen

5.1 Was ist der Wert wahrer Überzeugungen?

Erkenntnistheoretische Begründungen der Forschungsfreiheit stützen sich auf die (im vorigen Kapitel als Prämisse P1 bezeichnete) Voraussetzung, dass unsere kollektive Suche nach relevanten Wahrheiten ein bedeutendes Unterfangen ist, das wir nach Möglichkeit fördern sollten. Eine denkbar starke Stützung würde diese Annahme durch die traditionsreiche These erhalten, dass Wissen an sich einen intrinsischen Wert besitzt. Diese steht in engem Zusammenhang mit der stärkeren These, dass wahre Überzeugungen intrinsischen Wert besitzen. Von Wissen sprechen wir nur bei Überzeugungen, die wir auch für wahr halten (wenn auch nicht bei allen solchen Überzeugungen); deshalb folgt der intrinsische Wert von Wissen aus dem intrinsischen Wert wahrer Überzeugungen – das Umgekehrte gilt streng genommen nicht. Hinsichtlich ihres Potenzials, die Suche nach Wissen beziehungsweise nach wahren Überzeugungen zu begründen und zu motivieren, sind die beiden Thesen jedoch kaum unterscheidbar. Denn wer nach Wissen sucht, strebt *ipso facto* auch nach wahren Überzeugungen. Umgekehrt wird, wer nach wahren Überzeugungen sucht, versuchen, sich an verlässliche Methoden und gute Gründe zu halten, und somit sowohl in seinen Vorgehensweisen als auch in seinen Ergebnissen von einem Wissenssucher nicht zu unterscheiden sein.[1] (Dies gilt zumindest, sofern die These vom intrinsischen Wert der Wahrheit so verstanden wird, dass mit ihm zugleich ein intrinsischer Unwert falscher Überzeugungen einhergeht.[2] Davon will ich im Folgen-

---

1 Eine sehr ausführliche und genaue Argumentation dafür, dass die Suche nach der Wahrheit und die Suche nach Wissen auf ein und dasselbe hinauslaufen, findet sich bei Bernard Williams (*Descartes. The Project of Pure Enquiry*, Hassocks 1978, S. 37-45 [dt.: *Descartes. Das Vorhaben der reinen philosophischen Untersuchung*, Königstein 1981]).

2 Andernfalls gäbe es für den Sucher wahrer Überzeugungen eine triviale Vorgehensweise, bei der verlässliche Methoden und gute Gründe außen vor bleiben

den ausgehen.) Ich werde deshalb die beiden Thesen nicht getrennt voneinander würdigen.[3]

Zunächst möchte ich illustrieren, dass die These vom intrinsischen Wert von Wahrheit und Wissen in der westlichen Geistesgeschichte tief verwurzelt ist. Schon Platon weist der Wahrheit in den *Gesetzen* ausdrücklich einen vorgeordneten Wert zu: »Die Wahrheit geht allen Gütern für die Götter, allen Gütern für die Menschen voran.«[4] Aus dem Kontext wird allerdings nicht ganz klar, ob hier der Wert wahrer *Überzeugungen* gemeint ist oder vielmehr der Wert wahrer *Aussagen* (also der Wert der Wahrhaftigkeit der Rede).[5] Zu diesem Unterschied sogleich mehr.

Der intrinsische Wert des Wissens wird vielleicht am häufigsten mit Aristoteles in Verbindung gebracht, besonders mit dem berühmten ersten Satz der *Metaphysik*: »Alle Menschen streben von Natur aus nach Wissen.«[6] Ähnlich äußert sich Aristoteles auch in der *Eudemischen Ethik*: »Die Wahrnehmung selbst und die Er-

könnten: nämlich die Strategie, einfach so viele Überzeugungen wie möglich zu sammeln. Vgl. Alexander Bird, »What is Scientific Progress?«, in: *Noûs* 41 (2007), S. 64-89, hier S. 85 f.

3 Mit anderen Worten: Ich halte die Frage für die Zwecke dieser Untersuchung für unabhängig von der in der jüngeren Erkenntnistheorie geführten Debatte darüber, ob und gegebenenfalls warum und inwiefern der Wert von Wissen über den Wert wahrer Überzeugungen hinausgeht. Zu dieser Debatte siehe Duncan H. Pritchard, »Recent Work on Epistemic Value«, in: *American Philosophical Quarterly* 44 (2007), S. 85-110.

4 »ἀλήθεια δὴ πάντων μὲν ἀγαθῶν θεοῖς ἡγεῖται, πάντων δὲ ἀνθρώποις«, *Nomoi* 730c (Text nach *Platonis Opera*, Bd. 5, hg. v. John Burnet, Oxford 1963, Übers. nach *Nomoi (Gesetze). Buch IV-VII*, übers. v. Klaus Schöpsdau, Göttingen 2003). Das »Vorangehen« oder »Obenanstehen« (ἡγέομαι) der Wahrheit wird auch in der *Politeia* thematisiert: Dort (485b-c, 490a-c) argumentiert Platon, dass die wahren Philosophen(-könige) sich dadurch auszeichnen müssten, dass sie die Wahrheit lieben und sie immer anstreben.

5 Platon fährt in der unmittelbaren Folge der zitierten Stelle der *Gesetze* mit einem Lob der Wahrhaftigkeit und einem Tadel der Lüge fort. Auch in den genannten Passagen der *Politeia* wird die Liebe zur Wahrheit in Kombination mit dem Hass auf die Lüge eingefordert. An anderer Stelle (382a-b) werden dort allerdings der Wert wahrer Überzeugungen und der Wert wahrer Aussagen miteinander verknüpft.

6 »πάντες ἄνθρωποι τοῦ εἰδέναι ὀρέγονται φύσει.« Aristoteles, *Metaphysik* 980a 21 (Text nach *Aristotle's Metaphysics*, hg. v. William D. Ross, Oxford 1924, Übers. nach *Metaphysik*, übers. v. Franz F. Schwarz, Stuttgart 1970).

kenntnis selbst sind jedem das am meisten Erstrebte.«[7] Und wenig später: »Man wünscht immer zu leben, weil man immer zu wissen wünscht.«[8]

Kurt Bayertz hat darauf hingewiesen, dass der Eröffnungssatz der *Metaphysik* nicht automatisch zugleich ein Recht darauf begründet, diesem natürlichen Streben auch nachzugeben.[9] Analog sagt der Satz für sich genommen auch noch nichts über einen intrinsischen *Wert* des Wissens aus, denn das, wonach alle streben, muss nicht automatisch etwas Gutes sein. Ein Blick auf Aristoteles' Begründung seiner These zu Beginn der *Metaphysik* macht deutlich, dass es ihm tatsächlich um die deskriptive Feststellung einer Tatsache des menschlichen Daseins geht.[10] Versteht man die These im Kontext der aristotelischen Philosophie so, dass der Mensch durch den Erwerb von Wissen sein durch die natürliche Ordnung gegebenes τέλος verwirklicht, dann lässt sich der deskriptive Gehalt dieser Behauptung allerdings nicht mehr sauber von einem normativen Anteil trennen. Hinzu kommt, dass die oben genannten Zitate aus der *Eudemischen Ethik* einem Kontext entstammen, in dem Aristoteles ausdrücklich normativ argumentiert. (Er benutzt sie als Voraussetzungen zur Begründung des Wertes der Freundschaft.) Wörtlich genommen, behaupten auch sie allerdings nur, dass Wissen etwas ist, das *de facto* stets angestrebt wird.

Einer ausdrücklichen Artikulation des intrinsischen Werts wahrer Überzeugungen kommt Aristoteles möglicherweise in der *Nikomachischen Ethik* am nächsten, wenn er feststellt, dass das Gute und Schlechte im Denken das Wahre und Falsche sei: »Das Gute und Schlechte im Bereiche der theoretischen Vernunft, die nicht handelt und nicht hervorbringt, ist das Wahre und Falsche.«[11]

---

7 »ἔστι δὲ τὸ αὐτοῦ αἰσθάνεσθαι καὶ τὸ αὐτὸν γνωρίζειν αἱρετώτατον ἑκάστῳ«, *Eudemische Ethik* 1244b (Text nach *Aristotelis ethica Eudemia*, hg. v. Franz Susemihl, Leipzig 1884, meine Übersetzung).

8 »ζῆν ἀεὶ βούλεται, ὅτι βούλεται ἀεὶ γνωρίζειν«, ebd. 1245a 9 f., meine Übersetzung.

9 Kurt Bayertz, »Drei Argumente für die Freiheit der Wissenschaft«, in: *Archiv für Rechts- und Sozialphilosophie* 86 (2000), S. 303-326, hier S. 305 f.

10 Aristoteles bringt zur Begründung vor, dass das natürliche Streben nach Wissen erkläre, warum wir unsere Sinne und unter den Sinnen besonders den Gesichtssinn so hoch schätzen: weil er uns am meisten zu Wissen verhilft.

11 »τῆς δὲ θεωρητικῆς διανοίας καὶ μὴ πρακτικῆς μηδὲ ποιητικῆς τὸ εὖ καὶ κακῶς τἀληθές ἐστι καὶ ψεῦδος«, *Nikomachische Ethik* 1139a (Text nach *Ethica*

In dieser Form, allerdings ohne die ausdrückliche Einschränkung, wird die These auch im Mittelalter von Thomas von Aquin vertreten: »Das Wahre ist das/ein Gut des Verstandes.«[12] Thomas vereint diese Aussage auch mit der Feststellung des unweigerlichen Strebens des menschlichen Intellekts nach Wahrheit: »Der Verstand strebt unfehlbar nach seinem [Eigen-]Gut, welches das Wahre ist.«[13] Er versteht die These überdies unverkennbar als eine normative: »Es gehört zur Tugend, dass der Mensch am Gut der Vernunft festhält. Nun besteht aber das Gut der Vernunft in der Wahrheit als ihrem eigenen Gegenstand.«[14]

Auch bei den Autoren der Neuzeit finden sich Stellungnahmen, die in verschiedenen Varianten an diese Tradition anschließen – etwa wenn Johannes Kepler feststellt, es sei »dem Menschen anfänglichen von Gott eine natürliche und wesentliche an ihr selbst unsträffliche Begierde Gott den Schöpfer seine Geschöpff und endtlich sich selbsten sampt allem was er ist und hat oder seyn und haben werde zu erkennen und zu erforschen eingepflanzet«.[15] Die schon bei Thomas vorzufindende, ausdrücklich normative Auffassung des Wahrheitsstrebens als *Tugend* des Intellekts wird ebenfalls wieder aufgenommen. So schreibt Baruch Spinoza: »Die absolute Tugend des Geistes ist also das Erkennen.«[16] Das »Streben nach Er-

Nicomachea, hg. v. Ingram Bywater, Oxford 1894, Übersetzung nach *Die Nikomachische Ethik*, übers. v. Olof Gigon, München 1991). Auch die praktische Vernunft ist für Aristoteles auf Wahrheit ausgerichtet – nur eben spezieller auf die Wahrheiten, die mit dem rechten Streben zu tun haben (s. ebd.).

12 »[V]erum est bonum intellectus«, *Summa Theologica*, II-II, q. 1, a. 3 (*Vollständige, ungekürzte deutsch-lateinische Ausgabe der Summa Theologica*, hg. v. der Albertus-Magnus-Akademie Walberberg, Bd. 15, Heidelberg, Graz 1950, S. 15), Übersetzung leicht verändert.

13 »[I]nfallibiter intellectus tendat in suum bonum, quod est verum«, *Summa Theologica*, II-II, q. 5, a. 5 (ebd., S. 111), Übersetzung leicht verändert.

14 »[A]d virtutem pertinet quod aliquis in bono rationis conservetur. Consistit autem bonum rationis in veritate, sicut in proprio objecto«, *Summa Theologica*, II-II, q. 124, a. 1 (ebd., Bd. 21, Heidelberg, Graz: 1964, S. 42).

15 Johannes Kepler, *Tertius interveniens*, in: ders., *Gesammelte Werke*, Bd. 4, hg. v. Max Caspar und Franz Hammer, München 1941, S. 145-258, hier S. 159. Den Verweis auf diese Quelle verdanke ich Bayertz, »Drei Argumente für die Freiheit der Wissenschaft«, S. 304 (Fußn. 4).

16 »Est igitur Mentis absoluta virtus intelligere.« Baruch de Spinoza, *Die Ethik. Lateinisch und Deutsch*, übers. v. Jakob Stern, Stuttgart 1980, S. 492/493 (IV, prop. 28).

kenntnis« ist ihm zufolge gar »die erste und einzige Grundlage der
Tugend, und wir werden nicht um irgendeines Zwecks willen [...]
die Dinge zu erkennen streben; sondern der Geist wird vielmehr,
insofern er vernunftgemäß denkt, nur das als für ihn gut begreifen
können, was zur Erkenntnis führt«.[17] Christian Wolff, um ein weiteres Beispiel zu nennen, schreibt später (über die richtige Haltung
des Philosophen): »Er liebt die Wahrheit an sich und schätzt sie um
ihrer selbst willen [...].«[18]

Vielleicht ist die robuste Verankerung in der westlichen Geistesgeschichte des Gedankens, dass Wahrheit (beziehungsweise Wissen) ein Wert an sich oder doch zumindest ein unumgängliches
Ziel menschlichen Strebens sei, eine wenigstens partielle Erklärung
dafür, dass die Proponenten der erkenntnistheoretischen Begründung der Wissenschaftsfreiheit im Allgemeinen ohne eine Begründung dafür auskommen zu können meinten, dass das wissenschaftliche Erkenntnisunternehmen überhaupt ein förderungswürdiges
Unterfangen ist. Sogar von Kritikern der Forschungsfreiheit wird
der intrinsische Wert des Wissens häufig ausdrücklich anerkannt.[19]

17 »[E]st ergo hic intelligendi conatus [...] primum, & unicum virtutis fundamen-
tum, nec alicujus finis causa [...] res intelligere conabimur; sed contra Mens,
quatenus ratiocinatur, nihil sibi bonum esse concipere poterit, nisi id, quod ad
intelligendum conducit«. Ebd., S. 490/491 (IV, prop. 26). An Spinozas Beispiel
wird gut deutlich, dass die Lehre vom intrinsischen Wert der Erkenntnis auch
eine Rolle für die frühe Verteidigung der *libertas philosophandi* gegen die Autorität der Religion spielt. Als intrinsischer Wert lässt sich die Erkenntnis als abs-
traktes Ziel darstellen, das mit den Anliegen von Moral, Staat und Religion nicht
in Konkurrenz steht. So behauptet Spinoza auch in Kapitel 14 des *Tractatus theologico-politicus* ganz ausdrücklich (in: ders., *Opera*, Bd. 3, hg. v. Carl Gebhardt,
Heidelberg 1925, S. 1-247; dt. Übersetzung: *Theologisch-politischer Traktat*, hg. v.
Günter Gawlick, übers. v. Carl Gebhardt, Hamburg 1976), das Ziel der Philosophie sei die Wahrheit, das der Religion jedoch Gehorsam und Frömmigkeit,
weswegen die zwei nicht in Widerspruch zueinander geraten könnten. Vgl. auch
die Ausführungen Christian Wolffs (siehe unten, Kapitel 6, S. 152, Fußn. 17).

18 »Veritatem is per se amat & eam propter se maximi facit [...].« Christian Wolff,
*Discursus praeliminaris de philosophia in genere/Einleitende Abhandlung über Phi-
losophie im allgemeinen*, hg. u. übers. v. Günter Gawlick, Lothar Kreimendahl,
Stuttgart-Bad Cannstatt 1996, § 155, S. 188 f. u. 191.

19 Siehe etwa Hans Jonas, »Freiheit der Forschung und öffentliches Wohl«, in: Oskar Schatz (Hg.), *Brauchen wir eine andere Wissenschaft? X. Salzburger Humanismusgespräch*, Graz 1981, S. 101-116, hier S. 101, und Michael Dummett., »Ought
Research to Be Unrestricted?«, in: *Grazer philosophische Studien* 12/13 (1981),
S. 281-298, hier S. 293.

Doch wie plausibel ist die These? Lässt sich eine belastbare Begründung für sie finden? John Finnis hat sich an der Aufstellung einer Begründung versucht, wobei er die These selbst wie folgt formuliert: »Es ist selbstevident, dass sowohl das Leben als auch die Wahrheit auf intrinsische, nicht-abgeleitete und fundamentale Weise gut sind [...].«[20] Nach seiner Auffassung ist es streng genommen ein absurdes Unterfangen, beweisen zu wollen, dass Wahrheit und Wissen objektive Güter und der menschlichen Bemühung wert sind: Dieses Prinzip bedürfe keines Beweises und werde vielmehr selbst bei jedem Beweis vorausgesetzt.[21] Um diesen Gedanken zu explizieren, will Finnis zeigen, dass die Leugnung des Wertes der Wahrheit in eine Art performativen Widerspruch führt. Irgendeine Proposition *p* zu behaupten, setzt nach Finnis die Überzeugung voraus, dass *p* es wert ist, als wahr behauptet zu werden. Jede Behauptung enthalte insofern zugleich die Behauptung, dass die Wahrheit ein Wert sei.[22] Zur Erläuterung führt er aus, eine behauptende Äußerung der Form »*p*, aber beim Aufstellen dieser Behauptung ist mir gleichgültig, ob *p* wahr ist oder nicht« sei »absurd, witzlos und (in gewissem Sinne) selbstwidersprüchlich«.[23]

Richtig ist an dieser Beobachtung die Einsicht, dass ein Sprecher, der eine Behauptung aufstellt, damit in gewissem Sinne (nämlich im Sinne einer konversationalen Implikatur) darauf verpflichtet ist, anzuerkennen, dass es *mindestens eine* behauptens- und wissenswerte Wahrheit gibt. Denn unter der Voraussetzung, dass er sich an die Maximen hält, die (nach Paul Grice) dem gewöhnlichen Kommunikationsverhalten zugrunde liegen (zu denen gehört, sich informativ und relevant zu äußern), muss er seine Behauptung für behauptenswert befunden haben.[24] Er muss sie auch insofern für wissenswert für sein Gegenüber halten, als der gewöhnliche konversationale Zweck einer informativen Behauptung darin besteht, dem Gegenüber neues Wissen zu ermöglichen.

20 »[S]elf-evidently, both life and truth are intrinsically, underivatively, fundamentally good [...].« John M. Finnis, »Scepticism, Self-Refutation, and the Good of Truth«, in: P.M.S. Hacker und Joseph Raz (Hg.), *Law, Morality, and Society: Essays in Honour of H.L.A. Hart*, Oxford 1977, S. 247-267, hier S. 249.

21 Ebd., S. 250.

22 Ebd., S. 258 f.

23 »[A]bsurd, pointless, and (in a sense) self-contradictory«, ebd., S. 261 f.

24 Vgl. Paul Grice, *Studies in the Way of Words*, Cambridge/Mass. 1989, S. 26-30.

Jedoch ist dies damit vereinbar, dass die behauptete Proposition nur vermöge ihrer instrumentellen Nützlichkeit wissens- und behauptenswert ist. Ebenso wenig ist ausgeschlossen, dass es unter den vom Sprecher *nicht* aufgestellten Behauptungen zahllose Wahrheiten gibt, die weder behauptens- noch wissenswert sind. Die von Finnis aufgestellte Begründung scheint also nicht zwangsläufig einen *intrinsischen* Wert und nicht zwangsläufig einen Wert *aller* Wahrheiten zu etablieren.

Man kann zugestehen, dass *jede* behauptende Äußerung die genannten Implikaturen mit sich bringt und dass der Wert behaupteter Wahrheit in diesem Sinne dem Behaupten an sich *inhärent* ist – was aber den Wert wahrer Behauptungen noch immer nicht zu einem intrinsischen Wert macht. In jedem Fall ist dieser Wert wahrer Aussagen, selbst wenn seine Anerkennung unfehlbar mit dem Akt des Behauptens einhergeht, nicht dasselbe wie der in unserem Kontext entscheidende *Wert wahrer Überzeugungen*. Der Wert wahrer Aussagen kann einem Sprecher Anlass dazu geben, eine Behauptung nur dann aufzustellen, wenn er sie für wahr hält. Unter dem für uns relevanten Wert wahrer Überzeugungen wäre aber ein Wert zu verstehen, der auch die Suche nach neuen wahren Überzeugungen motivieren und begründen kann. Dies kann der dem Akt des Behauptens inhärente Wert wahrer Aussagen nicht, weil er hinsichtlich nicht behaupteter Propositionen keine Implikationen beinhaltet.[25]

Was ist also genau unter dem Wert wahrer Überzeugungen zu verstehen? Paul Horwich hat dazu jüngst einen einflussreichen Vorschlag gemacht. Der Wert wahrer Überzeugungen ist ihm zufolge genau das, was sich in der folgenden Annahme ausdrückt:

(VT) Es ist wünschenswert, das und nur das zu glauben, was wahr ist.[26]

---

25 Selbst als Begründung des (moralischen) Wertes wahrer Aussagen allein kann man diese Argumentation für irreführend halten, weil sie den buchstäblichen Wahrheitsgehalt von Aussagen überbewertet und z. B. eine übertrieben große Unterscheidung zwischen Falschaussagen und anderen Formen irreführender Rede vornimmt. Eine entsprechende, mit Finnis' Begründung verwandte Argumentation für den Wert wahrer Aussagen kann man in Kants kategorischer Verdammung der Lüge in der *Metaphysik der Sitten* sehen (hg. v. Bernd Ludwig, Bd. 2, Hamburg 1990, AA VI 429). Dazu und zur hier angedeuteten Kritik daran siehe Bernard Williams, *Truth and Truthfulness. An Essay in Genealogy*, Princeton 2002, S. 100-110 (dt.: *Wahrheit und Wahrhaftigkeit*, Frankfurt/M. 2003).

26 »It is desirable to believe what is true and only what is true.« Paul Horwich, »The Value of Truth«, in: *Noûs* 40 (2006), S. 347-360, hier S. 347, meine Übersetzung.

Horwichs Formulierung trägt der wichtigen Einsicht Rechnung, dass sich der Wert wahrer Überzeugungen zugleich im Streben nach wahren Überzeugungen als auch im Vermeiden von falschen ausdrücken muss. Doch in der scheinbar unmissverständlichen Maxime (VT) verbergen sich einige Unklarheiten. Horwich selbst will sie wie folgt als Quantifikation über alle Propositionen verstanden wissen, und zwar (in der ursprünglichen Fassung des Aufsatzes) gemäß der folgenden Form:

Für alle Propositionen x sollte man wünschen, dass man x dann und nur dann glaubt, wenn x wahr ist.[27]

Eine beliebige Person A scheint also hinsichtlich jeder beliebigen Proposition x wünschen zu sollen, dass von den vier Möglichkeiten, die in der folgenden Matrix dargestellt werden, einer der beiden Zustände $Ü_+$ oder N_- erfüllt ist – denn jeder dieser beiden Zustände macht das von Horwich angegebene Bikonditional wahr.

	x ist wahr	x ist nicht wahr
A ist überzeugt, dass x wahr ist	$Ü_+$	$Ü_-$
A ist nicht überzeugt, dass x wahr ist	N_+	N_-

Bedeutet das, dass A jeden dieser beiden Zustände jedem der anderen beiden vorziehen muss? Die Frage ist nicht ganz leicht zu beantworten. Denn (VT) ist zunächst in Bezug auf einen *Wunsch* formuliert, jetzt aber fragen wir nach *Präferenzen* zwischen genauer beschriebenen Weltzuständen. Sich zu wünschen, dass p, bedeutet nicht, dass man jede Welt, in der p erfüllt ist, jeder Welt, in der p nicht gilt, vorziehen muss. Wenn ich mir wünsche, einen MG Roadster zu besitzen, bedeutet das nicht, dass ich auch eine Welt, in der ich ihn besäße, jedoch keinen Führerschein hätte, der aktualen Welt vorziehen müsste. Jeder Wunsch enthält implizite

---

27 Nach Horwichs semiformaler Fassung von (VT): »(x) [One should desire that (one believe x ↔ x is true)].« Ebd., S. 357 (Anm. 1). Dass das angegebene Bikonditional für den Wert der Wahrheit kennzeichnend ist, vertritt beispielsweise auch Michael Lynch (*True to Life. Why Truth Matters*, Cambridge/Mass. 2004, S. 13). Zu weiteren Vertretern dieser bikonditionalen Analyse des Wertes der Wahrheit und einer Kritik an ihr siehe Christian Piller, »Desiring the Truth and Nothing but the Truth«, in: *Noûs* 43 (2009), S. 193-213. Zu Horwichs Modifikation der Formulierung in einer späteren Fassung des Aufsatzes s. u. Fußn. 31.

Ceteris-paribus-Bedingungen, die »entpackt« werden müssen, wenn man die dem Wunsch entsprechenden Präferenzen zwischen Weltzuständen ermitteln will. (Gemeint sind Ceteris-paribus-Bedingungen, die festlegen, worin ein Weltzustand, in dem p erfüllt ist, mit der aktualen Welt übereinstimmen muss, um als Erfüllung des Wunsches, dass p, gelten zu können.)

Die bikonditionale Bedingung in (VT) legt deshalb nicht unbedingt fest, welche der Weltzustände in der obigen Matrix welchen anderen vorgezogen werden sollten. Falls (VT) *nicht* so zu verstehen ist, dass sowohl $\ddot{U}_+$ als auch N_- jedem der beiden anderen Zustände vorzuziehen sind, liefert (VT) allerdings eine Formulierung, die es eigenartig unterbestimmt lässt, welche Wertungen genau sich aus dem Wert der Wahrheit ergeben. Sollte (VT) aber doch so zu verstehen sein,[28] folgen daraus seltsame Konsequenzen.[29] Sei x die Proposition, dass Peter in wenigen Jahren eine Glatze haben wird. Muss Peter $\ddot{U}_+$ gegenüber $\ddot{U}_-$ vorziehen? Gebietet der Wert der Wahrheit, dass Peter sich nicht wünschen darf, sich in seiner Überzeugung, dass ihm die Haare ausfallen werden, zu täuschen? Es scheint kontraintuitiv, dass durch Peters Bevorzugung einer Welt, in der er sich in seiner Überzeugung, dass x, täuscht und seine Haare behält, gegenüber einer Welt, in der sich seine Überzeugung bewahrheitet (also durch ein Präferieren von $\ddot{U}_-$ gegenüber $\ddot{U}_+$), sein Interesse an der Wahrheit irgendwie kompromittiert oder in Frage gestellt würde – solange er nur in einer Welt, in der x wahr ist, es vorzieht, von x überzeugt zu sein (also $\ddot{U}_+$ gegenüber N_+ präferiert) und in einer Welt, in der x nicht wahr ist, es vorzieht, nicht von x überzeugt zu sein (also N_- gegenüber $\ddot{U}_-$ präferiert). Zusätzlich noch das Präferieren von $\ddot{U}_+$ gegenüber $\ddot{U}_-$ und von N_- gegenüber N_+ einzufordern, würde eine Fehlinterpretation des Wertes wahrer Überzeugungen bedeuten. Denn dieser sollte das Verlangen ausdrücken, dass unsere kognitive Repräsentation der Wirklichkeit der Welt, wie sie (ansonsten) nun einmal ist, optimal angepasst sein sollte – und nicht umgekehrt! Über Präferenzen zwischen sachlich verschiedenen möglichen Welten muss und sollte dieser Wert überhaupt keine

---

28 Zumindest Lynch setzt dies als Vertreter einer bikonditionalen Formulierung des Werts der Wahrheit ausdrücklich voraus; siehe sein »Minimalism and the Value of Truth«, *The Philosophical Quarterly* 54 (2004), S. 497-517, hier S. 504.

29 Auf diese hat bereits Piller hingewiesen (»Desiring the Truth and Nothing but the Truth«, S. 198-200).

Aussage machen.[30] Mit anderen Worten: Er sollte nur beinhalten, dass A $Ü_+$ gegenüber N_+ und N_- gegenüber $Ü_-$ bevorzugen sollte.[31] Dieser Punkt kann auch mit Hilfe der Redeweise von verschiedenen »Passensrichtungen« (*directions of fit*) unterstrichen werden.[32] Die gerade genannten Präferenzen zwischen in vertikaler Richtung benachbarten Zellen der Matrix entsprechen genau einer Geist-zu-Welt-Passensrichtung. Horizontale Präferenzen (wie zwischen $Ü_+$ und $Ü_-$) drücken dagegen eine Welt-zu-Geist-Passensrichtung aus, die mit der Charakterisierung des Wertes des Wahrheit, wie er unseren epistemischen Bemühungen zugrunde liegt, nichts zu tun hat.

Ich schlage deshalb vor, den Wert wahrer Überzeugungen als durch die folgende Maxime ausgedrückt zu verstehen. Dabei füge ich dem bisher Gesagten lediglich eine Differenzierung hinzu, die der Tatsache Rechnung tragen soll, dass es verschiedene Weisen gibt, *nicht* von x überzeugt zu sein.

(WW) Man sollte hinsichtlich der wie folgt ausgezeichneten sechs möglichen Zustände $Ü_+$ sowohl gegenüber E_+ als auch ge-

---

30 Mit »ansonsten« meine ich »außerhalb unserer Repräsentation der Welt, die ja selbst auch ein Teil der Welt ist«; mit »sachlich verschiedenen möglichen Welten« meine ich »Welten, die Unterschiede nicht nur hinsichtlich der Repräsentationen der Welt, die wir in ihnen haben, aufweisen«.

31 Horwich verwendet in einer neuen Fassung seines Aufsatzes (in: ders., *Truth, Meaning, Reality*, Oxford 2010, S. 57-77) eine revidierte Fassung von (VT): »It is desirable to believe true propositions and undesirable to disbelieve them.« (S. 57) In dieser Form differenziert die Formel nach wie vor nicht zwischen den verschiedenartigen Präferenzen und es ergeben sich daher dieselben Schwierigkeiten wie bei der ursprünglichen Formulierung. Außerdem sagt diese Neufassung merkwürdigerweise nichts mehr über unsere Einstellungen zu unwahren Propositionen. Allerdings nennt er in einer Fußnote als intendierte logische Form von (VT): »{y} {One should positively desire, relative to y being true, S's believing y, and should negatively desire, relative to y not being true, S's believing y}«. (Ebd.) Möglicherweise sind die qualifizierenden Bestimmungen »relative to y [not] being true« als Formulierungen gemeint, welche die impliziten Ceteris-paribus-Bedingungen des Wunsches im von mir skizzierten Sinne fixieren. So interpretiert, würde auch Horwichs semiformale Fußnotenversion der Neuformulierung von (VT) auf eine Analyse hinauslaufen, die ausschließlich Präferenzen zwischen Weltzuständen in derselben Spalte der Matrix implizieren soll.

32 Vgl. etwa John Searle, *Intentionality. An Essay in the Philosophy of Mind*, Cambridge 1983, insb. S. 7 f. (dt.: *Intentionalität. Eine Abhandlung zur Philosophie des Geistes*, Frankfurt/M. 1990), und Elizabeth Anscombe, *Intention*, Oxford ²1963, S. 56 f. (dt.: *Absicht*, Berlin 2011).

genüber A_+ vorziehen und A_- sowohl gegenüber E_- als auch gegenüber $Ü_-$ vorziehen.

	x ist wahr	x ist nicht wahr
Überzeugt sein, dass x	$Ü_+$	$Ü_-$
Sich des Urteils über x enthalten	E_+	E_-
Überzeugt sein, dass nicht x	A_+	A_-

Ich habe absichtlich offengelassen, welchen Bereich von Propositionen die Variable x abdecken soll, da uns diese Frage noch beschäftigen wird. Wenn wir für einen Moment die Bezeichnungen $Ü_+$ usw. statt als Namen möglicher Weltzustände als numerisch vergleichbare Größen ansehen, die den relativen Wert dieser Zustände ausdrücken (etwa im Sinne einer Nutzenfunktion), dann können wir die Maxime (WW) auch kurz so ausdrücken:

$Ü_+ > E_+, \; Ü_+ > A_+,$
$\qquad A_- > E_-, \; A_- > Ü_-.$

(WW) drückt genauer als jede andere Formulierung den Wert wahrer Überzeugungen aus.[33] Die zwei Ungleichungspaare (betreffend

---

33 Piller, »Desiring the Truth and Nothing but the Truth« gelangt aufgrund vergleichbarer Kritikpunkte an der bikonditionalen Analyse zu einer konditionalen Formulierung, der zufolge unser Interesse an der Wahrheit hinsichtlich Proposition x darin besteht, zu wünschen, dass das Konditional (wenn x wahr ist, dann ist man ist überzeugt, dass x) gelten möge. Erstens scheint aber diese Analyse von denselben Problemen wie (VT) betroffen zu sein, wenn es um die Entpackung der impliziten Ceteris-paribus-Bedingungen des Wunsches und die Unterbestimmtheit der daraus folgenden Präferenzen geht. Der Weltzustand A_- macht Pillers Konditional wahr, A_+ macht es falsch – warum impliziert der Wunsch in Pillers Formulierung dann nicht das Präferieren von A_- gegenüber A_+? (Piller möchte, genau wie ich, solche horizontalen Präferenzen aus dem Spiel lassen.) Zweitens trennt die konditionale Analyse die zwei Seiten des Wertes der Wahrheit (das Streben nach wahren und das Vermeiden von falschen Überzeugungen) voneinander. Ein Unterfangen, das strikt darauf ausgerichtet ist, mich von x überzeugt zu machen, ganz gleich was in der Welt der Fall ist, würde nach Pillers Formulierung unserem Interesse an der Wahrheit hinsichtlich x gerecht werden, denn Pillers Konditional wäre garantiert erfüllt. Piller könnte allenfalls feststellen, dass ein solches Unterfangen unserem Interesse an der Wahrheit hinsichtlich der Proposition nicht-x nicht gerecht wird. Ein Unterfangen der genannten Art ist aber offenkundig überhaupt nicht auf Wahrheit ausgerichtet und inkorporiert überhaupt kein Interesse an dieser. Eine angemessene Analyse des Wertes der Wahrheit muss seine beiden Seiten miteinander kombinieren.

$Ü_+$ einerseits und A_- andererseits) stellen sicher, dass der so verstandene Wert wahrer Überzeugungen sowohl das Streben nach wahren Überzeugungen als auch das Vermeiden falscher Überzeugungen motivieren kann.

Ein einfaches bayesianisches Modell kann erläutern, wie der in (WW) ausgedrückte Wert wahrer Überzeugungen (bezüglich einer Proposition x) mit der empirischen Untersuchung der Frage, ob x der Fall ist, zusammenhängt. Dabei möchte ich unter einer *offenen Untersuchung* eine solche verstehen, bei der prinzipiell die Möglichkeit besteht, dass bei einer bestimmten Akkumulation von Belegen, die für x sprechen, x auch als Ergebnis der Untersuchung akzeptiert wird. Zugleich muss sie es auch erlauben, dass bei einer bestimmten Akkumulation von Belegen, die gegen x sprechen, x als Ergebnis der Untersuchung zurückgewiesen wird. Die Gesetze von Logik und Statistik geben uns keine Antwort darauf, *wie* groß die jeweilige Akkumulation von Belegen sein muss. Stattdessen, so haben Richard Rudner und andere argumentiert, können nur unsere Bewertungen der möglichen Folgen von richtigen und falschen Ergebnissen den Ausschlag dafür geben, wie hoch die evidentiellen Hürden für Zurückweisung und Akzeptanz angesetzt werden.[34] Da mit Akzeptanz und Zurückweisung bei empirischen Untersuchungen immer das Risiko eines Irrtums verbunden ist, kann man die Festlegung der evidentiellen Hürden auch als Bestimmung der *induktiven Risiken* verstehen, die wir bei dieser bestimmten Untersuchung einzugehen bereit sind.[35] Wie genau die Bewertungen der verschiedenen möglichen Ergebnisse der Untersuchung eine bestimmte Festlegung der induktiven Risiken vorgeben, zeigt sich nun am folgenden Modell.

Das Modell beruht auf der Annahme, dass rationalerweise die Vorgehensweise der Untersuchung so ausgelegt sein sollte, dass sie genau dann zur Akzeptanz (beziehungsweise zur Zurückweisung) von x führt, wenn auch ein (bayesianischer) rationaler Entschei-

---

34 Richard Rudner, »The Scientist *qua* Scientist Makes Value Judgments«, in: *Philosophy of Science* 20 (1953), S. 1-6. Siehe dazu auch unten, S. 243-246, und mein »Bias and Values in Scientific Research«, in: *Studies in History and Philosophy of Science* 40 (2009), S. 92-101.

35 Der Begriff des induktiven Risikos geht auf Carl Hempel zurück (»Science and Human Values«, in: ders., *Aspects of Scientific Explanation*, New York 1965, S. 81-96).

der, der den Erwartungsnutzen der verschiedenen Optionen (akzeptieren, Urteil zurückstellen, ablehnen) miteinander vergleicht, so entscheiden würde. Natürlich hängt der Erwartungsnutzen der Optionen davon ab, als wie wahrscheinlich sich x im Licht der jeweils vorliegenden Belege darstellt. Diese Wahrscheinlichkeit nenne ich im Folgenden P. Die Erwartungsnutzenfunktionen der drei Optionen in Abhängigkeit von P sind in Abbildung 1 dargestellt.

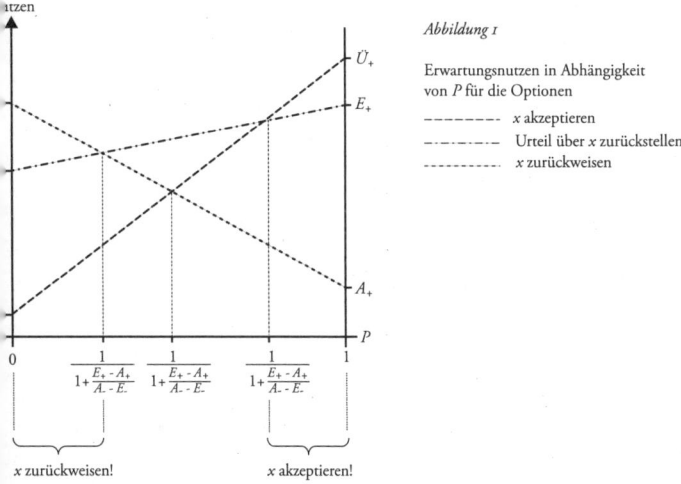

Abbildung 1

Erwartungsnutzen in Abhängigkeit
von P für die Optionen

– – – – – – – x akzeptieren

–·–·–·– Urteil über x zurückstellen

·········· x zurückweisen

$\ddot{U}_+$, E_+, A_+, $\ddot{U}_-$, E_- und A_- werden hier wiederum nicht als Zustände verstanden, sondern als Bewertungen der entsprechenden Zustände im Sinne einer Nutzenfunktion (gemessen auf ein und derselben Intervallskala). Ich habe außerdem vorausgesetzt, dass »akzeptieren« und »überzeugt sein« (sowie »zurückweisen« und »überzeugt sein, dass nicht« usw.) hinsichtlich ihrer Bewertungen miteinander identifiziert werden können[36] – was eine weitere Idealisierung ist, aber keine große.[37] Die Untersuchung muss also idealerweise so

36 Dies führt zu der einfachen Berechnung des Erwartungsnutzens für die Akzeptanz von x mit $P\ddot{U}_+ + (1 - P)\ddot{U}_-$, sowie entsprechend $PE_+ + (1 - P)E_-$ für die Zurückstellung des Urteils über x und $PA_+ + (1 - P)A_-$ für die Zurückweisung von x.

37 Es ist eine Idealisierung, weil wir uns zum Haben einer Überzeugung nicht einfach entschließen können wie zum Akzeptieren einer Hypothese (vgl. Bernard

angelegt werden, dass sie in den am unteren Rand der Abbildung 1 eingezeichneten Wahrscheinlichkeitsbereichen zur Akzeptanz beziehungsweise Zurückweisung von x führt. Das bayesianische Modell zeigt so, wie das Anstreben von wahren und das Vermeiden von falschen Überzeugungen auf rationale Weise gegeneinander abgewogen werden können – sie müssen keineswegs als inkommensurable Ziele betrachtet werden.[38]

Was ich jedoch vor allem mit dem Modell illustrieren möchte, ist Folgendes: Die Balance der induktiven Risiken, die es in jeder offenen Untersuchung geben muss, ist nicht mit Mitteln der induktiven Logik oder dergleichen bestimmbar. Vielmehr sind in jeder bestimmten Festlegung dieser Balance bestimmte Annahmen über die Verteilung aller Werte implizit enthalten. Entscheidend ist nun, dass jede Verteilung dieser Werte, die die Einschränkungen von (WW) respektiert, zu einer offenen Untersuchung im oben bestimmten Sinne führt. Ebenso gilt umgekehrt: Wenn eine offene Untersuchung vorliegen soll, dann muss ihr eine Wertstruktur zugrunde liegen, die (WW) erfüllt.[39]

Die Bewertungen E_+ und E_- für die gleichsam »neutrale« Option der Urteilsenthaltung machen eine kurze Zwischenbemerkung erforderlich. In Abbildung 1 habe ich sie auf eine plausible Art und Weise gesetzt, die jedoch durch (WW) nicht vorgeschrieben wird. (WW) würde es theoretisch sogar erlauben, den Irrtum der Urteilsenthaltung vorzuziehen ($A_+ > E_+$ und $Ü_- > E_-$). Eine darauf aufbauende Untersuchung wäre noch immer eine offene im oben angegebenen Sinn. Allerdings hätte sie die in den meisten Kontexten unangebrachte Eigenschaft, immer entweder zur Akzeptanz oder zur Zurückweisung von x zu führen, ganz gleich, wie wenig ausschlussreich die vorliegenden Belege hinsichtlich x

Williams, »Deciding to Believe«, in: ders., *Problems of the Self*, Cambridge 1973, S. 136-151). Die beiden Zustände sind also nicht identisch. Ich setze jedoch nur voraus, dass sie hinsichtlich ihres Wertes gleichgesetzt werden können.

38 Dies behauptet Arthur Fine, »The Viewpoint of No-One in Particular«, in: *Proceedings and Addresses of the American Philosophical Association* 72 (1998), S. 9-20, hier S. 16.

39 Genau dann, wenn die Bedingungen $Ü_+ > E_+$, $Ü_+ > A_+$, $A_- > E_-$ und $A_- > Ü_-$ erfüllt sind, gibt es einen Bereich am oberen Ende der Wahrscheinlichkeit P, in dem die Akzeptanz von x den maximalen Erwartungsnutzen hat, sowie einen Bereich am unteren Ende, in dem die Zurückweisung von x den größten Erwartungsnutzen aufweist.

sein mögen. Man könnte daher den stärkeren Begriff einer »verantwortungsbewussten offenen Untersuchung« definieren als eine offene Untersuchung, bei der zusätzlich sichergestellt ist, dass es zwischen dem Akzeptanzbereich am oberen Ende des Wahrscheinlichkeitsspektrums und dem Zurückweisungsbereich am unteren Ende auch einen mittleren Bereich geben muss, so dass, falls die Wahrscheinlichkeit der Hypothese im Licht der verfügbaren Belege in diesen fällt, sie weder akzeptiert noch zurückgewiesen wird. Um eine verantwortungsbewusste offene Untersuchung in diesem Sinne sicherzustellen, würde es wohlgemerkt nicht genügen, $Ü_+ > E_+ > A_+$ und $A_- > E_- > Ü_-$ zu fordern. Zusätzlich müsste auch $(E_+ - A_+)/(Ü_+ - E_+) > (A_- - E_-)/(E_- - Ü_-)$ gefordert werden. Doch auch wenn verantwortungsbewusste Offenheit in vielen Kontexten epistemisch ratsam ist, scheint sie nicht so unverhandelbar zu sein wie Offenheit selbst. So kann es aus motivationspsychologischen Gründen sinnvoll sein, bei einer Untersuchung der Frage, ob das mir gegenüberstehende Tier ein Braunbär oder ein Grizzly ist, die Urteilsenthaltung als das am wenigsten erstrebenswerte Ergebnis anzusehen. Solange nur der Untersuchung eine Präferenz wahrer Überzeugungen gegenüber Irrtümern zugrunde liegt, kann sie trotzdem als auf die Wahrheit ausgerichtet gelten. Unter dem Wert der Wahrheit, der jeder echten Untersuchung zugrunde liegen *muss*, will ich daher nur das minimale System von Restriktionen verstehen, das sich in (WW) ausdrückt.

Wichtig an dem Zusammenhang zwischen (WW) und dem Begriff der offenen Untersuchung, der sich anhand des bayesianischen Modells nachweisen lässt, ist Folgendes: Für die Frage, ob die Untersuchung eine offene ist, spielen horizontale Vergleiche, also beispielsweise zwischen $Ü_+$ und $Ü_-$, keine Rolle. Die genauen horizontalen Verhältnisse beeinflussen zwar die Balance induktiver Risiken, aber nicht die grundsätzliche Offenheit der Untersuchung, solange die vertikalen Bestimmungen von (WW) berücksichtigt bleiben. Mehr noch: Jede beliebige Balance induktiver Risiken kann durch verschiedenste Arrangements von Werten realisiert werden, darunter immer auch solche mit $Ü_+ < Ü_-$, ebenso wie solche mit $Ü_+ > Ü_-$ und solche mit $Ü_+ = Ü_-$. Abbildung 2 verdeutlicht dies anschaulich.

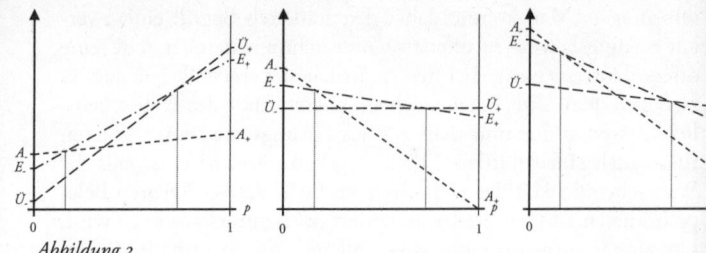

Abbildung 2
Ein und derselben Balance induktiver Risiken können Wertverteilungen zugrunde liegen, die hinsichtlich der horizontalen Verhältnisse völlig unterschiedlich ausfalle

Es ist gesagt worden, dass der Wert wahrer Überzeugungen jeder kognitiven Untersuchung zugrunde liege. Bernard Williams beispielsweise formuliert, das Untersuchen sei »auf die Wahrheit ausgerichtet«, und Ernest Sosa schreibt: »Indem wir der Antwort auf eine Frage nachgehen, gehen wir automatisch der Wahrheit in Hinblick auf sie nach.«[40] Die voranstehenden Überlegungen zeigen, dass wir unter dieser Ausrichtung auf die Wahrheit, die wir jeder ernsthaften Untersuchung unterstellen, genau den Wert wahrer Überzeugungen verstehen sollten, der durch (WW) ausgedrückt ist. Denn es ist genau die durch (WW) ausgedrückte Wertschätzung wahrer Überzeugungen, die, wenn sie in der Anlage der Untersuchung richtig umgesetzt wird, dafür sorgt, dass die Untersuchung offen ist. Nur in einer offenen Untersuchung können sowohl Belege, die x stützen, als auch solche, die gegen x sprechen, eine Rolle für das Endergebnis spielen, und in diesem Sinne kann nur eine offene Untersuchung als ernsthafte Erkenntnisbemühung angesehen werden.

In genau diesem Sinne zeigen diese Überlegungen, dass der Wert wahrer Überzeugungen jeder Erforschung einer Frage inhärent ist – ganz ähnlich wie das von Finnis vorgetragene Argument zeigt,

---

40 »[W]e should accept the everyday idea that inquiry, and the virtue of Accuracy, are directed to *the truth.*« Williams, *Truth and Truthfulness*, S. 135 f., Hervorhebung im Original. »[I]n pursuing the answer to a question, we are automatically pursuing the truth on that question.« Sosa, »The Place of Truth in Epistemology«, in: Michael DePaul, Linda Zagzebski (Hg.), *Intellectual Virtue. Perspectives from Ethics and Epistemology*, Oxford 2003, S. 155-179, hier S. 157, meine Übersetzungen.

dass der Wert wahrer Aussagen jeder behauptenden Äußerung inhärent ist. Genauer gesagt: Es zeigt sich, dass einer offenen Untersuchung der Frage, ob x der Fall ist, eine Wertschätzung wahrer Überzeugungen hinsichtlich der Frage, ob x der Fall ist, zumindest implizit zugrunde liegt. Die Form dieser Wertschätzung ist die in (WW) angegebene.

Diese Betrachtungen ermöglichen, nebenbei gesagt, auch eine deflationäre Interpretation einiger der eingangs angeführten traditionellen Stellungnahmen zum Wert der Wahrheit. Besonders die Einlassungen Aristoteles' (in der *Nikomachischen Ethik*) und Thomas von Aquins, die Wahrheit sei das Gut der Vernunft, wären dann so zu verstehen: Der Wert der Wahrheit ist allen Tätigkeiten der forschenden (und der behauptenden) Vernunft inhärent.

Allerdings bedeutet all dies (wiederum in Analogie zu Finnis' Argument) noch *nicht*, dass der jeder offenen Untersuchung inhärente Wert wahrer Überzeugungen auch ein *intrinsischer* Wert sein muss. Alles bisher Gesagte ist auch damit vereinbar, dass wir nun einmal nur solchen Fragen in offenen Untersuchungen nachgehen, bei denen wir aus rein instrumentellen Gründen ein Interesse an der Wahrheit im Sinne von (WW) haben. Ebenfalls reicht ein jeder Forschung inhärenter Wert nicht automatisch aus, um neue, zusätzliche Forschungsanstrengungen zu motivieren. Denn auch wenn (WW) in einem bestimmten Sinn für alle Propositionen gilt, denen wir in offenen Untersuchungen auf den Zahn fühlen, sagt dies noch nichts über die unendlich vielen Propositionen, auf die wir (bisher) keine kognitiven Anstrengungen richten.

5.2 Ist der Wert wahrer Überzeugungen ein intrinsischer?

Es bleiben also die Fragestellungen: Spricht etwas dafür, den durch (WW) ausgedrückten Wert wahrer Überzeugungen als intrinsischen Wert zu verstehen? Und für welche Propositionen gilt dieser Wert?

Jonathan Kvanvig hat dafür argumentiert, den Wert wahrer Überzeugungen als einen intrinsischen zu verstehen.[41] Sein Argument stützt sich auf einen Vergleich zwischen wahren und empirisch adäquaten Überzeugungen. Dabei verwendet er den Begriff

41 Jonathan Kvanvig, *The Value of Knowledge and the Pursuit of Understanding*, New York 2003, Kapitel 2.

der empirischen Adäquatheit, den Bas van Fraassen im Rahmen der Diskussion um den wissenschaftlichen Realismus eingeführt hat. Eine Proposition (oder eine Theorie) gilt genau dann als empirisch adäquat, wenn alle aus ihr folgenden Aussagen über beobachtbare Dinge und Ereignisse wahr sind.[42] (Empirische Adäquatheit ist also logisch schwächer als Wahrheit: Jede wahre Theorie ist auch empirisch adäquat; umgekehrt kann jedoch eine Theorie durchaus empirisch adäquat sein, ohne wahr zu sein – indem sie nur Richtiges über die beobachtbare, aber etwas Unrichtiges über die unbeobachtbare Welt sagt.)

Nach Kvanvigs Auffassung ist der Vergleich zwischen der Wahrheit und der bloßen empirischen Adäquatheit einer Überzeugung deshalb interessant, weil die beiden Zustände seiner Meinung nach gleichwertig hinsichtlich ihres instrumentellen Wertes sind. Zugleich sei die empirische Adäquatheit evidenterweise im Vergleich zur Wahrheit intellektuell unbefriedigend: Wenn wir feststellten, dass etwas, das wir für wahr gehalten haben, in Wirklichkeit nicht wahr, sondern nur empirisch adäquat wäre, würden wir dies zum Anlass kognitiver Veränderung nehmen; wir würden uns in unserer früheren Überzeugung als Betrogene fühlen, obwohl die Erledigung unserer Angelegenheiten vom Fehler nicht betroffen wäre. Dies zeige, dass wir Wahrheit höher schätzen als empirische Adäquatheit. Da die beiden aber gleichwertig hinsichtlich der Förderung unserer Interessen seien, müsse der Wert wahrer Überzeugungen intrinsisch sein.[43]

Kvanvigs Argument, so suggestiv es sein mag, kann den intrinsischen Wert wahrer Überzeugungen nicht nachweisen. Dass auf die Erkenntnis, dass eine vormals von uns für wahr gehaltene Proposition p tatsächlich nicht wahr, sondern nur empirisch adäquat wäre, kognitive Veränderungen folgen würden, ist klar – offenbar müssen wir unsere Überzeugung, dass p, fallenlassen und die entsprechenden Änderungen in unserem Überzeugungssystem vornehmen. (Selbst wenn Wahrheit und empirische Adäquatheit in jeder Hinsicht gleich*wertig* wären, würde das nicht bedeuten, dass Für-wahr-Halten und Für-empirisch-adäquat-Halten derselbe kognitive Zustand wären.) Ob wir auch das von Kvanvig beschriebene Gefühl des Betrogenseins empfinden würden, scheint mir keineswegs of-

42 Bas van Fraassen, *The Scientific Image*, Oxford 1980, S. 12.
43 Kvanvig, *The Value of Knowledge and the Pursuit of Understanding*, insb. S. 40-42.

fensichtlich. Selbst wenn es so wäre, würde es aber wohl äußerstenfalls belegen, dass wir psychologisch dazu konstituiert wären, die Wahrheit der empirischen Adäquatheit vorzuziehen. Wie schon eingangs dieses Kapitels im Hinblick auf Aristoteles bemerkt, genügt dies nicht, auch einen intrinsischen *Wert* der Wahrheit zu etablieren. Wir mögen beispielsweise auch als natürliche Wesen dazu konstituiert sein, zuckerhaltige Nahrungsmittel zu schätzen. Einen intrinsischen Wert des Naschens begründet dies nicht.

Ein zweiter Grund, aus dem heraus Kvanvigs Argument fehlschlägt, liegt in der Annahme der instrumentellen Gleichwertigkeit von Wahrheit und empirischer Adäquatheit. Sie liegt offenbar in der Sicht begründet, dass alle unsere Interessen sich auf die beobachtbare Welt beziehen, und dass deshalb eine Überzeugung bereits den maximalen Nutzen für die Verfolgung unserer Interessen bietet, sobald sie empirisch adäquat ist. Darüber hinaus noch wahr zu sein, bärge dann keinen zusätzlichen instrumentellen Wert. Erstens scheint dem aber eine Gleichsetzung von »instrumentell« und »praktisch« zugrunde zu liegen, die nicht erlaubt ist – jedenfalls nicht, wenn »instrumentell« zugleich, wie für Kvanvigs Argument erforderlich, im Sinne von »nichtintrinsisch« verwendet wird. Der Wert wahrer Überzeugungen könnte beispielsweise darin begründet sein, dass wir uns an der Wahrheit erfreuen. Genauer gesagt: Das Haben einer wahren Überzeugung könnte deshalb einen Wert für uns besitzen, weil es eine Voraussetzung dafür ist, dass wir uns auf wohlbegründete Weise dessen bewusst werden können, dass diese unsere Überzeugung wahr ist, und weil dieses wohlbegründete Bewusstsein in uns ein gutes Gefühl auslöst. Die Wahrheit einer Überzeugung hätte damit einen Wert, den ihre bloße empirische Adäquatheit nicht hätte,[44] der sich aber nicht auf die Erledigung unserer praktischen Angelegenheiten bezöge. Da das eigentlich Wertstiftende (das gute Gefühl) jedoch in etwas läge, das für das

---

44 Dies mögen Antirealisten vom Schlage van Fraassens bezweifeln: Wer meint, dass unsere besten epistemischen Gründe uns höchstens dazu berechtigen können, eine Theorie für empirisch adäquat zu halten, wird vermutlich auch darauf bestehen, dass eine empirisch adäquate (und falsche) Überzeugung nicht weniger gut dazu geeignet ist, auf wohlbegründete Weise zu dem Bewusstsein zu gelangen, sie wäre wahr, als die entsprechende tatsächlich wahre Überzeugung. Ich verstehe aber Kvanvigs Präsentation des Arguments nicht so, dass er es von van Fraassens erkenntnistheoretischem Standpunkt abhängig machen möchte.

Haben der wahren Überzeugung nicht konstitutiv wäre, sondern von diesem nur mittelbar kausal ausgelöst würde, wäre auch dies eindeutig ein Fall eines nichtintrinsischen Wertes. Zweitens kann selbst im Hinblick auf praktische Konsequenzen die Wahrheit einer Überzeugung größere Vorteile besitzen als ihre bloße empirische Adäquatheit. Denn wenn wir eine Proposition für wahr halten, verwenden wir sie auch als Orientierung bei der Suche nach weiteren wahren Überzeugungen, etwa beim Einleiten einer neuen Forschungsanstrengung. Selbst eine Aussage, die in dem strengen Sinne empirisch adäquat ist, dass kein aus ihr folgender Satz über Beobachtbares mit vergangenen oder zukünftigen, tatsächlichen oder auch nur menschenmöglichen Beobachtungen im Widerspruch steht, könnte, wenn sie falsch ist, hinsichtlich dieser heuristischen Konsequenzen irreführend sein. Nehmen wir beispielsweise an, wir würden die Materie innerhalb der Erdatmosphäre und die außerhalb mit zwei getrennten Theorien beschreiben. Beide Theorien würden in ihren Aussagen über das beobachtbare Verhalten von Materie vollkommen übereinstimmen, sich aber darin unterscheiden, was sie über die unbeobachtbaren Eigenschaften der Materie in ihrem jeweiligen Wirkungsbereich sagen. Weiter angenommen, wir würden nun an einigen neuartigen Fragen über Materie forschen – Fragen, auf die beide Theorien keine Antwort haben –, dann würden wir sehr wahrscheinlich, geleitet von unserem bisherigen wissenschaftlichen Kenntnisstand, die beiden »Arten« von Materie vollkommen getrennt voneinander erforschen und keine Analogieschlüsse zwischen den beiden zulassen. Nun seien aber die beiden Theorien zwar empirisch vollkommen adäquat, aber nicht wahr: Tatsächlich gibt es keine unbeobachtbaren Unterschiede zwischen terrestrischer und extraterrestrischer Materie. Unsere zwei empirisch adäquaten Theorien hätten uns demnach irregeleitet und um Möglichkeiten betrogen, denn hätten wir um die Gleichartigkeit aller Materie gewusst, wären wir in unserer Forschung sicher schneller und leichter vorangekommen. Da der langfristige Erfolg unserer weiteren kognitiven Unternehmungen wiederum praktische Folgen haben kann, ist der »heuristische« Vorzug wahrer Überzeugungen gegenüber bloß empirisch adäquaten mittelbar unter Umständen ein sehr handfester.

Nicht nur beweist also das von Kvanvig angesprochene Gefühl, dass bloße empirische Adäquatheit intellektuell unbefriedigend sei, noch nicht, dass dem auch ein tatsächlicher, intrinsischer Wert wahrer Überzeugungen zugrunde liegen muss – es gibt sogar verschiedene Möglichkeiten, wie das Gefühl einen realen Hintergrund im geringeren *instrumentellen* Wert empirischer Adäquatheit haben kann.

Horwich hat auf eine etwas anders gelagerte Begründung hingewiesen, warum der Wert wahrer Überzeugungen kein rein instrumenteller sein könne. Ich vermute, dass er mit dieser Begründung die Motivation der meisten Befürworter eines intrinsischen Wertes wahrer Überzeugungen gut wiedergibt:

Erstens gibt es eine weit verbreitete Ansicht, der zufolge gewisse Instanzen von Wissen erstrebenswert sind, ungeachtet irgendeiner praktischen Verwendung, der sie zuzuführen jemand sich entschließen könnte. Wissen ist, wie wir oft sagen »um seiner selbst willen« wertvoll. Zweitens wäre es ohne eine solche Annahme schwierig, unsere Wahrheitssuche in solchen Bereichen wie Alter Geschichte, Metaphysik und esoterischen Teilgebieten der Mathematik zu rechtfertigen – in Bereichen, von denen man möglicherweise keinerlei pragmatischen Ertrag erwartet.[45]

Dabei scheint mir Horwich in seinem ersten Punkt höchstens ein sehr schwaches Indiz zugunsten eines intrinsischen Wertes wahrer Überzeugungen vorzubringen. Dass Wahrheit um ihrer selbst willen wertvoll ist, kann nicht dadurch belegt werden, dass eine weit verbreitete Haltung dies voraussetzt – dies liefe auf ein fehlschlüssiges *argumentum ad populum* hinaus. Man könnte beispielsweise mit einigem Recht sagen, dass in der Welt heute eine Haltung weit verbreitet ist, die voraussetzt, der Besitz von Geld sei etwas um sei-

45 »In the first place, there is widespread sentiment to the effect that certain items of knowledge are desirable regardless of any practical use to which someone might decide to put them. Knowledge is valuable, as we often say, ›for its own sake‹. In the second place, without some such assumption, it would be hard to justify our pursuit of truth in fields of inquiry such as ancient history, metaphysics, and esoteric areas of mathematics – fields that may not be expected to have any pragmatic payoff.« Horwich, »The Value of Truth«, S. 351, meine Übersetzung. Horwich führt zusätzlich noch als dritten Punkt an, dass der Wert wahrer *normativer* Überzeugungen nicht als instrumenteller Wert verstanden werden könne. Ich werde diesen Punkt hier auslassen, weil es erstens eine kontroverse Voraussetzung ist, dass der Wert normativer Überzeugungen überhaupt etwas mit ihrer Wahrheit zu tun hat, und zweitens, weil es in unserem Kontext letztlich um den Wert wissenschaftlicher Erkenntnisse geht, die keine normativen Überzeugungen in Horwichs Sinne sind.

ner selbst willen Wertvolles. Trotzdem bleibt der Besitz von Geld der klarste Fall von etwas, dem ausschließlich instrumenteller Wert zukommt – ganz gleich wie viele Menschen darauf verfallen, es um seiner selbst willen anzustreben.[46] Vielleicht kann man an dieser Zurückweisung zweifeln, wenn man etwa glaubt, dass intrinsische Werte dadurch konstituiert seien, dass sie von vielen Menschen um ihrer selbst willen verfolgt werden, oder dass es sonst irgendein Prinzip gebe, demzufolge etwas, das von vielen um seiner selbst willen angestrebt werde, damit *ipso facto* intrinsischen Wert besitze. Gegen die Vermutung eines solchen Prinzips lässt sich folgendes Gedankenexperiment anführen (angelehnt an eine Bemerkung Lars Bergströms):[47] Sicher könnte man prinzipiell mit Mitteln der Gehirnwäsche eine große Zahl von Menschen dazu bringen, etwas Beliebiges – zum Beispiel langes Haar – um seiner selbst willen anzustreben. Aber niemand würde wohl vertreten wollen, dass allein dadurch langes Haar intrinsisch wertvoll würde.

Horwichs zweiter Punkt ist zwar mit dem ersten verwandt, aber nicht ganz so leicht von der Hand zu weisen. Wer den intrinsischen Wert wahrer Überzeugungen leugnet, scheint sich der Möglichkeit zu berauben, bestimmte Aktivitäten zu rechtfertigen, die wohl kaum jemand gerne als wertlose Zeitverschwendung abtun möchte. Die antike Historie mag unterhaltsame und erzieherisch wertvolle Geschichten über unsere Vergangenheit zutage fördern, aber scheinbar können wir die mit ihr verbundenen Forschungsanstrengungen nicht allein mit diesen instrumentellen Vorzügen rechtfertigen. Denn erzieherisch wertvolle und unterhaltsame Geschichten ließen sich mit deutlich weniger Aufwand produzieren. Die Pointe des in der Geschichtswissenschaft betriebenen Aufwands scheint darin zu bestehen, dass wir mit ihm die Hoffnung verbinden, der *Wahrheit* über unsere Vergangenheit näherzukommen. Warum sollten wir daran ein Interesse haben, wenn wir der Wahrheit keinen intrinsischen Wert beimessen? Anders gesagt: Warum betrachten wir den Schritt von Herodot zu Thukydides als einen Fortschritt in der Geschichtsschreibung?[48]

---

46 Für einen ähnlichen Einwand gegen ähnliche putative Begründungen des intrinsischen Wertes von Wissen siehe Lars Bergström, »On the Value of Scientific Knowledge«, in: *Grazer philosophische Studien* 30 (1987), S. 53-63, insb. S. 61.

47 Ebd.

48 Vgl. Williams, *Truth and Truthfulness*, S. 151-155.

Der Verzicht auf einen intrinsischen Wert der Wahrheit scheint also eine Rechtfertigungslücke zu reißen. In engem Zusammenhang damit steht auch eine Erklärungslücke: Wer keinen intrinsischen Wert wahrer Überzeugungen anerkennt, scheint auch schlechtere Karten zu haben, zu *erklären, dass* viele Menschen großen Aufwand beispielsweise auf das Beweisen mathematischer Arkana verwenden. Ich unterstelle, dass die von Horwich aufgezeigte Begründung ihre intuitive Kraft aus der Kombination von Rechtfertigungs- und Erklärungslücke bezieht, auch wenn Horwich Letztere nicht ausdrücklich erwähnt.

Die Rechtfertigungs- und Erklärungslücke ist ein wichtiges Problem und eine große Herausforderung für jeden Versuch, den Wert wahrer Überzeugungen allein auf instrumenteller Grundlage zu begründen. Ich werde im Folgenden noch genauer betrachten, ob auch scheinbar völlig nutzlose Wissenszweige instrumentellen Wert aufweisen können. An dieser Stelle möchte ich nur andeuten, dass dies nicht so aussichtslos sein muss, wie Horwich suggeriert. Zum einen spielt dabei der bereits erwähnte Punkt eine Rolle, dass auch die *Freude* an der Erkenntnis dem Erreichen wahrer Überzeugungen einen instrumentellen und nicht etwa einen intrinsischen Wert verleiht. Dies gilt selbst dann, wenn die wahre Freude an der Erkenntnis sich nur einstellt, wenn man sie um ihrer selbst willen anstrebt. Denn wie wir gerade gesehen haben, ist um seiner selbst willen angestrebt zu werden nicht dasselbe wie intrinsischen Wert zu besitzen. So kann ohne weiteres das Streben nach Erkenntnis um ihrer selbst willen einen rein instrumentellen (nämlich hedonistischen) Wert besitzen. *Warum* wir daran Freude haben, ist eine Frage der Psychologie, die nicht leichter oder schwieriger zu beantworten wäre, wenn man zusätzlich voraussetzte, dass wahre Überzeugungen tatsächlich auch einen intrinsischen Wert besäßen. Zum anderen könnte hier auch die gerade von Naturwissenschaftlern häufig ausgesprochene Hoffnung zum Tragen kommen, dass viele Erkenntnisse, die zum Zeitpunkt ihrer Entdeckung noch keine praktische Nützlichkeit erkennen lassen, ihre instrumentelle Bedeutung im späteren Verlauf der Wissenschafts- und Technikgeschichte erweisen werden. Wie gesagt werden uns diese Ideen noch eingehend beschäftigen.

An dieser Stelle ist mein eigentlicher Einwand gegen Horwichs zweiten Punkt hingegen ein anderer: Es ist, anders als in seiner Überlegung vorausgesetzt, sehr fraglich, ob die Annahme eines

intrinsischen Wertes wahrer Überzeugungen die Rechtfertigungs-
und Erklärungslücke zu schließen hilft. Das Problem zeigt sich in
aller Deutlichkeit, wenn wir uns vor Augen halten, dass wir auf
den von Horwich genannten Wissensgebieten nicht *alle* Erkenntnisse anstreben, oder doch jedenfalls nicht alle im gleichen Maße.
Sicher wäre es interessant zu wissen, aus wie vielen Schiffen die
persische Übermacht in der Seeschlacht von Salamis wirklich bestand – nicht aber, wie oft Xerxes sich während der Schlacht hinter
dem linken Ohr kratzte, oder gar wie viele Gänseblümchen am Tag
der Schlacht auf Bornholm blühten. In ähnlicher Weise streben
auch beispielsweise Mathematiker zwar mit teilweise erheblichem
Aufwand nach mathematischen Wahrheiten, deren praktische Relevanz zumindest nach unserem heutigen Wissen nicht erkennbar
ist, würden aber nicht für die Beantwortung jeder beliebigen mathematischen Frage große Anstrengungen für gerechtfertigt halten
– etwa um herauszufinden, welches die $11^{12^{13}}$-te Nachkommastelle
von $\sqrt[14]{15}$ ist.

Wenn nun der intrinsische Wert jeder wahren Überzeugung
derselbe wäre, könnte er die tatsächlichen Praktiken der alten Geschichte oder der anwendungsfernen Mathematik offenbar weder
rechtfertigen noch erklären. Denn dazu würde auch gehören, zu
rechtfertigen und zu erklären, warum diese epistemischen Unternehmungen den einen Fragen mit großem Aufwand nachgehen,
nicht aber den anderen. Entweder müsste der intrinsische Wert
als groß genug vorausgesetzt werden, um die tatsächlichen Forschungsanstrengungen motivieren zu können – dann ergäbe sich
aber die absurde Konsequenz, dass wir *eigentlich* auch der Gänse-
blümchenfrage mit demselben Ehrgeiz nachgehen müssten. Würde
der Wert dagegen niedrig genug angesetzt, um dieses absurde Ergebnis zu vermeiden, taugte er nicht mehr zur Rechtfertigung und
Erklärung der Forschungsrealität.[49]

49 Vgl. auch Sosas (»The Place of Truth in Epistemology«, S.156) Argument, ein
intrinsischer Wert des Wissens sei nicht glaubwürdig, weil es unplausibel sei, der
wahren Überzeugung, die man durch das Zählen der Sandkörner in einer zufällig aufgehobenen Hand voll Sand erlangen könne, auch nur irgendeinen Wert
beizumessen. Sosas Argument ist allein bereits sehr überzeugend, es sei denn,
man kommt wie ich den Befürwortern des intrinsischen Wertes mit interpreta-
torischer Großzügigkeit entgegen und zieht die Möglichkeit in Betracht, dass der
intrinsische Wert variabel sein könnte.

Es bliebe also nur die Möglichkeit, dass wahren Überzeugungen ein intrinsischer Wert zukäme, der von Überzeugung zu Überzeugung unterschiedlich groß wäre. Ein pauschaler Verweis auf diese Möglichkeit kann aber die Rechtfertigungs- und Erklärungslücke nicht schließen. Es muss noch eine genaue Begründung hinzukommen, wie und nach welcher Maßgabe der intrinsische Wert wahrer Überzeugungen so variiert, dass er erklärt, warum Historiker der Frage nachgehen, wie Alexander der Große sein Reich regierte, nicht aber der Frage, ob er sich in seinem Leben eine gerade oder ungerade Anzahl von Malen rasieren ließ.

Erinnern wir uns, dass das in Rede stehende Argument auf der Annahme beruht, dass nur das Postulat eines intrinsischen Wertes einen Weg zur Überwindung der Rechtfertigungs- und Erklärungslücke eröffnet. Deshalb darf die Erklärung, nach welcher Maßgabe der intrinsische Wert von Überzeugung zu Überzeugung variiert, nicht auf Merkmale der Überzeugungen verweisen, auf deren Grundlage das Schließen der Lücke auch ohne intrinsischen Wert erfolgen könnte. Sie darf, um das triviale Beispiel zu nennen, nicht darin bestehen, eine Proportionalität des intrinsischen Werts wahrer Überzeugungen zu ihrem Nutzen für uns zu behaupten. Aber auch andere Möglichkeiten verbieten sich aus verwandten Gründen. So scheint alles, was durch einen intrinsischen Wert erklärt werden könnte, der aufgrund irgendwelcher psychologischer Eigenschaften der Überzeugungen variierte (etwa nach einem psychologisch operationalisierten Maß ihrer intrinsischen »Interessantheit«), auch mit dem Wert der entsprechenden psychischen Zustände erklärt werden zu können. Und wenn etwa eine Abhängigkeit des intrinsischen Wertes einer wahren Überzeugung von ihrer Erklärungskraft und Erklärungsrelevanz behauptet würde, könnte die Rechtfertigungs- und Erklärungslücke ebenso gut auf Grundlage des Wertes von Erklärungen geschlossen werden. Natürlich würden die Alternativen jeweils neue Fragen nach der Quelle der jeweils zugrundegelegten Werte aufwerfen. Vielleicht würden Befürworter des intrinsischen Wertes wahrer Überzeugungen sagen, dass es aus ihrer Sicht keinen Unterschied macht, ob man stattdessen einen intrinsischen Wert von Erklärungen postuliert. Mir scheint aber, dass der hedonistische Wert der intellektuellen Befriedigung des Verstehens, kombiniert mit dem praktischen Nutzen verbesserter Eingriffsmöglichkeiten in unsere Umwelt und allgemein verbesserter Grundlagen für praktische Entscheidungen, die erfolgreiche Erklärungen häufig zumindest in Aussicht stellen, es überflüssig machen, ihnen einen intrinsischen Wert zu unterstellen. (Ähnliches gilt für den hedonistischen Wert der Befriedigung eines Verlangens nach »interessanten« Neuigkeiten.) Somit kommen die Alternativen allein mit Werten aus, die in unserer allgemeinen Axiologie wohl ohnehin unverzichtbar sind.

Es fehlt schlicht an einem überzeugenden Vorschlag, wie der intrinsische Wert wahrer Überzeugungen mit einem Merkmal variieren könnte, das nicht von ihrer Begünstigung von etwas anderem abhängt, das selbst viel einfacher und ohne Postulierung zusätzlicher intrinsischer Werte als werthaltig erkannt werden kann. Der einzige mir bekannte konkrete Vorschlag dazu ist die Behauptung, der intrinsische Wert einer Erkenntnis hänge vom Grad ihrer Allgemeinheit ab. Diese These haben sowohl der Hegelianer Francis Bradley als auch der Aristoteliker William Ross aufgestellt.[50] Sie kann aber offenbar vielen epistemischen Praktiken, durch welche die Rechtfertigungs- und Erklärungslücke überhaupt erst aufgeworfen wird, nicht gerecht werden. Die meisten der in der Alten Geschichte gesuchten Antworten sind partikuläre Propositionen. Die Untersuchungen der Physiker über das Geschehen in den ersten Picosekunden des Universums mögen vielerlei Erkenntnisse von großer Allgemeinheit mit sich bringen, aber ihr (und unser) Interesse am Beginn der Welt wäre vermutlich noch immer sehr groß, wenn dies nicht so wäre und die Erkenntnisse der Physiker nur lauter Einzeltatsachen aus diesem begrenzten Zeitraum beträfen. Insbesondere zeigen wir radikal unterschiedliche Einstellungen gegenüber Propositionen vom selben Allgemeinheitsgrad: Die erste Picosekunde des Universums interessiert uns stärker als irgendein viel späterer Picosekundenausschnitt seiner Geschichte, und wir treiben großen Aufwand, um herauszufinden, ob der auf dem Chandos-Portrait dargestellte Mann William Shakespeare ist, ohne ein auch nur annähernd vergleichbares Interesse für zahllose andere, nicht eindeutig identifizierbare Portraits des frühen 17. Jahrhunderts zu zeigen.[51]

50 Francis H. Bradley, *The Principles of Logic*, Bd. 2, Oxford ²1922, S. 686-689, William D. Ross, *The Right and the Good*, Oxford 1930, S. 147. Siehe dazu auch Bergström, »On the Value of Scientific Knowledge«, S. 55 f.
51 Bergström (ebd., S. 60) bringt ein anderes Gegenargument vor: Weil verschiede-

Es ist nicht leichter, gegen die Annahme bestimmter intrinsischer Werte zu argumentieren, als gegen ein anderes *Erstes Prinzip*. Die beste Möglichkeit scheint mir zu sein, aufzuzeigen, dass die Annahme nicht nötig ist. Im Falle des intrinsischen Wertes wahrer Überzeugungen besteht das beste Argument zu seinen Gunsten darin, dass sich die Gesamtheit der menschlichen Erkenntnisbestrebungen ohne ihn weder erklären noch rechtfertigen ließe. Es mag in der Tat schwierig sein, dies allein aufgrund instrumenteller Werte zu leisten. Das Ergebnis der vorstehenden Überlegungen ist jedoch, dass auch die Voraussetzung eines intrinsischen Wertes dabei nichts hilft, wenn wir anerkennen, dass das Schließen der Lücke auch eine Rechtfertigung und Erklärung dafür erfordern würde, dass die menschlichen Erkenntnisbestrebungen nicht auf alle wahren Überzeugungen in gleichem Maße ausgerichtet sind (und auf viele überhaupt nicht). Es ist kein Merkmal der wahren Überzeugungen in Sicht, von dessen Ausprägung der intrinsische Wert in geeigneter Weise abhängen könnte, und das nicht zugleich in solcher Weise mit anderen wertstiftenden Zuständen und Möglichkeiten zusammenhängt, dass dadurch die Annahme eines zusätzlichen intrinsischen Wertes obsolet wird.

Ein weiterer Ursprung der Annahme eines elementaren Wertes der Wahrheit an sich ist die Auffassung, dass dieser konstitutiv für alle unsere kognitiven Bemühungen und für die Kommunikation sei. Und tatsächlich haben wir festgestellt, dass einer offenen Untersuchung einer Frage implizit eine Wertschätzung wahrer Überzeugungen *hinsichtlich der betreffenden Proposition* zugrunde liegt, sofern wir diese Wertschätzung so verstehen, wie es in der Maxime (WW) präzisiert ist. In ähnlicher Weise impliziert das Tätigen einer behauptenden Aussage konversational eine Anerkenntnis des

---

ne Personen im Allgemeinen an *unterschiedlichen*, nicht instrumentell nützlichen Fragen interessiert seien und es kaum etwas gebe, an dem alle interessiert seien, könne dahinter kein intrinsischer Wert stecken. In der Tat halte ich es für noch aussichtsloser, erklären zu wollen, wie Annas Haben der wahren Überzeugung, dass *p* einen anderen intrinsischen Wert haben soll als Bertas. Allerdings bietet sich an dieser Stelle den Befürwortern der Ausweg, zu behaupten, dass die meisten von uns einen auf unterschiedliche Weise unvollkommenen Grad der Einsicht in den wahren intrinsischen Wert verschiedener wahrer Überzeugungen haben und dass wir idealerweise alle dieselben (aber nicht alle) wahren Überzeugungen anstreben sollten.

Wertes der Wahrheit in Bezug auf diese Aussage.[52] Jedoch muss in beiden Fällen die Wahrheit nicht aus nichtinstrumentellen Gründen präferiert werden. Der Wert der Wahrheit ist also jeder offenen Untersuchung und jeder behauptenden Aussage inhärent in dem Sinne, dass die Akteure in diesen Fällen den Wert anerkannt haben sollten, wenn sie sich rational (und kommunikationsadäquat) verhalten wollen. Intrinsisch muss er dazu nicht sein.

Ebenso wenig haben wir einen Grund zu der Annahme gefunden, dass der Wert wahrer Überzeugungen sich auf alle Propositionen überhaupt erstrecken muss. Im Gegenteil: Die Untersuchung hat uns zur Betrachtung von Propositionen geführt, bei denen es unplausibel ist, anzunehmen, dass es irgendeine normative Verbindlichkeit gibt, das Wissen der Unwissenheit vorzuziehen: Ein Beispiel war die Frage, ob sich Alexander der Große in seinem Leben eine gerade oder eine ungerade Anzahl von Malen rasieren ließ. Der logische Raum ist erfüllt von solchen *minima trivialia*.[53] Wie wir den Bereich des Wissenswerten gegen sie abgrenzen und bestimmen, ist die eigentliche Frage – eine Frage, bei der die Idee eines Wertes der Wahrheit an sich nicht weiterhilft.

Der altehrwürdige Gedanke, dass Wissen beziehungsweise wahre Überzeugungen an sich wertvoll seien, kann also nicht zur Rechtfertigung der Prämisse herangezogen werden, dass die kollektive Suche nach neuen, relevanten Wahrheiten ein förderungswürdiges Unterfangen ist.[54] (Auch auf den jeder offenen Untersuchung inhärenten Wert wahrer Überzeugungen können wir uns dabei natürlich nicht berufen, denn solange wir noch keine Untersuchung eingeleitet haben, ist auch noch niemand auf die Anerkenntnis dieses Wertes verpflichtet.)

Die Aussicht auf Rechtfertigung dieser Prämisse hängt also ganz vom *instrumentellen* Wert des wissenschaftlichen Wissens ab. Dieser wird uns deshalb in den Kapiteln 6 und 7 eingehend beschäftigen.

52 Nach Michael Dummett gehört dies sogar zum *Begriff* der Wahrheit: »[I]t is part of the concept of truth that we aim at making true statements.« (*Truth and Other Enigmas*, Cambridge/Mass. 1978, S. 2.) Ob dies der Fall ist, spielt in unserem Kontext jedoch keine entscheidende Rolle.

53 Die Bezeichnung »minima trivialia« stammt aus Wolfgang Künnes *Conceptions of Truth* (Oxford 2003, S. 396).

54 Diesen habe ich zwar ausdrücklich nur anhand des intrinsischen Wertes *wahrer Überzeugungen* diskutiert, es lässt sich aber meines Erachtens Punkt für Punkt auf den intrinsischen Wert von *Wissen* übertragen.

Kapitel 6:
Der praktische Nutzen wissenschaftlichen Wissens

6.1 Wissen und instrumenteller Wert

Warum hielt Christoph Kolumbus, anders als fast alle seiner Zeitgenossen, es für ein aussichtsreiches Unterfangen, von den Kanarischen Inseln aus westwärts in See zu stechen, um Asien auf diesem Weg zu erreichen? Ein wichtiger Grund dafür war, dass er zu einigen eigensinnigen Überzeugungen über die dabei zu überwindende Entfernung gelangt war. Während die herrschende Meinung mit Ptolemäus davon ausging, dass die eurasische Landmasse etwa 180 Grad des Globus einnehme (und damit ungefähr richtiglag), glaubte Kolumbus an die ältere und großzügigere Schätzung des Marinos von Tyrus, der ihr 225 Grad zugestand. Zusätzlich ging er von einem Erdumfang von umgerechnet nur 25500 km aus – ausgehend von eigentlich recht genauen Angaben, die der arabische Astronom Farghani (Alfraganus) im 9. Jahrhundert in arabischen Meilen gemacht hatte, welche Kolumbus jedoch als römische Meilen las. Im Resultat veranschlagte er die Distanz zwischen Kanarischen Inseln und Japan mit umgerechnet etwa 4000 km.[1] Tatsächlich sind es 19600. Der Entschluss zu seiner Unternehmung beruhte also auf einer Kombination mehrerer gravierender Irrtümer. Kolumbus und seine Besatzung hätten auf offener See verhungern und verdursten müssen, wäre nicht eine weitere seiner Überzeugungen ebenfalls völlig falsch gewesen: die Annahme, dass sich zwischen den kanarischen Inseln und Asien kein Land befinde.

Das Beispiel des Kolumbus illustriert, dass radikal falsche elementare Annahmen einer erfolgreichen praktischen Unternehmung nicht notwendigerweise im Wege stehen müssen. (Erfolgreich war die Unternehmung zwar nur aus der Sicht einer kleinen privilegierten Minderheit in Europa, während sie für einen nicht unerheblichen Teil der Menschheit Tod und Untergang bedeutete. Doch aus dieser profitierenden Minderheit heraus wurde die

1 Vgl. Alfred Kohler, *Columbus und seine Zeit*, München 2006, S. 45 f.

Unternehmung ja schließlich initiiert und unterstützt.) Hätte Kolumbus eine falsche Überzeugung weniger und eine wahre Überzeugung mehr gehabt – nämlich über die Distanz zwischen den Kanaren und Asien –, wäre er zu seiner Reise nicht aufgebrochen. Wahre Überzeugungen können also erfolgreichen Unternehmungen sogar hinderlich sein!

Aus ähnlichen Gründen hat Steven Stich den instrumentellen Wert wahrer Überzeugungen ganz grundsätzlich angezweifelt: »Es wäre keine einfache Angelegenheit, zeigen zu wollen, dass es *allgemein* (oder wenigstens gelegentlich!) in instrumenteller Hinsicht optimal ist, die Wahrheit zu glauben.«[2] Richtig ist offenbar, dass wahre Überzeugungen nicht *immer* besser für das Erreichen unserer Ziele sind als Irrtümer. Trotzdem scheinen zumindest bestimmte Arten von Überzeugungen zumindest im Allgemeinen einen positiven Wert für die erfolgreiche Verfolgung unserer praktischen Ziele zu haben, sofern sie wahr sind. Horwich hat die folgende Überlegung angestrengt, um dies zu zeigen. Er bezieht sich zunächst auf Überzeugungen der Form

(H): Wenn ich Handlung A ausführe, wird Sachverhalt S eintreten.

Wenn S ein von mir erwünschter Sachverhalt ist, wird diese Überzeugung mich dazu motivieren, Handlung A auszuführen. Ist die Überzeugung wahr, dann wird A dazu führen, dass S tatsächlich eintritt. Deshalb sind wahre Überzeugungen der Form (H) nützlich für das Erreichen meiner Ziele. Es wird mir deshalb auch nützlich sein, wahre Überzeugungen zu haben, die es mir erlauben, aus ihnen mit Hilfe gültiger Schlussweisen Überzeugungen der Form (H) abzuleiten. Und es gibt unter all dem, was wir glauben, so Hor-

---

2 »[I]t would be no easy matter to show that believing the truth is *generally* (or even occasionally!) instrumentally optimal.« Stephen Stich, *The Fragmentation of Reason*, Cambridge/Mass. 1990, S. 124, meine Übersetzung. Sein Beispiel ist das eines Mannes, der aufgrund der wahren Überzeugung, dass sein Flugzeug um 8.00 Uhr abfliegt, den Flug erreicht und bei einem Absturz ums Leben kommt – wäre er irrigerweise von einer viel späteren Abflugzeit ausgegangen, hätte er den Flug verpasst und überlebt. Stich bringt im selben Kapitel noch ein weiteres, unabhängiges Argument vor, das auf sprachphilosophischer Grundlage den Wert wahrer Überzeugungen zu unterminieren sucht. Es richtet sich aber nicht spezifisch gegen den *instrumentellen* Wert wahrer Überzeugungen und gehört deshalb nicht an dieser Stelle diskutiert; im Übrigen ist es von William Alston (*A Realist Conception of Truth*, Ithaca 1996, S. 258-261) überzeugend widerlegt worden.

wich, kaum etwas, das nicht eines Tages als Prämisse eines solchen Schlusses eine Rolle spielen könnte.[3]

Es gibt also durchaus systematische Verbindungen zwischen wahren Überzeugungen und der erfolgreichen Verfolgung von Zielen.[4] Zwar sind diese Verbindungen zum Teil recht prekär: Bekanntermaßen kann schon eine einzige falsche Prämisse selbst bei Anwendung einer wahrheitserhaltenden Schlussweise den gesamten Schluss verderben. Da allerdings bei falschen Überzeugungen überhaupt keine systematische Verbindung zu erfolgreichen Handlungen erkennbar ist – noch nicht einmal eine prekäre – und Gegenbeispiele wie dasjenige des Kolumbus offenbar dem bloßen Zufall entspringen, scheint es angemessen, zuzubilligen, dass viele wahre Überzeugungen auf lange Sicht das erfolgreiche Handeln im Allgemeinen zumindest ein wenig wahrscheinlicher machen.

Dies gilt natürlich für solche Überzeugungen am meisten, die Relevanz für Überzeugungen der Form (H) besitzen. Es wäre allzu optimistisch, davon auszugehen, dass dafür so gut wie jede Proposition in Frage kommt. Propositionen von der Art der in Kapitel 5 behandelten *minima trivialia* werden aller Voraussicht nach solche Relevanz nie besitzen. Ihnen kommt daher aus den hier vorgestellten Erwägungen heraus kein instrumenteller Wert zu (und es bleibt deshalb vorerst offen, ob ihnen überhaupt irgendein Wert zukommen kann).

Wahre Überzeugungen können also instrumentellen Wert besitzen, aber offenbar gilt dies nicht für alle Propositionen. Deshalb stellt sich hinsichtlich jeder bestimmten Art von Überzeugungen und insbesondere auch hinsichtlich der hier für uns interessanten Erkenntnisziele der Naturwissenschaften die Frage, ob sie zu den Propositionen gehören, bei denen ein instrumenteller Wert wahrer Überzeugungen vorliegt. In den verbleibenden Abschnitten dieses Kapitels werde ich deshalb dieser Frage im Hinblick auf das naturwissenschaftliche Wissen nachgehen.

Die Relevanz naturwissenschaftlichen Wissens für die erfolgreiche Bewältigung praktischer Ziele, die sich im Anschluss an die Überlegungen dieses Abschnittes als Kernproblem aufdrängt, ist dabei jedoch nur eine von mehreren Arten instrumentellen Wer-

3 Paul Horwich, *Truth*, Oxford 1990, S. 44-47; vgl. ders., »The Value of Truth«, in: *Noûs* 40 (2006), S. 347-360, hier S. 350.
4 Ähnlich schließt Alvin Goldman, *Knowledge in a Social World*, Oxford 1999, S. 73 f.

tes, die berücksichtigt werden müssen. Eine zweite Dimension ist diejenige der Orientierung, die es für unser Verständnis der Welt und unserer Position in ihr und letztlich für die Entwicklung einer Vorstellung des gelungenen Lebens bietet. Und endlich verleiht auch die Freude an neuen wissenschaftlichen Entdeckungen diesen einen instrumentellen Wert. Diese drei Wertdimensionen werde ich im Folgenden nacheinander betrachten.

6.2 Der baconische Gedanke

Das Versprechen instrumentellen Nutzens im Hinblick auf praktische Ziele hat die modernen Naturwissenschaften von Anfang an begleitet. Besonders deutlich wird dies in den wissenschaftsprogrammatischen Schriften Francis Bacons.[5] Im 1620 erschienenen *Novum Organum*, das zugleich als Methodenlehre und als Werbeschrift für die experimentellen Wissenschaften dient, heißt es: »Wissen und menschliche Macht fallen in ein und dasselbe zusammen, da ja eine Unkenntnis der Ursache die Wirkung vereitelt. Die Natur kann nämlich nur besiegt werden, indem man ihr gehorcht; und was beim Betrachten eine Ursache bildet, das bildet beim Ausführen eine Regel.«[6] Bacons Sichtweise vom Nutzen des Wissens ist

5 Vgl. auch Kurt Bayertz, »Drei Argumente für die Freiheit der Wissenschaft«, in: *Archiv für Rechts- und Sozialphilosophie* 86 (2000), S. 303-326, hier S. 316-319. Er spricht gar von einem baconischen Argument zur Rechtfertigung der Wissenschaftsfreiheit. Meines Erachtens ist es systematisch richtiger, den baconischen Gedanken als eine Begründung des Wertes wissenschaftlicher Erkenntnis zu isolieren, denn eine Rechtfertigung der Wissenschafts*freiheit* stellt er für sich genommen nicht dar. Bacon selbst war übrigens kein ausdrücklicher Verfechter der Wissenschaftsfreiheit (seine in *New Atlantis* formulierte Utopie der wissenschaftlichen Gemeinschaft beschreibt sogar einen ausgesprochen systematisch organisierten und geplanten Erkenntnisprozess).

6 »Scientia et potentia humana in idem coincidunt, quia ignoratio causae destituit effectum. Natura enim non nisi parendo vincitur; et quod in contemplatione instar causae est, id in operatione instar regulae est.« Francis Bacon, *Novum Organum*, in: James Spadding u. a., *The Works of Francis Bacon*, Faksimile Neudr., Stuttgart-Bad Cannstatt 1963, Bd. 1, S. 119-365, hier S. 157 (Buch I, Aphorismus 3), meine Übersetzung. Die berühmte Kurzfassung »Wissen ist Macht« (»scientia potestas est«) taucht im *Novum Organum* nicht auf, sondern nur in seinen *Meditationes Sacrae* (Spadding u. a. [Hg.], *The Works of Francis Bacon*, Bd. 7, S. 227-242, hier S. 241).

also sehr gut genau so zu verstehen, dass es uns verlässliche Regeln in der Art der im vorigen Abschnitt diskutierten Überzeugungen der Form (H) liefert. Aus genau diesem Grund sind für Bacon Technik und Wissenschaften *(artes et scientiae)* der entscheidende Schlüssel für die menschliche Beherrschung der physischen Welt: »Des Menschen Herrschaft über die Dinge hängt aber allein von der Technik und den Wissenschaften ab. Denn der Natur gebietet man nur, indem man ihr gehorcht.«[7]

In seinem postum erschienenen utopischen Roman *New Atlantis* beschreibt Bacon die konkreten Vorteile, die eine Gesellschaft, in der die Kausalzusammenhänge der Natur systematisch erforscht würden, davon zu erwarten hätte: verbesserte Methoden der Landwirtschaft und bei der Herstellung von Gebrauchsgegenständen sowie neuartige Heilmittel und Therapien.[8] Als 1660 in London die *Royal Society* gegründet wurde, standen Bacons Ideen (und insbesondere die in *New Atlantis* beschriebene Gelehrtengesellschaft des »Haus Salomons«) Pate. Es wird allgemein auf diesen Einfluss zurückgeführt, dass die *Royal Society* ganz ausdrücklich auch auf den praktischen Nutzen der Wissenschaften ausgerichtet ist. So heißt es etwa in der zweiten königlichen Charta der Gesellschaft von 1663, die Studien der Mitglieder seien »darauf zu verwenden, die Wissenschaften der natürlichen Dinge und der nützlichen Künste auf Experimente gestützt weiter voranzutreiben, zum Ruhme Gottes des Schöpfers und zum Wohle der Menschheit«.[9]

Bacon stand jedoch keineswegs allein in dieser Erwartung an die neuen Wissenschaften. René Descartes etwa, dessen Rationalismus oft als philosophischer Gegenpol zu Bacons Empirismus aufgefasst wird, stimmt in diesem Punkt mit ihm überein. Im Vorwort zur 1647 erschienenen französischen Fassung der *Prinzipien der Phi-*

---

7 »Hominis autem imperium in res, in solis artibus et scientiis ponitur. Naturae enim non imperatur, nisi parendo.« *Novum Organum*, S. 222 (Buch I, Aphorismus 129), meine Übersetzung.

8 Francis Bacon, *New Atlantis* [1627], in: Spadding u. a. (Hg.), *The Works of Francis Bacon*, Bd. 3, S. 119-166.

9 »[S]tudia ad rerum naturalium artiumque utilium scientias experimentorum fide ulterius promovendas in Dei Creatoris gloriam et generis humani commodum, applicanda sunt«, *Charta secunda [Praesidi, Concilio, et Sodalibus Regalis Societatis Londini, a Rege Carolo Secundo] concessa, A.D. MDCLXIII*, ⟨royalsociety.org/upload edFiles/Royal_Society_Content/about-us/history/Charter2_Latin.pdf⟩, letzter Zugriff 13. 9. 2011, S. 1, meine Übersetzung.

losophie erklärte er: »Die ganze Philosophie ist also wie ein Baum, dessen Wurzel die Metaphysik ist; der Stamm ist die Physik, und die Äste, die aus diesem Stamm abzweigen, sind all die anderen Wissenschaften, welche sich auf drei hauptsächliche zurückführen, nämlich Medizin, Mechanik und Moral [...].«[10] Descartes fährt fort, zu erklären, dass wie bei einem Baum die Früchte der Philosophie von den Ästen und nicht von der Wurzel zu ernten seien. In seiner *Optik* etwa sei er selbst (anhand des Teleskops) zu zeigen bestrebt gewesen, dass man »in der Philosophie weit genug voranschreiten kann, um durch ihre Mittel zur Kenntnis der Künste zu gelangen, die für das Leben nützlich sind«.[11] Auch in seiner oben bereits erwähnten Verteidigungsschrift gegen Voet verweist er zur Begründung der *libertas philosophandi* auf den großen Nutzen *(magna utilitas)*, welcher davon zu erwarten sei, und verteidigt seine Überzeugungen als diejenige Philosophie, welche er als »wahr und für die menschlichen Angelegenheiten im höchsten Maße nützlich« erachte.[12] Und im *Discours de la méthode* führt auch er genauer aus, welche konkreten praktischen Vorteile in Aussicht stünden: die Erfindung hilfreicher Techniken *(artifices)*, die den mühelosen Erwerb von Nahrungsmitteln und anderen Annehmlichkeiten ermöglichen würden, vor allem aber Fortschritte in der Medizin.[13] Die Ähnlichkeiten zu Bacons zehn Jahre früher erschienenem *New Atlantis* (wie im Übrigen zu fast allen späteren technisch-wissen-

---

10 »Ainsi toute la Philosophie est comme un arbre, dont les racines sont la Metaphysique, le tronc est la Physique, & les branches qui sortent de ce tronc sont toutes les autres sciences, qui fe reduisent à trois principales, à sçauoir la Medecine, la Mechanique & la Morale [...].« René Descartes, *Les Principes de la philosophie*, in: Charles Adam, Paul Tannery (Hg.), *Œuvres de Descartes*, Bd. IX-2, Paris 1978, S. 14 (dt.: *Die Prinzipien der Philosophie*, in: Artur Buchenau [Hg.], *Philosophische Werke*, Bd. 2, 4. Aufl., Leipzig 1922), meine Übersetzung.

11 »Par la *Dioptrique*, j'eu dessein de faire voir qu'on pouuit aller assez auant en la Philosophie, pour arriuer par son moyen jusques à la connoissance des arts qui sont utiles à la vie [...].« Ebd., S. 15, meine Übersetzung.

12 »[...] quam veram et usibus humanis apprimè utilem puto«. *Epistola Renati Des Cartes ad celeberrimum virum D. Gisbertum Voetium*, in: Charles Adam, Paul Tannery (Hg.), *Œuvres de Descartes*, Bd. VIII-2, Paris 1965, S. 1-194, hier S. 3, meine Übersetzung.

13 *Discours de la méthode* [1637], in: Charles Adam, Paul Tannery (Hg.), *Œuvres de Descartes*, Bd. VI, Paris 1965, S. 1-78, hier S. 62 f. (dt.: *Abhandlung über die Methode*, in: Artur Buchenau [Hg.], *Philosophische Werke*, Bd. 1, 4. Aufl., Leipzig 1922).

schaftlichen Fortschrittsvisionen bis auf den heutigen Tag) sind nicht zu übersehen.

Wie bereits in Kapitel 3 bemerkt, kombiniert Descartes in der Schrift gegen Voet die These der Nützlichkeit wahrer wissenschaftlicher Ergebnisse mit der Behauptung, dass im Falle eines Irrtums kein Schaden entstehen würde.[14] Neben der schon genannten Milton-Asymmetrie (dass sich im freien Widerstreit die wahren Überzeugungen durchsetzen, während die falschen untergehen) ist dies eine weitere Asymmetriethese, die eine erkenntnistheoretische Begründung der Forschungsfreiheit erheblich stützen könnte, wenn sie sich systematisch stark machen ließe: Wahrheit nützt, aber Irrtum schadet nicht.[15] Ebenso wichtig wäre natürlich, dass auch die *wahren* Ergebnisse nicht nur im Allgemeinen nützlich wären, sondern auch in den Ausnahmefällen, in denen sie es gegebenenfalls nicht sind, keinen (großen) Schaden anrichteten. In der Tradition der erkenntnistheoretischen Begründung wird gelegentlich ganz ausdrücklich behauptet, dass aus wahren Überzeugungen kein Schaden entstehen könne. So verteidigt Christian Wolff (der übrigens Descartes' Brief an Voet als lesenswert empfiehlt[16]) seinen Vorschlag, eine Akademie der Wissenschaften einzurichten und ihren Mitgliedern in ihrer Forschung völlig freie Hand zu lassen, wie folgt:

Es ist aber aus dieser Freyheit nichts gefährliches zu besorgen. Denn da in die Academie der Wissenschafften niemand als ein besoldetes Mitglied genommen wird, als der die Wahrheit gründlich zu untersuchen geschickt ist, die Wahrheit aber, wenn sie nicht zur Unzeit vorgetragen wird, keinen

---

14 Siehe oben S. 68 f.

15 Offen bestritten wird diese Descartes-Asymmetrie bereits von Jean-Jacques Rousseau in seinem *Discours sur les sciences et les arts* (1750): »Welche Gefahren, welche Irrwege bei der wissenschaftlichen Forschung! Durch wie viele Irrwege, die tausendmal mehr schaden als die Wahrheit nützt, muß man nicht hindurch, um zu ihr zu gelangen.« (»Que des dangers, que des fausses routes dans l'investigation des sciences? Par combien d'erreurs, mille fois plus dangereuses que la vérité n'est utile ne faut-il point passer pour arriver à elle?« *Über Kunst und Wissenschaft. Über den Ursprung der Ungleichheit unter den Menschen*, französisch und deutsch, hg. u. übers. v. Kurt Weigand, Hamburg 1955, S. 30/31.)

16 »Lectu digna est epistola Cartesii ad Voëtium …«, Christian Wolff, *Discursus praeliminaris de philosophia in genere/Einleitende Abhandlung über Philosophie im allgemeinen*, hg. u. übers. v. Günter Gawlik, Lothar Kreimendahl, Stuttgart-Bad Cannstatt 1996, S. 186.

Schaden stifften, auch keiner anderen bereits erkandten Wahrheit zuwider seyn kan [...]; so siehet man nicht, was schädliches daraus erfolgen kan.[17] (Fairerweise ist zu beachten, dass Wolff kaum an andere als intellektuelle und politische Folgen der Verbreitung neuer Wahrheiten gedacht haben wird, und dass er selbst einem intrinsischen Wert wahrer Überzeugungen zugeneigt war.[18])

Wenn es sich eine Verteidigung des instrumentellen Nutzens wissenschaftlicher Ergebnisse heute nicht mehr so einfach machen kann wie zu Bacons Zeiten, dann liegt das ganz wesentlich daran, dass mittlerweile weder die Descartes-Asymmetrie, das heißt die Unschädlichkeit wissenschaftlicher Irrtümer, noch die wolffsche These der Unschädlichkeit wissenschaftlicher Wahrheiten ernsthaft vertreten werden können. Irrtümer hinsichtlich der Umweltauswirkungen verschiedenster synthetischer Chemikalien haben zum Beispiel häufig erheblichen Schaden angerichtet. Da jede Suche nach wahren Überzeugungen mit dem Risiko des Irrtums verbunden ist, sind auch die Folgen möglicher Irrtümer bei der Bewertung des Nutzens der wissenschaftlichen Wahrheitssuche mit zu veranschlagen. Zusätzlich sind einige der katastrophalsten Folgen wissenschaftlicher Forschung nicht aus Irrtümern, sondern aus wahren Erkenntnissen hervorgegangen – das seit dem 20. Jahrhundert durch Massenvernichtungswaffen angerichtete Leid ist das augenfälligste Beispiel gegen jede pauschale Unschädlichkeitsannahme. Für diese Einsicht braucht die Nützlichkeit wahrer Überzeugungen für das Erreichen praktischer Ziele nicht in Frage gestellt zu werden. Aber anders als beim intrinsischen Wert, der nicht von Person zu Person verschieden ist, stellt sich beim instrumentellen Wert immer auch die Frage: »Für wen?« Auch bei der Entwicklung einer schrecklichen Waffe haben die relevanten wissenschaftlichen Erkenntnisse einen Wert für diejenigen, die die Waffe bauen und verwenden wollen. Im Kontext erkenntnistheoretischer Begrün-

17 Christian Wolff, *Vernünfftige Gedancken von dem gesellschafftlichen Leben der Menschen und insonderheit dem gemeinen Wesen* (= *Gesammelte Werke*, Abt. I, Bd. 5), hg. v. Hans Werner Arndt, Hildesheim 1975, S. 247. Vgl. auch Wolffs ausführliche Argumentation und Versicherung in seiner Lateinischen Logik (*Discursus praeliminaris*), die Lehren, die aus einer freien, auf die Wahrheit ausgerichteten philosophischen Untersuchung hervorgingen, würden weder der Religion (§ 163) noch der Tugend (§ 164), noch dem Staat (§ 165) gefährlich werden.

18 Siehe oben S. 121.

dungen der Forschungsfreiheit kann es allerdings nicht genügen, plausibel zu machen, dass das erzeugte Wissen für *irgendjemanden* einen instrumentellen Wert besitzen wird.

Moderne Varianten des baconischen Gedankens vertreten daher ganz offensiv die These, dass wissenschaftliches Wissen *für uns alle* von großem instrumentellem Wert sei. Ein gutes Beispiel dafür bietet Vannevar Bushs enthusiastische Einschätzung der Früchte wissenschaftlicher Forschung in seinem einflussreichen Bericht an den US-Präsidenten aus dem Jahr 1945, der letztlich zur Gründung der amerikanischen *National Science Foundation* führte:

Naturwissenschaftliche Fortschritte, in praktischen Nutzen umgesetzt, bedeuten mehr Arbeitsstellen, höhere Löhne, weniger Arbeitsstunden, ertragreichere Kulturpflanzen, mehr Freizeit für Erholung, für Bildung und um zu lernen, wie man ohne die abstumpfende Plackerei lebt, die über die vergangenen Zeitalter hinweg die Last des gemeinen Mannes gewesen ist. Naturwissenschaftliche Fortschritte werden auch einen höheren Lebensstandard mit sich bringen, zur Verhinderung und Heilung von Krankheiten führen, den Erhalt unserer begrenzten nationalen Ressourcen fördern und Mittel zur Verteidigung gegen Aggression gewährleisten. Aber um diese Ziele zu erreichen – ein hohes Beschäftigungsniveau zu sichern, eine führende Stellung in der Welt beizubehalten –, muss der Fluss neuen naturwissenschaftlichen Wissens sowohl kontinuierlich als auch substanziell sein.[19]

Besonders die Einfügung im letzten Satz dieses Zitats macht deutlich, dass Bushs »wir alle« sich auf die Gesamtheit der US-Bürger bezieht. Soll das Forschungsfreiheitsprinzip ein wirksames sein, muss es innerhalb einer politischen Gemeinschaft anerkannt werden. Es ist daher nicht unplausibel, den instrumentellen Wert

---

19 »Advances in science when put to practical use mean more jobs, higher wages, shorter hours, more abundant crops, more leisure for recreation, for study, for learning how to live without the deadening drudgery which has been the burden of the common man for ages past. Advances in science will also bring higher standards of living, will lead to the prevention or cure of diseases, will promote conservation of our limited national resources, and will assure means of defense against aggression. But to achieve these objectives – to secure a high level of employment, to maintain a position of world leadership – the flow of new scientific knowledge must be both continuous and substantial.« Vannevar Bush, *Science, the Endless Frontier. A Report to the President on a Program for Postwar Scientific Research,* Neudr., Washington 1960, S. 10, meine Übersetzung; vgl. auch ebd., S. 2 u. S. 5. Mehr zu Bushs Bericht in Abschnitt 9.1.

wissenschaftlichen Wissens in Bezug auf die Gesamtheit der Mitglieder dieser Gemeinschaft zu betrachten, da sich die erkenntnistheoretische Begründung des Prinzips zunächst an diesen Kreis richtet. Sofern die Mitglieder der betreffenden politischen Gemeinschaft auch den Wunsch und den Willen haben, sich kollektiv verantwortlich und moralisch zu verhalten, muss der Blick jedoch auch auf die praktischen Folgen fallen, welche die wissenschaftliche Forschung außerhalb dieses begrenzten Personenkreises hat.

Es liegt auf der Hand, dass die Bilanzierung der praktischen Folgen wissenschaftlicher Forschung insgesamt nicht so einfach zu bewerkstelligen ist, wie Bushs Heilsversprechungen andeuten. Wenn auch die zur Beurteilung der Förderungswürdigkeit des wissenschaftlichen Erkenntnisstrebens erforderliche Bewertung zu jedem Zeitpunkt eine Abschätzung der Folgen *zukünftiger* Forschung erforderlich macht, kann ein Blick auf die bisherigen Folgen wissenschaftlicher Forschung eine hilfreiche erste Orientierung bieten.

Dass sich unser Leben durch den Einfluss bisheriger wissenschaftlich-technischer Entwicklungen in vielen Hinsichten verbessert hat, steht außer Frage. Ich will nur einige punktuelle Beispiele nennen: Wir sind vor vielen qualvollen Krankheiten durch Impfung geschützt – manche, wie beispielsweise die Pocken, können als dadurch endgültig besiegt gelten. Bei wiederum anderen Krankheiten, die noch vor Jahrzehnten zum Tod geführt hätten, gibt es gute Heilungschancen. Aufführungen der besten Musiker unserer Zeit kann sich (in den Industrieländern) mit Hilfe der Unterhaltungselektronik praktisch jeder anhören – was früher ein Privileg von wenigen war. Die Entwicklung moderner Empfängnisverhütungsmittel hat das, was wir heute unter dem Sexualleben heterosexueller Menschen verstehen, überhaupt erst möglich gemacht. Wir können über große Entfernungen kommunizieren und fast mühelos reisen. Mit einer nie zuvor dagewesenen Leichtigkeit haben Millionen von Menschen Zugriff auf Informationen in Text, Bild und Ton über praktisch jeden Gegenstand menschlichen Interesses. Die Liste ließe sich nach Belieben verlängern; sie betrifft alle Lebensbereiche.

Die Liste schädlicher Folgen wissenschaftlicher Erkenntnisse ist allerdings nicht weniger unüberschaubar. Ich kann sie deshalb ebenfalls nur durch einzelne Beispiele andeuten. Der Energiebedarf für Mobilität, industrielle Aktivität und technisch verbesserten Lebenskomfort wird durch fossile Brennstoffe und Atomenergie gedeckt, was einerseits zu Treibhauseffekt und Klimawandel, andererseits zu nuklearer Verseuchung und noch völlig ungelösten Problemen mit der Entsorgung hochgefährlicher Abfälle geführt hat. Im Zuge der massenhaften Synthese von Chemikalien sind toxische Stoffe wie Dioxine, polychlorierte Biphenyle und DDT in unser Lebensumfeld und unseren Nahrungsmittelkreislauf geraten, mit kaum überschaubaren Folgen für unsere Gesundheit. Die gentechnische Manipulation von Saatgut hat die Herstellerunternehmen in die Lage versetzt, Kleinbauern in aller Welt in ein praktisch unentrinnbares Abhängigkeitsverhältnis zu bringen. Die seit dem 20. Jahrhundert eingeführten Kommunikationstechnologien haben völlig neue Möglichkeiten der ideologischen Propaganda und Massenmanipulation geschaffen (ein Punkt, den John Dewey bereits 1939 als besonders erwähnenswertes Malum in der Bilanz wissenschaftlich-technischer Errungenschaften identifiziert hat).[20]

Die nach Meinung vieler Beobachter katastrophalste praktische Folge der jüngeren wissenschaftlichen Entwicklung genügte Michael Dummett 1981 schon für sich allein genommen, um die Gesamtbilanz in den negativen Bereich zu bringen:

Welcher geistig gesunde Mensch, dem im Jahr 1900 auf magische Weise die Fähigkeit verliehen worden wäre, die Nuklearwaffen vorherzusehen, die die Physik möglich machen würde, hätte nicht, wenn es in seiner Macht gestanden hätte, dafür optiert, alle zukünftige physikalische Forschung zu verbieten? Ohne Frage stellen die atemberaubenden Entdeckungen in der Physik, gemeinsam mit denen in der Kosmologie, die höchste intellektuelle Errungenschaft des [20.] Jahrhunderts dar. Doch der Preis, den die Menschheit für diesen Schub in unserem Verständnis des Universums bezahlt hat, ist ein Dauerzustand des Schreckens, eine stets gegenwärtige Gefahr der plötzlichen und überwältigenden Katastrophe und die Abzweigung gewaltiger Ressourcen in einer bedürfnisreichen Welt zugunsten der Anhäufung von Instrumenten für den Massenmord.[21]

20 John Dewey, *Freedom and Culture*, in: ders., *The Later Works, 1925-1953*, Bd. 13: 1938-1939, hg. v. Jo Ann Boydston, Carbondale 1988, S. 64-189, hier S. 156 (dt.: *Freiheit und Kultur, John Dewey Reihe*, Bd. 3, Zürich 2003).

21 »What sane man, magically given the ability, in 1900, to foresee the nuclear weapons it would make possible, would not have opted, given the power, to prohibit all future research in physics? Without question, the staggering discoveries made in physics have constituted, together with those in cosmology, the prime intellectual achievement of the century. But the price humanity has paid for this

Seit Ende des Kalten Krieges ist zwar jedenfalls die empfundene Gefahr eines Nuklearkriegs kleiner geworden, doch die Präsenz nuklearer, chemischer und biologischer Waffen in der Welt ist weiterhin eine beängstigende und ressourcenverschlingende Bedrohung.

Hinzu kommt, dass weder die Segnungen noch die Nachteile wissenschaftlich-technischer Entwicklungen in der Welt gleichmäßig verteilt sind. Vor den gesundheitsschädigenden Auswirkungen der chemischen Verseuchung der Umwelt genießen die Menschen in Entwicklungsländern weniger Schutz als diejenigen in den Industrieländern, und auch innerhalb der Industrieländer hängen die Möglichkeiten eines gesunden Lebens stark von der sozialen Stellung ab. Umgekehrt sind die Anwendungen der Errungenschaften beispielsweise der medizinischen Forschung im Allgemeinen teuer, so dass sie global gesehen nur einer kleinen Minderheit zugutekommen. Auch die durch ständige Forschung neu gefundenen Heilmittel scheinen daran nichts ändern zu können, denn offenbar sind sie nur zu explodierenden Kosten zu haben. Diesen Punkt illustriert Daniel Sarewitz eindringlich anhand der Gesundheitsproblematik der USA: Während die öffentlichen Ausgaben für biomedizinische Forschung dort schon seit langem größer seien als irgendwo sonst auf der Welt, liege der Gesundheitsstandard, gemessen an objektiven Indikatoren wie Lebenserwartung und Kindersterblichkeit, hinter demjenigen anderer Industrieländer weit zurück.[22] Diese Beobachtung mag die Entgegnung provozieren, dass die Schwierigkeiten des amerikanischen Gesundheitssystems nicht an der wissenschaftlichen Forschung lägen, sondern an der politischen und sozialen Situation. Allerdings ändert das nichts an der Tatsache, dass offenbar *in der gegebenen Situation* alle wissenschaftlichen Fortschritte die Gesundheitsversorgung einer großen Zahl der Amerikaner nicht zu verbessern vermocht haben.

Es spricht also aufgrund der bisherigen Erfahrungen zumindest auf den ersten Blick manches dafür, dass, wenn die Verbesserung

advance in our understanding of the universe has been a permanent condition of terror, an ever-present danger of abrupt and overwhelming disaster, the diversion of massive resources, in a needy world, to the stockpiling of instruments of mass murder.« Dummett, »Ought Research to Be Unrestricted?«, in: *Grazer philosophische Studien* 12/13 (1981), S. 281-298, hier S. 291.

22 Daniel Sarewitz, *Frontiers of Illusion. Science, Technology, and the Politics of Progress*, Philadelphia 1996, S. 20 f.

der Lebensbedingungen der am schlechtesten Gestellten in der Welt (oder auch nur in den Industrieländern) eine politische Priorität für uns ist, die Investition von Ressourcen in wissenschaftliche Forschung nicht das probateste Mittel zur Verwirklichung dieses Ziels ist.

Wie stellt sich also, vor dem Hintergrund dieser gemischten Erfahrungen, die Gesamtbeurteilung des erwartbaren instrumentellen Nutzens wissenschaftlicher Forschung für uns alle nach Abwägung der Vor- und Nachteile gegeneinander dar? Viele Beobachter haben geschlossen – sowohl über die vergangene als auch über die zukünftige Bilanz der praktischen Konsequenzen wissenschaftlicher Forschung –, dass eine solche Bilanzierung unmöglich sei.[23] Die Unmöglichkeit des Unterfangens wird recht deutlich, wenn man die folgenden drei bei Bergström formulierten Gründe betrachtet:[24] Erstens beinhalten die entscheidenden Fragen alle ein großangelegtes kontrafaktisches Konditional, da letztlich ein Urteil darüber erforderlich ist, wie die Weltgeschichte ohne wissenschaftliche Forschung verlaufen wäre beziehungsweise verlaufen würde. Zweitens müssen interpersonelle Nutzenvergleiche angestellt werden, da nicht alle Menschen in gleichem Maße von Nutzen und Schäden der wissenschaftlich-technischen Entwicklung betroffen sind. Und drittens ist für die Beurteilung der zukünftigen Folgen wissenschaftlicher Erkenntnisse eine zumindest ungefähre Einschätzung erforderlich, welcher Art diese Erkenntnisse sein werden. Dass uns eine solche Einschätzung in verlässlicher Weise gelingen könnte, ist höchst zweifelhaft. Wie verlässlich wären wohl die besten Voraussagen gewesen, die man 1850, 1900 oder 1950 als Antwort auf diese Frage bekommen hätte? Wir haben keinen Grund, anzunehmen, dass wir heute in einer besseren Lage wären, derartige Vorhersagen zu treffen.

---

23 Siehe z. B. John Dewey, »Science and Society«, in: ders., *The Later Works, 1925-1953*, Bd. 6: 1931-1932, hg. v. Jo Ann Boydston, Carbondale 1985, S. 50-63, hier S. 55 (dt.: »Wissenschaft und Gesellschaft«, in: ders., *Philosophie und Zivilisation*, Frankfurt/M. 2003, S. 310-322), Philip Kitcher, *Science, Truth, and Democracy*, Oxford 2001, S. 5 f. u. 178-180; vgl. auch Robert K. Merton, »Science and the Social Order«, in: *Philosophy of Science* 5 (1938), S. 321-337, hier S. 332 f.

24 Siehe Lars Bergström, »Notes on the Value of Science«, in: Dag Prawitz u. a. (Hg.), *Logic, Methodology and Philosophy of Science IX*, Amsterdam 1994, S. 499-522, hier S. 518-522.

6.3 Die Identifikation relevanter Ziele und die Frage der Steuerung

Dies scheint uns vor ein großes Problem zu stellen, wenn es darum geht, zu beurteilen, ob unsere kollektive Suche nach relevanten Wahrheiten ein bedeutendes Unterfangen ist, das wir nach Möglichkeit fördern sollten. Bei genauerem Hinsehen wird allerdings deutlich, dass der herkömmliche Blick auf die Bilanzierung des Unterfangens zu undifferenziert ist. Denn er suggeriert, dass die entscheidende Frage sei, *ob* wir wissenschaftliche Forschung betreiben wollen oder nicht. Dies ist allerdings in mindestens zweierlei Hinsicht eine von der Realität weit entfernte Frage.

Erstens sind wir in vielen Hinsichten auf den wissenschaftlich-technischen Weg festgelegt, weil wir ihn einmal eingeschlagen haben. Hans Jonas etwa argumentiert, wir bräuchten den ständigen Fortschritt wissenschaftlich-technischer Entwicklungen, »um jedesmal mit den negativen Folgen ihrer selbst, d. h. ihres bisherigen Gebrauchs, fertig zu werden. […] Kein Meister kann dem Zauberlehrling den Besen wieder in den Schrank bannen.«[25] Die aktuellen Probleme des dringenden Bedarfs für alternative Energiequellen und ressourcenschonende Technologien, der Bewältigung der bereits vorhandenen Verschmutzung der Umwelt mit langlebigen Schadstoffen sowie des Umgangs mit radioaktiven Abfällen unterstreichen alle Jonas' Punkt.

Zweitens sind viele der nachteiligen Folgen wissenschaftlich-technischer Entwicklungen so geartet, dass sie vermutlich nur durch einen weltweiten Stopp wissenschaftlicher Forschungen hätten vermieden werden können. In der gegebenen politischen Weltsituation stellt sich aber die Frage der Forschungsfreiheit zunächst innerhalb politischer Gemeinschaften, die nicht weltumspannend sind. Gegeben, dass es aller Voraussicht nach nicht zu einem weltweiten Ende wissenschaftlicher Aktivität kommen wird, ist es meines Erachtens plausibel, dass aus der Sicht einer einzelnen politischen Gemeinschaft die Vorteile überwiegen, innerhalb der Gemeinschaft (weiter) Beiträge zur internationalen wissenschaftlichen Forschung zu liefern. Dies kann auch und besonders dann gelten,

25 Hans Jonas, »Wissenschaft und Forschungsfreiheit. Ist erlaubt, was machbar ist?«, in: Hans Lenk (Hg.), *Wissenschaft und Ethik*, Stuttgart 1992, S. 193-214, hier S. 196.

wenn die betreffende politische Gemeinschaft nicht einseitig auf den Nutzen für ihre eigenen Mitglieder erpicht ist – nämlich insbesondere, wenn sie eine Möglichkeit sieht, durch die Beteiligung auf Art und Richtung der wissenschaftlichen Forschung insgesamt Einfluss zu nehmen.

Wenn wir daher die Fortführung wissenschaftlicher Forschung realistischerweise als gegeben voraussetzen, tritt hinsichtlich ihres instrumentellen Nutzens statt des Problems der »Gesamtbilanz« eine ganz andere Frage in den Vordergrund: Ist es möglich, die Forschung auf die eine oder andere Weise in eine *Richtung* zu lenken, die möglichst großen Nutzen für das Wohl aller Menschen bei gleichzeitig möglichst geringem Schaden bedeutet?

Sofern diese Möglichkeit besteht, hat sie gravierende Auswirkungen auf die gesamte erkenntnistheoretische Begründung der Forschungsfreiheit: Denn sie würde bedeuten, dass unsere kollektive Suche nach relevanten Wahrheiten nicht per se entweder förderungswürdig oder nicht förderungswürdig ist, sondern dass ihre Förderungswürdigkeit davon abhängt, welche Ziele bei dieser kollektiven kognitiven Anstrengung als »relevante Wahrheiten« identifiziert und verfolgt werden.

Diese Veränderung des Fokus würde jedoch unmittelbar auch die Bewertung der *zweiten* Prämisse der erkenntnistheoretischen Begründung betreffen (welche besagt, dass die Wirksamkeit eines Prinzips der Forschungsfreiheit unsere kollektive Suche nach relevanten Wahrheiten am besten fördern wird). Denn bei den Mechanismen, die wir (in Kapitel 4) zur Begründung dieser Prämisse herangezogen haben, wird die Identifikation der relevanten Wahrheiten noch nicht als gesonderte dabei zu erbringende Leistung berücksichtigt. Sind die Projekte, denen sich Wissenschaftler unter Bedingungen einer möglichst freien Wahl von Forschungsvorhaben und -ansätzen zuwenden würden, auch diejenigen, welche am meisten *relevante* Wahrheiten im nunmehr in den Fokus gelangten Sinne erzeugen würden – also diejenigen, deren instrumentelle Folgen dem Wohl der Menschen am besten dienen?

Die zweite Prämisse lässt sich, wie wir gesehen haben, dadurch stützen, dass individuelle Forschungsfreiheit die kognitive Arbeitsteilung innerhalb der Wissenschaften in einer Weise begünstigt, die wegen ihrer überlegenen Ausnutzung lokalen Wissens einer zentralisierten Form der Forschungsorganisation vorzuziehen ist.

Das schließt aber nicht aus, dass die Effizienznachteile, die dieser Aspekt praktisch automatisch für jeden Versuch der Steuerung der wissenschaftlichen Erkenntnisproduktion in eine bestimmte, durch Erwägungen des gesellschaftlichen Wohls bestimmte Richtung bedeuten würde, aufgewogen werden könnten durch Vorteile hinsichtlich einer besseren Identifikation der *relevanten* Wahrheiten.

Denn einige Erwägungen sprechen dafür, dass die Wissenschaftler selbst nicht automatisch am besten in der Lage sind, die relevanten Wahrheiten zu identifizieren. Zum einen bilden die Wissenschaftler innerhalb der Gesellschaft eine bestimmte Gemeinschaft mit einer eigenen sozialen Dynamik und in gewissem Maße einer eigenen Kultur. Folgt man Deweys Worten über Experten, werden sie dadurch zur Identifikation relevanter Projekte unfähig: »In dem Maße, wie sie eine spezialisierte Klasse werden, sind sie abgeschnitten vom Wissen um die Bedürfnisse, denen sie dienen sollen.«[26] Auch wenn die These der Abgeschlossenheit in dieser starken Form übertrieben sein mag, so ist doch kaum zu bezweifeln, dass die Wahrnehmung gesellschaftlicher Bedürfnisse innerhalb einer bestimmten durch einen Beruf gekennzeichneten gesellschaftlichen Gruppe nicht repräsentativ für die gesamte Gesellschaft sein kann. Überdies haben die wissenschaftlichen Disziplinen ihre eigenen Dynamiken, um Ergebnisse in ihrer Relevanz zu bewerten. Diese

26 »In the degree in which they become a specialized class, they are shut off from knowledge of the needs which they are supposed to serve.« John Dewey, *The Public and Its Problems* [1927], in: ders., *The Later Works, 1925-1953*, Bd. 2: 1925-1927, hg. v. Jo Ann Boydston, Carbondale 1984, S. 235-372, hier S. 364 (dt.: *Die Öffentlichkeit und ihre Probleme*, Bodenheim 1996), meine Übersetzung. Eine etwas anders gelagerte, doch zu einem vergleichbaren Ergebnis gelangende Überlegung stellt der Molekularbiologe Robert Sinsheimer an: »As social institutions, do [universities] have an obligation to be concerned about the likely consequences of the research they foster? [...] [I]ndeed, it just may be – and I say this with real sorrow – that scientists are simply not the people qualified to cope with such a question. The basic tactic of natural science is analysis: fragment a phenomenon into its components, analyze each part and process in isolation, and thereby derive an understanding of the subject. [...] To answer my question, however, the focus must not be inward but outward, not narrowed but broadened. The focus must be on all the ties of the sciences to society and culture and on the impact of scientific knowledge and technological advancement on all human, indeed all planetary, life.« (»The Presumptions of Science«, in: *Daedalus* 107 [1978], S. 23-35, hier S. 27.)

ergeben sich aus den kontingenten Entwicklungslinien der laufenden Forschungsprogramme. Für die Entscheidung individueller Forscher werden Bewertungen der langfristigen Relevanz für das menschliche Wohl immer mit diesen innerdisziplinären Relevanzbewertungen konkurrieren. Ersteren systematisch Priorität einzuräumen, würde den Wissenschaftlern eine nahezu übermenschliche Selbstlosigkeit abverlangen. Denn gerade bei einer freien Entwicklung der Wissenschaften definiert die disziplinäre Dynamik die entscheidenden Bewertungen für Ansehen und beruflichen Erfolg der einzelnen Forscher.

Die Richtung dieser Überlegungen klingt paradox: Um den Wert wissenschaftlichen Wissens und damit die Prämisse P1 des erkenntnistheoretischen Arguments für die Forschungsfreiheit möglichst *stark* machen zu können, müssen die relevanten Ziele der Forschung gesellschaftlich definiert werden. Dies scheint es aber erforderlich zu machen, in die eigenständige Projektwahl der Wissenschaftler einzugreifen – was jedoch unweigerlich mit *Einschränkungen* der Forschungsfreiheit verbunden zu sein scheint! Wozu noch nach einer Stärkung der Prämisse suchen, wenn man die Forschungsfreiheit bereits preisgegeben hat? Doch diese scheinbare Widersprüchlichkeit löst sich auf, wenn man die Art von Forschungsfreiheit genauer betrachtet, die durch das erkenntnistheoretische Argument gestützt wird.

Die Untersuchungen des vierten Kapitels haben gezeigt, dass die erkenntnistheoretische Begründung nur ein Prinzip der *individuellen* Forschungsfreiheit etablieren kann. Dieses Prinzip ist in genau dem Maße gestützt, in dem die in Rede stehende Freiheit dafür erforderlich ist, eine epistemisch günstige Diversität und kognitive Arbeitsteilung in den Wissenschaften zu gewährleisten. Dafür sollten individuelle Wissenschaftler und Gruppen ihre spezifischen Projekte und Forschungsansätze unter Berücksichtigung ihres lokalen Wissens selbst wählen können. Diese *Projekt*freiheit ist aber nicht grundsätzlich unvereinbar mit einer Festlegung der Hauptlinien der Forschungs*agenda*, das heißt mit einer Vorgabe der Themen und langfristigen Ziele der Forschung. In gewissem Maße ist eine »externe« Festlegung der Forschungsagenda schon seit langem Realität für viele Forscher. In öffentlichen Forschungseinrichtungen hat die Stagnation (und Kürzung) institutioneller Budgets die Abhängigkeit von Drittmitteln forciert, wobei deren erfolgreiche

Einwerbung in vielen Bereichen von der Übereinstimmung mit durch Ministerien und Forschungsagenturen (zum Beispiel in spezifischen Förderinitiativen) definierten thematischen Vorgaben abhängt – oder doch zumindest durch eine solche Übereinstimmung sehr begünstigt wird. Und in der durch Privatunternehmen finanzierten Forschung sind thematische Vorgaben natürlich seit jeher gang und gäbe. Beide Fälle zeigen, dass die thematische Steuerung eine kreative und individuelle Wahl von Projekten durch individuelle Wissenschaftler nicht unterbinden muss (wenn sie auch Einschränkungen bedeutet). Im Falle der Industrieforschung gilt dies zumindest für die früher übliche ergebnisorientierte Organisationsweise der großen Forschungslaboratorien, die oft eine bedingte Freiheit in der Projektwahl einzelner Forscher ermöglichte, in letzter Zeit allerdings vielfach durch eine stärker auftragsorientierte Organisationsweise ersetzt wurde.[27] Gerade die frühen Jahre der Industrieforschung illustrieren jedoch besonders eindrucksvoll, dass auch im Rahmen vorgegebener Forschungsthemen die Entwicklung innovativer Projekte und Ansätze durchaus möglich ist. Einige eindrucksvolle Beispiele dafür sind Karl Janskys Begründung der Radioastronomie im Kontext von Untersuchungen zur Funktelephonie, die Entdeckung der kosmischen Hintergrundstrahlung durch Arno Penzias und Robert Wilson bei ihrer Arbeit an Problemen der Satellitenkommunikation, die bereits in Abschnitt 4.4 erwähnte Theorie der Oberflächenzustände, die von Physikern der Bell Laboratories im Rahmen der Entwicklung des Transistors formuliert wurde, die Beiträge von Siemens-Forschern zur Entwicklung des Elektronenmikroskops und von IBM-Forschern zur Hochtemperatur-Supraleitung, sowie jüngst die intensive und hochinnovative Beteiligung der Industrie an der Erforschung des Riesenmagnetowiderstandseffekts.[28]

27 Siehe Roli Varma, »Changing Research Cultures in U.S. Industry«, in: *Science, Technology, & Human Values* 25 (2000), S. 395-416 sowie mein »Bedingungen wissenschaftlicher Innovation unter der Vorherrschaft von Anwendungsinteressen. Freiheit und Komplexität«, in: Günter Abel (Hg.), *Kreativität. XX. Deutscher Kongress für Philosophie, 26.-30. September 2005 in Berlin, Sektionsbeiträge*, Bd. 2, Berlin 2005, S. 377-388.

28 Zu Jansky siehe Woodruff T. Sullivan, »Karl Jansky And the Discovery of Extraterrestrial Radio Waves«, in: ders. (Hg.), *The Early Years of Radio Astronomy. Reflections Fifty Years after Jansky's Discovery*, Cambridge 1984, S. 3-42; zur Halbleiter- und Transistorforschung bei Bell siehe Ernest Braun, »Selected Topics

Es ist deshalb nicht widersprüchlich, die erkenntnistheoretische Begründung der Forschungsfreiheit als Argument zugunsten einer individuellen Mikroautonomie der Forscher in Bezug auf Projekte und Ansätze anzuerkennen und zugleich zu meinen, dass bei der Setzung von Prioritäten hinsichtlich der Ziele und Themen wissenschaftlicher Forschung die Partizipation einer weiteren Öffentlichkeit wünschenswert im Hinblick auf die Identifikation relevanter Ziele sein kann und dass deshalb eine solche Partizipation das erkenntnistheoretische Argument für Forschungsfreiheit *stärken* würde.

Allerdings wird die Diskussion dieser Möglichkeit häufig von zwei pauschalen Gegenargumenten beherrscht. Das erste behauptet, dass die Kreativität der Wissenschaftler unter der externen Setzung von Themen leiden müsse. Der Hirnforscher Wolf Singer beispielsweise urteilt über die politische Bevorzugung zweck- und anwendungsorientierter Forschung: »Wer versucht, Kreativität auf diese Weise zu funktionalisieren, verkennt ihr Wesen und richtet sie zugrunde.«[29] Vergleichbar äußerte sich schon Michael Polanyi: »Es stellt sich daher heraus, dass der Wissenschaftler die Forschungslinie mit der größten Ego-Beteiligung wählen muss; es ist die aufregendste Linie, sie erhält die intensivste Aufmerksamkeit und gedankliche Anstrengung aufrecht.«[30]

Dieses Gegenargument kann allerdings kaum so verstanden werden, dass es die *Anwendungs*orientierung selbst wäre, welche die

from the History of Semiconductor Physics and Its Applications«, in: Lillian Hoddeson u. a. (Hg.), *Out of the Crystal Maze. Chapters from the History of Solid-State Physics*, New York 1992, S. 443-488, insb. S. 466-472; zum Riesenmagnetowiderstandseffekt siehe mein »Design Rules. Industrial Research and Epistemic Merit«, in: *Philosophy of Science* 73 (2006), S. 66-89.

29 Wolf Singer, »Neugier als Verpflichtung. Warum der Mensch unentwegt weiterforschen muss«, in: ders., *Der Beobachter im Gehirn. Essays zur Hirnforschung*, Frankfurt/M. 2002, S. 181-188, hier S. 183.

30 »The line the scientist must choose turns out, therefore, to be that of greatest ego-involvement; it is the line of greatest excitement, sustaining the most intense attention and effort of thought.« Michael Polanyi, »The Republic of Science. Its Political and Economic Theory«, in: *Minerva* 1 (1962), S. 54-73, hier S. 57, meine Übersetzung. Eine weitere Formulierung des Kreativitätseinwands findet sich bei Evandro Agazzi, »Responsibility. The Genuine Ground for the Regulation of a Free Science«, in: William Shea, Beat Sitter (Hg.), *Scientists and their Responsibility*, Canton 1989, S. 203-219, hier S. 216.

Kreativität der Forscher beeinträchtigt. Denn die Wissenschaftsgeschichte bietet einen reichen Fundus an Triumphen wissenschaftlicher Kreativität, die auf anwendungsorientierter Forschung beruhen. Zum Beispiel stellte Sadi Carnot seine Überlegungen zu einer wirkungsgradoptimalen idealen Maschine (deren Arbeitsablauf inzwischen als carnotscher Kreisprozess bekannt ist) ausdrücklich mit dem Ziel der Weiterentwicklung der Dampfmaschine an. Seine darauf beruhenden 1824 veröffentlichten *Réflexions sur la puissance motrice du feu* gelten heute als eines der Gründungsdokumente der Thermodynamik und insbesondere als wichtige Vorarbeit zu deren zweitem Hauptsatz.[31] Ein weiteres gutes Beispiel bietet Carnots berühmter Landsmann Louis Pasteur mit seiner Erforschung von Gärungsvorgängen – ein klarerweise anwendungsorientierter Untersuchungsgegenstand, auf den er als Professor in Lille möglicherweise durch örtliche Hersteller von Rübenalkohol aufmerksam wurde.[32] Im Zuge seiner Untersuchung wurde er zum Pionier der Mikrobiologie. Er entwickelte nicht nur zentrale Untersuchungstechniken (etwa der Kultivierung von Mikroorganismen), sondern setzte auch eine raffinierte biologische Theorie der Gärung gegen die vorherrschende chemische Theorie durch und prägte wichtige mikrobiologische Grundbegriffe wie etwa die Unterscheidung zwischen aeroben und anaeroben Mikroorganismen. Insgesamt ist die Bedeutung anwendungsorientierter Fragestellungen für wissenschaftliche Innovationen in der gesamten Wissenschaftsgeschichte so groß, dass einige Historiker gar Deutungen gewagt haben, welche die praktische Anwendung als eigentliche Triebfeder der gesamten wissenschaftlichen Entwicklung sehen wollen.[33]

31 Carnots Ergebnisse wurden allerdings tatsächlich erst lange nach seinem Tod für Theorie und Praxis des Dampfmaschinenbaus nutzbar gemacht, vgl. Milton Kerker, »Sadi Carnot and the Steam Engine Engineers«, in: *Isis* 51 (1960), S. 257-270.
32 Vgl. Harry W. Paul, *From Knowledge to Power. The Rise of the Science Empire in France 1860-1939*, Cambridge 1985, Kapitel 4; einschränkend zur Bedeutung der Alkoholhersteller Gerald L. Geison, *The Private Science of Louis Pasteur*, Princeton 1995, Kapitel 4.
33 Siehe insb. John D. Bernal, *Science in History*, 4 Bde., Cambridge/Mass. ³1971 (dt.: *Die Sozialgeschichte der Wissenschaften*, 4 Bde., Reinbek bei Hamburg 1978); vergleichbare Ansätze bereits bei Leonard Olschki (*Geschichte der neusprachlichen wissenschaftlichen Literatur*, 3 Bde., Neudr., Vaduz 1965), Edward W. Strong (*Procedures and Metaphysics. A Study in the Philosophy of Mathematical-physical Science in the Sixteenth and Seventeenth Centuries*, Neudr., Hildesheim 1966),

Wenn es also nicht die Anwendungsorientierung selbst sein kann, die der wissenschaftlichen Kreativität Abbruch tut, dann muss das in Rede stehende Gegenargument sich auf die These stützen, dass die Kreativität der Wissenschaftler leidet, sobald ihnen Themen *von anderen vorgegeben* werden. Doch auch dies ist im 21. Jahrhundert ein kaum überzeugender Einwand. Denn angesichts der arbeitsteiligen Natur heutiger Forschung ist praktisch niemand mehr frei von durch andere bedingten Beschränkungen in der Wahl der Themen. Die Anschlussfähigkeit an die Interessen der jeweiligen Forschungsgemeinschaft entscheidet darüber, ob Forschungsergebnisse überhaupt eine Chance haben, Beachtung zu finden. *Peer review*-Verfahren bei Mittelvergabe und Veröffentlichung sorgen dafür, dass die Bedeutung der Meinung der anderen über ein bestimmtes Forschungsthema jedem Wissenschaftler stets gegenwärtig ist. Dies ist kein ärgerlicher Fehler der gegenwärtigen Organisationsweise der Wissenschaft, sondern angesichts der Größe heutiger Forschungsgemeinschaften praktisch unvermeidlich.

Überdies zeigen wiederum historische Beispiele, dass Forschung an von anderen vorgegebenen Themen der Entfaltung individueller Kreativität nicht im Wege stehen muss. Die oben genannten Fälle aus der Industrieforschung illustrieren diesen Punkt sehr klar. Sie mögen zunächst nur eine Ansammlung anekdotischer Belege darstellen. Aber auch systematische organisationssoziologische Untersuchungen weisen darauf hin, dass die Kombination von Sicherheit mit regelmäßigen Herausforderungen von außen für ein besonders produktives Arbeitsumfeld für Wissenschaftler sorgt, und dass dieses Umfeld sowohl in Einrichtungen der Grundlagenforschung als auch in anwendungsorientierten Institutionen wie Industrielaboratorien geschaffen werden kann.[34] Die These, dass jede Beteiligung von außen an der Feststellung der Tagesordnung der Wissenschaften die Kreativität der Forscher unterdrücken würde, lässt sich also insgesamt nicht wirklich stark machen.

Das zweite Gegenargument, das eine Diskussion um eine mögliche Beeinflussung der wissenschaftlichen Tagesordnung im Sinne

und Edgar Zilsel (»The Sociological Roots of Science«, in: *American Journal of Sociology* 47 (1942), S. 544-562).

34 Donald C. Pelz, Frank M. Andrews, *Scientists in Organizations. Productive Climates for Research and Development*, verb. Aufl., Ann Arbor 1976.

einer besseren Identifikation von für uns alle relevanten Erkenntniszielen häufig von vornherein verhindert, stellt die Unvorhersehbarkeit wissenschaftlicher Entwicklungen in den Vordergrund.
Eine Ausrichtung des wissenschaftlichen Erkenntnisprozesses auf
bestimmte, gesellschaftlich identifizierte Ziele wird dabei nicht
für schädlich, sondern für unmöglich erklärt. Die Argumentationslinie hat eine große Rolle in der Wissenschaftspolitik seit der
Nachkriegszeit gespielt[35] und war bereits in Bushs oben erwähntem
Bericht von 1945 von besonderer Bedeutung:

Viele der bedeutendsten Entdeckungen haben sich als Ergebnis von Experimenten eingestellt, die mit dem Gedanken an ganz andere Zwecke
unternommen wurden. Statistisch ist es sicher, dass wichtige und höchst
nützliche Entdeckungen aus einem gewissen Anteil der Unternehmungen
der Grundlagenforschung resultieren werden; doch die Resultate jeder einzelnen Untersuchung können nicht genau vorausgesagt werden.[36]

Bush zieht aus der Unvorhersehbarkeit Schlussfolgerungen für die
konkrete Organisationsweise US-amerikanischer Forschung – besonders der Grundlagenforschung –, die nicht durch externe Ziele
geprägt sein dürfe: »Forschung ist die Erkundung des Unbekannten und ist notwendigerweise spekulativ. [...] Naturwissenschaftliche Grundlagenforschung sollte deshalb nicht einem Träger unterstellt werden, dessen vorrangiges Anliegen irgendetwas anderes
ist als Forschung.«[37] Im Ergebnis fordert er deshalb »vollständige
Unabhängigkeit und Freiheit für die Natur, Reichweite und Me-
thodologie der Forschung, die in den Einrichtungen durchgeführt

---

35 Siehe dazu David H. Guston, *Between Politics and Science. Assuring the Integrity
and Productivity of Research*, Cambridge 2000, Kapitel 2, und Sarewitz, *Frontiers
of Illusion*, Kapitel 3.

36 »Many of the most important discoveries have come as a result of experiments
undertaken with very different purposes in mind. Statistically it is certain that
important and highly useful discoveries will result from some fraction of the
undertakings in basic science; but the results of any one particular investigation cannot be predicted with accuracy.« Bush, *Science, the Endless Frontier*, S. 19,
meine Übersetzung.

37 »Research is the exploration of the unknown and is necessarily speculative. [...]
Basic scientific research should not, therefore, be placed under an operating
agency whose paramount concern is anything other than research.« Ebd., S. 32,
meine Übersetzung.

wird, die öffentliche Mittel erhalten«.[38] Auch Polanyi hat dasselbe Argument gegen die Ausrichtung wissenschaftlicher Forschung auf bestimmte praktische Ziele in Stellung gebracht:

Man kann den Fortschritt der Naturwissenschaft abtöten oder verstümmeln, aber man kann ihn nicht formen. Denn sie kann nur durch ihrem Wesen nach unvorhersehbare Schritte voranschreiten, indem sie ihre eigenen Probleme verfolgt, und der praktische Nutzen dieser Fortschritte wird sich durch Nebeneffekte ergeben und somit doppelt unvorhersagbar sein.[39]

Die dem Gegenargument zugrunde liegende Unvorhersagbarkeitsthese scheint in der Tat durch viele Beispiele gestützt zu werden. Besonders interessant sind hier natürlich Fälle, in denen wissenschaftliche Forschung, die auf »interne«, das heißt durch die Eigendynamik der Disziplin vorgegebene und nicht auf mögliche Anwendungen bezogene Ziele ausgerichtet war, in unvorhersehbarer Weise zu Ergebnissen geführt hat, die sich hinsichtlich ihrer praktischen Konsequenzen als wertvoll (für uns alle) erwiesen haben.

Dafür lassen sich zum einen Fälle anführen, bei denen in der ursprünglichen Forschung zwar zu vermuten gewesen sein mag, dass sich eines Tages daraus praktische Anwendungen ergeben würden, ohne dass man jedoch wissen konnte, welche dies genau sein würden. Dies lässt sich beispielsweise über die Erforschung des DNA-Moleküls und die Entwicklung der Technologien zur Manipulation der DNA sagen. Selbst als es 1973 erstmals gelang, rekombinante DNA zu erzeugen, war noch nicht vorhersehbar, dass auf Grundlage dieser neuen manipulativen Fähigkeit eines Tages die Biosynthese menschlichen Insulins möglich werden würde. Zum anderen gibt es überdies auch Fälle, in denen im Kontext von überhaupt nicht auf Anwendungen abzielender Forschung praktisch zufällig anwendungsrelevantes Wissen gefunden wurde. Wilhelm Conrad Röntgens Entdeckung der Röntgenstrahlen bei physikalischen Experimenten mit einer Kathodenstrahlröhre ist dafür ein Beispiel.

Doch um ein Argument gegen eine Ausrichtung der For-

---

38 »[C]omplete independence and freedom for the nature, scope, and methodology of research carried on in the institutions receiving public funds«, ebd., S. 33.

39 »You can kill or mutilate the advance of science, you cannot shape it. For it can advance only by essentially unpredictable steps, pursuing problems of its own, and the practical benefits of these advances will be incidental and hence doubly unpredictable.« Polanyi, »The Republic of Science«, S. 62.

schungsagenda auf praktische Ziele zu stützen, bräuchte es stärkere historische Belege. Denn die bloße Existenz von Episoden zuvor unvorhersehbarer willkommener Ergebnisse kann dazu nicht hinreichen, wenn es zugleich auch Fälle erfolgreicher *gerichteter* Forschung gibt. Und natürlich gibt es derer zahlreiche: Die Polioimpfstoffe waren das Ergebnis jahrzehntelanger gezielter Forschung, der Spitzentransistor wurde 1948 in einem Projekt der Bell-Laboratorien erfunden, das ausdrücklich der Entwicklung eines Festkörper-Verstärkers gewidmet war, und die Forschungen, die zur ersten Atombombe führten, waren spätestens seit 1939 auf genau dieses Ziel abgestimmt.

Warum also auf eine Ausrichtung der Tagesordnung auf bestimmte Ziele verzichten, wenn man neben den unvorhergesehenen auch noch absichtliche Erfolge erzielen kann? Bush, Polanyi und andere müssten schon mindestens zeigen, dass eine solche Ausrichtung den Strom der unvorhersehbaren nützlichen Entdeckungen zum Versiegen bringen würde. Dies ist aber nicht zu begründen, zumal es auch zahlreiche Beispiele für unvorhergesehene instrumentell nützliche Erkenntnisse gibt, die aus Forschungen erwachsen sind, die auf praktische Ziele hin orientiert waren. Ein solcher Fall ist die *zufällige* Entdeckung der antibakteriellen Wirkung von Penicillin durch Alexander Fleming. Flemings Forschungen fanden in einem durchaus anwendungsorientierten Kontext am Londoner St. Mary's Hospital statt. (Es entbehrt daher nicht der Ironie, dass gerade dieses Beispiel häufig im Zuge einer Beweisführung zugunsten einer rein neugierorientierten Forschung im Sinne der Bush-Polanyi-Argumentation vorgetragen wird.[40]) Auf Anwendungen gerichtete Forschungen können auch unvorhergesehenerweise zu wichtigen *Grundlagen*erkenntnissen führen: Die magnetische Kartierung der Ozeanböden während des zweiten Weltkriegs hatte zunächst das Ziel, den Amerikanern beim Aufspüren deutscher U-Boote dienlich zu sein. Später wurde sie zu einem wichtigen empirischen Baustein der Theorie der Plattentektonik. Diese wiederum hat heute wichtige praktische Konsequenzen bei der Vorhersage von Erdbebenrisiken. Ein ähnlich gelagertes Beispiel bilden Frederick Griffiths Versuche mit verschiedenen Typen des *streptococcus pneumoniae* im Jahr 1928, die klar auf die

---

40 So z. B. bei Arthur Kornberg, »Understanding Life as Chemistry«, in: *Clinical Chemistry* 37 (1991), S. 1895-1899, hier S. 1897.

Erforschung von Ursachen und Behandlungsmöglichkeiten der Lungenentzündung ausgerichtet waren. Die dabei beobachtete Fähigkeit abgetöteter Bakterien des gefährlichen S-Typs, lebende Bakterien des eigentlich harmlosen R-Typs in Krankheitserreger zu verwandeln (durch Gentransfer, wie wir heute wissen), führte 1944 bei näherer Untersuchung durch Oswald Avery und andere zu der bahnbrechenden Erkenntnis, dass nicht wie zuvor vermutet die Proteine, sondern die DNA Trägerin der Erbinformation ist.[41]

Die These, dass man der Forschung wegen der Unvorhersehbarkeit ihrer Ergebnisse keine Ziele setzen könne, ist nicht belegbar. Richtig scheint, dass der Fortschritt der Wissenschaften oft von unvorhergesehenen Entdeckungen abhängt. Doch ob solche überraschenden Ereignisse gelegentlich eintreten oder nicht, ist unabhängig davon, ob die Forschung auf bestimmte (praktische) Ziele ausgerichtet ist oder nicht.

Wichtig ist auch, zu erkennen, dass eine Ausrichtung der Forschungsagenda auf Ziele, die für uns alle von praktischem Wert sind, nicht bedeuten muss, dass auf der Tagesordnung der Wissenschaften keine Grundlagenforschung mehr auftaucht. Wissenschaftliche Innovationen, ganz gleich ob anwendungsrelevant oder nicht, bauen so gut wie immer auf Grundlagenerkenntnissen der Vergangenheit auf. Oft sind diese entweder verborgen oder im Gegenteil so offensichtlich, dass sie uns nicht mehr auffallen. Das Elektronenmikroskop, heute ein zentrales Instrument der Forschung in praktisch allen Naturwissenschaften und unverzichtbar für die realen und versprochenen Segnungen der Nanotechnologie, wäre ohne das Verständnis der Wellennatur des Elektrons und die dafür erforderlichen Forschungen von Planck, Einstein, de Broglie, Bethe und anderen nicht denkbar. Die Verhütungspille hätte es ohne die Identifikation der Steroide und die Entwicklung der Steroidchemie im frühen 20. Jahrhundert durch Windaus und andere, die wiederum auf elementaren Erkenntnissen und Methodeninnovationen der organischen Chemie des 19. Jahrhunderts aufbaute, nie gegeben.[42] Es spricht vieles dafür, dass eine in praktischer Hin-

41 Vgl. zu den zwei letztgenannten Beispielen Sarewitz, *Frontiers of Illusion*, S. 37.

42 Beide Beispiele sind hinsichtlich ihrer Wissensvoraussetzungen genau analysiert im von der *National Science Foundation* in Auftrag gegebenen *TRACES*-Bericht (IIT Research Institute, *Technology in Retrospect and Critical Events in Science*, Bd. 1, Chicago 1968, S. 57-85 u. Bd. 2, 1969, S. 39-94).

sicht auch langfristig fruchtbare Wissenschaft zu einem guten Bestandteil aus der Erforschung der grundlegenden Kausalmechanismen der Natur bestehen muss. Dies ist bei einer Ausrichtung von Forschung auf Ziele von instrumentellem Wert als ein Prinzip der Nachhaltigkeit zu berücksichtigen. Das festzustellen ist allerdings etwas ganz anderes, als die Wissenschaft für grundsätzlich unsteuerbar zu erklären. Die eigentliche Sorge von Wissenschaftlern scheint denn auch oft nicht zu sein, dass der Forschung bestimmte Ziele gesetzt werden, sondern dass der Forschung auf kurzsichtige und dumme Weise bestimmte Ziele gesetzt werden. Dies wäre in der Tat fatal. Doch anzunehmen, die einzige Möglichkeit, dies zu verhindern, bestünde darin, den Wissenschaftlern selbst völlig freie Hand zu lassen, ist eine zu pessimistische Einschätzung der Intelligenz gesellschaftlicher Prozesse außerhalb der Wissenschaftlergemeinschaft.

Richtig ist auch die mit dem Prinzip der Nachhaltigkeit zusammenhängende Einsicht, dass es nicht erfolgversprechend ist, der Wissenschaft einfach irgendein gesellschaftlich erwünschtes Ziel vorzugeben, ohne Rücksicht darauf, ob der Kenntnisstand der beteiligten Disziplinen dieses Ziel überhaupt sinnvoll ansteuerbar macht. So glaubte man in den 1950er Jahren in den USA, durch gezielte Steuerung der Forschung in einem *crash programme* die schnelle Realisierung eines Fusionsreaktors erreichen zu können, was jedoch am mangelnden plasmaphysikalischen Grundlagenwissen scheiterte.[43] Die daraus zu ziehende Konsequenz ist, dass der Diskurs über die Forschungsagenda auf das beste verfügbare Wissen über bestehende Möglichkeiten und Grenzen zurückgreifen muss.

Die Überzeugungskraft des baconischen Gedankens im 21. Jahrhundert ist abhängig von einer breiten gesellschaftlichen Verankerung und Stützung der instrumentellen Werte, auf welche die Tagesordnung der Wissenschaften ausgerichtet ist. Argumente gegen diese Einsicht, die darauf beruhen, eine Ausrichtung der Forschungsagenda auf bestimmte Ziele für unmöglich zu erklären, stützen sich auf eine drastische Überzeichnung der Unvorherseh-

---

43 Wolfgang van den Daele u. a.: »Die politische Steuerung der wissenschaftlichen Entwicklung«, in: dies. (Hg.), *Geplante Forschung. Vergleichende Studien über den Einfluß politischer Programme auf die Wissenschaftsentwicklung*, Frankfurt/M. 1979, S. 11-63, hier S. 41.

barkeit von Erkenntnisprozessen und können bei genauerem Hinsehen nicht überzeugen.

Da der baconische Gedanke zur Stützung der erkenntnistheoretischen Begründung der Forschungsfreiheit beiträgt, wird deshalb eine Beteiligung der Öffentlichkeit an der Festlegung der Tagesordnung der Wissenschaften die Forschungsfreiheit nicht schwächen, sondern stärken. Die Beteiligung muss dazu nicht die Form institutionalisierter Prozesse annehmen. Eine Stärkung erführe die erkenntnistheoretische Begründung der Forschungsfreiheit schon, wenn es einen lebendigen und andauernden öffentlichen Diskurs über den Wert wissenschaftlichen Wissens und die Tagesordnung wissenschaftlicher Forschung gäbe. Eine weitere wichtige Variable bilden die professionellen Werte der Forscher und insbesondere ihre Bewertung einer Forschung für das öffentliche Wohl. In gewissem Maße gilt die anwendungsorientierte Forschung vielen Wissenschaftlern noch immer als zweitrangig, während Grundlagenerkenntnisse das höchste und eigentliche Ziel abgeben.[44] Wenn das Gemeinwohl einen höheren Rang in der Axiologie der Wissenschaften besäße – nicht nur als persönlicher Wert einzelner Forscher, sondern als Wert der Profession, der die Beurteilung von Erfolg und die Erteilung wissenschaftlicher Anerkennung reguliert –, würde sich daraus eine weitere Stärkung der erkenntnistheoretischen Begründung ergeben.

Auf weitere Gründe, warum, und weitere Möglichkeiten, wie die demokratische Öffentlichkeit auf die Tagesordnung der Wis-

---

44 Dies wurde bereits früh als Erschwernis für eine Ausrichtung der Wissenschaften auf das öffentliche Wohl beklagt, so bei Dewey (*The Public and Its Problems*, S. 343 f.) und Merton (»Science and Social Order«, S. 329-332). In jüngerer Zeit ist die Anwendbarkeit von Resultaten im Sinne gegenwärtiger menschlicher Bedürfnisse besonders durch die feministische Wissenschaftstheorie als wünschenswerter Wert der Wissenschaften beworben worden. Siehe Helen E. Longino, »Cognitive and Non-Cognitive Values in Science. Rethinking the Dichotomy«, in: Lynn Henkinson Nelson, Jack Nelson (Hg.), *Feminism, Science, and the Philosophy of Science*, Dordrecht 1996, S. 39-58, hier S. 48. Im Zuge der wachsenden Kommerzialisierung auch der akademischen Forschung hat anwendungsorientierte Forschung eine gewisse Aufwertung unter Naturwissenschaftlern bestimmter Forschungsrichtungen erfahren. Diese Aufwertung konzentriert sich jedoch auf kommerziell verwertbare Anwendungen; eine Ausrichtung der Forschungsziele auf das Gemeinwohl kann damit nicht gleichgesetzt werden, wie ich in Abschnitt 13.4 zeigen werde.

senschaften Einfluss nehmen sollte, werden wir im Zusammenhang der politischen Begründung der Forschungsfreiheit zurückkommen.[45]

Bedeutet all dies, dass eine Ausrichtung der Wissenschaften auf *praktischen Nutzen* Vorbedingung für die Inanspruchnahme eines erkenntnistheoretischen Arguments für Forschungsfreiheit ist? Dies wäre der Fall, wenn der baconische Gedanke die einzige Möglichkeit darstellen würde, einen instrumentellen Wert wissenschaftlichen Wissens zu begründen. Wie ich oben bereits erwähnt habe, sind aber noch mindestens zwei weitere Quellen instrumentellen Wertes zu berücksichtigen. Dies soll im folgenden Kapitel geschehen.

45 Siehe unten, Abschnitt 11.3.

Kapitel 7:
Nichtbaconische Formen instrumentellen Werts

7.1 Verständniswissen

Betrachten wir einige Beispiele von Wissen und möglichem Wissen und setzen wir dabei der Überlegung halber voraus, sie besäßen keinen praktischen Nutzen (das heißt, ob wir das Wissen besitzen oder nicht, änderte jeweils weder unmittelbar noch mittelbar etwas im Hinblick auf die Handlungsoptionen, die uns verfügbar wären, um Gesundheit, Wohlstand, Sicherheit und dergleichen zu mehren): Wissen über die Frühgeschichte des Menschen und die evolutionäre Entstehung unserer Spezies; Wissen darüber, wie die Entstehung der Lebensformen ohne Bezug auf einen intelligenten Schöpfer erklärt werden kann; Wissen über die neurologischen Grundlagen des Phänomens von (freien) Entscheidungen; Wissen darüber, ob es außerhalb der Erde intelligentes Leben gibt; Wissen darüber, ob die elementaren Naturgesetze in einer einheitlichen und eleganten Beschreibung fassbar sind; Wissen darüber, ob die Welt prinzipiell in der Sprache der Physik vollständig beschrieben werden kann; Wissen darüber, welche Rolle die Gene bei der Ausbildung menschlicher Verhaltens- und Charaktereigenschaften spielen.

Diesen Beispielen ist gemeinsam, dass jedes von ihnen für unser Verständnis der Welt und unsere Stellung in ihr bedeutsam erscheinen kann. Vielleicht wird kaum jemand dieser Behauptung für alle Beispiele zustimmen, aber für jedes einzelne ließe sich leicht belegen, dass es vielen bedeutsam erschien und erscheint. Ich halte dafür, in dieser Bedeutsamkeit einen instrumentellen Wert des jeweiligen Wissens zu sehen, der von seinem (möglicherweise auch vorhandenen) praktischen Wert unabhängig ist. Auch dieser Wert ist kein intrinsischer, denn er ist nicht ein unmittelbarer Wert des Wissens selbst (oder seiner konstitutiven Elemente), sondern ergibt sich erst daraus, dass das jeweilige Wissen Ausgangspunkt für bestimmte kognitive Prozesse ist. Nur insofern diese kognitiven Vorgänge wiederum eine positive Rolle für ein gelungenes Leben spielen, lässt sich die in Rede stehende Werthaltigkeit des Verständniswissens begründet vertreten.

Die Idee des unabhängig von seinem praktischen Nutzen instrumentell wertvollen Verständniswissens besitzt Bezüge zu der von Jürgen Mittelstraß vorgeschlagenen Unterscheidung zwischen Verfügungs- und Orientierungswissen. Vom Verfügungswissen, einem »Wissen um Ursachen, Wirkungen und Mittel«, ist nach Mittelstraß das Orientierungswissen zu unterscheiden, welches ein »handlungsleitendes Wissen« ist und gebraucht wird, wenn es nicht nur darum geht, zu beurteilen, was wir tun können, sondern auch, was wir tun sollen.[1] Allerdings scheinen die von mir ins Auge gefassten Beispiele nicht genau in Mittelstraß' Kategorie des Orientierungswissens zu fallen, denn dieses besteht für ihn offenbar selbst aus normativen Überzeugungen: Es lässt sich seiner Auffassung nach »als ein Zwecke- und Zielewissen definieren, d. h. als ein Wissen darüber, was (begründet) der Fall sein soll und wie etwas (begründet) der Fall sein soll«.[2] Demgegenüber bezieht das oben exemplarisch vorgestellte Verständniswissen zwar möglicherweise seine Bedeutung zum Teil aus seiner orientierenden Funktion bei der Reflexion über Fragen des Sollens, hat jedoch selbst keinen normativen Charakter. Dies scheint mir unabhängig von den gewählten Beispielen auch systematisch wichtig, um die Einsicht, dass es ein Verständniswissen gibt, dem auf nichtbaconische Weise instrumenteller Wert zukommt, unabhängig zu machen von der problematischen Voraussetzung, dass Fragen des Sollens überhaupt selbst Wissensfragen seien. Auf diese Voraussetzung, und somit auf eine Art moralischen Realismus, ist die mittelstraßsche Definition des Orientierungswissens verpflichtet.[3] Dagegen ergibt die Vorstel-

---

1 Mittelstraß, *Der Flug der Eule. Von der Vernunft der Wissenschaft und der Aufgabe der Philosophie*, Frankfurt/M. 1989, S. 33; vgl. auch ebd., S. 45 f., und ders., *Leonardo-Welt. Über Wissenschaft, Forschung und Verantwortung*, Frankfurt/M. 1992, passim.

2 Ebd., S. 235.

3 Das Problematische an dieser Position kann man sich verdeutlichen, indem man die tief greifenden moralischen Meinungsverschiedenheiten betrachtet, die innerhalb jeder Gesellschaft und mehr noch zwischen verschiedenen Kulturen bestehen. Wären Fragen des Sollens Wissensfragen, dann müssten sich diese Meinungsverschiedenheiten durch die Gewinnung und Verbreitung des geeigneten Wissens auflösen lassen. Offenbar haben aber in Wirklichkeit die Praktiken, welche am ehesten dazu geeignet erscheinen, moralische Meinungsverschiedenheiten aufzuheben, wenig Ähnlichkeit mit Praktiken der Wissensgewinnung. Aus vergleichbaren Gründen ist der moralische Realismus oft kritisiert worden. Siehe z. B. John L.

lung eines Wissens, das wegen seines Vermögens, uns zu einem verbesserten Verständnis unserer Welt und unserer Stellung in ihr zu
verhelfen, auch ohne moralischen Realismus Sinn.

Um diesen Sinn näher zu erläutern, bietet es sich an, noch einmal auf einen *locus classicus* der erkenntnistheoretischen Begründung zurückzukommen. Mill schreibt gleich zu Beginn von *On
Liberty*: »Die einzige Freiheit, welche den Namen verdient, ist die,
unserem eigenen Wohl auf unsere eigene Weise nachzugehen, solange wir nicht versuchen, anderen das Ihre zu nehmen oder ihre
Bemühungen, es zu erlangen, zu behindern.«[4] In Philip Kitchers
Deutung heißt dies, dass die millsche Freiheitskonzeption die Förderung der Fähigkeit des Individuums, reflektierte Entscheidungen
über die Ziele des eigenen Lebens zu fällen, ins Zentrum rückt.[5]
Wer auf freie Weise seine unmittelbaren Handlungszwecke, seine
Vorstellung von lohnenswerten eigenen Vorhaben und seine langfristigen Ziele und Hoffnungen, kurz: seine eigene Konzeption des
gelungenen Lebens entwickeln will, muss dabei unweigerlich auf
sein Verständnis der Welt und unserer Stellung in ihr zurückgreifen. Die Wissenschaften können, indem sie unser Verständnis der
Welt erweitern, zu dieser elementaren Freiheit beitragen.

Kitchers Millinterpretation als Kern einer erkenntnistheoretischen Begründung der Forschungsfreiheit (die er in kritischer
Absicht entwickelt) ist zunächst eine brillante Weiterentwicklung
des Arguments aus Autonomiegründen. Weil die Freiheit der Wissensgewinnung hier nicht mehr einfach als unmittelbarer Teil der
individuellen Autonomie, sozusagen als bloße geistige Bewegungsfreiheit angesehen wird, sondern als Instrument, um überhaupt erst
die Voraussetzungen für eine selbstbestimmte Lebensführung zu
schaffen, bietet dieser Gedanke auch eine Argumentationsgrund-
lage für die *Förderung* freier Wissenschaft durch das Gemeinwesen,

Mackie, *Ethics. Inventing Right and Wrong*, London 1977, insb. S. 36-38 (dt.: *Ethik.
Auf der Suche nach dem Richtigen und Falschen*, durchges. u. verb. Ausg., Stuttgart
1983). Für eine neue, starke Verteidigung des moralischen Realismus siehe Gerhard Ernst, *Die Objektivität der Moral*, Paderborn 2008.

4 »The only freedom which deserves the name, is that of pursuing our own good in
our own way, so long as we do not attempt to deprive others of theirs, or impede
their efforts to obtain it.« John Stuart Mill, *On Liberty*, in: ders., *On Liberty and
Other Essays*, hg. v. J. Gray, Oxford 1991, S. 1-128, hier S. 17 (dt.: *Über die Freiheit*,
hg. v. Manfred Schlenke, Stuttgart 1988), meine Übersetzung.

5 Philip Kitcher, *Science, Truth, and Democracy*, Oxford 2001, S. 95.

die über den bloßen Schutz vor Einmischung und Behinderung hinausgeht – sofern nämlich Schutz und Förderung der Voraussetzungen selbstbestimmten Lebens zu den Aufgaben eines politischen Gemeinwesens gehören.

Wenn der Wert des Verständniswissens also mit Hilfe seiner Rolle für die autonome axiologische Orientierung der Menschen begründet werden soll, muss es dann nicht doch selbst einen wesentlich normativen Charakter haben? Es ist eine verbreitete Vorstellung, dass Feststellungen über Ziele von deskriptivem Wissen völlig unabhängig seien. Bei näherem Hinsehen verschwimmt diese scheinbar scharfe Abgrenzung jedoch. Es bestehen beispielsweise offenbar Möglichkeiten, eine gegebene übergeordnete Zielvorstellung auf der Grundlage von deskriptivem Wissen zu kritisieren. Die offensichtlichste Möglichkeit dazu liegt vor, wenn das deskriptive Wissen Aussagen über die Erreichbarkeit des Ziels zulässt – im Extremfall etwa, dass es prinzipiell unerreichbar ist. Eine weitere Möglichkeit besteht darin, dass wir aufgrund deskriptiver Erkenntnisse zu einer neuen Einschätzung darüber gelangen, inwiefern unsere konkreten Praktiken und normativen Einzelurteile mit einem gegebenen übergeordneten Ziel übereinstimmen, so dass sich das Kräfteverhältnis im Überlegungsgleichgewicht zwischen übergreifenden Zielprinzipien und normativen Einzelurteilen verschiebt.[6] Zum Beispiel hat der Begriff des ökologischen Gleichgewichts lange eine bedeutsame Rolle in übergeordneten Zielvorstellungen der Umweltbewegung gespielt; eine zunehmend kritische Betrachtung dieses Begriffs in der wissenschaftlichen Ökologie hat ihn mehr und mehr aus der öffentlichen Rhetorik und (vermutlich) aus den Zielvorstellungen verdrängt, bei gleichzeitigem Festhalten an konkreteren Zielen des Umwelt- und Naturschutzes. Deskriptives Verständniswissen ist bedeutsam für axiologische Orientierung.

Allerdings scheinen die angeführten Einflusswege zunächst nur zu zeigen, wie deskriptives Wissen der axiologischen Orientierung Einschränkungen aufweisen kann. Auch wenn es passieren kann, dass wissenschaftliche Erkenntnis umgekehrt auch die Erreichbarkeit bisher für unerreichbar gehaltener Ziele aufweist – *Neuro-Enhancement* und die transhumanistische Bewegung illustrieren

---

6 Diese beiden Möglichkeiten werden in Hinblick auf kognitive Werte und die Axiologie der Wissenschaften schon von Larry Laudan angesprochen (*Science and Values*, Berkeley 1984, S. 50).

gegenwärtig mit ihren (wiewohl meiner Auffassung nach dystopischen) Zielvorstellungen diese prinzipielle Möglichkeit – so scheint ein axiologischer Einfluss wissenschaftlicher Erkenntnis in dieser Richtung doch eher die Ausnahme darzustellen. *Beschränkt* daher das von den Wissenschaften erzeugte Verständniswissen nicht typischerweise die in Rede stehende elementare Freiheit? Hier ist bedeutsam, dass die Freiheit, unsere eigene Konzeption vom gelungenen Leben zu entwickeln *und* zu verfolgen, eine untrennbare Einheit bildet. Die Verfolgung eines Ziels lässt sich aber nur dann der elementaren Freiheit eines Individuums zurechnen, wenn zumindest die Chance besteht, diesem Ziel auch tatsächlich näher zu kommen. Die Figur des Truman Burbank aus Peter Weirs Kinofilm *The Truman Show*, dem ohne sein Wissen seine gesamte Lebenswelt von Schauspielern vorgegaukelt wird, ist das Paradigma eines unfreien Menschen; das an ihm begangene Verbrechen besteht vor allem darin, dass er seiner elementaren Freiheit, seine Ziele und Hoffnungen in einem substanziellen Sinn tatsächlich zu verfolgen, beraubt wird. Die Vorstellung, ein bloß rudimentäres Verständnis der Welt würde eine größere Orientierungsfreiheit bedeuten, ist deshalb eine zynische. Ein bloß rudimentäres Verständnis mag uns die Setzung vieler zusätzlicher Ziele ermöglichen, die wir jedoch nur scheinbar auch verfolgen können. Es wird nur derjenige das wissenschaftliche Verständniswissen als Erweiterung seiner Freiheit verstehen können, der ihm das Vermögen zubilligt, uns vor der Verfolgung unweigerlich vergeblicher Projekte und illusorischer Ziele zu bewahren. Es scheint mir außer Frage zu stehen, dass wissenschaftlicher Erkenntnis heute von vielen Menschen diese Bedeutung zugestanden wird, und dass deshalb wissenschaftliches Verständniswissen einen über seine praktische Nützlichkeit hinausgehenden Wert besitzt.

In vielen bedeutenden Fällen von Konflikten zwischen naturwissenschaftlicher Forschung und anderen gesellschaftlichen Kräften ist es das Verständniswissen und nicht etwa das baconisch-praktische Potenzial bestimmter wissenschaftlicher Ergebnisse gewesen, das zu den Spannungen geführt hat. Sowohl die kopernikanische als auch die darwinsche Revolution verdeutlichen dies nachdrücklich. Die Wissenschaften wegen ihrer möglichen subversiven Auswirkungen auf die gesellschaftliche Stabilität deshalb in rousseauscher Manier gleich ganz zu verdammen, würde heute vermutlich niemandem mehr in den Sinn kommen.[7] Es wäre, wie gesehen, zynisch im Hinblick auf unsere elementarsten Freiheiten. Jedoch belegen die historischen Konfliktfälle, dass die Naturwissenschaften oft eine bedeutsame Quelle folgenreichen Verständniswissens gewesen sind.

Dies lässt allerdings noch die Frage offen, inwiefern die heutige und die zukünftige wissenschaftliche Forschung noch mit der Erzeugung von Verständniswissen im relevanten Sinn befasst sind. Gerade in der deutschen Philosophie besteht seit dem 20. Jahrhundert eine einflussreiche Tradition, dies zu bezweifeln. So schreibt beispielsweise Hermann Lübbe:

Die kulturelle Relevanz so genannter wissenschaftlicher Weltbilder nimmt ständig ab. Was immer das Wissenschaftsfeuilleton an jüngsten Forschungsergebnissen, sei es astro- oder kernphysikalischer Art, meldet – wir lassen uns unberührt jede Revolution des Bildes der Welt, in der wir leben, gefallen. Es läßt sich nicht mehr sagen, welchen Unterschied es kulturell eigentlich macht, ob wir als Zeitgenossen unserer gegenwärtigen wissenschaftlichen Zivilisation den jüngsten nobelpreisgekrönten Übergang von einem älteren zu einem allerneuesten Quarkmodell nun rezipiert oder verschlafen haben.[8]

Während Kurt Bayertz dagegen die Existenz »weltbildrelevanter Wissenschaft« nicht völlig in Abrede stellen mag, bescheinigt er ihr immerhin, »im heutigen ›Wissenschaftsbetrieb‹ (zumindest quantitativ) *marginal*« zu sein.[9] Er bezieht sich dabei ausdrücklich auf zwei wichtige Ausgangstexte dieser Tradition der neueren Wissen-

---

7 Klarerweise hatte Rousseau die Verständnisdimension des Wissens im Blick, als er sich in seinem polemischen Diskurs gegen die Wissenschaftler wandte: »Sie lächeln verächtlich bei den alten Worten Vaterland und Religion und widmen ihre Talente und ihre Philosophie der Zerstörung und Unterhöhlung alles dessen, was den Menschen heilig ist.« (»Ils sourient dédaigneusement à ces vieux mots de patrie et de religion, et consacrent leurs talents et leur philosophie à detruire et avilir tout ce qu'il y a de sacré parmi les hommes.« *Über Kunst und Wissenschaft. Über den Ursprung der Ungleichheit unter den Menschen*, französisch und deutsch, hg. u. übers. v. Kurt Weigand, Hamburg 1955, S. 34/35.)

8 Hermann Lübbe, »Legitimitätswandel der Wissenschaft nach der Aufklärung«, in: Oskar Schatz (Hg.), *Brauchen wir eine andere Wissenschaft? X. Salzburger Humanismusgespräch*, Graz 1981, S. 77-86, hier S. 79.

9 Kurt Bayertz, »Drei Argumente für die Freiheit der Wissenschaft«, in: *Archiv für Rechts- und Sozialphilosophie* 86 (2000), S. 303-326, hier S. 310, Hervorhebung im Original.

schaftskritik, nämlich Max Webers »Wissenschaft als Beruf« und Edmund Husserls *Krisis der europäischen Wissenschaften.*[10]

Zu beurteilen, was verständnis- oder weltbildrelevante Wissenschaft ist, ist keine leichte Aufgabe – möglicherweise besonders nicht aus der Perspektive unmittelbarer zeitlicher Nähe. So verfasst Weber seine zutiefst skeptischen Bemerkungen über die verbleibende Relevanz der Naturwissenschaften für die Sinnorientierung im Jahr 1919, inmitten jener physikalischen Veränderungen, die wegen ihres drastischen Bruches mit früheren Vorstellungen über die Materialität der Welt, über Raum, Zeit und Kausalität später von manchen als eine der bedeutendsten Weltbildtransformationen überhaupt aufgefasst wurden.[11] Im Übrigen mögen sowohl Webers als auch Husserls Enttäuschung auch mit ihren gewaltigen Maßstäben zusammenhängen: Weber fragt, ob die Naturwissenschaften uns »etwas über den Sinn der Welt, ja auch nur etwas darüber lehren könnten: auf welchem Weg man einem solchen ›Sinn‹ – wenn es ihn gibt – auf die Spur kommen könnte«; Husserl vermisst Antworten auf »die Fragen nach Sinn oder Sinnlosigkeit dieses ganzen menschlichen Daseins«.[12] Für die Existenz naturwissenschaftlichen Verständniswissens in der von mir eingeführten Bedeutung ist es nicht erforderlich, dass so umfassenden Fragen wie diesen überhaupt eine kohärente Bedeutung gegeben werden kann, geschweige denn, dass die Naturwissenschaften Antworten auf sie zu geben vermögen. Der Beitrag der Forschung zu einem Verständnis der Welt, das für die Entwicklung der eigenen Konzeption eines gelungenen Lebens bedeutsam sein kann, lässt sich besser durch stärker eingegrenzte Erkenntnisse illustrieren. Dazu gehören beispielsweise die Ergebnisse der Hirnforschung, die unter dem Stichwort der Neuroplastizität in den vergangenen Jahren auf eine ausgeprägte Veränderbarkeit des erwachsenen Gehirns weisen. Manche Menschen, die der Weiterentwicklung geistiger Fähigkeiten eine über-

10 Ebd.; vgl. Max Weber, »Wissenschaft als Beruf«, in: ders., *Gesammelte Aufsätze zur Wissenschaftslehre*, hg. v. Johannes Winckelmann, Tübingen ³1968, S. 582-613, insb. S. 597 f.; Edmund Husserl, *Die Krisis der europäischen Wissenschaften und die transzendentale Phänomenologie*, hg. v. Elisabeth Ströker, Hamburg 1977, insb. S. 3-5.
11 Siehe z. B. Loren R. Graham, *Between Science and Values*, New York 1981, S. 2.
12 Max Weber, »Wissenschaft als Beruf«, S. 597; Husserl, *Die Krisis der europäischen Wissenschaften und die transzendentale Phänomenologie*, S. 4 f.

geordnete Rolle als verfolgenswertes Ziel einräumen, messen diesen Forschungen große Bedeutung bei. (Diese Ergebnisse sind daher beispielsweise auf großes Interesse bei geistigen Führern des Buddhismus gestoßen.) Und welche Umwälzung würde es bedeuten, wenn Biologen endlich auch den ersten Schritt der Evolution, die Entwicklung der ersten Lebewesen aus toter Materie, eindeutig rekonstruieren, ja vielleicht sogar experimentell simulieren könnten. Beide Beispiele sind für manche Menschen hinsichtlich ihrer Lebensorientierung bedeutsam und für andere völlig bedeutungslos. Doch selbst wenn dies auf alle Beispiele wissenschaftlichen Verständniswissens zutreffen sollte (was durchaus möglich ist), würde das nicht die Tatsache in Frage stellen, dass es immer wieder wissenschaftliche Forschungsergebnisse gibt, die als Verständniswissen für viele Menschen eine große Bedeutung haben.

Wenn die Frage nach dem Beginn des Lebens auf der Erde eine solche Bedeutung besitzen kann, dann gilt dies ebenso für die Frage nach dem Beginn des gesamten Universums. Dass diese Frage die Physik bis heute vor große Probleme stellt, liegt zum Teil an den Schwierigkeiten, die Quantenmechanik und die allgemeine Relativitätstheorie miteinander zu vereinbaren. Da der vermutete Ursprung der Welt eine auf kleinstem Raum konzentrierte gigantische Masse ist, erfordert seine theoretische Behandlung wegen der kleinen Dimensionen die Berücksichtigung quantenmechanischer Prinzipien und wegen der großen Masse die Einbeziehung der allgemeinen Relativitätstheorie. Die Stringtheorie, die in ihrer mathematischen Raffiniertheit scheinbar völlig esoterisch ist, kann deshalb, wenn sie ihr Versprechen der soliden Vereinheitlichung der beiden Theorien einlöst, ein wichtiger Schlüssel für das Verständnis des Beginns der Welt werden;[13] auch das neueste Quarkmodell spielt dabei eine Rolle.[14] Dies widerlegt nicht unmittelbar Lübbes Zweifel, welche ja die aktuelle *kulturelle* Bedeutung der Theoreme der physikalischen Forschungsfront betreffen. Es zeigt aber einmal mehr, dass sich das tatsächliche Potenzial einer Erkenntnis als Verständniswissen, insbesondere als zukünftiges Verständniswissen,

---

13 Vgl. Brian R. Greene, *The Elegant Universe. Superstrings, Hidden Dimensions, and the Quest for the Ultimate Theory*, New York ²2003, S. 3-5 u. 346-370 (dt.: *Das elegante Universum. Superstrings, verborgene Dimensionen und die Suche nach der Weltformel*, Berlin 2000).

14 Ebd., S. 124-126.

nicht unbedingt in aktueller kultureller Aufmerksamkeit für diese Erkenntnisse ausdrücken muss.

Sicher sind auch Bayertz' Bedenken hinsichtlich des *Anteils*, den die Erzeugung von Verständniswissen in heutiger naturwissenschaftlicher Forschung noch spielt, erwägenswert. Doch sie betreffen nicht den Punkt, den ich in diesem Abschnitt stark zu machen suche: dass Verständniswissen eine von mehreren Weisen ausmacht, wie die Ergebnisse naturwissenschaftlicher Forschung instrumentellen Wert aufweisen können.[15] Dafür ist nicht erforderlich, dass alle oder auch nur viele der aktuell verfolgten Erkenntnisziele dieses Potenzial besitzen.

Bei denjenigen Erkenntniszielen, die ein solches Potenzial zumindest dem Anschein nach aufweisen, muss sich der instrumentelle Wert als Verständniswissen mit anderen instrumentellen Konsequenzen (einschließlich der instrumentellen Folgen eines möglichen Irrtums) messen lassen. Diese wichtige Einsicht illustriert Kitcher am Beispiel der kontroversen Forschungen zur Erblichkeit von Intelligenz und zum Zusammenhang zwischen »Rasse« und Intelligenz.[16] Machen wir mit Kitcher die Annahme, dass der gesellschaftliche Kontext dieser Forschungen durch politische und epistemische Asymmetrie im folgenden Sinne gekennzeichnet ist. Die epistemische Asymmetrie drückt sich dadurch aus, dass die Relevanz gegebener Daten als stützende Belege für Hypothesen über einen genetisch bedingten Zusammenhang von »Rasse« und Intelligenz, die mit vorhandenen Vorurteilen übereinstimmen, in der öffentlichen Wahrnehmung systematisch überschätzt würde – das heißt, dass sie über diejenige Relevanz, die sich aus den verlässlichsten Methoden der wissenschaftlichen Beurteilung von Daten ergibt, hinausschießen würde. Die politische Asymmetrie besteht darin, dass neue wissenschaftliche Belege, sobald sie als Stützung verbreiteter Vorurteile über die Verbindung von »Rasse« und Intelligenz gedeutet werden, die Verbreitung dieser Vorurteile begünstigen würden, während Belege dagegen die Verbreitung der Vorurtei-

---

15 Bayertz (»Drei Argumente für die Freiheit der Wissenschaft«, S. 309 f.) selbst will in der »Orientierungs- und Sinnstiftungsfunktion« der Wissenschaften den Schlüssel zum Verständnis ihres *intrinsischen* Wertes sehen; gegen diese Auffassung siehe oben S. 173.

16 Kitcher, *Science, Truth and Democracy*, S. 97-100, sowie ders., »An Argument About Free Inquiry«, in: *Noûs* 31, (1997), S. 279-306, hier S. 280-286.

le praktisch nicht verringern würden. (Vorausgesetzt ist zusätzlich, dass die Verbreitung der Vorurteile die gesellschaftliche Situation einer ohnehin benachteiligten Bevölkerungsgruppe verschlechtert.) Unter diesen angenommenen Voraussetzungen, so schließt Kitcher, stellen die entsprechenden Forschungen eine *Bedrohung* der elementaren Freiheit vieler Menschen dar, ihre eigene Konzeption des gelungenen Lebens zu entwickeln und zu verfolgen. Kitcher bezeichnet diese Überlegung provokant als ein »millsches Argument *gegen* Forschungsfreiheit«.[17]

Ein Argument gegen die Forschungsfreiheit wird aus diesem Beispiel nur, wenn man unter dieser ein uneingeschränktes Prinzip versteht, dem zufolge Wissenschaftler freie Hand haben müssen, relevante Erkenntnisziele zu identifizieren und diese mit den ihnen geeignet scheinenden Mitteln zu verfolgen. Dagegen haben wir bereits bei der Betrachtung des baconischen Nutzens wissenschaftlichen Wissens festgestellt, dass die Verteidigung der zweiten Hälfte dieser Freiheit auf erkenntnistheoretischer Grundlage – der Freiheit, Projekte, Ansätze und Methoden zu bestimmen – *gestärkt* werden kann, wenn die Identifikation relevanter Erkenntnisziele sich als Ergebnis eines möglichst offenen gesellschaftlichen Prozesses ergibt. Warum sollte es bei der Verständnisdimension wissenschaftlichen Wissens anders sein? Auch hier, wie bei jeder Art von instrumentellem Wert, kann die Frage »Für wen?« eine entscheidende Rolle spielen, wie Kitchers Beispiel illustriert. Die Einsicht, dass auch der Verständniswert von Forschungsergebnissen kein intrinsischer ist, ist auch deshalb so wichtig. Dieselben Schlussfolgerungen, die wir schon zuvor gezogen haben, gelten auch, wenn man spezifisch die *Verständnis*ziele wissenschaftlicher Forschung betrachtet: Die erkenntnistheoretische Begründung der Forschungsfreiheit ist desto stärker, je mehr die Ziele gesellschaftliche Bedürfnisse widerspiegeln. Soziale Arrangements, die dies begünstigen, wie etwa ein lebendiger öffentlicher Diskurs über die Ziele der Forschung und ein hoher Stellenwert von Forschungserfolgen im öffentlichen Interesse bei der Zuteilung wissenschaftlicher Anerkennung, würden der Begründung deshalb in die Hände spielen. (Auf den konkreten Fall der Forschungen zu vermeintlichen genetisch bedingten Zusammenhängen zwischen

17 *Science, Truth, and Democracy*, S. 95.

»Rasse« und Intelligenz komme ich in Abschnitt 13.3 ausführlich zurück.)

7.2 Freude an der Erkenntnis

Wissenschaftler berichten häufig von der großen Freude und Befriedigung, die ihnen die erfolgreiche Beantwortung einer Frage, die Lösung selbst eines kleinen Problems verschafft. Richard Feynman machte dies sogar zu einem Buchtitel: *The Pleasure of Finding Things Out*.[18] Natürlich begründet auch diese Freude einen Wert derjenigen wissenschaftlichen Erkenntnisse, durch die sie ausgelöst wird. Solange wir nur von der Entdeckerfreude der Forscherinnen und Forscher selbst sprechen, ist das Potenzial dieser Wertdimension, zur Stützung einer erkenntnistheoretischen Begründung der Forschungsfreiheit beizutragen, allerdings begrenzt. Sie kann zwar eine Freiheit der Ziele rechtfertigen (insofern jeder die Freiheit haben sollte, Dinge zu erschaffen, die für ihn selbst von Wert sind, solange er dabei niemand anderen in seinen Freiheiten beeinträchtigt), eine Freiheit der Mittel jedoch kann auf der Grundlage eines Wertes, der bloß den Forschenden selbst erwächst, nicht einmal ansatzweise begründet werden.

Allerdings ist die Freude an der Erkenntnis offenbar nicht auf die Wissenschaftler selbst beschränkt. Der Wissenschaftsjournalismus berichtet regelmäßig nicht nur über neue Entwicklungen der Medizin oder der Computertechnologie, sondern auch über

18 Cambridge/Mass. 1999. Dasselbe Element betont beispielsweise auch Eugene Wigner, der den Wissenschaften sogar das Potenzial zuschreibt, durch die von ihnen ausgehende Freude zum geistigen Wohlergehen der Menschheit (»man's spiritual welfare«) beizutragen (»The Scope and Promise of Science«, in: Sidney Hook u. a. [Hg.], *The Ethics of Teaching and Scientific Research*, Buffalo 1977, S. 131-133, hier S. 132). Vgl. auch John D. Bernal, der das Vergnügen an wissenschaftlicher Erkenntnis wie folgt beschreibt: »Science is one of the most absorbing and satisfying pastimes [...]. It has all the qualities which make millions of people addicts of the crossword puzzle or the detective story, the only difference being that the problem has been set by nature or chance and not by man, that the answers cannot be got with certainty, and when they are found often raise far more questions then the original problem.« (*The Social Function of Science*, Neudr., Cambridge/Mass. 1967, S. 97 [dt.: *Die soziale Funktion der Wissenschaften*, Berlin 1986].)

Marssonden, Dinosaurierfossilien, neu entdeckte Pflanzen- und Tierarten und gelegentlich sogar über die reine Mathematik. Sollten die Journalisten ihr Publikum nicht vollkommen verkennen, interessieren sich offenbar einige Menschen für wissenschaftliche Erkenntnis auch unabhängig von ihrem praktischen Nutzen – ausreichend viele, um als Publikum auch für kommerzielle Medien interessant zu sein. Die Bestsellererfolge von Stephen Hawking deuten in dieselbe Richtung. Ein Teil dieses über den praktischen Nutzen hinausgehenden Interesses mag im Wert von Verständniswissen für die Orientierung im eigenen Leben begründet sein, wie er im vorigen Abschnitt besprochen wurde. Doch es gibt keinen Grund, jede Art von Freude an neuer Erkenntnis auf diesen Aspekt zurückführen zu wollen. Manche Dinge wollen die Menschen einfach wissen, wie David Resnik lakonisch feststellt.[19] Etwas genauer beschreibt Feynman, wie beim Betrachten einer Blume sein Wissen um deren innere Struktur, den Aufbau der Zellen, die physiologischen Vorgänge darin und die evolutionären Hintergründe des Ganzen den Genuss an der Erfahrung vergrößert.[20] Diese Art hedonistischen Mehrwerts wissenschaftlicher Erkenntnis ist klarerweise nicht nur denjenigen zugänglich, die das Wissen zuerst entdecken.

Die Freude an der Erkenntnis stellt aus Sicht der erkenntnistheoretischen Begründung der Forschungsfreiheit vor allem deshalb eine interessante Wertdimension dar, weil sie verspricht, den Wert wissenschaftlichen Wissens auch für solche Bereiche zu stützen, die nicht mit der Erzeugung praktisch anwendbarer Erkenntnisse befasst sind. Eine Stützung erfahren diese Bereiche bereits durch die im vorigen Abschnitt diskutierte Bedeutung von Verständniswissen. Die Freude an der Erkenntnis ist jedoch thematisch noch weniger eingeschränkt und kann sogar Dinge betreffen, die noch nicht einmal für das Verständnis unserer Welt eine erkennbare, bedeutende Rolle spielen – wie etwa die ungewöhnliche Lebensweise einer bestimmten Dinosaurierspezies.

Es ist gut möglich, dass Genuss und Freude an der Erkenntnis bei Wissen, das keinen praktischen Nutzen besitzt, sogar besonders groß sind. Aristoteles zufolge sehen wir das um seiner selbst willen

19 David Resnik, »Social Epistemology and the Ethics of Research«, in: *Studies in History and Philosophy of Science* 27 (1996), S. 565-586, hier S. 583.

20 Feynman, *The Pleasure of Finding Things Out*, S. 2 (dt.: *Es ist so einfach: Vom Vergnügen, Dinge zu entdecken*, hg. v. Jeffrey Robbins, München 2001).

erworbene Wissen am ehesten als Weisheit an.[21] Nicht auszuschließen ist, dass dieser Freude eine natürliche menschliche Disposition
zugrunde liegt, Wissen um seiner selbst willen zu verfolgen. Wie
wir eingangs des Kapitels 5 gesehen haben, würde auch dies noch
nicht bedeuten, dass Wissen (noch nicht einmal eine bestimmte Art von Wissen, bei der die Erkenntnisfreude möglicherweise
besonders groß ist) einen intrinsischen Wert besitzt. Menschliche
Dispositionen stimmen keineswegs immer oder auch nur typischerweise mit menschlichen Werten überein. Allerdings bedeuten
die Gefühle von Freude, Zufriedenheit und Genuss, die durch wissenschaftliche Erkenntnis ermöglicht werden, einen zusätzlichen
instrumentellen Wert des Wissens. Wie bei anderen Arten instrumentellen Wertes stellt sich die Frage, wie groß er ist und wem er
zugutekommt.

Dies gilt insbesondere, da es auch andere Wege gibt, Menschen
Freude, Zufriedenheit und Genuss zu verschaffen. Die Gesamtkos-
ten für den als »Large Hadron Collider« (LHC) bezeichneten Teilchenbeschleuniger am CERN werden auf knapp sechs Milliarden
Euro geschätzt,[22] und somit auf mehr als das 140-fache des Etats
der Staatsoper unter den Linden für das Jahr 2008.[23] Der Vergleich
ist allerdings aus vielen Gründen unfair: Das Wissen, auf welches
der LHC abzielt, dient nicht *nur* der Freude an der Erkenntnis,
sondern verspricht sowohl einen Beitrag zum Verständniswissen als
auch zur Erforschung der fundamentalen Kausalzusammenhänge
der Natur und somit zur nachhaltigen Entwicklung nützlichen
Wissens – auch wenn zur Zeit nicht vorhersagbar ist, welcher Nutzen daraus erwachsen mag. Insbesondere aber wird die Freude an
den am LHC gewonnenen Erkenntnissen nicht, wie beispielsweise
der Genuss der Aufführungen der Staatsoper in irgendeinem bestimmten Jahr, nur einem dem Geschehen örtlich und zeitlich na-
hen Publikum, sondern einer über die ganze Welt verteilten und
möglicherweise weit in die Zukunft reichenden Gesamtheit von
Nutznießern zugutekommen.

Wissenschaftliches Wissen, ist es einmal öffentlich, kann von

21 *Metaphysik* (William D. Ross [Hg.], *Aristotle's Metaphysics*, Oxford 1924), S. 982a
   14-17.
22 Lawrence Krauss, »Worth Every Penny«, in: *The Guardian*, 30. Juni 2008.
23 »Etat der Staatsoper wird um Millionen erhöht«, [o. A.], in: *Der Tagesspiegel*, 10.
   November 2007.

einer praktisch nicht begrenzbaren Menge von Menschen rezipiert werden. Überdies wird der hedonistische Wert einer Erkenntnis durch viele zusätzliche »Nutzer« nicht abgebaut oder erschöpft – die Freude am Verständnis eines Details der Lebensweise einer obskuren Dinosaurierspezies ist nicht abhängig davon, ob man der hundertste oder der hunderttausendste Mensch ist, der davon erfährt. Diese Besonderheiten versprechen eine gute Grundlage zur Verteidigung einer Freiheit der Mittel für die auf Erkenntnisfreude gerichtete Forschung. Denn allein die Tatsache, dass (auch) andere außer den Herstellern Freude an den Produkten haben, würde dafür noch nicht ausreichen. Sie gilt auch für Eiskrem und für die Bücher von Stephen King. Bei diesen Gütern gehen wir aber davon aus, dass diejenigen, die Freude an ihnen haben, auf dem Markt einen Preis für sie zahlen, durch den die Mittel für ihre Bereitstellung garantiert sind. Sollte der Preis, den die Interessenten zu zahlen bereit sind, für die Bereitstellung der Güter nicht ausreichen, ist eben das Interesse nicht stark genug, um einen guten Grund zu liefern, Aufwand und Ressourcen zu ihrer Herstellung und Verbreitung zu verwenden.

Auf Güter, von deren Nutzung sich Menschen, die nichts für ihre Bereitstellung bezahlt haben, nicht ausschließen lassen (Nichtausschließbarkeit), und deren Nutzung durch einen Konsumenten ihre Nutzung durch einen anderen nicht be- oder verhindert (Nichtrivalität), ist diese Marktrationalität jedoch nicht anwendbar. Wegen der Nichtausschließbarkeit ist eine private Finanzierung über den Markt möglicherweise unmöglich – wenn viele potenzielle Nutzer die Möglichkeit zu nutzen versuchen, das Gut ohne Bezahlung zu erhalten, kommen nicht die erforderlichen Mittel zusammen, um das Gut in dem Umfang bereitzustellen, in dem es tatsächlich nachgefragt ist. Wegen der Nichtrivalität wäre eine private Finanzierung auch nicht wünschenswert, weil der hypothetische Ausschluss eines weiteren Nutzers, der für das Gut nicht gezahlt hat, ökonomisch nicht effizient sein kann, wenn die Anzahl der Nutzer die Kosten für die Bereitstellung nicht erhöht. Nichtausschließbare und nichtrivale Güter bezeichnen Ökonomen als öffentliche Güter. Wissenschaftliches Wissen ist ein solches[24] –

---

24 Dafür haben insbesondere bereits Richard Nelson und Kenneth Arrow argumentiert. Vgl. Nelson, »The Simple Economics of Basic Scientific Research«, in: *Journal of Political Economy* 67 (1959), S. 297-306; Arrow, »Economic Welfare and the

auf jeden Fall im Hinblick auf seinen Wert als Quelle von Erkenntnisfreude.

Die Feststellung, dass ein Gut ein öffentliches ist, ist jedoch noch immer nicht ausreichend, um eine gute Begründung dafür zu liefern, dass ein politisches Gemeinwesen auch öffentliche Mittel zur Verfügung stellen sollte, um das Gut bereitzustellen. Auch die Ausstattung aller Straßen in Deutschland mit Bürgersteigen aus poliertem Marmor wäre ein nichtausschließbares und (praktisch) nicht-rivales Gut. Ein demokratisches Gemeinwesen muss abschätzen, wie viel seinen Bürgern das entsprechende Gut wert wäre – das heißt welchen Preis sie zu zahlen bereit wären, um individuell in seinen Genuss zu kommen, wenn es ein ausschließbares Gut wäre –, und ausrechnen, ob diese Mittel in der Summe für die Bereitstellung als öffentliches Gut ausreichen. Dies gilt jedenfalls, solange die Aufgabe des Gemeinwesens darin gesehen wird, eine rein technische Lösung des Problems anzubieten, dass ein Gut, welches die Bürger *de facto* mit einer grundsätzlich ausreichenden Intensität wünschen, nicht über Marktmechanismen hergestellt und verteilt werden kann. Die Alternative dazu wäre, die Rolle des Staates so zu verstehen, dass er nicht die Güter zur Verfügung stellt, welche die Bürger wollen, sondern diejenigen, die sie nach Maßgabe irgendeines übergeordneten Wertmaßstabes wollen *sollten*. Ein solcher Paternalismus lässt sich jedoch schlecht mit dem Politikverständnis moderner liberaler Demokratien vereinbaren.[25]

Wie viel wären die an den Ergebnissen der LHC-Experimente Interessierten in aller Welt prinzipiell bereit, aus ihrer eigenen Tasche für die Durchführung zu bezahlen, damit sie persönlich in den Besitz des dabei erzeugten Wissens gelangen? Die Antwort auf

Allocation of Resources for Invention«, in: Richard R. Nelson (Hg.), *The Rate and Direction of Inventive Activity. Economic and Social Factors*, Princeton 1962, S. 609-625. Bei der Darstellung der ökonomischen Zusammenhänge orientiere ich mich hier teils an Ronald Dworkin, *A Matter of Principle*, Cambridge/Mass. 1985, Kapitel 11, und teils an William J. Baumol, »Public Support for the Arts«, in: *Columbia Journal of Art and the Law* 9 (1985), S. 214-228. Vgl. auch Daniel Farber (»Free Speech without Romance. Public Choice and the First Amendmend«, in: *Harvard Law Review* 105 [1991], S. 554-583, insb. Abschnitt II), der aus der allgemeinen Beobachtung, dass Information überhaupt ein öffentliches Gut sei, bereits die Forderung nach einem verfassungsmäßigen Schutz für informationsbezogene Aktivitäten abzuleiten versucht.

25 Vgl. R. Dworkin, *A Matter of Principle*, S. 221 f.

diese Frage, wenn wir sie zu geben vermöchten, gäbe an, wie viel die LHC-Ergebnisse als öffentliches Gut allein schon im Hinblick auf Verständniswissen und Erkenntnisfreude wert sind. (In diese Richtung hat möglicherweise das britische Science & Technologies Facilities Council gedacht, als es die Information veröffentlichte, dass der britische Anteil am LHC pro Jahr weniger kostet als ein Bier für jeden erwachsenen Briten.[26]) Es ist gerechtfertigt, dabei in angemessenem Maße auch das Interesse zukünftiger Menschen an diesem Gut mit einzubeziehen – nämlich genau in dem Maße, in dem die Vorsorge für das Wohl zukünftiger Generationen eine Aufgabe politischer Gemeinschaften ist. Wohlgemerkt erschöpft der so bestimmte Wert noch nicht die insgesamt vertretbaren Mittel, da möglicherweise noch ein Wert hinzukommt, welcher unabhängig davon besteht, ob viele Bürger persönlich in den Besitz des Wissens gelangen oder nicht (nämlich der Wert als langfristige Vorsorge für das Verständnis elementarer Kausalprozesse als Grundlage für baconischen Nutzen).

Die Bereitstellung eines öffentlichen Gutes staatlich zu finanzieren, wirft allerdings in jedem Fall Gerechtigkeitsfragen auf, insbesondere sobald das Gut nicht allen Bürgern in gleichem Maße zugutekommt. In diesem Fall bedeutet das staatliche Engagement auf der Basis von Steuermitteln *de facto* eine Umverteilung. Dieses Problem bereitet beispielsweise vielen Verteidigern einer öffentlichen Förderung der Künste große Schwierigkeiten. Da es noch immer ein tendenziell bürgerliches Vergnügen ist, von den öffentlich geförderten Institutionen wie Opern, Theatern, Sinfonieorchestern und Museen Gebrauch zu machen, befürchten manche in der steuerfinanzierten Förderung dieser Einrichtungen eine Umverteilung von unten nach oben.[27] Möglicherweise sind bei der öffentlichen

26 Science & Technologies Facilities Council: »FAQs – Large Hadron Collider«, ⟨lhc.ac.uk/about-the-lhc/faqs.html⟩, letzter Zugriff 13.9.2011.

27 Siehe z.B. Baumol, »Public Support for the Arts«, S. 217f., R. Dworkin, *A Matter of Principle*, S. 222, und Richard A. Wollheim, »The Arts, the Humanities, and Their Institutions«, in: *Columbia Journal of Art and the Law* 9 (1985), S. 179-186, hier S. 184f. Auffällig an dieser Diskussion ist, wie wenig die Tatsache beachtet wird, dass der Besuch der in Rede stehenden Institutionen trotz öffentlicher Förderung bis auf wenige Ausnahmen (z.B. die Tate Gallery oder die Museen an der Washington Mall) noch sehr teuer ist – gerade für diejenigen, die weniger als die meisten besitzen. Die Besucherstatistiken müssen deshalb kein schichtspezifisch unterschiedlich stark ausgeprägtes Interesse widerspiegeln. Aber die Diskussion um die Förderung der Künste soll hier nicht weiter verfolgt werden.

Förderung von Forschung für Erkenntnisfreude (und Verständniswissen) ähnliche Bedenken angezeigt – zumindest in Gesellschaften, in denen Bildung und sozialer Status stark miteinander korreliert sind. Denn die Freude an wissenschaftlichen Erkenntnissen und somit das Interesse für sie setzt in den meisten Fällen eine gewisse Vorbildung voraus. Vielleicht ist dieser Effekt beim Interesse an wissenschaftlichen Erkenntnissen zum Teil geringer ausgeprägt als beim Interesse an Kunst.[28] Ein bildungsabhängiger Umverteilungseffekt bei der Förderung von Erkenntnisfreude wird sich weder leicht belegen noch von der Hand weisen lassen. Meines Erachtens ist aber der hier entscheidende Unterschied zwischen den Künsten und wissenschaftlicher Erkenntnis ein anderer. Wissenschaftliche Erkenntnis wird hauptsächlich in den reichen Ländern produziert, jedoch (besonders mit Hilfe neuer Informationstechnologien) weltweit rezipiert. Zusätzlich zum möglicherweise vorhandenen lokalen Umverteilungseffekt von unten nach oben muss deshalb ein unbestreitbarer globaler Umverteilungseffekt in der »richtigen« Richtung berücksichtigt werden. Nutznießer gibt es möglicherweise in den ärmsten Ländern der Welt bisher nur wenige, in Schwellenländern und weniger reichen Industrieländern dafür aber umso mehr. Sowohl die Zahl der Nutznießer als auch das Wohlstandsgefälle, in dessen Richtung die Umverteilung stattfindet, sind beim globalen Effekt deutlich größer als beim lokalen. Schon deshalb sollten der Förderung von Erkenntnisfreude als öffentliches Gut zumindest in den reichen Ländern keine Gerechtigkeitsbedenken entgegenstehen. (Dennoch sollten wir aus diesen Erwägungen auch die Schlussfolgerung ziehen, dass Universitäten und andere Institutionen, über welche die Erzeugung wissenschaftlichen Wissens aus öffentlichen Mitteln gefördert wird, nicht so gestaltet sein sollten, dass dadurch der Zugang zur Erkenntnisfreude innerhalb der wohlhabenden Länder weiter beschränkt wird.)

Zusätzlich müssen wir uns fragen, ob die Förderung der Er-

---

28 In einer Erhebung des Instituts für Museumskunde betrug der Anteil von Museumsbesuchern mit Haupt- bzw. Realschulabschluss beim Staatlichen Museum für Naturkunde Karlsruhe immerhin 17,1 Prozent bzw. 23,5 Prozent, während es bei der Neuen Nationalgalerie Berlin 2,1 Prozent bzw. 7,1 Prozent waren. (Institut für Museumskunde, *Eintrittspreise von Museen und Ausgabeverhalten von Museumsbesuchern*, Materialien aus dem Institut für Museumskunde, Heft 46, Berlin 1996, S. 71.)

kenntnisfreude auch denjenigen, die die Freude nicht selbst empfinden, zugutekommen kann. Habe ich ein Interesse an der Erkenntnisfreude anderer? Falls sich die Frage bejahen ließe, würde dies helfen, die Gerechtigkeitsbedenken weiter zu zerstreuen, und zusätzlich den Gesamtwert des öffentlichen Gutes steigern. Eine Möglichkeit stellt der Optionswert dar: Vielleicht weisen Menschen, die sich nicht unmittelbar an den Ergebnissen der LHC-Experimente erfreuen würden, dennoch der Möglichkeit für sich selbst und ihre Nachkommen, an dieser oder vergleichbaren Erkenntnissen in der Zukunft ein Interesse entwickeln und befriedigen zu können, einen gewissen Wert zu. Indem die Erkenntnisfreude anderer gefördert wird, wird eine Wissenschaftskultur lebendig erhalten, in der die Bedienung dieses Bedürfnisses einen festen Wert besitzt, und so auch die Option für diejenigen erhalten, die bisher noch nicht davon profitieren. Der Optionswert erklärt das besondere Unbehagen, das wir empfinden, wenn wir davon hören, dass eine bestimmte Tradition droht, unwiederbringlich verloren zu gehen – selbst wenn wir für die betreffende Tradition bisher kein besonderes Interesse entwickelt haben. Allerdings kommt der Optionswert erst dann richtig zum Tragen, wenn der Verfügbarkeit eines Guts Einschränkungen drohen, die nicht oder nur zu hohen Kosten wieder rückgängig gemacht werden können. Um dies für eine auf Erkenntnisfreude ausgerichtete Wissenschaftskultur zu verhindern, wäre mutmaßlich keine ausgeprägte Freiheit der Mittel erforderlich, so dass der Optionswert allein die hier behandelte Wertdimension wissenschaftlichen Wissens noch nicht sehr wesentlich stärkt.

Eine weitere Art und Weise, auf welche denjenigen Bürgern, die selbst keinen bestimmungsgemäßen Gebrauch von einem Gut machen, dieses dennoch zugutekommen kann, bilden Externalitäten. Darunter versteht man ganz allgemein die Nebenfolgen eines Guts für Dritte. Würde man die Erkenntnisfreude als beabsichtigten Nutzen der Wissensproduktion ansehen, wären baconischer Nutzen und Nutzen als Verständniswissen Externalitäten – was für uns uninteressant ist, da wir diese Dimensionen des Wertes wissenschaftlichen Wissens bereits betrachtet haben und ohnehin getrennt von der Erkenntnisfreude würdigen wollen. Eine bisher noch nicht betrachtete Externalität ist möglicherweise der Stolz oder das positive Gefühl des Zustandebringens einer wichtigen

Errungenschaft, das manche Menschen auch bei den Leistungen anderer (oder bei Leistungen ihrer Landsleute) empfinden. Ich bezweifle, dass es hier stark ins Gewicht fällt (und übrigens auch, dass es insgesamt betrachtet einen eindeutig positiven Wert darstellt). Ähnliches gilt für Externalitäten, die das Ansehen eines Landes oder politischen Systems betreffen, wie sie beispielsweise die Weltraumforschung zur Zeit des Kalten Krieges maßgeblich bestimmt haben. Diese Arten von Externalitäten können zwar gelegentlich und partiell die Bereitstellung öffentlicher Mittel motivieren, aber keinen verallgemeinerbaren und nachhaltigen Grund für eine Freiheit der Mittel für wissenschaftliche Forschung liefern.

Eine ernstzunehmende Externalität der auf Erkenntnisfreude gerichteten Forschung ist dagegen in ihrer Werbewirkung für die Wissenschaft selbst zu sehen. Die Erkenntnisfreude motiviert manche derjenigen, die sie verspüren, dazu, sich für wissenschaftliche Bildung zu interessieren, und wiederum manche von diesen sogar dazu, ihren Beruf in der Wissenschaft zu suchen. Sofern man den durch baconischen Nutzen und Verständniswissen gelieferten gesellschaftlichen Beitrag der Wissenschaften als insgesamt positiv betrachtet, stellt diese Werbewirkung der Erkenntnisfreude einen Wert dar, der selbst denjenigen zugutekommt, die selbst für diese Freude nicht empfänglich sind.

Eine weitere Externalität läge vor, wenn die Wissenschaft und insbesondere die auf Erkenntnisfreude ausgerichtete Forschung einen wesentlichen positiven Einfluss auf unsere Kultur insgesamt hätten. Eine Berufung auf Externalitäten dieser Art bietet sich bei der Rechtfertigung öffentlicher Zuschüsse für die Künste denjenigen an, die zeigen möchten, dass beispielsweise Opernaufführungen auf sehr mittelbare Weise auch denjenigen zugutekommen, die ihnen nicht als Zuschauer beiwohnen. In einer besonders raffinierten Version dieser Begründung argumentiert Ronald Dworkin, dass unter den kulturprägenden Leistungen der Künste nicht in erster Linie die Erzeugung bestimmter Dinge von ästhetischem Wert zu berücksichtigen seien, sondern vielmehr die Erzeugung und Erhaltung des strukturellen Rahmens, innerhalb dessen ästhetischer Wert überhaupt erst möglich wird.

Wir sollten versuchen, eine reichhaltige kulturelle Struktur zu definieren, eine, die unterschiedliche, wertvolle Möglichkeiten oder Chancen vervielfältigt, und uns selbst als Treuhänder betrachten, betraut damit, die Reichhaltigkeit unserer Kultur für diejenigen zu bewahren, die ihre Leben nach uns in ihr leben werden.[29]

Dabei können wir uns, so Dworkin, nicht darauf berufen, dass Komplexität und Tiefe der Kultur etwas ist, das alle oder auch nur viele Menschen wollen – dies sei deshalb unmöglich, weil die Kultur selbst so elementar für die Bildung unserer Präferenzen sei, dass die Frage, was für eine kulturelle Struktur wir präferieren würden, wenn wir die Wahl hätten, nicht auf verständliche Weise gestellt werden könne.[30] Auch wenn wir deshalb voraussetzen müssten, dass eine reiche Struktur etwas sei, das objektiv besser für die Menschen sei, sei dies kein Paternalismus im üblichen Sinne: Es würden nämlich keine bestimmten Präferenzen im Vorhinein als gut oder schlecht identifiziert und selektiv bevorzugt oder unterdrückt, sondern im Gegenteil nur der Rahmen für eine größere und freiere Auswahl zwischen möglichen Präferenzen geschaffen.[31]

Zwischen der Rechtfertigung öffentlicher Zuschüsse für die Künste und der erkenntnistheoretischen Begründung der Forschungsfreiheit für auf Erkenntnisfreude ausgerichtete Forschung (besonders, was die Freiheit der Mittel angeht) bestehen offenkundige Parallelen. Kann sich Letztere möglicherweise auf ähnliche Externalitäten stützen wie Dworkin sie bei Ersterer ausnutzt? Trägt nicht auch die auf Erkenntnisfreude gerichtete Forschung zum strukturellen Reichtum unserer Kultur bei?

In dieser direkten Form scheint mir die Übertragung bedenklich. Zu der Art von strukturellem Reichtum, wie Dworkin sie im Sinn hat – die etwa darin besteht, die intellektuelle Umwelt durch Möglichkeiten des Bezugs, durch Bilder und Metaphern, allgemein durch immer neue Wahrnehmungs- und Ausdrucksweisen anzureichern –, trägt auch die Naturwissenschaft durchaus bei. Erstens wäre es allerdings nicht leicht, zu zeigen, dass diese Art kulturellen Beitrags der Wissenschaften speziell aus der auf Erkenntnisfreude zielenden Forschung erwächst. Eine auf baconischen Nutzen gerichtete Forschung scheint dazu ebenfalls in der Lage, und eine auf

---

29 »We should try to define a rich cultural structure, one that multiplies distinct possibilities or opportunities of value, and count ourselves trustees for protecting the richness of our culture for those who will live their lives in it after us.« R. Dworkin, *A Matter of Principle*, S. 229, meine Übersetzung.

30 Ebd., S. 226-229.

31 Ebd., S. 230f.

Verständniswissen abzielende erst recht. Zweitens scheinen solche kulturellen Beiträge der Wissenschaft wenig mit ihren epistemischen Ansprüchen zu tun zu haben. Sie sind, was die Bereicherung der Kultur durch Wahrnehmungs- und Ausdrucksmöglichkeiten angeht, der Art nach nicht anders (und in vielen Fällen weniger einflussreich) als die Erfindungen der Science-Fiction.[32] Es läge also nahe, die Mittel zur Förderung der in Rede stehenden strukturellen Möglichkeiten lieber den vermutlich kostengünstiger arbeitenden Science-Fiction-Autoren zukommen zu lassen.

Wenn es einen genuinen kulturellen Beitrag der an Erkenntnisfreude orientierten Forschung gibt, der nicht nur denjenigen zugutekommt, die selbst an dieser Freude teilhaben, dann muss er statt mit den Inhalten der Wissenschaften und deren Beiträgen zu Wahrnehmungs- und Ausdrucksmöglichkeiten etwas mit den *epistemischen* Ambitionen der Wissenschaften selbst, mit ihrer spezifischen Herangehensweise an die Wirklichkeit zu tun haben. Ein Philosoph, der den kulturellen Wert wissenschaftlicher Forschung in diesem Sinn besonders eindrücklich beschworen hat, war John Dewey.

Dewey beschreibt eine bestimmte epistemische Haltung (»*morale*«), deren weite gesellschaftliche Verbreitung er für wünschenswert hält. Die Einstellungen, aus denen sich diese Haltung zusammensetzt, charakterisiert er 1939 wie folgt:

Die Bereitschaft, den Glauben in der Schwebe zu halten, die Fähigkeit, zu zweifeln, bis Belege erlangt werden; die Bereitschaft, dorthin zu gehen, wohin die Belege weisen, anstatt einer persönlich vorgezogenen Schlussfolgerung Vorrang zu gewähren; die Fähigkeit, Ideen in gelöster Form zu bewahren und sie als zu testende Hypothesen zu verwenden und nicht als zu bekräftigende Dogmen; und (vielleicht von allem das Charakteristischste) die Freude an neuen Untersuchungsfeldern und neuen Problemen.[33]

---

32 Dies stellt sich anders dar, wenn man zusätzlich zu Wahrnehmungs- und Ausdrucksmöglichkeiten die – bei Dworkin nur angedeutete – Kulturdimension der *Wertungsmöglichkeiten* miteinbezieht. Wie im vorigen Abschnitt ausgeführt, halte ich den Beitrag der Wissenschaften zur Ausbildung von Werten und Zielen für genuin und seine Abtrennung von den epistemischen Ambitionen der Wissenschaften für zynisch. Doch diesen Wertaspekt wissenschaftlichen Wissens haben wir bereits unter dem Stichwort »Verständniswissen« verbucht.

33 »[W]illingness to hold belief in suspense, ability to doubt until evidence is obtained; willingness to go where evidence points instead of putting first a personally preferred conclusion; ability to hold ideas in solution and use them as hypotheses

Die beschriebene Haltung, die Dewey auch als »*scientific attitude*« bezeichnet, ist ihm zufolge genau diejenige, die für die wissenschaftliche Forschung charakteristisch ist.

Ein besonderer Wert lässt sich der *scientific attitude* mit Dewey insofern bescheinigen, als er sie für besonders zentral für das Funktionieren einer Demokratie hält – von ihrer Verbreitung und Durchsetzung hängt das Schicksal der Demokratie geradezu ab.[34] Dies liegt daran, dass nach Dewey die Wissenschaften und die Demokratie auf denselben erkenntnistheoretischen Prinzipien beruhen: »Freiheit der Untersuchung, Tolerierung verschiedener Ansichten, Freiheit der Mitteilung und die Verteilung dessen, was herausgefunden wird, an jedes Individuum als den letztlichen geistigen Verbraucher gehören alle zur demokratischen ebenso wie zur wissenschaftlichen Methode.«[35]

Die Rolle dieser epistemischen Prinzipien für die Demokratie hängt damit zusammen, dass für Dewey ein belastbares, ständig kritisch geprüftes Wissen der Bürger zu den entscheidenden Voraussetzungen des demokratischen Prozesses gehört: »Eine wahrhaft öffentliche Ordnung kann nicht erzeugt werden, ohne dass sie durch Wissen informiert ist […].«[36] Damit dieses Wissen entsteht – da befindet sich Dewey bereits auf dem Standpunkt der heutigen sozialen Erkenntnistheorie –, bedarf es bestimmter sozialer Voraussetzungen: »Tatsächlich ist Wissen eine Funktion von Gemeinschaftsbildung und Kommunikation; es ist abhängig von Tradition, von Werkzeugen und Methoden, die sozial vermittelt,

---

to be tested instead of as dogmas to be asserted; and (possibly the most distinctive of all) enjoyment of new fields for inquiry and of new problems.« Dewey, *Freedom and Culture*, in: ders., *The Later Works, 1925-1953*, Bd. 13: 1938-1939, hg. v. Jo Ann Boydston, Carbondale 1988, S. 64-189, hier S. 166 (dt.: *Freiheit und Kultur, John Dewey Reihe*, Bd. 3, Zürich 2003), meine Übersetzung.

34 Ebd., S. 168.

35 »[F]reedom of inquiry, toleration of diverse views, freedom of communication, the distribution of what is found out to every individual as the ultimate intellectual consumer, are involved in the democratic as in the scientific method.« Ebd., S. 135.

36 »[G]enuinely public policy cannot be generated unless it be informed by knowledge […].« John Dewey, *The Public and Its Problems* [1927], in: ders., *The Later Works, 1925-1953*, Bd. 2: 1925-1927, hg. v. Jo Ann Boydston, Carbondale 1984, S. 235-372, hier S. 346 (dt.: *Die Öffentlichkeit und ihre Probleme*, Bodenheim 1996), meine Übersetzung.

entwickelt und sanktioniert werden.«[37] Zu den wesentlichen sozialen Voraussetzungen gehört dabei eben auch eine Verbreitung der richtigen epistemischen Einstellungen, verkörpert in der *scientific attitude.*

Die Idee, dass ein funktionierender demokratischer Prozess auf bestimmte epistemische Voraussetzungen angewiesen ist, soll mit ihren besonderen Implikationen für die Forschungsfreiheit im dritten Teil dieses Buches ausführlich diskutiert werden. An dieser Stelle ist der deweysche Gedanke zunächst deshalb interessant, weil er aufzeigt, dass eine bestimmte Art von kulturellem Einfluss der Wissenschaften einen Wert bedeuten kann, der auch denjenigen zugutekommt, die aus den Ergebnissen der Forschung auf keine andere Weise Nutzen ziehen. Wenn nämlich die Wissenschaft in ihrer Praxis die von Dewey beschriebenen Einstellungen verkörpert, ihnen durch ihre Erfolge zu weiter Anerkennung verhilft und vielleicht sogar bei vielen Begeisterung für eine bestimmte epistemische Haltung erweckt, dann kann die kulturelle Ausstrahlung dieser Praktiken durchaus einen positiven Beitrag zu einer funktionierenden Demokratie leisten. Diese schwer messbare kulturelle Nebenwirkung wissenschaftlicher Forschung ist eine Externalität, die sowohl zum Gesamtwert der wissenschaftlichen Wissensgewinnung beiträgt, als auch unter Gerechtigkeitsgesichtspunkten einwandfrei ist, da sie offenbar allen Bürgern in gleichem Maße zugutekommt. Eine interessante Parallele zu Dworkins Verteidigung der öffentlichen Förderung der Künste ergibt sich, wenn wir auch hier die Paternalismusfrage stellen: Müssen wir nicht die öffentliche Förderung bestimmter epistemischer Praktiken zum Zwecke der Verbreitung einer bestimmten epistemischen Haltung in einer Demokratie davon abhängig machen, ob die Bürger die Verbreitung dieser Haltung überhaupt wollen? Ist es nicht paternalistisch, einfach festzusetzen, dass diese Haltung in der Gesellschaft möglichst verbreitet sein sollte? Hier lässt sich dafür argumentieren, dass die Verbreitung der deweyschen Haltung eine entscheidende Rolle für die Auffindung und Weitergabe von kritisch geprüften Wissens-

---

37 »[I]n fact, knowledge is a function of association and communication; it depends upon tradition, upon tools and methods socially transmitted, developed and sanctioned.« Ebd., S. 334. Zur sozialen Erkenntnistheorie der Gegenwart siehe einführend meine Darstellung »Soziale Erkenntnistheorie«, in: *Information Philosophie* 5 (2007), S. 46-53.

beständen innerhalb der Gesellschaft spielt und somit selbst erst die Voraussetzung dafür schafft, dass die Bürger politische Präferenzen entwickeln können, welche ihre Interessen und Werte in angemessener Weise widerspiegeln.[38] Die Haltung soll selbst nicht dazu dienen, bestimmte Interessen und Werte im Vorhinein als gut oder schlecht zu identifizieren und zu begünstigen beziehungsweise zu unterdrücken, sondern sie soll die Bürger als Ganzes in die Lage versetzen, ihren Interessen und Werten, welche dies auch sein mögen, durch wohlinformierte politische Präferenzen im politischen Prozess Geltung zu verschaffen.

Auch ist es nicht unplausibel anzunehmen, dass gerade die auf Erkenntnisfreude ausgerichtete Forschung besonders geeignet ist, die deweysche epistemische Haltung besonders zu fördern. Denn von allen betrachteten Wertkomponenten wissenschaftlichen Wissens führt die Erkenntnisfreude am ehesten dahin, im Rahmen der Untersuchung die Wahrheit um ihrer selbst willen zu verfolgen. Wie bereits mehrfach festgestellt, begründet dies keinen intrinsischen Wert des angestrebten Wissens. Doch der hedonistische Aspekt kann dazu motivieren, die Untersuchung genau so zu betreiben, *als ob* die gesuchten wahren Überzeugungen einen intrinsischen Wert *hätten*. Dieser Modus der Untersuchung fördert genau die von Dewey benannten epistemischen Einstellungen – besonders den Willen, den empirischen Belegen zu folgen, anstatt ein persönlich präferiertes Resultat anzustreben, sowie die Freude an neuen epistemischen Herausforderungen.

Ausmaß und Gewicht des so begründeten kulturellen Wertes der Wissenschaften für demokratische Gesellschaften hängen von vielen schwierig zu bemessenden Faktoren ab: davon, wie bedeutsam die deweysche Haltung für den demokratischen Prozess wirklich ist, davon, wie sehr sie sich in den Praktiken wissenschaftlicher Forschung wirklich manifestiert, und davon, wie bedeutsam die Wissenschaften für die Verbreitung und Bekräftigung der Haltung in der Gesellschaft wirklich sind. Auf diese Fragen werde ich im Zusammenhang mit der politischen Begründung der Wissenschaftsfreiheit erneut einzugehen haben.[39] *Dass* die wissenschaftliche Forschung diese besondere Wertdimension überhaupt besitzt, bleibt jedoch auf jeden Fall eine plausible Annahme.

38 Siehe dazu ausführlich Kapitel 10.
39 Siehe insb. S. 261-267.

Insgesamt hat sich gezeigt, dass Freude, Befriedigung und Genuss, die durch wissenschaftliche Erkenntnisse ausgelöst werden, als Komponenten des instrumentellen Wertes der Ergebnisse wissenschaftlicher Forschung durchaus ernst genommen werden können. Erstens sind wissenschaftliche Ergebnisse öffentliche Güter, weshalb, anders als bei anderen Genussmitteln, politische Gemeinwesen öffentliche Mittel zu ihrer Bereitstellung verfügbar machen sollten, sobald klar ist, dass das allgemeine Interesse am wissenschaftlichen Wissen ausreichend groß ist, um die Ausgaben zu rechtfertigen. Um zu beurteilen, ob Letzteres der Fall ist, müssen natürlich immer auch der Wert der erhofften Erkenntnisse als Verständniswissen und als Grundlage künftiger nützlicher Technologien betrachtet werden. Dass aber die Erkenntnisfreude dem noch einen beachtenswerten Beitrag hinzufügt, lässt sich insbesondere stark machen, wenn man berücksichtigt, dass der Kreis der potenziellen Nutznießer räumlich wie zeitlich sehr weit reicht. Die reichen Länder, in denen dieses Wissen erzeugt wird, leisten damit auch einen Beitrag zur globalen Gerechtigkeit (der zugegebenermaßen im Vergleich zu den bestehenden globalen Ungerechtigkeiten sehr gering ist). Überdies kommt das auf Erkenntnisfreude zielende Wissen sogar denjenigen zugute, die sich selbst nicht oder wenig dafür erwärmen können. Zum einen steigert es bei vielen das Interesse an der Wissenschaft und hat so eine Bedeutung für die Anwerbung wissenschaftlichen Nachwuchses, wovon mittels der beiden anderen, weniger subjektiven Nutzendimensionen der Wissenschaft auch die Desinteressierten profitieren. Zum anderen wird besonders in der auf Erkenntnisfreude gerichteten Forschung eine epistemische Haltung kultiviert, deren Verbreitung und Durchsetzung einen positiven Einfluss auf die demokratische Kultur hat.

Kapitel 8:
Stärken und Grenzen
einer erkenntnistheoretischen Begründung
der Forschungsfreiheit

Das durch die erkenntnistheoretische Begründung gestützte Forschungsfreiheitsprinzip ist im Kern eine Klugheitsregel, ein hypothetischer Imperativ: *Insofern* wir eine möglichst effiziente Produktion wissenschaftlichen Wissens wollen, sollten wir innerhalb des dafür zuständigen Kollektivunternehmens bestimmte Freiheiten gewähren. Auf dieser Grundlage dafür zu argumentieren, dass eine bestimmte politische Gemeinschaft eine bestimmte Form von Forschungsfreiheit garantieren sollte, erfordert deshalb zwei Begründungsstränge: erstens eine Begründung, dass der zu erwartende Wissensgewinn den Mitgliedern der politischen Gemeinschaft in einem Maße zugutekommt, welches die Kosten und die gewährten Privilegien rechtfertigt (P1), und zweitens eine Begründung, dass die in Rede stehende Form der Forschungsfreiheit tatsächlich eine wesentliche Rolle für das effiziente Funktionieren der gemeinschaftlichen Wissensproduktion spielt (P2). In den Kapiteln 3 bis 7 wurden beide Begründungsstränge kritisch untersucht.

Dabei ist deutlich zutage getreten, dass die Begründungen für P1 und P2 in interessanter Weise miteinander interferieren. Denn ob wir den Punkt stark machen können, dass uns die Ergebnisse wissenschaftlicher Forschung tatsächlich zugutekommen, hängt davon ab, welche konkreten Wissensziele die Forschung verfolgt. Falls aber das Forschungsfreiheitsprinzip einfordert, die Richtung der Forschung der akademischen Selbststeuerung zu überlassen, dann werden innerdisziplinäre Relevanzkriterien die Wege der wissenschaftlichen Untersuchung vorzeichnen. Dass diese innerdisziplinären Relevanzkriterien, die sich nach den in den jeweiligen Forschungsgemeinschaften kultivierten epistemischen Werten richten werden, typischerweise mit den gesellschaftlichen Interessen und Erwartungen zusammenfallen, ist jedoch nicht zu erwarten. Kann diese innere Spannung zwischen den zwei Strängen der erkenntnistheoretischen Begründung aufgelöst werden?

Die Lösung liegt in einer differenzierten Betrachtung derjenigen Form von Forschungsfreiheit, die durch eine erkenntnistheoretische Begründung gestützt werden kann. Ein entscheidender Aspekt dieser Form ist mit der voranstehenden Überlegung bereits genannt, er betrifft die Reichweite des Forschungsfreiheitsprinzips: Für jeden Bereich wissenschaftlicher Forschung ist die erkenntnistheoretisch begründbare Forschungsfreiheitsnorm abhängig von der Bewertung der jeweiligen epistemischen Ziele. Anwendbar ist sie nur für solche Bereiche, in denen der Wert dieser Ziele für die Mitglieder der politischen Gemeinschaft die zu ihrer Erreichung erforderlichen Mittel rechtfertigt.

Doch wir haben in Kapitel 4 gesehen, dass es hinsichtlich der Frage »Frei, *was* zu tun?« (MacCallums Variable z, vgl. Kap. 1) noch eine weitere interessante Differenzierung der erkenntnistheoretisch begründbaren Forschungsfreiheitsform gibt. In erster Linie spricht die soziale Erkenntnistheorie für eine methodologische Freiheit: Forscher sollten bei gegebener Fragestellung ihre Ansätze und Methoden nach Maßgabe ihrer eigenen Einschätzung der Erfolgschancen frei wählen. Diese methodologische Freiheit ist die offensichtlichste, aber nicht die einzige aus den sozialepistemologischen Überlegungen folgende Freiheitsform: Bedingt liefern diese auch drei Argumente für eine freie Wahl der Fragestellung. Erstens, um eine effiziente kognitive Arbeitsteilung bei guter Ausnutzung der jeweils lokal vorhandenen Voraussetzungen und des lokalen Wissens zu ermöglichen. Eine Festlegung einzelner Personen oder Gruppen auf bestimmte Fragestellungen würde diesen Mechanismus unnötig einschränken. In dieser Hinsicht wäre allerdings eine freie Wahl *innerhalb* einer wohldefinierten Menge von durch die betreffende (Sub-)Disziplin verfolgten Fragestellungen ausreichend. Die zweite und dritte Begründung gehen darüber hinaus, liefern aber beide dennoch keine Argumente für eine unbedingte Freiheit in der Wahl der Fragestellung. Das zweite Argument beruht darauf, dass methodologische Freiheit und Freiheit in der Wahl der Fragestellung miteinander verzahnt sind, weil ein Wechsel von Ansatz und Methode häufig einen *problem shift* bedingen kann. Dies ist überzeugend als Begründung dafür, dass methodische Freiheit im Hinblick auf ein bestimmtes Problem auch einen *gewissen Spielraum* in der Auffassung der Fragestellung erfordert. Die Freiheit, zu überlappenden und angrenzenden Fragestellungen zu wechseln, muss zur methodologischen Freiheit dazugehören.

Diese ist jedoch bei aller Vagheit der dabei unterstellten Topologie von Fragestellungen noch deutlich unterscheidbar von einer völlig freien Wahl der Fragestellung. Die dritte Begründung beruht darauf, dass für die Entdeckung *neuer* Forschungsmöglichkeiten eine mehr als nur methodologische Freiheit erforderlich ist. Dieser Aspekt ist sehr ernst zu nehmen, denn ohne die Freiheit, völlig neue Fragestellungen mit neuen Ansätzen anzusprechen, droht jeder wissenschaftlichen Disziplin eine unproduktive Sterilität. Auch dieser dritte Punkt etabliert dennoch keine unbedingte Freiheit in der Wahl der Fragestellung, da er an die Neuartigkeit der gewählten Fragestellung gebunden ist. Gemeinsam geben die drei Gesichtspunkte eine Begründung dafür ab, dass die erkenntnistheoretisch begründete Forschungsfreiheit im folgenden Sinn auch eine bedingte Freiheit in der Wahl der Fragestellung beinhalten sollte: Die Wahl sollte frei möglich sein zwischen den aktiven Fragestellungen der Subdisziplin, sie sollte einen Spielraum in der Auslegung der Fragestellung gewähren und die Exploration völlig neuer Fragestellungen zulassen.[1]

Mit Blick auf das Subjekt der in Rede stehenden Forschungsfreiheitsform (MacCallums Variable x) haben wir gesehen, dass die erkenntnistheoretische Begründung eine wesentlich individuelle Freiheit etabliert. Die wirkungsvolle Ausnutzung lokalen Wissens und lokaler Gegebenheiten und die dadurch bewirkte Erzeugung einer produktiven Forschungsvielfalt, welche die Überzeugungskraft einer sozialen Erkenntnistheorie der Forschungsfreiheit ausmachen, beruhen auf einer automatischen Koordination unabhängiger *individueller* Initiativen.

Zuletzt ist noch die Frage nach der Art der Beschränkungen zu berücksichtigen, die durch das Forschungsfreiheitsprinzip abgewehrt werden sollen (MacCallums Variable y). Hier liefert die soziale Erkenntnistheorie zunächst eine Freiheit der Ziele und, soweit für methodologische Freiheit notwendig, auch eine Freiheit der Mittel. Dabei ist bereits der relativ schwache Status der erkenntnistheoretisch begründbaren Freiheitsnorm als bloße Klugheitsregel im Blick zu behalten: Wenn ein Zugriff auf die Mittel

---

1 Die freie Wahl zwischen den aktiven Fragestellungen der Disziplin und die freie Exploration neuer Fragestellungen ergänzen sich *nicht* zu einer unbedingten Freiheit der Fragestellungen. Der große Bereich bereits bekannter, aber inaktiver Forschungsmöglichkeiten ist durch diese Freiheiten nicht abgedeckt.

der Forschung in Konkurrenz mit starken normativen Prinzipien (wie etwa dem Recht auf körperliche Unversehrtheit) tritt, hat die erkenntnistheoretische Begründung keine starke Durchsetzungskraft. Allgemein und besonders mit Blick auf den Zugriff auf finanzielle Mittel gesprochen, gilt Folgendes: Die Kapitel 5-7 haben durchaus gezeigt, dass wir (als Mitglieder politischer Gemeinschaften) in vielen Fällen den epistemischen Zielen der Wissenschaft einen positiven Wert zuschreiben können – weil sie unser Verständnis der Welt und unserer Stellung in ihr zu fördern versprechen, weil sie durch Erkenntnisfreude einem räumlich und zeitlich weit reichenden Kreis von Nutznießern Genuss und Befriedigung verschaffen, oder weil von ihnen erwartet werden darf, dass sie zur Entwicklung von Technologien beitragen werden, die zur Lösung unserer gesellschaftlichen Probleme, zur Verbesserung unserer Gesundheit oder zur Mehrung unseres Wohlstandes führen werden. Neben diesen gesellschaftlich unterstützbaren *epistemischen* Zielen gibt es aber auch andere gesellschaftliche Ziele (zum Beispiel andere Projekte, die zur Lösung unserer gesellschaftlichen Probleme führen sollen) – diese sind nicht inkommensurabel mit den epistemischen. Die epistemischen Ziele der Wissenschaft werden gegen diese Ziele abgewogen werden müssen, und die Freiheit der Mittel, welche durch die erkenntnistheoretische Begründung etabliert werden kann, kann für jedes epistemische Ziel nur relativ zum Ergebnis dieser Abwägung sein.

Insgesamt lässt sich die erkenntnistheoretische Form der Forschungsfreiheit als eine *Mikroautonomie* der Forscher bezeichnen: Ihren Kern bildet eine *individuelle, methodologische* Freiheit, die als Freiheit der Mittel durch die relative gesellschaftliche Bewertung ihrer Erkenntnisziele beschränkt ist. Teilweise reicht sie über diesen Kern hinaus, indem auch für eine bedingte Freiheit bei der individuellen Wahl der zu verfolgenden Fragestellung substanzielle erkenntnistheoretische Begründungen angebbar sind – jedoch nur innerhalb des Bereichs aktiver Fragestellungen, oder innerhalb eines Auslegungsspielraums der beforschten Fragestellungen, oder zur Entdeckung neuartiger Forschungsmöglichkeiten. Die Bezeichnung »Mikroautonomie« ist angemessen, weil die Wahrnehmung dieser Freiheiten nicht erforderlich macht, dass die Wissenschaftler frei über die übergeordneten Erkenntnisziele ihrer Disziplinen (über die »Tagesordnung« der Wissenschaft) verfügen.

Aus genau diesem Grund löst der genaue Blick auf die erkennt-nistheoretisch begründbare Forschungsfreiheitsform die oben an-gesprochene Spannung zwischen den zwei Strängen der erkennt-nistheoretischen Begründung auf. Die erkenntnistheoretischen Argumente machen es nicht erforderlich, dass auch die übergeord-neten Erkenntnisziele und die Grundlinien der Forschungsagenda nach Maßgabe innerdisziplinärer Relevanzkriterien und durch aka-demische Selbststeuerung gesetzt werden.

Die erkenntnistheoretische Begründung hat selbst keine kon-kreten Folgerungen darüber, wie diese Setzungen der Tagesord-nung (stattdessen) erfolgen sollten. Doch der Charakter der für die Setzungen erforderlichen Abwägungen und Wertungen legt im-merhin eine Hypothese nahe. Unsere Überlegungen zum Wert wis-senschaftlichen Wissens machen klar, dass nicht nur Abwägungen gegen andere gesellschaftliche Ziele und Projekte dabei eine Rolle spielen, sondern auch beispielsweise Einschätzungen der Bedeu-tung von Verständniswissen für unsere Orientierung in der Welt sowie der Bedeutung von Erkenntnisfreude für die Beförderung einer offenen epistemischen Kultur, wie sie Dewey vorschwebte. Alle diese Wertentscheidungen, die letztlich Abwägungen über das Wohl der Mitglieder der politischen Gemeinschaft sind, können nur dann auf nichtpaternalistische Weise getroffen werden, wenn sie sich als Ergebnis eines demokratischen Prozesses ergeben.[2]

2 In diesem Ergebnis befinde ich mich in Übereinstimmung mit Marcel Weber (»Wissenschaftstheorie der Evaluation«, in: Dagmar Simon, Hildegard Matthies [Hg.], *Wissenschaft unter Beobachtung. Effekte und Defekte von Evaluationen*, Levi-athan Sonderheft 24, Wiesbaden 2007, S. 25-43). Webers Auffassung, dass bei der von ihm als »weite Evaluation« bezeichneten Bewertung einzelner Erkenntnisziele im Sinne ihrer gesellschaftlichen Bedeutung demokratische Verfahren unerlässlich seien (ebd., S. 33), beruht auf seiner Einschätzung, dass die entsprechenden Urteile Wertungen im Sinne einer subjektiven Werttheorie seien (also Werturteile, bei de-nen Wahrheit bzw. Falschheit abhängig von ihrer faktischen Anerkennung durch wertende Personen sei). Ich halte dafür, dass sich das Erfordernis demokratischer Verfahren unabhängig vom Charakter der betreffenden Werturteile ergibt. Selbst unter der Annahme, dass die in Rede stehenden Bewertungsfragen im Prinzip objektiv richtige Antworten hätten, gibt es gute Gründe, die Feststellung dieser Antworten durch Experten ohne demokratische Beteiligung als paternalistisch abzulehnen. Die offensichtlichsten solchen Gründe sind diejenigen, welche ganz allgemein gegen Expertokratie sprechen: Auch Experten entscheiden unter Be-dingungen begrenzter Information und begrenzter Rationalität und sind insbe-sondere nicht immer dazu disponiert, von ihren eigenen Partikularinteressen zu

Gegen die vielen Bedenken, die es innerhalb der Wissenschaften gegen eine stärkere Demokratisierung der Forschungsagenda gibt, liefert dieser Blick auf den Zusammenhang zwischen den beiden Begründungssträngen des erkenntnistheoretischen Arguments eine interessante Antwort: Eine demokratische Beteiligung an der Festlegung der Forschungstagesordnung macht die erste Prämisse der Begründung glaubwürdiger und *stärkt* somit den Anspruch der Wissenschaften auf die erkenntnistheoretisch bedeutsame Mikroautonomie.

Die genaue Betrachtung der erkenntnistheoretischen Begründung hat aber nicht nur Differenzierungen hinsichtlich der Form von Forschungsfreiheit, welche durch sie gestützt werden kann, zutage gefördert. Es hat sich auch gezeigt, dass die erkenntnistheoretische Begründung der Forschungsfreiheit nur auf ein epistemisches Gemeinschaftsunternehmen eines bestimmten Charakters angewandt werden kann. In einem Satz: Eine erkenntnistheoretische Begründung der Forschungsfreiheit funktioniert nur für eine Gemeinschaft von Wissenssuchenden, deren Mitglieder offen und regelmäßig miteinander kommunizieren und interagieren, sich für verwertbare Ergebnisse in fairer Weise mit Anerkennung belohnen und voneinander unabhängig genug sind, um produktive Diversität der Ansätze und wechselseitige Kritik zu ermöglichen.

Das Erfordernis der regelmäßigen offenen Kommunikation und Interaktion ergibt sich, weil sonst nicht verständlich wäre, warum die freie Entscheidung der Forscher zu einer kognitiven Arbeitsteilung führt, bei der lokales Wissen besser ausgenutzt wird als bei zentralisierten Organisationsweisen. Um die Vorteile ihrer Informationssituation gut ausnutzen zu können, müssen die Wissenschaftler auch in aggregierter Form ausreichende Informationen über die lokalen Bedingungen ihrer Mitbewerber besitzen. Da es in der Wissenschaft keinen Preismechanismus gibt, über den die-

abstrahieren. Nur transparente demokratische Verfahren, so unvollkommen sie sind, bieten korrigierende Faktoren gegen diese Probleme. (Noch grundsätzlicher könnte man argumentieren, dass das Ideal der Selbstregierung in einer liberalen Demokratie verlangt, dass die Vorstellung vom Gemeinwohl in allen seinen Aspekten durch demokratische Deliberation entwickelt wird – mit anderen Worten, dass eine paternalistische Bestimmung dessen, was für alle das Beste ist, genau eine solche Verletzung der Autonomie der Bürger ist, die durch die demokratische Ordnung gerade vermieden werden soll. Siehe dazu unten, Kapitel 10.)

se Informationen automatisch aggregiert und vermittelt würden, kann nur eine Kultur der Offenheit und intensiven Interaktion die erforderliche Informationsvermittlung gewährleisten. Darüber hinaus ist natürlich die offene Mitteilung von Ergebnissen Bestandteil des Anreizsystems, das in der sozialen Erkenntnistheorie der Forschungsfreiheit vorausgesetzt werden muss.

Zu diesem Anreizsystem gehört auch die Praxis der Anerkennung von verwertbaren Ergebnissen durch Zitation. Die oben verwendete Klausel »in fairer Weise« soll zusammenfassen, dass dabei *in der Regel* Anerkennung nicht absichtlich ungerechtfertigterweise vergeben oder vorenthalten wird, dass sie beispielsweise institutionellen Außenseitern und Forschern, die mit neuartigen Ansätzen arbeiten, nicht grundsätzlich versagt wird und dass das Zitationswesen nicht durch Scheinautorenschaft und Zitationskartelle vollkommen korrumpiert ist. Andernfalls wäre nicht zu erwarten, dass Forschungsfreiheit in der Weise zu einer produktiven Vielfalt der Ansätze und Projekte führt, wie es in der erkenntnistheoretischen Begründung der Forschungsfreiheit vorausgesetzt wird.

Voraussetzung für diese Vielfalt ist überdies offenbar eine kognitive Unabhängigkeit der Forscher voneinander. Würden alle Mitglieder einer Disziplin einer dogmatischen Parteilinie hinsichtlich der theoretischen und methodologischen Grundsätze der Forschung folgen, bestünde kaum Aussicht auf Vielfalt und wechselseitige Kritik. Es ist zu bedenken, dass diese intellektuelle Unabhängigkeit oft auf sozialen Voraussetzungen beruht. Wenn beispielsweise wenige Patriarchen über Karriereverläufe innerhalb einer Forschergemeinschaft bestimmen (wie es in manchen geisteswissenschaftlichen Kleinstdisziplinen zuweilen der Fall gewesen ist), ist die Gefahr des kognitiven Stillstands groß.

Die erkenntnistheoretische Begründung der Forschungsfreiheit hat ihre Meriten: Die Überlegungen der Kapitel 3 bis 7 haben gezeigt, dass sie nicht als bloße Geltungsrhetorik des wissenschaftlichen Standes abgetan werden kann. Sie hat jedoch auch ihre Begrenzungen: Sie ist eine reine Klugheitsregel, deren Stärke relativ zur gesellschaftlichen Bewertung der Erkenntnisziele der Wissenschaft ist; sie etabliert im Kern eine individuelle Mikroautonomie der Forschenden (ohne Argumente dafür zu liefern, dass diese auch über die großen Linien der Forschungsagenda selbst bestimmen müssen) und sie ist von substanziellen Voraussetzungen über den

Charakter der epistemischen Gemeinschaften abhängig, auf die sie angewandt werden soll. Die Stärken der erkenntnistheoretischen Begründung, die gute Argumente gegen den Versuch zentralistischer Organisationsweisen in der Forschung bereithält, können am besten ausgenutzt werden, wenn die Grenzen der Begründung offen anerkannt werden. Dies bedeutet, dass ein pauschaler Verweis auf die erkenntnistheoretische Bedeutung von Forschungsfreiheit nie den Schlusspunkt unter eine öffentliche Debatte über die Ziele und Mittel der Wissenschaft setzen kann. Denn diese gehören, wie wir gesehen haben, selbst zu den kritischen Voraussetzungen des Arguments.

III. Die politische Begründung

Kapitel 9:
Politische Wurzeln der Wissenschaftsfreiheit

9.1 Ein interessenpolitischer Coup aus der Zeit des Kalten Krieges?

Die in den vorigen Kapiteln untersuchte Überlegung, weitreichende Freiheits- und Autonomieprinzipien für die Wissenschaft ließen sich dadurch rechtfertigen, dass diese erst die Voraussetzungen für eine effiziente Erzeugung relevanten Wissens schafften, ist mit besonderem Nachdruck in den entscheidenden wissenschaftspolitischen Debatten der 1940er Jahre in den USA und in Großbritannien vorgebracht worden. Besonders in den Vereinigten Staaten hatte der Zweite Weltkrieg auch ein enorm angewachsenes Engagement der Regierung in Forschung und Entwicklung mit sich gebracht, dessen Ergebnisse im Bewusstsein der amerikanischen Öffentlichkeit als wesentliche Beiträge zum Kriegserfolg angesehen wurden. Dazu gehören nicht nur das Manhattan Project und die Entwicklung der Atombombe, sondern auch etwa die Erfindung von Radar und Sonar sowie die breite medizinische Nutzbarmachung des Penicillins. Bei Kriegsende bemühten sich gleich mehrere Initiativen darum, das starke staatliche Engagement für die Wissenschaft zu erhalten und nunmehr auch nichtmilitärischen Forschungszielen zugutekommen zu lassen. Eine davon wurde von Senator Harley M. Kilgore angeführt, einem *New-Deal*-Demokraten, der bereits während des Krieges einen *Science Mobilization Act* als Gesetzesentwurf entwickelt hatte. Kilgores Pläne sahen die Steuerung der bundesstaatlich finanzierten Forschungsanstrengungen durch eine starke zentrale Behörde vor, in der es auch Repräsentanten der amerikanischen Arbeitnehmer, Verbraucher und kleinen Unternehmer geben sollte.[1] Dagegen wandte sich entschieden der Computerpionier Vannevar Bush, der während des Zweiten Weltkriegs selbst Direktor des *Office of Scientific Research and Development* gewesen war, das die Oberaufsicht über die staatliche Förderung kriegsrelevanter

---

1 Siehe Daniel J. Kevles, »The National Science Foundation and the Debate over Postwar Research Policy, 1942-1945. A Political Interpretation of Science – The Endless Frontier«, in: *Isis* 68 (1977), S. 5-26, insb. S. 7-13.

Forschung geführt hatte.[2] Auch Bush wollte die großzügige staatliche Alimentierung wissenschaftlicher Forschung fortführen, dabei jedoch stark auf die Selbststeuerung der Wissenschaft und auf individuelle Forschungsfreiheit setzen. In *Science, the Endless Frontier*, seinem einflussreichen Bericht an Präsident Truman, fordert Bush im Jahr 1945: »Wir müssen die strengen Kontrollen zurücknehmen [...] und die Freiheit der Untersuchung und den gesunden Geist des wissenschaftlichen Wettbewerbs wiedererlangen, der so notwendig für das Hinausschieben der Grenzen wissenschaftlichen Wissens ist.«[3] Eine zentrale Steuerung lehnt er ab, weil sie dem Ziel der effizienten Hervorbringung neuartigen wissenschaftlichen Wissens entgegenstehe: »Wissenschaftlicher Fortschritt auf breiter Front entspringt dem freien Spiel freier Geister, die über Gegenstände ihrer Wahl arbeiten, auf eine Weise, die durch ihre Neugier auf die Erkundung des Unbekannten bestimmt wird.«[4] Die von Bush vorgesehene Forschungsagentur sollte deshalb auf der Basis wissenschaftlichen Fachverstands Forschungsaufträge an unabhängige Einrichtungen vergeben und diesen dabei zugleich bei der Gestaltung der Forschung und der Wahl der Methoden freie Hand lassen.[5]

Bushs Vorstellungen konnten sich in der politischen Auseinandersetzung gegen Kilgores Ideen durchsetzen; die 1950 gegründete *National Science Foundation* folgt in wichtigen Punkten den Vorschlägen des Bush-Berichts und setzt zumindest in ihrer Grundkonzeption ähnlich wie die Deutsche Forschungsgemeinschaft und

2 Zu Bush und seinem Bericht siehe Kevles, »The National Science Foundation and the Debate over Postwar Research Policy, 1942-1945«, David H. Guston, *Between Politics and Science. Assuring the Integrity and Productivity of Research*, Cambridge 2000, Kapitel 2, und Heather E. Douglas, »Border Skirmishes Between Science and Policy. Autonomy, Responsibility, and Values«, in: Peter Machamer, Gereon Wolters (Hg.), *Science, Values and Objectivity*, Pittsburgh 2004, S. 220-244.

3 »We must remove the rigid controls [...] and recover freedom of inquiry and that healthy competitive scientific spirit so necessary for expansion of the frontiers of scientific knowledge.« Vannevar Bush, *Science, the Endless Frontier. A Report to the President on a Program for Postwar Scientific Research*, Neudr., Washington 1960, S. 12, meine Übersetzung.

4 »Scientific progress on a broad front results from the free play of free intellects, working on subjects of their own choice, in the manner dictated by their curiosity for exploration of the unknown.« Ebd., meine Übersetzung.

5 Ebd., S. 33.

andere westliche Forschungsagenturen auf disziplinäre Selbststeuerung.

In Großbritannien hatten bereits seit den 1930er Jahren sozialistische Wissenschaftler den gesellschaftlichen Nutzen zum Seinsgrund aller Wissenschaften erklärt und entsprechend eine auf soziale Ziele ausgerichtete Forschungsagenda gefordert. Zu den Befürwortern gehörten prominente, zum Teil in der *Association of Scientific Workers* organisierte Wissenschaftler, allen voran der Physiker und Pionier der Röntgenstrukturanalyse von Kristallen, John Desmond Bernal. Die Freiheit der Wissenschaft muss Bernal zufolge dem Ziel einer demokratischen Organisation der Forschungsanstrengungen untergeordnet werden.[6] Gegen die Bernalisten wandte sich mit besonderer Verve der ungarisch-britische Chemiker Michael Polanyi.[7] Für ihn kann die Wissenserzeugung in den Wissenschaften nicht zentral geplant werden, da die entscheidenden Fortschritte der Wissenschaft grundsätzlich unvorhersehbar sind. »Das Betreiben von Wissenschaft kann daher auf keine andere Weise organisiert werden als dadurch, dass allen reifen Wissenschaftlern vollständige Unabhängigkeit gewährt wird.«[8]

Die genannten Debatten haben die Wissenschaftspolitik stark geprägt; auf Grundlage der Argumente von Bush, Polanyi und anderen haben sich in der Nachkriegszeit im Westen zunächst Modelle großzügiger staatlicher Wissenschaftsförderung bei zugleich geringer politischer Einmischung in die Inhalte der Forschung durchgesetzt. Vor diesem Hintergrund sind Forschungsfreiheits- und Autonomieprinzipien im Nachhinein in den Verdacht geraten, ihre politische Relevanz beschränke sich auf eine bloße Inter-

6 John D. Bernal, *The Social Function of Science*, Neudr., Cambridge/Mass. 1967 (zuerst veröffentlicht 1939, dt.: *Die soziale Funktion der Wissenschaften*, Berlin 1986), S. 277 f.

7 Zu Polanyis Opposition gegen die Bernalisten siehe Márta Fehér, »Science and Liberalism. Michael Polanyi on the Freedom of Science«, in: *Polanyiana* 5 (1996), S. 47-62, und Philip Mirowski, »Economics, Science, and Knowledge. Polanyi vs. Hayek«, in: *Tradition and Discovery. The Polanyi Society Periodical* 25 (1998), S. 29-42.

8 »The pursuit of science can be organized, therefore, in no other manner than by granting complete independence to all mature scientists.« Michael Polanyi, »Planned Science«, in: ders., *The Logic of Liberty. Reflections and Rejoinders*, London 1951, S. 86-90, hier S. 89, meine Übersetzung. (Der Aufsatz geht auf eine Radioansprache vom September 1948 zurück.)

essenpolitik der Wissenschaftlerinnen und Wissenschaftler, denen es in der besonderen Situation des Kalten Krieges gelungen sei, der westlichen Öffentlichkeit einen Sozialvertrag für die Wissenschaft zu suggerieren, welcher ihnen selbst unerhört gute Bedingungen bescherte. So schlägt der amerikanische Politikwissenschaftler David Guston vor, ebendiesen Sozialvertrag als eine Ideologie zu betrachten.[9] Auch sein Kollege Dan Sarewitz hatte schon zuvor die Annahme, eine ungesteuerte Wissenschaft liefere am Ende den größten gesellschaftlichen Nutzen, zu den großen Mythen der Forschungspolitik gezählt, von denen er meint: »Sie sind im Grunde Artikulationen von Ideologie und Werkzeuge politischer Anwaltschaft, die als Wahrheiten akzeptiert und ausgedrückt werden.«[10] »Begründungen« der Forschungsfreiheit wären entsprechend als bloßes rhetorisches Sperrfeuer dieser Interessenpolitik zu verstehen. Zuweilen werden sie mit dem zusätzlichen Ideologieverdacht belegt, in ihnen drücke sich das Streben (neo-)liberaler kalter Krieger aus, das Gemeinschaftsunternehmen Wissenschaft nach dem Vorbild des Laissez-faire-Kapitalismus zu modellieren.[11]

Die in Kapitel 3 dargestellte geistesgeschichtliche Tradition zeigt zwar, dass das Forschungsfreiheitsprinzip und seine erkenntnistheoretische Begründung keineswegs intellektuelle Produkte der Nachkriegszeit sind. Doch ließe sich der Ideologie- und Interessenpolitikverdacht noch immer so verstehen, dass diese Überlegungen ihre *Wirksamkeit in der politischen Sphäre* erst den genannten Auseinandersetzungen und den besonderen ideologischen Bedingungen vor dem Hintergrund des Kalten Krieges verdankten.

Ein Blick über den zweifellos bedeutsamen, aber dennoch begrenzten Kontext US-amerikanischer Wissenschaftspolitik hinaus verändert die Perspektive.[12] Besonders die Geschichte der Wissen-

9 Guston, *Between Politics and Science*, S. 37.

10 »They are, at root, expressions of ideology and tools of political advocacy, accepted and expressed as truth.« Daniel Sarewitz, *Frontiers of Illusion. Science, Technology, and the Politics of Progress*, Philadelphia 1996, S. 10, meine Übersetzung.

11 David A. Hollinger, »Free Enterprise and Free Inquiry. The Emergence of Laissez-Faire Communitarianism in the Ideology of Science in the United States«, in: *New Literary History* 21 (1990), S. 897-919.

12 Im Übrigen lässt sich auch in den USA die politische Wirksamkeit von Forschungsfreiheitsprinzipien weiter zurückverfolgen, vgl. Robert B. Sutton, *European and American Backgrounds of the American Concept of Academic Freedom, 1500-1914*, Dissertation, University of Missouri 1950, Kapitel 5 u. 6.

schaftsfreiheit im deutschen Sprachraum lässt augenfällig werden, dass auch die politische Wirksamkeit von Freiheits- und Autonomieprinzipien für die Wissenschaft viel weiter in die Geschichte zurückreicht: Bereits knapp hundert Jahre vor Erscheinen von Bushs Bericht war die Freiheit der Wissenschaft in Preußen als Verfassungsgrundsatz festgeschrieben. In den deutschen Ländern fällt dabei das Ringen um Wissenschaftsfreiheit zeitlich und, wie wir sehen werden, in weiten Teilen auch inhaltlich mit dem Ringen um die Herstellung einer demokratischen Ordnung in Deutschland zusammen. Es lohnt sich, im Folgenden einen genaueren Blick auf die politische Etablierung des Wissenschaftsfreiheitsprinzips im 19. Jahrhundert zu werfen. Dabei lässt sich leicht zeigen, dass seine politische Relevanz über bloße Interessenpolitik der Wissenschaften hinausgeht.

Natürlich wäre ohnehin nicht offensichtlich, dass aus dem Hintergrund der Debatten des Kalten Krieges auch eine Fragwürdigkeit bestimmter Begründungen der Forschungsfreiheit herzuleiten ist. Jede Begründung, ob gut oder schlecht, *kann* in rhetorischer Absicht als Instrument einer Interessenpolitik verwendet werden, weshalb ein bloßer Hinweis auf ideologische oder interessenpolitische Verstrickungen eines Arguments die inhaltliche Auseinandersetzung mit seiner Sachhaltigkeit und logischen Stichhaltigkeit nicht ersetzen kann. Weit wichtiger als die Ausräumung des Ideologie- und Interessenpolitikverdachts ist denn auch, dass in den Debatten des 19. Jahrhunderts eine zusätzliche, spezifisch politische, genauer: demokratietheoretische Begründungsdimension der Wissenschaftsfreiheit erkennbar wird, die eine gesonderte Betrachtung verdient.

9.2 Die Geburt der Wissenschaftsfreiheit aus dem Geist der Revolution

Der Eintritt der Wissenschaftsfreiheit in die deutsche Verfassungsgeschichte beginnt kurz nach der Märzrevolution, am 20. April 1848. Der so genannte Siebzehnerausschuss, eingesetzt vom Bundestag des Deutschen Bundes zur Ausarbeitung eines Entwurfs für eine neue Bundesverfassung, fügte an diesem Tag den in Artikel IV aufgezählten »Grundrechten des deutschen Volkes« die »Freiheit der Wissenschaft« hinzu.[13] Der Verfassungsausschuss der Nationalversammlung in Frankfurt, der sich in vielen Punkten am Entwurf des Siebzehnerausschusses orientierte, formulierte im Juni 1848: »Die Wissenschaft und ihre Lehre ist frei«;[14] und genau so lautet später der beschlossene Paragraph 152 der Paulskirchenverfassung. In der Beratung im Plenum erklärte der Berichterstatter, der Artikel solle »die unveräußerlichen Rechte auf die *Wissenschaft und ihre Erfolge im allgemeinsten Sinne des Wortes*« sichern.[15] Aus der Frankfurter Vorlage übernahm ihn Friedrich Wilhelm IV. in seine oktroyierte Verfassung für den preußischen Staat vom 5. Dezember 1848.[16] Österreich folgte 1867. 1919 gelangte das Grundrecht auf Wissenschaftsfreiheit aus der Vorlage des Frankfurter Grundrechtekatalogs in die Weimarer Reichsverfassung, und zwar als Artikel 142: »Die Kunst, die Wissenschaft und ihre Lehre sind frei. Der Staat gewährt ihnen Schutz und nimmt an ihrer Pflege teil.« Kaum verändert, heißt es seit 1949 im Grundgesetz, Art. 5, Abs. 3: »Kunst und Wissenschaft, Forschung und Lehre sind frei. Die Freiheit der Lehre entbindet nicht von der Treue zur Verfassung.«[17]

Offenbar geht also die Wirksamkeit der Idee der Wissenschaftsfreiheit in der politischen Sphäre in Deutschland wesentlich auf das Revolutionsjahr 1848 zurück. Durch welche Überlegungen kam es überhaupt zur Einforderung dieses Rechts? Eine aufschlussreiche Quelle stellt das zweibändige *System der socialen Politik* des Geologen, Verlegers und Mitglieds der Nationalversammlung Julius Fröbel dar. Seit Fröbel es zuerst 1846 (damals noch unter einem Pseudonym und dem Titel *Neue Politik*) veröffentlicht hatte, war es, so der Historiker Rainer Koch, schnell »zu einer Art Handbuch

13 Rudolf Hübner (Hg.), *Aktenstücke und Aufzeichnungen zur Geschichte der Frankfurter Nationalversammlung aus dem Nachlaß von Johann Gustav Droysen*, Neudr., Osnabrück 1967, S. 76.

14 Johann Gustav Droysen (Hg.), *Die Verhandlungen des Verfassungs-Ausschusses der deutschen Nationalversammlung*, Leipzig 1849, S. 19.

15 Franz Wigard (Hg.), *Stenographischer Bericht über die Verhandlungen der deutschen constituierenden Nationalversammlung zu Frankfurt am Main*, Bd. 3, Frankfurt/M. 1848, S. 2167, Hervorhebung im Original.

16 Genaueres dazu siehe Henning Zwirner, »Zum Grundrecht der Wissenschaftsfreiheit«, in: *Archiv des öffentlichen Rechts* 98 (1973), S. 313-339, hier S. 325.

17 Zur Geschichte des Grundrechts auf Wissenschaftsfreiheit siehe ebd. und Walter Schmidt, *Die Freiheit der Wissenschaft. Ein Beitrag zur Geschichte und Auslegung des Art. 142 der Reichsverfassung*, Berlin 1929, insb. § 7.

und Leitfaden der […] demokratischen Bewegung« geworden.[18] Fröbel tritt darin für »freie wissenschaftliche Anstalten« als »Garantie für die Freiheit der Wissenschaft« ein, denn: »Die Wahrheit läßt sich nicht befehlen.«[19] Dazu gehört für ihn auch, dass der Staat »ausgezeichneten Denkern und Gelehrten freie Existenz zur unabhängigen Beschäftigung mit der Wissenschaft« sichere.[20] Das Wesen der Wissenschaftsfreiheit besteht für ihn dabei in einer Art theoretischer »Anarchie«.[21] »Nur aus der vollständigsten individuellen Freiheit und Unabhängigkeit jedes Denkers und Forschers geht die Wahrheit hervor.«[22]

Eine besondere Qualität erhalten Fröbels Überlegungen vor allem dadurch, dass für ihn diese Freiheit aufs Engste mit der Forderung nach einer demokratischen Ordnung verbunden ist, in der das Mehrheitsprinzip herrscht. Denn das Prinzip der Majoritätsentscheidung beruht, so Fröbel, auch auf »dem Glauben an die überzeugende Kraft der Wahrheit« und an »die Fähigkeit der Vernunft mit der Wahrheit auf dem Wege der Überzeugung den Irrthum zu verdrängen«.[23] Für die Fähigkeit der Bürger, richtige Entscheidungen zu treffen, ist es also wichtig, dass sie in der öffentlichen Auseinandersetzung dazu tendieren, wahre Überzeugungen auszubilden. Vorbedingung dafür ist, neben der Pflege staatlicher Bildungseinrichtungen, vor allem die theoretische Anarchie. Fröbel resümiert: »Die Verbindung dieser beiden Grundsätze: der Herrschaft der Majoritäten auf dem Gebiete der Zwecke, und der Freiheit und Anarchie auf dem Gebiete der Theorie – macht die einzige richtige Methode alles politischen Lebens und Fortschreitens aus.«[24]

Für Fröbel bedeutet das auch, dass die Wissenschaften eine starke Rolle in der Gestaltung der Gesellschaft spielen müssen: »Wir verlangen also, dass sich die ganze Wissenschaft in allen Arbeiten und Kämpfen der sittlichen Lebensentwicklung betheilige, und

18 Rainer Koch, *Demokratie und Staat bei Julius Fröbel: 1805-1893. Liberales Denken zwischen Naturrecht und Sozialdarwinismus*, Wiesbaden 1978, S. 86.

19 Julius Fröbel, *System der socialen Politik*, 2. Aufl. der »Neuen Politik«, Leipzig 1850, Bd. 2, S. 38 f.

20 Ebd., Bd. 2, S. 43.

21 Ebd., Bd. 2, S. 42.

22 Ebd., Bd. 2, S. 51 f.

23 Ebd., Bd. 2, S. 105.

24 Ebd., Bd. 2, S. 107.

dass sich in der Selbsterkenntnis und Selbstlenkung der Gesellschaft die gesammten Kräfte und Schätze der Theorie mit Bewußtsein zu einem Ganzen vereinigen.«[25] An anderer Stelle wird deutlich, dass sich die hohen Erwartungen an die Wissenschaft dabei hauptsächlich an ihre Rolle als Förderin politischer Emanzipation knüpfen: »Und so hat die Menschheit auch für die Zukunft von der Wissenschaft und einzig von ihr jeden Fortschritt zu erwarten. Sie allein stürzt die Autorität und führt uns zur Freiheit.«[26]

Eine umstürzlerische Tendenz der Wissenschaft wurde gewiss nicht in allen Fraktionen der Paulskirche gesehen, jedoch wurde die politische Dimension der Wissenschaft weithin anerkannt und hervorgehoben. Auch der gemäßigte Liberale, Historiker und spätere Abgeordnete Friedrich Christoph Dahlmann hatte schon 1833 betont:

Das ist nun schlechterdings einmal unmöglich, daß die Wissenschaft diejenige Kraft aufgebe, durch welche sie im Stande ist, einer Regierung häufig unbequem zu werden. [...] Denn wenn ihre Aussprüche ad nutum der Regierung ständen, so würden sie eben dadurch ihrer Quelle entfremdet und werthlos.[27]

Auch in seiner einflussreichen *Politik* unterstrich Dahlmann 1835 die Unverzichtbarkeit der Wissenschaften für die politische Sphäre: Die Regierenden »bedürfen der Wissenschaft, der Staat kann ohne sie nicht mehr behandelt werden«.[28] Auch zur Bildung der »Staatsjugend« sei eine tiefschürfende, lebendige Wissenschaft erforderlich; ohne Freiheit an den Universitäten würden aber nur »Handlanger« und »Polytechniker« hervorgebracht.[29] Dass die zu einer ebensolchen tiefschürfenden Wissenschaft gehörige Forschung mittels geeigneter Beschränkungen herbeiführbar sei, sei »der oft schon schwer gebüßte Irrtum Vieler«.[30] Wie Fröbel betont auch Dahlmann: »[D]ie wissenschaftlichen Wahrheiten sind keine

---

25 Ebd., Bd. 1, S. 554.
26 Ebd., Bd. 1, S. 541.
27 Friedrich Christoph Dahlmann, »Die Zukunft unserer Universitäten«, in: *F. C. Dahlmann's kleine Schriften und Reden*, Stuttgart 1886, S. 236-242, S. 240. (Der Aufsatz erschien zuerst 1833 in der *Hannoverschen Zeitung*.)
28 Friedrich Christoph Dahlmann, *Die Politik*, hg. v. Wilhelm Bleek, Frankfurt/M. 1997, S. 237.
29 Ebd., S. 226 f.
30 »Die Zukunft unserer Universitäten«, S. 238.

Gegenstände der Gesetzgebung.«[31] Und weiter: »Der Staat, so hoch er steht, hat nicht allein die Gewalt; durch ihn geht eine Natur der Dinge, die er zuvor anerkennen muß, damit sie bedingt ihm diene; er kann meistern an der äußeren Bewegung und Darstellung der Wissenschaft, ohne ihren Inhalt abändern zu können [...].«[32]

Dahlmann ist in diesem Zusammenhang auch deshalb als Person interessant, weil er wenig später als einer der Göttinger Sieben zu einer Symbolfigur für die Universität als Hort des Freiheitsstrebens wurde. In der Reaktionszeit, insbesondere infolge der Karlsbader Beschlüsse von 1819, war es an verschiedenen Universitäten der deutschen Länder zu politisch motivierten Maßregelungen und Drangsalierungen durch die Obrigkeit gekommen. So hatte der Theologe Wilhelm Martin Leberecht de Wette schon 1819 wegen eines privaten Trostbriefs an die Mutter des Kotzebue-Attentäters Karl Ludwig Sand sein Berliner Lehramt eingebüßt; 1832 hatte der Jurist Carl Theodor Welcker seine Professur an der Universität Freiburg verloren, nachdem er heftig gegen das Verbot der von ihm herausgegebenen Zeitschrift *Der Freisinnige* protestiert hatte – um nur zwei Beispiele zu nennen.[33] Das meiste Aufsehen erregte jedoch die gleichzeitige Entlassung von sieben Göttinger Professoren, die 1837 Einspruch gegen die Aufhebung des relativ liberalen hannoverschen Staatsgrundgesetzes durch den neuen König Ernst August I. erhoben hatten. Dahlmann hatte den Protestbrief entworfen.

Beim anschließenden Streit um die Strafmaßnahme Ernst Augusts ging es unter anderem um den Diensteid der Professoren und die Frage, wem oder was gegenüber diese kraft ihres Eides Treue schuldeten. Bemerkenswert ist hier die Verteidigung der Sieben durch den eher konservativen Juristen Georg Beseler, der später in der Paulskirche Führer der Erbkaiserpartei werden sollte.[34] Auch

31 *Die Politik*, S. 238.

32 Ebd., S. 241.

33 Berüchtigte Fälle waren außerdem Lorenz Okens erzwungene Aufgabe seiner Professur in Jena 1819, die Verhaftung Ernst Moritz Arndts im selben Jahr (mit anschließender Entziehung seiner Lehrerlaubnis an der Universität Bonn) sowie David Friedrich Strauß' Entfernung von seiner Repetentenstelle an der Universität Tübingen 1835. Für weitere Beispiele und als Dokument des bleibenden Eindrucks dieser Vorgänge im späteren 19. Jahrhundert siehe Georg Kaufmann, *Die Lehrfreiheit an den deutschen Universitäten im neunzehnten Jahrhundert*, Leipzig 1898.

34 Georg Beseler, »Zur Beurtheilung der sieben Göttinger Professoren und ihrer Sache« [1838], in: ders., *Erlebtes und Erstrebtes. 1809-1859*, Berlin 1884.

Beseler betont nämlich die politische Rolle der Wissenschaftler für das Gemeinwesen. Den Eid auf die Landesverfassung hätten die Sieben, so Beseler, nicht einfach nur dem König geschworen. Sie seien Staatsdiener, nicht königliche Diener, und nähmen »eine Stellung zu den Landesangelegenheiten ein, die nicht allein nach Berechtigung des Dienstherrn abgewogen werden darf«.[35]

In der Folgezeit wird die Standhaftigkeit der Professoren in der Reaktionszeit auch den Universitäten insgesamt zugutegehalten. So betont 1848 der Eintrag »Universitäten« im *Staats-Lexikon* (herausgegeben von Welcker, dem ebenerwähnten früheren Herausgeber des *Freisinnigen*), dass diese schon seit dem Mittelalter »das volksfreiheitliche und das demokratische Princip« hochgehalten hätten.[36] Umgekehrt könnten die Universitäten auch nur dort gedeihen, wo die politischen Verhältnisse »den Grundbedingungen der Wissenschaft, nehmlich der Freiheit der Forschung und der Mittheilung ihrer Resultate, nicht hemmend in den Weg treten« – weswegen man auch die Wissenschaft bei den Griechen mit ihrer »freien Staatsverfassung« zuerst auf den Plan treten sehe.[37] Wissenschaft und politische Freiheit gingen also Hand in Hand. Der liberale Verleger Friedrich Daniel Bassermann ging in der Paulskirche so weit, den Universitäten sogar eine Führungsrolle im Freiheitskampf der Jahre 1813/14 gegen die französische Besatzung zuzuschreiben.[38]

Der Eindruck der Repressalien der Reaktionszeit hat bei der Entscheidung der Paulskirche für ein Recht auf Wissenschaftsfreiheit eine erkennbare Rolle gespielt. Eingangs der Verhandlung über den Artikel im Plenum sagte der Abgeordnete Heinrich Schierenberg richtig voraus, es werde sich über ihn »kaum eine Discussion erheben«: »Wir Alle sind einverstanden darin, dass die Wissenschaft frei sein muß, dass es künftig keinem Galilei mehr geboten werden soll, die Umdrehung der Erde zu leugnen, dass kein Minis-

35 Ebd., S. 192.

36 Karl Hermann Scheidler, »Universitäten« in: Carl von Rotteck, Carl Welcker (Hg.), *Staats-Lexikon*, Bd. 12, Altona ²1848, S. 621-640, hier S. 627. Auch in einem von Welcker selbst verfassten Eintrag wird die Freiheit als das Wesen der Wissenschaft bezeichnet (Welcker, »Lehrfreiheit«, in: Carl von Rotteck, Carl Welcker [Hg.], *Staats-Lexikon*, Bd. 8, Altona ²1847, S. 484-495, hier S. 487).

37 Ebd., S. 622.

38 Wigard (Hg.), *Stenographischer Bericht über die Verhandlungen der deutschen constituierenden Nationalversammlung zu Frankfurt am Main*, Bd. 7, S. 5250.

terium Eichhorn wieder sich einmischen soll in die Lehrsätze der theologischen Wissenschaft [...].«[39] (Der preußische Kultusminister Johann Albrecht Friedrich von Eichhorn hatte eine sehr genaue Kontrolle über die Universitäten ausgeübt und beispielsweise 1842 die Habilitation des Theologen Bruno Bauer rückgängig gemacht, weil dessen Ansichten seiner Auffassung nach »das Wesentliche und den eigentlichen Bestand der christlichen Wahrheit in ihrem innersten Grund« angriffen.[40])

Sogar auf der Ebene der am Entstehungsprozess des Wissenschaftsfreiheitsparagraphen beteiligten Personen ist der Einfluss dieser politischen Konnotationen der Wissenschaftsfreiheit nachvollziehbar. Es war Dahlmann selbst, der an jenem 20. April 1848 im Siebzehnerausschuss die Ergänzung des Rechts auf »Freiheit der Wissenschaft« vorgeschlagen hatte.[41] In den Protokollen und Berichten ist später nur ein einziger Moment erkennbar, in dem dieses Recht in Frage gestellt wurde: Im Verfassungsausschuss der Nationalversammlung regt der ultrakonservative Großgrundbesitzer Felix Lichnowsky an, den Artikel zu streichen, da »die Majorität des deutschen Volks nicht aus Professoren bestehe«. Dagegen wendet laut Protokoll Beseler ein (und schließt dabei inhaltlich an seine Verteidigung der Göttinger Sieben an), »die Wissenschaft sei nicht eine Domaine von Wenigen, wie Manche zu glauben scheinen, sondern ein Gemeingut des Volkes, und eines der wichtigsten; aber nur ihre Freiheit mache sie zu einem Gut«. Anwesend sind auch Welcker und Bassermann, die beide Lichnowskys Vorschlag widersprechen, Welcker gleich mehrfach. Nach dieser Diskussion beschließt der Ausschuss Beselers Formulierungsvorschlag: »Die Wissenschaft und ihre Lehre ist frei.«[42]

An der Entstehungsgeschichte des Wissenschaftsfreiheitsartikels

39 Ebd., Bd. 3, S. 2177.
40 So Eichhorn in einem Schreiben an alle theologischen Fakultäten in Preußen, zit. nach Joachim Mehlhausen, *Vestigia Verbi. Aufsätze zur Geschichte der evangelischen Theologie*, Berlin 1999, S. 218.
41 Hübner (Hg.), *Aktenstücke und Aufzeichnungen zur Geschichte der Frankfurter Nationalversammlung aus dem Nachlaß von Johann Gustav Droysen*, S. 76.
42 Droysen (Hg.), *Die Verhandlungen des Verfassungs-Ausschusses der deutschen Nationalversammlung*, S. 19 f. Außer Bassermann, Beseler und Welcker haben sich laut Protokoll in dieser Diskussion auch Heinrich Ahrens und Ernst von Lasaulx zugunsten der Wissenschaftsfreiheit ausgesprochen; Zustimmung zu Lichnowskys Vorschlag scheint es keine gegeben zu haben.

wird die Wirksamkeit einer genuin politischen Begründung für die Freiheit von Forschung und Lehre sichtbar. Dabei geht es natürlich, wie bei der sozialepistemologischen Begründung, zunächst einmal um die Sicherung der Bereitstellung von Wissen. So unterstreicht beispielsweise Welcker, dass speziell in der politischen Sphäre »die fortdauernde Kenntniß aller erfahrungsmäßigen Verhältnisse und Bedürfnisse des ganzen Volkes« sowie »der fortdauernde Erwerb der klügsten Gedanken, des besten Raths aller Mitglieder der Nation, zur richtigen Beurtheilung und Behandlung dieser Verhältnisse« erforderlich seien.[43] Ähnliches haben wir bereits bei Fröbel gelesen. Es wäre allerdings ein Fehler, in der politischen Begründung deshalb nur einen Sonderfall der erkenntnistheoretischen sehen zu wollen. Denn es geht im Bereich des Politischen nicht nur um die möglichst *effiziente* Erzeugung von Wissen. Wenn die Freiheit auf dem Gebiet der Wissenserzeugung und die demokratische Einrichtung der politischen Verhältnisse miteinander einhergehen sollen, dann ist damit auch gesagt, dass mit der Wissenschaftsfreiheit vor allem eine *unabhängige* Hervorbringung des Wissens gefordert wird. Die politischen Mächte sollen die Wissenschaft und ihre Institutionen nicht nach Belieben lenken dürfen. Gerade im Rahmen einer demokratischen politischen Ordnung ist dies eine wichtige Forderung, wenn die Wissenschaft an der Selbstlenkung der Gesellschaft beteiligt sein und diese zugleich darauf beruhen soll, dass im freien politischen Diskurs die Wahrheit auf dem Wege der Überzeugung den Irrtum verdrängt, um an Fröbels Worte anzuschließen.

Bevor die systematische Kraft dieser politischen Begründung uns genauer beschäftigt, bleibt noch darauf hinzuweisen, dass sie keine Neuerung ist, die erst die (früh-)liberalen Denker des 19. Jahrhunderts sich hätten einfallen lassen. Schon bei Kants aufklärerischer Verteidigung der Wissenschaftsfreiheit, die sich wesentlich auf ein erkenntnistheoretisches Argument stützt, klingt zugleich auch die politische Dimension des Anliegens an – etwa wenn Kant der

---

43 Carl Theodor Welcker: »Die vollkommene und ganze Preßfreiheit nach ihrer sittlichen, rechtlichen und politischen Nothwendigkeit, und ihrer Uebereinstimmung mit deutschem Fürstenwort und nach ihrer völligen Zeitgemäßheit dargestellt in ehrerbietigster Petition an die Hohe Deutsche Bundesversammlung«, in: ders., *Kampf um publizistische Libertät*, hg. v. Heinz-Dietrich Fischer, Rainer Schöttle, Bochum 1981, S. 3-151, hier S. 76 f.

philosophischen Fakultät das Recht zuspricht, alle Befehle der Regierung zu beurteilen und davor warnt, dass die Wahrheit sonst »zum Schaden der Regierung selbst [...] nicht an den Tag kommen würde«.[44] (Neben den inhaltlichen Parallelen ist zu bemerken, dass auch Kants *Streit der Fakultäten* in Reaktion auf eine obrigkeitliche Maßregelung entstanden ist, nämlich auf eine königliche Kabinettsorder von 1794 hin, in der Kant der Herabwürdigung des Christentums in seinen Religionsschriften bezichtigt und unter Androhung »unfehlbar unangenehmer Verfügungen« gewarnt wird, sich dergleichen künftig nicht mehr zuschulden kommen zu lassen.[45]) Ähnlich hatte Kant bereits 1793 für die »Freiheit der Feder« als einziges »Palladium der Volksrechte« plädiert:

Denn diese Freiheit ihm auch absprechen zu wollen, ist nicht allein soviel, als ihm allen Anspruch auf Recht in Ansehung des obersten Befehlshabers (nach Hobbes) nehmen, sondern auch dem letzteren, dessen Wille bloß dadurch, daß er den allgemeinen Volkswillen repräsentiert, Untertanen als Bürgern Befehle gibt, alle Kenntnis von dem entziehen, was, wenn er es wüßte, er selbst abändern würde, und ihn mit sich selbst in Widerspruch setzen.[46]

In der Überlegung, dass ein freier Fluss der Kenntnisse dafür entscheidend sei, dass der allgemeine Volkswille im Regierungshandeln repräsentiert sein kann, sind entscheidende Elemente der politischen Begründung der Wissenschaftsfreiheit vorausgedacht. 1795 bekräftigte Kant erneut: »Daß aber Könige oder königliche (sich selbst nach Gleichheitsgesetzen beherrschende) Völker die Klasse

44 Immanuel Kant, *Der Streit der Fakultäten*, hg. v. Horst D. Brandt, Piero Giordanetti, Hamburg 2005, AA VII 20. Vgl. auch Kants Bemerkung im Kontext der Gegenüberstellung von Vernunftkritik und Schulphilosophie im Vorwort zur zweiten Auflage der *Kritik der reinen Vernunft* (hg. v. Raymund Schmidt, Hamburg 1990, B XXXV): »Wenn Regierungen sich ja mit Angelegenheiten der Gelehrten zu befassen gut finden, so würde es ihrer weisen Fürsorge für Wissenschaften sowohl als Menschen weit gemäßer sein, die Freiheit einer solchen Kritik zu begünstigen, wodurch die Vernunftbearbeitungen allein auf einen festen Fuß gebracht werden können, als den lächerlichen Despotismus der Schulen zu unterstützen [...].«

45 Kant, *Streit der Fakultäten*, AA VII 6.

46 »Über den Gemeinspruch. Das mag in der Theorie richtig sein, taugt aber nicht für die Praxis«, in: ders., *Über den Gemeinspruch. Das mag in der Theorie richtig sein, taugt aber nicht für die Praxis. Zum ewigen Frieden*, hg. v. Heiner F. Klemme, Hamburg 1992, S. 1-48, AA VIII 304.

der Philosophen nicht schwinden oder verstummen, sondern öffentlich sprechen lassen, ist beiden zur Beleuchtung ihres Geschäfts unentbehrlich […].«[47]

Am deutlichsten war eine politische Begründung für wissenschaftliche Freiheit aber bereits ein weiteres Jahr zuvor im nachrevolutionären Frankreich zutage getreten. Dort hatte die Gesetzgebende Nationalversammlung den Mathematiker Condorcet beauftragt, Vorschläge für die Organisation von Wissenschaft und Bildung in Frankreich zu machen. In seinem 1792 vorgelegten Bericht unterbreitet Condorcet den folgenden Grundsatz, den er zu den leitenden Prinzipien seines Entwurfs zählt: »Endlich darf keine öffentliche Gewalt die Autorität, noch nicht einmal das Ansehen haben, die Entwicklung neuer Wahrheiten oder die Lehre solcher Theorien zu verhindern, die ihrer besonderen Politik oder ihren aktuellen Interessen widersprechen.«[48]

Entsprechend schlägt er vor, dass von der Regierung unabhängige Instanzen für die Ernennung von Professoren, die Aufsicht über die Lehrbücher und Ähnliches zuständig sein sollten. Da der beständige Fortschritt der Republik eine Kritik der jeweils bestehenden Zustände erfordere, würde eine Regierungsgewalt, die in die akademischen Angelegenheiten eingriffe, »dem Zweck der gesamten gesellschaftlichen Institution widersprechen: der Vervollkommnung der Gesetze«.[49] Condorcet deutet somit an, dass eine Regierung, selbst eine demokratisch legitimierte, durch den Versuch, in den wissenschaftlichen Erkenntnisprozess steuernd einzugreifen, die demokratische *institution sociale* in ihrer Gesamtheit unterminieren würde. Diese Behauptung lässt sich plausibel so interpretieren, dass der Prozess der freien und wohlinformierten Kritik der bestehenden Zustände selbst wesentlich zur demokratischen Legitimation der Regierung beiträgt und dass die legitime

47 »Zum ewigen Frieden«, in: ders., *Über den Gemeinspruch*, S. 51-103, AA VIII 369.

48 »Enfin, aucun pouvoir public ne doit avoir ni l'autorité, ni même le crédit, d'empêcher le développement des vérités nouvelles, l'enseignement des théories contraires à sa politique particulière ou à ses intérêts momentans.« Marie Jean Antoine Nicolas Caritat Marquis de Condorcet [1792], »Rapport et projet de décret sur l'organisation générale de l'instruction publique«, in: A. Condorcet O'Connor, M. F. Arago (Hg.), *Œuvres de Condorcet*, Bd. 7, Neudr., Stuttgart-Bad Cannstatt 1968, S. 449-573, hier S. 453, meine Übersetzung.

49 »[…] contredirait le but de toute institution sociale, le perfectionnement des lois«, ebd., S. 523.

Gewalt der Exekutive über die öffentlichen Angelegenheiten deshalb hier eine Grenze findet, weil sonst die Selbstunterminierung dieser Legitimität droht. Auf diese Argumentationsidee werde ich im nächsten Abschnitt genauer eingehen.

Noch in seinem auf der Flucht vor jakobinischer Verfolgung verfassten und erst postum veröffentlichten *Entwurf einer historischen Darstellung der Fortschritte des menschlichen Geistes* wiederholt Condorcet die Forderung, dass alle Bürger eines demokratischen Gemeinwesens dasselbe Recht auf die Wahrheit haben müssten und »dass keine der Gewalten, die sie selbst über sich setzten, das Recht haben kann, ihnen irgendeine Wahrheit vorzuenthalten«.[50] Er gibt seiner Überzeugung Ausdruck, dass die Fortschritte der Wissenschaften zur Vervollkommnung des Menschengeschlechts führen würden.[51] Dabei spielt aus Condorcets Sicht die Förderung des Wohlergehens der Menschheit durch technische Anwendungen nur eine untergeordnete Rolle: Für ihn liegt der entscheidende Gewinn aus den Wissenschaften in der Zerstörung der Vorurteile und der Wiederaufrichtung der menschlichen Intelligenz.[52]

Nicht nur in Frankreich, auch in der anderen jungen Republik jener Zeit war die Bedeutung des (wissenschaftlichen) Wissens für die neuen Demokratien längst thematisiert, als die demokratische Bewegung die deutschen Länder erreichte. Bereits im Vorfeld der Amerikanischen Revolution hatte John Adams betont: »Und die Freiheit kann nicht aufrechterhalten werden ohne ein allgemeines Wissen im Volk [...].«[53] Besonders deutlich erkennbar ist ein Bemü-

50 »[O]n fut obligé de reconnaître que tous ont un droit égal de s'éclairer sur tous leurs interêts, de connaître toutes les vérités, et qu'aucun des pouvoirs établis par eux sur eux-mêmes, ne peut avoir le droit de leur en cacher aucune.« Marie Jean Antoine Nicolas Caritat Marquis de Condorcet, *Esquisse d'un tableau historique des progrès de l'esprit humain*, in: A. Condorcet O'Connor, M. F. Arago (Hg.), *Œuvres de Condorcet*, Bd. 6, Neudr., Stuttgart-Bad Cannstatt 1968, S. 11-276, hier S. 178; Übersetzung nach: ders., *Entwurf einer historischen Darstellung der Fortschritte des menschlichen Geistes*, hg. v. Wilhelm Alff, Frankfurt/M. 1976, S. 151.

51 *Esquisse* ..., S. 267 (dt.: *Entwurf* ..., S. 215).

52 *Esquisse* ..., S. 223 (dt.: *Entwurf* ..., S. 183).

53 »And liberty cannot be preserved without a general knowledge among the people [...].« John Adams, »A Dissertation on the Canon and the Feudal Law« [1765], in: Robert J. Taylor (Hg.), *The Papers of John Adams*, Bd. 1, Boston 1977, S. 120-121, meine Übersetzung. Adams hebt insbesondere Wissen um den Charakter und die Handlungen der Regierenden hervor (»knowledge [...] of the character and conduct of their rulers«).

hen um die Wissensvoraussetzungen der jungen Demokratie bald darauf bei Thomas Jefferson, der sich intensiv für die Gründung der University of Virginia engagiert und 1820 als deren Grundidee formuliert: »Diese Institution wird auf der unbegrenzbaren Freiheit des menschlichen Geistes gründen.«[54] Auch Jefferson schrieb den Wissenschaften dabei einen wichtigen Beitrag für den demokratischen Fortschritt zu.[55] Schon früher hatte er die Freiheit selbst als »erstgeborene Tochter der Wissenschaft« bezeichnet.[56] Eloquent unterstrich die politische Bedeutung akademischer Einrichtungen wenig später der bei derselben Universitätsgründung ebenfalls mit großem Einsatz mitwirkende James Madison:

Eine Volksregierung ohne Volksinformation oder die Mittel, sie zu erwerben, ist bloß ein Vorspiel zu einer Farce oder einer Tragödie, oder vielleicht zu beidem. Wissen wird für immer über Unwissenheit herrschen. Und ein Volk, das sein eigener Herrscher sein will, muss sich mit der Macht rüsten, die das Wissen verleiht.[57]

54 »This institution will be based on the illimitable freedom of the human mind.«
Brief an William Roscoe vom 27. Dezember 1820, in: Andrew A. Lipscomb u. a.
(Hg.), *The Writings of Thomas Jefferson*, Bd. 15, Washington D.C. 1907, S. 303,
meine Übersetzung.

55 So erklärt er etwa die demokratische Bewegung in Europa wie folgt: »Science had
liberated the ideas of those who read and reflect, and the American example had
kindled feelings of right in the people. An insurrection has consequently begun,
of science, talents, and courage, against rank and birth, which have fallen into
contempt. [...] Science is progressive, and talents and enterprise on the alert.«
Brief an John Adams vom 28. Oktober 1813, in: Paul Leicester Ford (Hg.), *The
Writings of Thomas Jefferson*, Bd. 9, New York 1898, S. 429.

56 »[T]he first-born daughter of science«, Brief an François d'Ivernois vom 6. Februar 1795, in: Paul Leicester Ford (Hg.), *The Writings of Thomas Jefferson*, Bd. 7,
New York 1896, S. 3.

57 »A popular Government, without popular information, or the means of acquiring it, is but a Prologue to a Farce or a Tragedy; or, perhaps both. Knowledge will forever govern ignorance: And a people who mean to be their own
Governors, must arm themselves with the power which knowledge gives.« Brief
an W. T. Barry vom 4. August 1822, in: Gaillard Hunt (Hg.), *The Writings of
James Madison*, Bd. 9, New York 1910, S. 103-109, hier S. 103, meine Übersetzung.
Vgl. dazu auch wiederum Jefferson: »I know no safe depository of the ultimate
powers of the society but the people themselves; and if we think them not enlightened enough to exercise their control with a wholesome discretion, the remedy
is not to take it from them, but to inform their discretion by education.« Brief
an William Charles Jarvis vom 28. Sept. 1820, in: Paul Leicester Ford (Hg.), *The
Writings of Thomas Jefferson*, Bd. 10, New York, 1899, S. 161.

Die Idee, dass die epistemischen Voraussetzungen der Ermächtigung der Bürger zur demokratischen Selbstregierung eine unabhängige und freie Wissenschaft erfordern, ist also nicht nur in Deutschland in der modernen Geschichte der Demokratie verankert. Lässt sie sich auch für die heutige Zeit systematisch stark machen?

Kapitel 10:
Die politische Philosophie
der Forschungsfreiheit

10.1 Die politische Begründung
der Wissenschaftsfreiheit und das Ideal
der öffentlichen Vernunft

Im Kern beruht eine politische Begründung der Wissenschaftsfreiheit auf der These, dass eine freie Wissenschaft Voraussetzung für eine funktionierende demokratische Selbstregierung ist oder diese zumindest in so wesentlicher Weise fördert, dass sie einen besonderen Schutz verdient. Anscheinend tut sich hier sofort ein Problem auf, das zeigt, dass die Argumentation nicht ganz so einfach sein kann, wie diese schlichte Formulierung andeutet. Denn ein besonderer Schutz der Wissenschaft durch Freiheits- und Autonomieprinzipien bedeutet zunächst einmal, die politische Macht der Bürger als Ganzes zu *beschränken* – nämlich beispielsweise die Macht der Bürger, wissenschaftliche Forschungen zu unterbinden, wenn die Mehrheit diese nicht gutheißt. (Natürlich braucht ein politisches Freiheits- oder Autonomieprinzip für die Wissenschaft kein unbedingtes zu sein und muss deshalb nicht bedeuten, dass die Bürger diese Macht überhaupt nicht und unter keinen Umständen besitzen – doch falls von einem solchen Prinzip auch nur in irgendeiner Weise die Rede sein soll, muss es die Macht der Bürger in gewisser Form einschränken.)

Dieselbe Schwierigkeit ist in der politischen Philosophie in Bezug auf die Meinungsfreiheit diskutiert worden – unter anderem von Ronald Dworkin.[1] Ihm zufolge gilt auch für das Recht auf Meinungsfreiheit, dass es die Macht der Bürger als Ganzes beschneidet. Wir mögen sagen, so Dworkin, dass die Mehrheit kein Recht habe, eine Meinung zu verbieten, weil dadurch andere gehindert würden, eine *neue* Mehrheit herbeizuführen – aber das bedeutet eben, immer die politische Macht der (jeweils aktuellen) Mehrheit beschränken zu müssen.[2] Den ersten Zusatzartikel der

1 Ronald Dworkin, *A Matter of Principle*, Cambridge/Mass. 1985, Kapitel 2 u. 19.
2 Ebd., S. 62.

amerikanischen Verfassung, der die Meinungsfreiheit behandelt, bezeichnet er daher als ein zweischneidiges Schwert, weil er die Demokratie zugleich stärke und schwäche.[3]

Als Kritik an der politischen Begründung der (Meinungs- oder) Wissenschaftsfreiheit greift Dworkins Einwand letztlich zu kurz, zugleich weist er jedoch auf eine notwendige Verfeinerung der Begründung hin.[4] Dworkins Kategorie der politischen Macht (der Bürger als Ganzes) ist jedoch zu grob, um das Argument hinter den politischen Begründungen der in Rede stehenden Freiheitsprinzipien zu erfassen. Denn Sinn und Zweck des demokratischen Prozesses können nicht allein darin bestehen, den politischen Präferenzen der Bürgerinnen und Bürger (beziehungsweise der jeweiligen Mehrheit unter ihnen) möglichst unmittelbar zur Durchsetzung zu verhelfen. Vielmehr geht es darum, politische Entscheidungen so zu strukturieren, dass sich in ihnen möglichst gut die tatsächlichen Bedürfnisse und Werte der Bürger ausdrücken. Wie es Benjamin Page und Robert Shapiro ausdrücken, ist die Pointe der Demokratie nicht einfach die Abhängigkeit der Regierungspolitik von den Präferenzen der Bürger, sondern von deren *wohlinformierten* Präferenzen.[5] Anders gesagt: Die eigentliche Macht der Bürger kann sich nicht in dem erschöpfen, was Dworkin ganz ausdrücklich darunter versteht: »die Macht, es wahrscheinlicher zu machen, dass politische Entscheidungen so getroffen werden, wie man selbst es wünscht«.[6] Sinn ergibt der demokratische Prozess nur, wenn er auch das Vermögen fördert, überhaupt erst politische Präferenzen auszubilden, in denen die eigenen Werte und Interessen angemessen reflektiert sind. Um dieses Vermögen geht es aber, wenn zugunsten der epistemischen Voraussetzungen der Demokratie besondere politische Schutzprinzipien wie Meinungs- oder Wissenschaftsfreiheit aufgestellt werden.

Die politische Begründung der Wissenschaftsfreiheit bezieht

---

3 Ebd., S. 391.

4 Dworkin geht es tatsächlich um die Kritik genau solcher Argumente für Meinungsfreiheit, die auf der Bedeutung unabhängiger Informationen für den demokratischen Prozess gründen.

5 Benjamin I. Page, Robert Y. Shapiro, *The Rational Public. Fifty Years of Trends in Americans' Policy Preferences*, Chicago 1992, S. 363.

6 »[T]he power to make it more likely that political decisions will be made as one wishes«, R. Dworkin, *A Matter of Principle*, S. 62.

sich somit auf die Eigenschaft des demokratischen Prozesses, idealerweise zu Entscheidungen zu führen, die den wohlinformierten Interessen der Bürger, ihren Bedürfnissen und Werten entsprechen. Aufgrund dieser Eigenschaft gehen wir überhaupt erst davon aus, dass auf demokratischem Wege zustandegekommene politische Entscheidungen und demokratisch gewählte Organe eine besondere *Legitimität* besitzen. Diese Legitimität etwa einer demokratisch gewählten Regierung oder eines Parlaments findet dort ihre Grenze, wo exekutive oder gesetzgeberische Handlungen diejenigen Eigenschaften des demokratischen Prozesses untergraben würden, die selbst wesentlich für die demokratische Legitimation dieser Organe sind. Zu den entscheidenden Voraussetzungen des demokratischen Prozesses gehört neben der freien Meinungsäußerung auch die Freiheit der Bürger, sich Wissen zu verschaffen. Die Freiheit der Wissenschaft ist dieser Überlegung zufolge insoweit als politisches Recht gerechtfertigt, wie sie für die freie Wissensbeschaffung der Bürger für die Zwecke des demokratischen Prozesses erforderlich ist. Genau darin haben jüngst auch Mark Brown und David Guston die eigentliche Begründung eines Rechts auf freie Forschung gesehen.[7] Für Brown und Guston ist ein Recht auf freie Forschung deshalb weniger als Abwehrrecht der Wissenschaftler gegen staatliche Eingriffe zu verstehen denn als ein positives Recht der Bürger auf einen Einschluss der Wissenschaft in das politische Gemeinschaftsleben.

Diese Auffassung lässt sich durchaus an die politischen Wurzeln der Forschungsfreiheit anschließen. So heißt es im Protokoll der Paulskirchenversammlung zum Vortrag des Berichterstatters über den Artikel IV, in dem neben der Wissenschafts- auch Unterrichts- und Ausbildungsfreiheiten garantiert werden: »Der ganze Artikel sichert [...] die unveräußerlichen Rechte auf die *Wissenschaft und ihre Erfolge im allgemeinsten Sinne des Wortes*.«[8] Auch hier wird also das Prinzip der Wissenschaftsfreiheit nicht als Recht frei *zu* forschen deklariert, sondern als ein Recht der Bürger *auf freie Forschung*. Es ist zugleich integriert in einen Katalog von Rechten, die

7 Mark B. Brown, David H. Guston, »Science, Democracy, and the Right to Research«, in: *Science and Engineering Ethics* 15 (2009), S. 351-366, hier S. 359-364.

8 Franz Wigard (Hg.), *Stenographischer Bericht über die Verhandlungen der deutschen constituierenden Nationalversammlung zu Frankfurt am Main*, Bd. 3, Frankfurt/M. 1848, S. 2167, Hervorhebung im Original.

den Bürgern den Zugang zum aus dieser Forschung hervorgehenden Wissen ermöglichen sollen.

Dass dieses politische Recht gerade heute nicht nur ein negatives und individuelles Recht sein kann, dem eigenen Wissenserwerb ungehindert nachgehen zu können, liegt schon daran, dass die Aufgabe, dasjenige Wissen zu erzeugen, das für die Ausbildung von politischen Präferenzen erforderlich ist, die die eigenen Interessen und Werte in angemessener Weise repräsentieren, die Möglichkeiten eines Einzelnen im Normalfall übersteigt. Die Aufgabe muss deshalb zumindest zum Teil in den Händen eines spezialisierten Gemeinschaftsunterfangens liegen. Die notwendige Freiheit dieses Gemeinschaftsunterfangens ist dabei nicht (nur) erkenntnistheoretisch begründet (etwa um eine möglichst effiziente Gewinnung des erforderlichen Wissens sicherzustellen). Sie folgt vielmehr, weil eine politische Gewalt (auch eine demokratisch legitimierte), wenn sie auf die Erzeugung und Verbreitung des Wissens steuernd Einfluss nähme, das in wesentlicher Weise in die sie selbst legitimierenden demokratischen Prozesse einflösse, auf diese Weise ihre eigene demokratische Legitimation zu dieser Steuerung unterminierte und den demokratischen Prozess korrumpierte. So lässt sich der schon bei Condorcet angesprochene Gedanke der Gefahr einer Selbstunterminierung für die politische Begründung der Wissenschaftsfreiheit fruchtbar machen.

Zur Erläuterung dieses Gedankens kann eine Analogie zu den von der öffentlichen Hand getragenen Medien dienen. Versuche von Regierungen, etwa die Inhalte öffentlich-rechtlicher Fernsehprogramme zu bestimmen, werden zu Recht missbilligt. Das liegt nicht daran, dass etwa der legitimen Kontrolle demokratisch legitimierter Regierungen über öffentliche Ausgaben bestimmte Grenzen gesetzt wären, sondern daran, dass die Kontrolle über ein so zentrales Instrument der öffentlichen Informationsverbreitung und Meinungsbildung den demokratischen Prozess selbst unterminieren würde, durch den die Legitimität der Regierungsgewalt erst zustande kommt.

Bei der Zurückweisung des an Dworkin angelehnten Einwandes wurde deutlich, dass die politische Begründung, wie ich sie dargestellt habe, eine bestimmte Auffassung vom demokratischen Prozess voraussetzt. Diese Auffassung geht davon aus, dass die Bürger *nicht* erst in den politischen Prozess eintreten, nachdem ihre politischen Präferenzen bereits fixiert sind. Denn die Argumentation stützt sich darauf, dass zu den wünschens- und somit schützenswerten Eigenschaften des demokratischen Verfahrens auch gehört, die Ausbildung politischer Präferenzen, welche die Werte und Interessen der Bürger angemessen widerspiegeln, zu ermöglichen und zu fördern. Der demokratische Prozess darf also *nicht* als ein bloßer Vorgang der Aggregation individueller Präferenzen zu kollektiven Entscheidungen angesehen werden.

Allerdings haben manche Demokratieauffassungen des 20. Jahrhunderts gerade die damit zurückgewiesene Sichtweise des demokratischen Prozesses stark gemacht: Sowohl die einflussreiche *Social Choice*-Theorie als auch andere, pluralistisch-liberale Demokratieauffassungen betonen die Funktion demokratischer Institutionen, einen Rahmen für den Wettbewerb konkurrierender Interessen zu bilden. Gemeinsam ist ihnen die ausgeprägte Skepsis gegenüber der Vorstellung, dass demokratische Verfahren auch dazu beitragen können, eine von allen geteilte Konzeption des Gemeinwohls auszubilden. Stattdessen verstehen sie Politik wesentlich als einen Wettbewerb von als gegeben anzusehenden Individualinteressen, die idealerweise in einem Verfahren aggregiert werden sollten, das dafür sorgt, dass politische Entscheidungen und Handlungen die Anzahl und Intensität der Einzelinteressen der Bürger reflektieren – und nur dies ist nach dieser Auffassung die Rolle des demokratischen Prozesses.[9]

Demgegenüber sind jedoch in der jüngeren demokratietheoretischen Diskussion Konzeptionen in den Vordergrund getreten, die das Wesen des demokratischen Prozesses nicht in einem Widerstreit von Interessen und Präferenzen, sondern in einem Austausch von Gründen und Begründungen sehen, der sich idealerweise zu einem Vorgang öffentlichen, kollektiven Urteilens fügt. Prominente Varianten dieses Demokratieverständnisses sind Jürgen Habermas' »Diskursbegriff der Demokratie« und John Rawls' »politischer Liberalismus«.[10] Als zusammenfassende Bestimmung dieser Kon-

9 Zur *Social Choice*-Theorie siehe einleitend William H. Riker, *Liberalism against Populism. A Confrontation between the Theory of Democracy and the Theory of Social Choice*, Prospect Heights 1982. Als beispielhafter Ausdruck einer pluralistisch-liberalen Demokratieauffassung kann gelten: Robert Dahl, *A Preface to Democratic Theory*, Chicago 1956.

10 Vgl. Jürgen Habermas, *Faktizität und Geltung. Beiträge zur Diskurstheorie des*

zeptionen (die außer von Habermas und Rawls auch von Joshua Cohen, Cass Sunstein, David Estlund, Seyla Benhabib und vielen weiteren einflussreichen Autoren entwickelt und vertreten werden) hat sich der Begriff »deliberative Demokratie« durchgesetzt.[11]

Aus Sicht der deliberativen Demokraten sollten demokratische Aushandlungsprozesse mehr sein als nur ein Schachern um Deals und Kompromisse zwischen Gruppen, die eigennützige Individualinteressen bündeln. Stattdessen muss für die deliberativen Demokraten der Austausch von Begründungen durch die Verbindlichkeit des Ziels geprägt sein, idealerweise zu Entscheidungen zu kommen, denen alle diejenigen zustimmen können, die ebenfalls die Verbindlichkeit der freien Deliberation anerkennen.[12] Diese Ausrichtung fokussiert den demokratischen Diskurs auf die Entwicklung einer tragfähigen Konzeption des Gemeinwohls – so formulieren es prominente deliberative Demokraten.[13] Deliberative Demokraten betonen die erforderliche Partizipation der Bürgerinnen und Bürger an den öffentlichen Überlegungsprozessen und lehnen es ab, Demokratie auf Wahlen und Abstimmungen zu reduzieren. Dies bedeutet nicht, dass Mehrheitsentscheidungen keine Rolle spielen sollen – über die Möglichkeit, in den Territorialstaaten der Gegenwart einen Konsens aller Bürger zu erreichen, geben sich auch deliberative Demokraten keinen Illusionen hin. Dennoch soll das Ziel des Konsenses und damit die verbindliche Regel, zur Stützung politischer Vorschläge nur solche Gründe vorzubringen, die prinzipiell von jedem anerkannt werden könnten, die öffentliche Diskussion

Rechts und des demokratischen Rechtsstaats, Frankfurt/M. ⁴1994, besonders Kapitel VII, und John Rawls, *Political Liberalism*, erw. Aufl., New York 2005 (dt.: *Politischer Liberalismus*, Frankfurt/M. 2003).

11 Einführend dazu siehe James Bohman, William Rehg, »Introduction«, in: dies. (Hg.), *Deliberative Democracy. Essays on Reason and Politics*, Cambridge/Mass. 1997, S. ix-xxviii.

12 In Habermas' Worten muss die politische Kultur die Bürger dazu disponieren, »nicht in der erfolgsorientierten Einstellung selbstinteressierter Marktteilnehmer zu verharren, sondern von ihren politischen Freiheiten *auch*, im Sinne von Kants ›öffentlichem Vernunftgebrauch‹, einen verständigungsorientierten Gebrauch zu machen«. (*Die Einbeziehung des Anderen. Studien zur politischen Theorie*, Frankfurt/M. ²1997, S. 312.)

13 Siehe Joshua Cohen, »Deliberation and Democratic Legitimacy«, in: Alan Hamlin, Philip Pettit (Hg.), *The Good Polity. Normative Analysis of the State*, Oxford 1989, S. 17-34, hier S. 23-25, und vgl. Rawls, *Political Liberalism* S. 174-176, 207 u. 213.

strukturieren.[14] Das Ergebnis einer Mehrheitsentscheidung muss dann nicht einfach als ein Ausdruck der überlegenen Macht der vielen über die wenigen angesehen werden, sondern vielmehr als »das rational motivierte, aber *fehlbare* Ergebnis einer unter Entscheidungsdruck *vorläufig* beendeten Diskussion über das, was das Richtige ist«.[15]

Ein weiterer und in unserem Zusammenhang besonders wichtiger Standpunkt deliberativer Demokratieauffassungen ist, dass die Ausbildung politischer Präferenzen mit zu den Leistungen des demokratischen Prozesses gezählt wird. Der deliberative Standpunkt rückt den politischen Meinungs- und Willensbildungsprozess in den Mittelpunkt.[16] So kritisiert beispielsweise Cass Sunstein die Auffassung der *Social Choice*-Theorie wie folgt:

Ich denke, dass die aggregative Sichtweise kein gutes Verständnis dessen bietet, worum es in der Demokratie eigentlich geht. Die Sichtweise nimmt Präferenzen als gegeben an und leistet in diesem Sinne nicht, was die Demokratie sollte – nämlich ein System bereitstellen, innerhalb dessen Gründe ausgetauscht und bewertet werden. Ein gut funktionierendes demokratisches System beruht nicht auf Präferenzen, sondern auf Gründen.[17]

Nur wohlinformierte und wohlbegründete politische Präferenzen der Bürger können demnach der demokratischen politischen Ord-

---

14 Cohen, »Deliberation and Democratic Legitimacy«, S. 23. Besonders Rawls hat die Konsequenz daraus betont, dass etwa Gründe, die nur aufgrund einer religiösen oder umfassenden weltanschaulichen Doktrin anerkannt werden können, im politischen Diskurs nichts zu suchen haben. Siehe *Political Liberalism*, S. 212-220 u. *passim*.

15 Habermas (*Faktizität und Geltung*, S. 613), Fröbel interpretierend (s. u., Fußn. 30).

16 Vgl. Habermas, *Die Einbeziehung des Anderen*, S. 287.

17 »I think that the aggregative view does not offer a good understanding of what democracy is all about. That view takes preferences as given, and in this sense it fails to do what democracy should – that is, to offer a system in which reasons are exchanged and evaluated. A well-functioning system of democracy rests not on preferences but on reasons.« Cass Sunstein, »Deliberation, Democracy and Disagreement«, in: Ron Bontekoe, Marietta Stepaniants (Hg.), *Justice and Democracy. Cross-Cultural Perspectives*, Honolulu 1997, S. 93-117, hier S. 94, meine Übersetzung. Ähnlich formuliert auch Cohen: »The deliberative conception construes politics as aiming in part at the formation of preferences and convictions, not just at their articulation and aggregation.« (»Deliberation and Democratic Legitimacy«, S. 29.)

nung eine besondere Legitimation verleihen. Das bedeutet, dass der demokratische Prozess, der die deliberative Ausbildung der Präferenzen auf Grundlage des Austausches von Informationen und Argumenten mit einschließen muss, tief in die Gesellschaft und ihre (insbesondere epistemischen) Institutionen hineinreicht.

Damit ist klar, dass die deliberative Demokratieauffassung ein starkes Fundament für die oben skizzierte politische Begründung der Wissenschaftsfreiheit in Anlehnung an Condorcet und die demokratische Bewegung der 1848er bieten kann. Denn wenn die Verfahren der deliberativen Demokratie ihre Legitimität aus einer bestimmten *Qualität* des Aushandlungsprozesses beziehen soll,[18] dann dürfen die Präferenzen, welche die Bürger im politischen Prozess ausbilden, nicht *irgendwelche* sein – sie müssen in besonders geeigneter Weise die Werte und Interessen der Bürger widerspiegeln. Offenbar ist dafür *mindestens* erforderlich, dass die Präferenzen in gewissem Sinn wohlinformiert sind, das heißt, dass ihnen verlässliche Überzeugungen zugrunde liegen. Klarerweise müssen dazu etwa verlässliche Überzeugungen darüber gehören, auf welche Weise bestimmte Regierungshandlungen oder Gesetzgebungsentscheidungen voraussichtlich das Leben der Bürger beeinflussen würden.[19] Damit gehört aber die Gewinnung zumindest einiger verlässlicher Informationen in den Wissenschaften mit zu den entscheidenden Quellen der Meinungs- und Willensbildung.

Es ist daher kein Zufall, dass Jürgen Habermas sich in »Volkssouveränität als Verfahren«, einem Schlüsseltext seiner Entwicklung der deliberativen Konzeption aus dem Jahr 1988, gerade auf Julius Fröbel beruft.[20] Habermas betont Fröbels Verbindung des Mehrheitsprinzips mit dem Prinzip der freien Diskussion. Das zentrale Element dieser Verbindung liegt Habermas zufolge darin, dass für Fröbel »die Mehrheitsregel eine interne Beziehung zur Wahrheitssuche behält: der öffentliche Diskurs muss zwischen Vernunft und Willen, der Meinungsbildung aller und der majoritären Willensbil-

---

18 Vgl. Habermas, *Faktizität und Geltung*, S. 369.
19 Vgl. Michael Fuerstein, »Epistemic Democracy and the Social Character of Knowledge«, in: *Episteme* 5 (2008), S. 74-93, hier S. 76, und Alvin I. Goldman, *Knowledge in a Social World*, Oxford 1999, S. 320-325.
20 Wiederabgedruckt in: *Faktizität und Geltung*, S. 600-631, vgl. insbesondere S. 612-616.

dung der Volksvertreter vermitteln«.[21] Dies betrifft genau die von Fröbel angesprochene »Fähigkeit der Vernunft mit der Wahrheit auf dem Wege der Überzeugung den Irrthum zu verdrängen«,[22] zu deren praktischen Voraussetzungen nach Fröbels eigener Auffassung auch eine freie Wissenschaft gehört.

Natürlich ist die politische Begründung der Wissenschaftsfreiheit nicht notwendigerweise auf eine deliberative Demokratieauffassung angewiesen. Auch Robert Dahl etwa betont das Erfordernis besonderer epistemischer Voraussetzungen für den Bürger, die in seiner Theorie des demokratischen Prozesses durch ein eigenes Grundkriterium garantiert werden sollen:

Jeder Bürger sollte adäquate und gleiche Gelegenheiten haben, herauszufinden und zu überprüfen (innerhalb der Zeit, welche die Notwendigkeit einer Entscheidung zulässt), welche Option hinsichtlich der zur Entscheidung anstehenden Angelegenheit den Interessen des Bürgers am besten dienen würde.[23]

Die Notwendigkeit epistemischer Voraussetzungen besteht nach Dahl bereits im Hinblick auf das einfache Ziel jedes Bürgers, seine eigenen Interessen zu vertreten. Auf eine Partizipation am Austausch von Informationen und Argumenten, die auf das Gemeinwohl Bezug nehmen, meint Dahl sich dafür nicht berufen zu müssen.

Dennoch scheint mir die deliberative Demokratiekonzeption eine besonders substanzielle Grundlage für eine politische Verteidigung der Wissenschaftsfreiheit zu liefern, da sie ein Bild zeichnet, das epistemische Praktiken und Institutionen als unmittelbar am demokratischen Prozess beteiligt ausweist. Ich möchte deshalb noch einige sehr grundsätzlich gehaltene Überlegungen zu der Fra-

---

21 Ebd., S. 613.

22 Julius Fröbel, *System der socialen Politik*, Leipzig 1850, Bd. 2, S. 105.

23 »Each citizen ought to have adequate and equal opportunities for discovering and validating (within the time permitted by the need for a decision) the choice on the matter to be decided that would best serve the citizen's interests.« Robert A. Dahl, *Democracy and its Critics*, New Haven 1989, S. 112, meine Übersetzung. Von seiner früheren, eindeutig liberal-pluralistischen Demokratieauffassung distanziert sich Dahl allerdings im selben Werk, siehe ebd., S. 289-298. Dennoch wird die insgesamt dort vertretene Demokratieauffassung etwa von Joshua Cohen der aggregativen Sichtweise zugeordnet. Vgl. Cohen, Review of Robert A. Dahl: *Democracy and its Critics*, in: *Journal of Politics* 53 (1991), S. 221-225.

ge anschließen, worin eine solche Konzeption selbst wiederum begründet ist – das heißt, warum die Auffassung des demokratischen Prozesses als Austausch von Informationen und Argumenten ein gelungener Ausdruck dessen ist, was wir von einer angemessenen Form der Selbstregierung erwarten.

Ein erster Ansatz, die Plausibilität der deliberativen Demokratieauffassung nachzuweisen, ist die Einsicht, dass sie die beste Erklärung für den Wert politischer Diskussion liefert. Eine rein aggregative Auffassung des politischen Prozesses kann nur sehr mittelbar erklären, wozu der lebendige, öffentliche Austausch von Argumenten eigentlich gut sein soll. Schließlich heben aggregative Rechtfertigungen der Demokratie besonders darauf ab, dass jeder Bürger selbst seine eigenen Interessen von sich aus am besten beurteilen kann. Dagegen ist für das Ideal des öffentlichen Vernunftgebrauchs, das den deliberativen Auffassungen zugrunde liegt, die politische Diskussion *das* zentrale Element des demokratischen Prozesses, dessen Teilnehmer darauf abzielen, kollektive Entscheidungen dadurch herbeizuführen, dass sie versuchen, sie mit Gründen zu stützen, die auch für andere annehmbar sind. Diese Überlegung ist insofern eher eine Plausibilitätserwägung denn ein harter Beweis, als sie voraussetzt, dass politische Diskussion etwas Wertvolles ist, dessen besonderen Wert jede angemessene Demokratieauffassung erklären sollte. Es dürfte aber eine weithin anerkannte Auffassung sein, dass der Wert der Demokratie und der Wert freier politischer Diskussion kaum voneinander zu trennen sind.[24] Der bereits angesprochene Mangel aggregativer Auffassungen, die politischen Präferenzen als gegeben voraussetzen zu müssen, hängt damit zusammen: Der Wert der Demokratie für den Einzelnen besteht auch darin, dass der politische Prozess ihm hilft, seine Präferenzen auszubilden und weiterzuentwickeln. In Sunsteins Worten:

24 So David Estlund: »From the beginning, democratic forms of government have included discussion and debate. In real life the value of democracy can hardly be separated from the value of free public discussion, prior to voting, about the issues and candidates.« (»Introduction. Epistemic Approaches to Democracy«, in: *Episteme* 5 [2008], S. 1-4, hier S. 1.) Zwar wird gerade angesichts aktueller Erscheinungsformen der Mediendemokratie gelegentlich auch die Gegenmeinung vertreten, der scheinbare Austausch von Argumenten sei tatsächlich nichts weiter als eine große Inszenierung, doch lässt sich diese Auffassung beim Versuch, den demokratischen Prozess verständlich zu machen, nicht durchhalten. Siehe dazu Julian Nida-Rümelin, *Demokratie und Wahrheit*, München 2006, S. 37-47.

»Man könnte meinen, dass zur Freiheit nicht nur die Chance gehört, unsere Präferenzen zu befriedigen, sondern auch die Chance, sie gründlich zu überprüfen und herauszufinden, ob sie sich verteidigen lassen.«[25]

Einen zusätzlichen Gesichtspunkt zugunsten deliberativer Konzeptionen liefert die Vorstellung des Gemeinwohls. Angenommen, es gibt politische Lösungen, die in einem robusten Sinn die beste Lösung für die politische Gemeinschaft bedeuten – das heißt, die *nicht* einfach nur Kombinationen aus oder Kompromisse zwischen denjenigen Lösungen sind, die die Einzelnen mit Blick auf ihre Partikularinteressen vorschlagen würden. (Bereits einfache spieltheoretische Überlegungen wie die des Gefangenendilemmas motivieren die Vorstellung, dass es in manchen Situationen solche Lösungen gibt.) Dann ist nicht zu erwarten, dass diese Lösungen durch eine bloße Aggregation der Einzelpräferenzen zu erreichen sind. Natürlich erlauben auch aggregative Demokratieauffassungen Verhandlungen zwischen Interessengruppen als Teil des Aggregationsprozesses. Aber bloße Verhandlungen zwischen Interessengruppen können das Problem nicht beseitigen, wenn man die Begrenztheit menschlicher kognitiver Fähigkeiten in Betracht zieht und die Möglichkeit zulässt, dass die Lösungen im Sinne des Gemeinwohls komplex und nichtoffensichtlich sein können. Komplexe Lösungen im Sinne des Gemeinwohls können überhaupt nur gefunden werden, wenn die Gemeinschaft intensiv nach ihnen sucht.[26] Der demokratische Prozess muss deshalb von vornherein so angelegt sein, dass er diese Suche befördert. Die Konzeption der deliberativen Demokratie, bei der unter der wechselseitigen Anerkennung der Bürger als Gleiche die Verbindlichkeit verstanden wird, politische Vorschläge mit Gründen zu stützen, die möglichst von allen anerkannt werden können, verlangt und fördert genau diese Fokussierung des politischen Diskurses auf das Gemeinwohl.

Eine weitere wichtige Erwägung zugunsten einer deliberativen

25 »We might think that freedom entails not only an opportunity to satisfy your preferences, but an opportunity too to scrutinize them and to see whether they can be defended.« Cass Sunstein, »Deliberation, Democracy and Disagreement«, S. 94, meine Übersetzung.

26 Vgl. Cohen, »Deliberation and Democratic Legitimacy«, S. 20. Einen entfernten Vorläufer hat dieses Argument in der Diskussion in § 54 aus John Rawls' *A Theory of Justice*, Oxford 1972 (dt.: *Eine Theorie der Gerechtigkeit*, Frankfurt/M. 1979).

Demokratieauffassung erwächst aus einer besonderen Sichtweise demokratischer Legitimität, die sie ermöglicht. Joshua Cohen hat diese Sichtweise entwickelt: »Die deliberative Demokratieauffassung ist um ein Ideal der politischen Rechtfertigung herum organisiert.«[27] Gesetze und Regierungshandlungen sind in einer Demokratie, im Gegensatz zu einer Diktatur, legitim, weil sie gegenüber den von ihnen betroffenen Bürgern öffentlich gerechtfertigt sind.[28] Der legitimitätsstiftende, rechtfertigende Prozess ist dabei nicht irgendein Vorgang der Begründung, sondern ein freier offener Verhandlungsprozess, bei dem die Teilnehmer einander insofern als Gleiche anerkennen, als sie die Verbindlichkeit akzeptieren, politische Vorschläge mit solchen Gründen zu kritisieren oder zu stützen, die auch andere Anlass haben anzuerkennen. Nach Cohen macht gerade dies den demokratischen Prozess im deliberativen Verständnis zu einer besonders angemessenen Auffassung demokratischer Selbstregierung:

Insbesondere stellt die deliberative Demokratie, indem sie Rechtfertigung auf einer Grundlage verlangt, die für andere akzeptabel ist, eine Form politischer Autonomie bereit: dass alle, die von kollektiven Entscheidungen beherrscht werden – alle, von denen erwartet wird, dass sie ihr eigenes Verhalten gemäß diesen Entscheidungen beherrschen – die Grundlagen dieser Entscheidungen akzeptabel finden müssen.[29]

Dies bedeutet nicht, dass jeder mit jeder politischen Entscheidung einverstanden sein muss, sondern nur, dass mit der Anerkennung der Entscheidung nicht etwa das Eingeständnis der Machtlosigkeit

27 »The deliberative conception of democracy is organized around an ideal of political justification.« Joshua Cohen, »Procedure and Substance in Deliberative Democracy«, in: Seyla Benhabib (Hg.), *Democracy and Difference. Contesting the Boundaries of the Political*, Princeton 1996, S. 95-119, hier S. 99, meine Übersetzung.

28 Vgl. auch Habermas' These, die demokratische Gesetzgebung beziehe ihre legitimierende Kraft »allein aus einem Prozess der *Verständigung* der Staatsbürger über die Regeln ihres Zusammenlebens« (*Die Einbeziehung des Anderen*, S. 312); siehe auch *Faktizität und Geltung*, S. 369.

29 »In particular, by requiring justification on terms acceptable to others, deliberative democracy provides for a form of political autonomy: that all who are governed by collective decisions – who are expected to govern their own conduct by those decisions – must find the bases of those decisions acceptable.« Cohen, »Procedure and Substance in Deliberative Democracy«, S. 102.

gegenüber einer übermächtigen Mehrheit verbunden ist, die von einem für die Minderheit prinzipiell inakzeptablen Standpunkt aus argumentiert. Innerhalb eines deliberativen demokratischen Prozesses bedeutet die aus praktischen Gründen erforderliche Mehrheitsentscheidung für die Minderheit nur, »daß sie auf die praktische Anwendung ihrer Überzeugungen solange verzichtet, bis es ihr gelungen ist, ihre Gründe besser geltend zu machen und sich die nötige Zahl von Beistimmenden zu verschaffen«, um es mit Julius Fröbels (auch bei Habermas zitierten) Worten zu sagen.[30]

Wie zuvor bemerkt, ist die politische Begründung der Wissenschaftsfreiheit nicht auf eine *bestimmte* Demokratieauffassung angewiesen, wohl aber auf eine, bei der (wissenschaftliches) Wissen für den demokratischen Prozess eine so zentrale Rolle spielt, dass die Schutzwürdigkeit dieses Prozesses auch einen Schutz der Wissensgewinnungsprozesse der Bürger vor starker politischer Einflussnahme rechtfertigt. Da die deliberative Demokratie nur ein (wenn auch ein bedeutendes) Beispiel für eine solche Auffassung ist, will ich es hinsichtlich ihrer Rechtfertigung bei diesen kursorischen Bemerkungen belassen.

10.2 Der Exzeptionalismusverdacht gegen die politische Begründung der Forschungsfreiheit

Im eingangs des Kapitels 9 angesprochenen US-amerikanischen Diskurs über Wissenschaftspolitik zu Zeiten des Kalten Krieges ist ebenfalls ein im weiten Sinne demokratietheoretischer Topos anzutreffen – nämlich in Form des Arguments, dass eine sich frei entfaltende Wissenschaft und die demokratische politische Ordnung praktisch zwangsläufig miteinander einhergehen. Dies legt beispielsweise der amerikanische Soziologe Bernard Barber in seinem 1952 erschienenen Buch *Science and the Social Order* nahe, wobei er sich auf die gemeinsamen Werte von Wissenschaft und Demokratie wie Individualismus, Rationalität, Universalismus und Fortschritt beruft.[31] Nun hatte John Dewey bereits einige Jahre zuvor erklärt: »Es ist nicht länger möglich, am schlichten Glaubenssatz der Auf-

30 Fröbel, *System der socialen Politik*, Bd. 2, S. 109. Vgl. Habermas, *Faktizität und Geltung*, S. 614.

31 Neudr., New York 1962, insb. S. 95-108.

klärung festzuhalten, dass ein gesicherter wissenschaftlicher Fortschritt freie Institutionen hervorbringen werde [...].«[32] Dabei bezieht sich Dewey auf die technische Anwendung der Wissenschaft, die freien Institutionen großen Schaden zufügen könne, indem sie etwa eine hohe Konzentration von Kapital mit sich bringe oder den Diktatoren der Welt neue, mächtige Propagandainstrumente in die Hand gebe. Da das Bewusstsein von der Doppelgesichtigkeit der Wissenschaft im Hinblick auf die Demokratie sich seit Deweys Tagen machtvoll durchgesetzt hat, lohnt es sich, nachdrücklich darauf hinzuweisen, dass eine politische Begründung der Wissenschaftsfreiheit sich keineswegs die Blauäugigkeit der angesprochenen Aufklärungsdoktrin zu eigen machen muss. Solche Vorstellungen klingen zwar in den historischen Quellen des neunzehnten Jahrhunderts zuweilen an, sind aber für das Argument nicht erforderlich. Ebenso wenig ist es nötig, die verwandte These zu akzeptieren, die wissenschaftliche Forschung könne nur innerhalb einer demokratischen Ordnung florieren.[33] Schließlich wurden sogar die Glanzleistungen der Wissenschaftlichen Revolution in einem eher repressiven gesellschaftlichen Umfeld erbracht, und spätestens seit den Erfahrungen des zwanzigsten Jahrhunderts ist die These recht merkwürdig geworden. Wenn man an die Entwicklung von Massenvernichtungswaffen im nationalsozialistischen Deutschland und in anderen undemokratischen Gesellschaften denkt, dann ist das Erschreckende eben nicht, wie schlecht, sondern wie gut wissenschaftliche Forschung auch dort funktionieren kann.[34]

32 »It is no longer possible to hold the simple faith of the Enlightenment that assured advance of science will produce free institutions [...].« *Freedom and Culture* [1939], in: ders., *The Later Works, 1925-1953*, Bd. 13: 1938-1939, hg. v. Jo Ann Boydston, Carbondale 1988, S. 64-189, hier S. 156, meine Übersetzung, vgl. ebd., S. 162-163.

33 Siehe beispielsweise Robert K. Merton, »Science and the Social Order«, in: *Philosophy of Science* 5 (1938), S. 321-337. Diese These war auch zu Zeiten der 1848er populär (vgl. etwa Karl Hermann Scheidler, »Universitäten«, in: Carl von Rotteck, Carl Welcker [Hg.], *Staats-Lexikon*, Bd. 12, Altona ²1848, S. 621-640) und wird in Abwandlung noch immer gelegentlich vertreten, so von Hilary Putnam: »Democracy is a requirement for experimental inquiry in any area.« (In Giovanna Borradori, *The American Philosopher. Conversations with Quine, Davidson, Putnam, Nozick, Danto, Rorty, Cavell, MacIntyre, and Kuhn*, Chicago 1994, S. 64.)

34 Vgl. Daniel Sarewitz, »Science and Happiness«, in: Alan Lightman u. a. (Hg.), *Living with the Genie. Essays on Technology and the Quest of Human Mastery*, Washington 2003, S. 181-200, hier S. 186 f.

Dagegen setzt die oben skizzierte politische Begründung der Wissenschaftsfreiheit nichts dergleichen voraus, sondern behauptet lediglich, dass eine unabhängige Wissenschaft (in einem noch näher zu bestimmenden Sinn) nur *eine* der epistemischen Voraussetzungen für eine gut funktionierende demokratische Ordnung in unserer Zeit ist, und dass sie deshalb einen besonderen Schutz gegen die Einflussnahme der politischen Gewalten genießen sollte. Eine funktionierende Wissenschaft wird also weder automatisch zu mehr Demokratie führen, noch kann sie nur in einer Demokratie existieren.

Es braucht also keine einzigartige Verbindung zwischen Wissenschaft und Demokratie in einem der eben diskutierten Sinne vorausgesetzt zu werden – aber muss den Wissenschaften nicht doch eine gewisse, problematische Sonderstellung zugebilligt werden, damit die politische Begründung funktioniert? Bruce Bimber und David Guston behaupten, die Verteidigung einer politisch unabhängigen Wissenschaft sei in westlichen Demokratien immer auf eine Bandbreite von »Exzeptionalismen«, also Ansprüchen auf eine ungewöhnliche Ausnahmestellung der Wissenschaften gegründet gewesen.[35] Damit sind Annahmen gemeint, die die Wissenschaften als ein *sozial* und *erkenntnistheoretisch* einzigartiges Unterfangen ausweisen, wie insbesondere die Annahme, dass die wissenschaftliche Gemeinschaft durch ihre spezielle normative Verfasstheit und durch außerordentlich wirksame Mechanismen der Selbstregulierung die effiziente Erzeugung verlässlicher Erkenntnisse sicherstelle, ohne dass eine äußere Kontrolle nötig wäre. Bimber und Guston halten jeglichen Exzeptionalismus für durch die Ergebnisse der neueren Wissenschaftssoziologie unterminiert.

Auch die in diesem Kapitel skizzierte politische Begründung der Wissenschaftsfreiheit scheint Annahmen exzeptionalistischer Prägung zu machen. Immerhin geht sie davon aus, dass eine politisch unabhängige Wissenschaft tatsächlich dem Ziel zuträglich sei, dass Bürger *wohl*informierte politische Präferenzen ausbilden können. Dies scheint vorauszusetzen, dass eine politisch unabhängige Wissenschaft den Bürgern Informationen liefert (etwa darüber, ob der Klimawandel anthropogen ist und durch welche Maßnahmen wir

---

35 Bruce Bimber, David H. Guston, »Politics by the Same Means. Government and Science in the United States«, in: Sheila Jasanoff u. a. (Hg.), *The Handbook of Science and Technology Studies*, Thousand Oaks 1995, S. 554-571, hier S. 559.

ihn beeinflussen können, oder ob von Kernkraftwerken eine gesundheitsgefährdende Strahlenbelastung ausgeht), die diese dann bei der Entwicklung ihrer Präferenzen zugrunde legen können, und die dabei in verlässlicher Weise dazu beitragen, dass die so entstehenden Präferenzen die tatsächlichen Interessen und Werte der Bürger angemessen widerspiegeln.

Tatsächlich finden wir eine recht klar formulierte Sonderstellung der Wissenschaften im Kontext des demokratischen Prozesses bei Rawls. Wo es um grundlegende Fragen der Gerechtigkeit oder der Verfassung eines politischen Gemeinwesens geht, sollte der öffentliche Vernunftgebrauch Rawls zufolge idealerweise keinen Bezug auf religiöse oder umfassende philosophische Überzeugungssysteme beinhalten, da bezüglich dieser vernünftige Bürger sich im Zustand dauerhafter Meinungsverschiedenheit befinden könnten – ein Zustand, den Rawls als vernünftigen Pluralismus (»reasonable pluralism«) bezeichnet. Sie eignen sich deshalb nicht zur Grundlage der Entwicklung einer gemeinsamen Vorstellung des Wohls der politischen Gemeinschaft. Dagegen wird der Bezug auf *wissenschaftliche* Ergebnisse ausdrücklich erlaubt:

Bei wesentlichen Merkmalen der Verfassung und der grundlegenden Gerechtigkeit müssen die Grundstruktur und die öffentliche Ordnung allen Bürgern gegenüber gerechtfertigt werden können [...]. Dem fügen wir hinzu, dass wir uns bei diesen Rechtfertigungen nur auf gegenwärtig akzeptierte allgemeine Überzeugungen und auf Argumentationsweisen, die der gesunde Menschenverstand verwendet, berufen dürfen, *sowie auf die Methoden und Schlussfolgerungen der Naturwissenschaft, wenn diese nicht umstritten sind.*[36]

Unkontroverse wissenschaftliche Ergebnisse, so sieht es Rawls, dürfen als Input und Anknüpfungspunkte des politischen Diskurses dienen. Sie scheinen also vorausgesetzt zu werden als etwas, das von jedem unabhängig von seinen religiösen oder umfassenden philo

36 »[O]n matters of constitutional essentials and basic justice, the basic structure and its public policies are to be justifiable to all citizens [...]. We add to this that in making these justifications we are to appeal only to presently accepted general beliefs and forms of reasoning found in common sense, and the methods and conclusions of science when these are not controversial.« Rawls, *Political Liberalism*, S. 224, meine Übersetzung, meine Hervorhebung. Dass der hervorgehobene Zusatz keinesfalls beiläufig oder unüberlegt hinzugefügt wurde, zeigt sich daran, dass Rawls ihn noch an zwei weiteren Stellen im selben Buch ganz ähnlich vornimmt, vlg. S. 67 u. 162.

sophischen Überzeugungen anerkannt werden kann. Ich möchte im Folgenden zunächst diskutieren, ob dies eine problematische Voraussetzung ist, und danach die Frage stellen, ob eine politische Begründung der Wissenschaftsfreiheit diese Voraussetzung überhaupt machen muss.

Der bei Rawls angesetzte Status der Wissenschaft scheint etwa dort problematisch, wo die Ergebnisse wissenschaftlicher Forschung den religiösen Überzeugungen einiger Bürger widersprechen. Ein Beispiel dafür ist die hauptsächlich in den USA ausgetragene Debatte um Evolutionstheorie und Schöpfungslehre und ihre jeweilige Behandlung im Unterricht öffentlicher Schulen. Die religiösen Fundamentalisten, die diese Kontroverse ausgelöst haben, lehnen die Wissenschaft dabei nicht rundheraus ab: Sie akzeptieren vielmehr alle Ergebnisse, die nicht im Widerspruch zu ihrer jeweiligen religiösen Doktrin stehen, und beharren nur im Konfliktfall auf der Überlegenheit religiös offenbarten Wissens – eine erkenntnistheoretische Einstellung, die Philip Kitcher als »hybride Epistemologie« bezeichnet.[37] Gerade im Sinne der deliberativen Auffassung mit ihrem Ideal der öffentlichen Rechtfertigung von legislativen und exekutiven Schritten scheinen hybride Epistemologien eine elementare Herausforderung für die Demokratie darzustellen. Denn wie Kitcher hervorhebt, wird mindestens eine Seite des Disputs immer den Eindruck haben, die manifeste Politik beruhe auf einer unvernünftigen und prinzipiell inakzeptablen Erkenntnisgrundlage.[38] Eine Privilegierung des wissenschaftlichen Standpunktes, wie Rawls sie vorzunehmen scheint, löst das grundsätzliche Problem nicht. Sie würde bei Vorliegen hybrider Epistemologien die Reichweite der deliberativen Demokratie nicht erweitern, sondern beschränken, indem bestimmte Gruppen von der öffentlichen Rechtfertigung politischer Maßnahmen nicht mehr erreicht werden.

Mehr noch: Bereits ohne Berücksichtigung des Problems hybrider Epistemologien lassen sich Erwägungen vorbringen, die den Exzeptionalismusverdacht von Bimber und Guston nähren. Setzt die politische Begründung nicht voraus, dass die politisch unabhängigen Wissenschaften den Bürgern eine neutrale, in ge-

---

37 Philip Kitcher, »Science, Religion, and Democracy«, in: *Episteme* 5 (2008), S. 5-18, hier S. 11.
38 Ebd., S. 13.

wissem Sinne »unpolitische« Grundlage für die Ausbildung ihrer politischen Präferenzen bieten? Wenn dies so wäre, würde der Begründung ein erheblicher Mangel an Realismus anhaften. Denn gerade die Beispiele politisch unmittelbar relevanter Forschung zeigen, dass die politischen Kontroversen vor den Türen der Labore nicht halt machen. Ob es um das Gesundheitsrisiko von vielfach eingesetzten Substanzen wie Vinylchlorid geht oder um die Frage, welche präzisen Folgen bei Freisetzung gentechnisch manipulierter Organismen erwartbar oder wahrscheinlich sind, oder um die wirksamsten Maßnahmen angesichts des Klimawandels: Die Aussagen von Wissenschaftlern decken typischerweise eine ganze Bandbreite von Positionen ab, zwischen denen sich Kontroversen abspielen, die nicht selten die gesellschaftlich geführten Diskussionen widerspiegeln. (Beiläufig gesagt, kann man darin eine weitere Schwäche der rawlsschen Sonderklausel sehen: Die in politischen Kontexten relevanten wissenschaftlichen Ergebnisse *sind* typischerweise eben kontrovers.)

Dagegen, dass die Wissenschaften die Rolle der neutralen und von der Sphäre des Politischen sauber getrennten Wissensbasis spielen können, sprechen nicht nur die genannten Beobachtungen (die man ja vielleicht noch einem mangelhaften Zustand der jeweiligen Wissenschaftszweige zuschreiben könnte). Wissenschaftsphilosophinnen und -philosophen haben starke, grundsätzliche Erwägungen gegen die einst verbreitete Auffassung vorgebracht, die Beurteilung von Hypothesen in den Wissenschaften könne im Idealfall unabhängig von sozialen und politischen Werten sein. Besonders einflussreich war dabei die (zunächst unter anderem von Willard V. O. Quine vorgebrachte) These von der Unterbestimmtheit der Theorie durch die Erfahrung.[39] Da jede Gesamtheit empirischer Belege grundsätzlich mit verschiedenen Theorien vereinbar ist, müssen in die Entscheidung der Wissenschaftler für eine bestimmte Theorie immer zusätzliche, nicht auf den empirischen Belegen beruhende Präferenzen hineinspielen. Wissenschaftstheoretiker (darunter Thomas Kuhn) haben bestritten, dass diese Präferenzen

---

39 Siehe etwa Willard V. O. Quine, »Two Dogmas of Empiricism«, in: ders., *From a Logical Point of View*, Cambridge/Mass. ²1980, S. 20-46, hier insb. S. 42-46 (dt.: »Zwei Dogmen des Empirismus«, in: ders: *Von einem logischen Standpunkt*, Frankfurt/M. 1979), und ders., »On Empirically Equivalent Theories of the World«, in: *Erkenntnis* 9 (1975), S. 313-328.

subjektiv sein müssten – sie spiegelten vielmehr die epistemischen Werte der Wissenschaft wie etwa Einfachheit, große Reichweite der Erklärungen, Fruchtbarkeit und Konsistenz mit hergebrachten Erkenntnissen wider.[40] In diesem Sinn (so beispielsweise Ernan McMullin) könne die Wertfreiheit der Wissenschaften weiter behauptet werden – als Freiheit von nichtepistemischen (das heißt sozialen, politischen und moralischen) Werten.[41]

Jedoch erweist sich eine saubere Unterscheidung zwischen epistemischen und nichtepistemischen Werten als äußerst problematisch. Üblicherweise stützt sie sich auf die Behauptung, die epistemischen Werte seien diejenigen, bei denen wir annehmen dürfen, dass sie ein Indikator der Wahrheit derjenigen Theorien seien, die sie besitzen.[42] Es ist jedoch nicht erwiesen und auch grundsätzlich schwer zu erweisen, dass die üblicherweise als epistemisch gehandelten Werte wie Einfachheit und Fruchtbarkeit Wahrheitsindikatoren sind; ob »wir« sie als solche anerkennen, wird daher von Person zu Person unterschiedlich sein.[43] Ein Beispiel für handfeste Meinungsverschiedenheiten bietet der oft als epistemisch anerkannte Wert externer Konsistenz (das heißt Konsistenz neuer Theorien mit älteren, bereits etablierten). Feministische Wissenschaftlerinnen und Philosophinnen haben ihn dafür kritisiert, eher ein Ausdruck der Zufriedenheit der ihn befürwortenden Wissenschaftler mit dem Status quo zu sein als ein Anzeichen für die Wahrheit einer Theorie.[44]

Selbst wenn sich eine eindeutige Liste der epistemischen Werte erstellen ließe, bliebe noch das Problem, dass jeder von ihnen vage und interpretationsbedürftig ist und häufig mit den jeweils anderen konfligiert.[45] Ihre Anwendung erforderte daher selbst Werturteile,

40 Thomas S. Kuhn, »Objectivity, Value Judgment, and Theory Choice«, in: ders., *The Essential Tension*, Chicago 1977, S. 320-339.

41 Ernan McMullin, »Values in Science«, in: Peter D. Asquith, Thomas Nickles (Hg.), *PSA 1982*, Bd. 2, East Lansing 1983, S. 3-28.

42 Vgl. ebd., S. 18.

43 Vgl. Janet A. Kourany, »A Philosophy of Science for the Twenty-First Century«, in: *Philosophy of Science* 70 (2003), S. 1-14.

44 Siehe Helen E. Longino, »Cognitive and Non-Cognitive Values in Science. Rethinking the Dichotomy«, in: Lynn Henkinson Nelson, Jack Nelson (Hg.), *Feminism, Science, and the Philosophy of Science*, Dordrecht 1996, S. 39-58, hier S. 51 f.

45 Diese Eigenschaft der epistemischen Werte ist schon oft erkannt und genau dis-

bei denen es schlichtweg unrealistisch ist, den Einfluss nichtepistemischer Werte auszuschließen. Dass epistemische Werte miteinander in Konkurrenz treten, kann dabei nicht als Extrem- oder Ausnahmefall abgetan werden, denn manche epistemische Werte, wie zum Beispiel Akkuratheit und Reichweite, stehen in systematischer Spannung zueinander.[46]

Ein besonders schlagkräftiges Argument gegen die Idealvorstellung von den wertfreien Methoden der Wissenschaft wurde bereits in den 1950er Jahren von Richard Rudner und anderen vorgetragen und neuerdings (vor allem durch Heather Douglas) erneut in die Diskussion gebracht:[47] Der Sache nach beruht dieses Argument auf der gleichen Eigenheit induktiven Schließens, die auch der Unterbestimmtheit wissenschaftlicher Theorien durch die Daten zugrunde liegt, denn es setzt an dem Umstand an, dass keine empirische Hypothese je vollständig durch die Daten bestätigt ist. Um sich zur Akzeptanz einer Hypothese zu entschließen, muss ein Wissenschaftler festlegen, welcher Grad empirischer Bestätigung dafür hinreichend ist. Entscheidungen über das Design des Experiments oder der Studie, über die Interpretation der gewonnenen Daten und sogar über die Methoden der Verbreitung der Ergebnisse haben alle einen Einfluss darauf, wie stark die empirische Evidenz sein muss, um am Ende zur Akzeptanz der Hypothese zu führen.[48] Die Angemessenheit der Entscheidungen hängt davon ab, wie nahe bei eins die Wahrscheinlichkeit der Hypothese mindestens sein sollte, um ihre Akzeptanz zu rechtfertigen. Statistik und induktive Logik können dies nicht vorgeben. Stattdessen, so bereits Rudner, müssen die Forscher ihre Wahl des Mindestgrades an Bestätigung von ihrer Einschätzung abhängig machen,

kutiert worden, vgl. Kuhn, »Objectivity, Value Judgment, and Theory Choice«, S. 322, und Larry Laudan, *Science and Values*, Berkeley 1984, S. 37 f.

46 Vgl. Longino, »Cognitive and Non-Cognitive Values in Science«, S. 44.

47 Richard Rudner, »The Scientist *qua* Scientist Makes Value Judgments«, in: *Philosophy of Science* 20 (1953), S. 1-6; Heather Douglas, »Inductive Risk and Values in Science«, in: *Philosophy of Science* 67 (2000), S. 559-579. Ähnliche Überlegungen wie Rudner haben Statistiker bereits in den 1940er Jahren angestellt, vgl. Abraham Wald, *On the Principles of Statistical Inference* (= *Notre Dame Mathematical Lectures* 1), Notre Dame 1942, S. 40 f., und C. West Churchman, *Theory of Experimental Inference*, New York 1948, Kapitel 15.

48 Siehe mein »Bias and Values in Scientific Research«, in: *Studies in History and Philosophy of Science* 40 (2009), S. 92-101.

wie schwerwiegend die Folgen einer irrtümlichen Akzeptanz beziehungsweise einer fälschlichen Zurückweisung der Hypothese wären: »Wie sicher wir sein müssen, bevor wir eine Hypothese akzeptieren, wird davon abhängen, wie schwerwiegend ein Fehler wäre.«[49] Wie gut oder schlecht eine empirische Untersuchung ihrem jeweiligen Zweck dient, ist deshalb immer abhängig von Werturteilen über Gewinn und Schaden, die durch richtige und falsche Urteile über Akzeptanz oder Zurückweisung der Hypothese jeweils eintreten würden. Offenbar können diese Urteile aber gerade im Kontext politisch relevanter Forschung nicht allein auf der Grundlage epistemischer Werte gefällt werden. Es lohnt sich, zu betonen, dass die betroffenen methodologischen Entscheidungen sich nicht allein auf die Festlegung eines Signifikanzniveaus für die statistische Auswertung eines Versuchs beschränken. Alle möglichen Entscheidungen über Anlage und Durchführung einer Studie oder eines Experiments haben indirekt Auswirkungen darauf, wie stark die belegbaren Effekte sein müssen, um zur Akzeptanz der Hypothese zu führen – die Wahl eines Versuchstiers, die Technik der Aufzeichnung und Charakterisierung von Daten oder die bei der Interpretation der Daten zur Anwendung kommenden Rechnungsmodelle, um nur einige Beispiele zu nennen.[50] Deshalb beruht das Akzeptieren von Hypothesen immer auf (nichtepistemischen) Werturteilen, die bei vielen und zum Teil tief im Forschungsprozess eingebetteten methodologischen Entscheidungen relevant werden, weil diese auf der Grundlage von induktiver Logik allein und ohne eine Einschätzung darüber, wie gravierend ein Fehler und wie bedeutsam ein geglücktes Ergebnis sein könnten, nicht gefällt werden können.

Die Annahme, dass die Wissenschaften eine wertfreie Erkenntnisgrundlage für die politischen Überlegungen der Bürger bieten (im Sinne einer von politischen, sozialen und moralischen Werten völlig unabhängigen Quelle zertifizierter Informationen), lässt sich angesichts dieser starken Kritik meines Erachtens nicht halten. Insofern die politische Begründung der Wissenschaftsfreiheit

49 »How sure we need to be before we accept a hypothesis will depend on how serious a mistake would be.« Rudner, »The Scientist *qua* Scientist Makes Value Judgments«, S. 2, meine Übersetzung.

50 Siehe Douglas, »Inductive Risk and Values in Science«, und Wilholt, »Bias and Values in Scientific Research«.

auf einem Exzeptionalismus in diesem Sinne aufbaute, stünde es schlecht um sie.

Die entscheidende Frage ist also: Sind solche starken exzeptionalistischen Annahmen nötig, um die Wissenschaftsfreiheit aus den Bedürfnissen der Demokratie heraus zu begründen? Ist es erforderlich, vorauszusetzen, dass wissenschaftliche Ergebnisse in jedem Fall eine für alle akzeptable, sichere und unparteiische Erkenntnisgrundlage bilden?

Die politische Begründung, wie ich sie in diesem Kapitel bisher rekonstruiert habe, beruht darauf, dass eine freie Wissenschaft für eine funktionierende demokratische Selbstregierung unserer Zeit erforderlich oder doch zumindest so förderlich ist, dass sie einen besonderen Schutz verdient. Was sie voraussetzen *muss*, ist daher, *dass die Verfügbarkeit der Ergebnisse unabhängiger Forschung im Allgemeinen die epistemische Situation der Bürger (im Hinblick auf ihre politischen Belange) wesentlich verbessert.* Dies ist allerdings eine deutlich schwächere Voraussetzung als die oben kritisierten Exzeptionalismen.

Was die bei Kitcher aufgeworfene Frage betrifft, ob die Ergebnisse der Wissenschaft im politischen Prozess (verstanden als öffentlicher Vernunftgebrauch) *von allen akzeptiert werden können*, so stellen hybride Epistemologien die Demokratie fraglos vor eine schwierige Herausforderung. Entscheidend ist hier jedoch die Einsicht, dass die in diesem Kapitel rekonstruierten Argumente nicht zeigen müssen, dass die Wissenschaftsfreiheit für sich genommen bereits eine Lösung für alle epistemischen Probleme der Demokratie darstellt. Es genügt, zu behaupten, dass eine freie Wissenschaft diese Probleme nicht schlechter bewältigen wird als eine von den politischen Gewalten gesteuerte.[51] Dies scheint mir offenkundig zu sein. Denn wenn es überhaupt eine Chance gibt, den öffentlichen Diskurs wieder auf eine Grundlage zu stellen, die für alle akzeptabel ist, dann wird dazu das mühevolle Unterfangen gehören, zu

51 Ich will also darauf hinaus, dass sich die wesentlichen *Vorteile* einer politisch unabhängigen Wissenschaft im Hinblick auf andere Probleme nachweisen lassen, so dass es für das Problem der hybriden Epistemologien genügt, zu zeigen, dass hier keine zusätzlichen Nachteile erwachsen. In der Tat glaube ich, dass auch für dieses Problem eine politische Unabhängigkeit der Wissenschaften relativ naheliegende Vorteile besitzt, meine aber, für die Argumentation auf die Verteidigung dieses stärkeren Punktes verzichten zu können.

den prinzipiell von jedermann anerkennbaren Wissensbeständen zurückzugehen: zur Verteilung der Fossilien in den verschiedenen geologischen Formationen, zur geographischen Verteilung der Fossilien und deren Relation zur geographischen Verteilung der lebenden Spezies, zu den morphologischen Relationen der lebenden Spezies untereinander, zur Allgegenwart von Überlebensdruck, zur nachvollziehbaren Erblichkeit von für den reproduktiven Erfolg bedeutsamen Merkmalen und so weiter. Wenn die Wissenschaften ihre Interpretationen dieser Wissensbestände im Diskurs geltend machen wollen, dann wird es ihnen nicht schaden, wenn sie als *nicht* von den bestehenden politischen Gewalten gesteuerte Unternehmungen auftreten können. Sollte so ein Unterfangen dagegen hoffnungslos sein, würde wohl auch eine politische Steuerung der Wissenschaften daran nichts ändern.

Aber müssen die Ergebnisse politisch unabhängiger Forschung als *unparteiisch* oder *unpolitisch* vorausgesetzt werden, um die epistemische Situation der Bürger zu verbessern, und ist nicht dieser Exzeptionalismus durch die Einsichten in den unvermeidlichen Einfluss nichtepistemischer Werte auf die Wissenschaften widerlegt? Diese Schlussfolgerung würde sich aufdrängen, wenn wir uns die Bürger als Rezipienten wissenschaftlicher Informationen vorstellen, die auf eine ihnen nicht transparente Weise von bestimmten Werteinflüssen abhängen und in diesem Sinne einseitig sind. Diese Sichtweise ist aber zu pessimistisch, da sie vernachlässigt, dass die Wissenschaften soziale Unternehmungen sind, innerhalb derer sich unterschiedliche Werteinflüsse geltend machen. Sie sind, wie ich bereits in Kapitel 4 diskutiert habe, idealerweise sozial so organisiert, dass abweichende Ansichten und Ansätze ermöglicht und kritische Interaktionen gefördert werden. Durch die Pluralität verschiedener Ansätze und den Mechanismus wechselseitiger Kritik können sich individuell einseitige Werteinflüsse so ausgleichen und sogar produktiv stimulieren.[52] Dafür ist es allerdings erforderlich, dass innerhalb der wissenschaftlichen Gemeinschaften soziale Strukturen vorliegen, die einen Pluralismus von Werteinflüssen begünstigen. Helen Longino hat vorgeschlagen, dass dazu idealerweise etwa eine grundsätzliche Gleichheit der intellektuellen Autorität gehört, sowie das Vorliegen anerkannter Kanäle der Kritik

52 Vgl. Miriam Solomon, *Social Empiricism*, Cambridge/Mass. 2001, insb. Kapitel 8.

und eine allgemein anerkannte Verpflichtung, die auf diesem Weg eingebrachte Kritik aufzunehmen.[53] Je näher die Wissenschaften einer sozialen Organisationsform kommen, die so gestaltet ist, dass die Pluralität von Ansätzen, die wechselseitige Kritik und natürlich auch die produktive Aufnahme von Kritik begünstigt wird, desto eher können sie die epistemische Situation der Bürger trotz unvermeidlicher individueller Werteinflüsse verbessern.

Daran besteht möglicherweise noch der Zweifel, dass der Pluralismus nur zu einer widersprüchlichen Gemengelage von wissenschaftlichen Ergebnissen führen würde, der die Bürger hilflos gegenüberstehen müssten. Ein Beispiel dafür scheint die (scheinbare) Zerstrittenheit der Klimaforscher darüber zu sein, wie gravierend die Auswirkungen der globalen Erwärmung sind.[54] Doch über solchen Beispielen darf nicht vergessen werden, dass die Wissenschaften über ihre sozialen Mechanismen auch oft zu unkontroversen Ergebnissen gelangen. Diese erscheinen uns oft rückblickend unspektakulär, wie etwa die Erkenntnis, dass AIDS eine durch HIV-Retroviren verursachte Krankheit ist.[55] Als der südafrikanische Präsident Thabo Mbeki diese Erkenntnis anzweifelte, wurde der Bezug auf den faktischen Konsens der medizinischen Forschungsgemeinschaft zu einem wichtigen Instrument im Ringen der südafrikanischen Öffentlichkeit um eine angemessene staatliche Reaktion auf die AIDS-Epidemie. Auch wenn es trivial und offensichtlich erscheint, war der Zugriff der südafrikanischen Bürger auf die Forschungsergebnisse einer wissenschaftlichen Gemeinschaft, die sich der Kontrolle der Regierung Mbeki entzog,[56] von instrumenteller

53 Helen E. Longino, *Science as Social Knowledge. Values and Objectivity in Scientific Inquiry*, Princeton 1990, Kapitel 4.

54 Vgl. Daniel Sarewitz, »How Science Makes Environmental Controversies Worse«, in: *Environmental Science & Policy* 7 (2004), S. 385-403. Zur Beeinflussung der Klimamodelle von genau den durch Rudner und andere dargestellten Werturteilen siehe Justin Biddle, Eric Winsberg, »Value Judgments and the Estimation of Uncertainty in Climate Modeling«, in: P.D. Magnus, Jacob Busch (Hg.), *New Waves in the Philosophy of Science*, New York 2010, S. 172-197.

55 Natürlich wird dies von vereinzelten Mitgliedern der wissenschaftlichen Gemeinschaft bezweifelt – ebenso wie vereinzelte Wissenschaftler die Relativitätstheorie ablehnen oder die Existenz des Monsters von Loch Ness zu beweisen versuchen. Dies ändert nichts daran, dass diese Erkenntnis von einem Konsens *praktisch* der gesamten biomedizinischen Forschergemeinschaft getragen wird.

56 Mbeki versuchte durchaus, die Repräsentation wissenschaftlicher Erkenntnisse

Bedeutung dafür, politische Präferenzen ausbilden und geltend machen zu können, die ihre Werte und Interessen angemessen repräsentieren.

Selbst das schwierige Beispiel der Klimaforschung kann die Bedeutung einer politisch unabhängigen Wissenschaft stützen: Sowohl darüber, dass sich ein Klimawandel vollzieht, als auch über dessen mögliche Ursachen hätte die Öffentlichkeit ganz ohne wissenschaftliche Forschung klarerweise überhaupt keine Informationen. Auch die politische Unabhängigkeit der Klimaforschung ist hier von elementarer Bedeutung, wie die Einflussnahme der US-Regierung auf die Klimaforschung unter George W. Bush zeigt. Die Regierung machte sich den Umstand zunutze, dass staatliche amerikanische Forschungseinrichtungen in der Klimaforschung eine große Rolle spielen, und nahm in zahlreichen gut dokumentierten Fällen unmittelbaren Einfluss auf konkrete Formulierungen in den Forschungsberichten dieser Einrichtungen. Die Veränderungen hatten die Tendenz, in den Berichten einen Eindruck von Unsicherheit bezüglich der zentralen Fragen des Klimawandels zu erwecken, obwohl die Verfasserinnen und Verfasser der Berichte diese Unsicherheit längst nicht mehr als gegeben ansahen.[57]

in Südafrika zu beeinflussen. 2000 berief er ein nationales AIDS-Gremium ein, zu dessen Zusammensetzung der AIDS-Forscher John Moore sagte: »The panel has pretty well everyone on it who believes that HIV is not the cause of AIDS, and about 0.0001 per cent of those who oppose this view.« (Zit. nach Michael Cherry, »South Africa Turns to Research in the Hope of Settling AIDS Policy«, in: *Nature* 405 [2000], S. 105-106, hier S. 105.) Die internationale medizinische Gemeinschaft reagierte mit einer von 5000 Forschern unterzeichneten Erklärung, dass die Kausalverbindung zwischen HIV und AIDS als belegt gelten müsse. (»The Durban Declaration«, in: *Nature* 406 [2000], S. 15-16.)

57 Siehe Union of Concerned Scientists (UCS)/Government Accountability Project (GAP), *Atmosphere of Pressure. Political Interference in Federal Climate Science*, Cambridge/Mass. 2007, ⟨www.ucsusa.org/assets/documents/scientific_integrity/atmosphere-of-pressure.pdf⟩, letzter Zugriff 13.9.2011.Vgl. auch UCS, *Federal Science and the Public Good. Securing the Integrity of Science in Policy Making*, Cambridge/Mass. 2008, ⟨www.ucsusa.org/assets/documents/scientific_integrity/federal-science-and-the-public-good.pdf⟩, letzter Zugriff 13.9.2011 und United States House of Representatives Committee on Government Reform – Minority Staff Special Investigations Division, *Politics and Science in the Bush Administration*, Washington D.C. 2003 (bekannt als »Waxman Report«) ⟨oversight-archive.waxman.house.gov/documents/20080130103545.pdf⟩, letzter Zugriff 13.9.2011 sowie Chris Mooney, *The Republican War on Science*, New York 2005.

Der wissenschaftlichen Forschung ist vereinzelt eine bremsende Rolle in der Klimadebatte zugewiesen worden, was insofern stimmt, als die Bush-Regierung und andere politische Akteure den Ruf nach mehr Forschung, um noch verbleibende Unsicherheiten auszuräumen, als Mittel eingesetzt haben, Maßnahmen zur Bekämpfung der globalen Erwärmung immer wieder auf unbestimmte Zeit aufzuschieben.[58] Diese Richtung der Kritik droht allerdings zu verkennen, dass ohne wissenschaftliche Forschung zum Klimawandel überhaupt keine Entscheidung zu wirksamen Maßnahmen vorstellbar wäre – Ähnliches gilt für eine Welt, in der es keine öffentlich kommunizierten Forschungsergebnisse gäbe, die der Beeinflussung durch die politischen Gewalten zu widerstehen vermöchten.

Übrigens fordert die *Union of Concerned Scientists*, welche die erwähnten und andere politische Beeinflussungen staatlicher Forschung in den USA dokumentiert und untersucht hat, als Konsequenz inzwischen eine rechtlich verbriefte Wissenschaftsfreiheit für Ressortforscher.[59]

Die Beispiele unterstreichen, dass die Verfügbarkeit der Ergebnisse politisch unabhängiger Forschung die epistemische Situation der Bürger wesentlich verbessert. Entscheidend ist der Vergleich zur vorstellbaren Situation, in der es keine wissenschaftliche Forschung gäbe oder nur solche, die der Kontrolle der politischen Gewalten unterläge. Allerdings belegen die oben ausgeführten Überlegungen auch, dass die Plausibilität einer politischen Begründung der Wissenschaftsfreiheit voraussetzt, dass die *politisch* unabhängigen Wissenschaften nicht stattdessen in anderer Weise einseitig Werteinflüssen untergeordnet sind. Die Verteidigung der Begründung gegen den Exzeptionalismusvorwurf stützt sich schließlich in wesentlicher Weise auf den Pluralismus der Ansätze und den Mechanismus der wechselseitigen Kritik. Dass auch eine Wissenschaft, in der sich einseitige Werteinflüsse manifestieren, die episte-

---

58 Sarewitz, »How Science Makes Environmental Controversies Worse«.

59 »[G]overnment scientists should, without fear of reprisal or retaliation, have the freedom […] to conduct their work without political or private-sector interference […]. We call on Congress and the executive branch to codify these freedoms […].« Aus einem Internet-Aufruf der UCS aus dem Jahr 2008 mit dem Titel »Scientific Freedom and the Public Good«, ⟨www.ucsusa.org/assets/documents/scientific_integrity/scientific_freedom.pdf⟩, letzter Zugriff 13.9.2011.

mische Situation der Bürger verbessert, wäre ungleich schwieriger und vielleicht überhaupt nicht zu rechtfertigen.[60] Die politische Begründung der Wissenschaftsfreiheit kann deshalb ihre Stärke nur innerhalb einer umfassenden Forderung nach Vielfalt, Offenheit und wechselseitiger Kritik innerhalb der Wissenschaften entfalten.

60 Ein klares Gegenbeispiel sind die lang anhaltenden Bemühungen der männlich dominierten medizinischen Wissenschaften vom 17. bis ins späte 20. Jahrhundert hinein, trotz wiederholten Scheiterns auf immer neue Weise die intellektuelle Unterlegenheit von Frauen nachzuweisen. Siehe oben, S. 27.

Kapitel 11:
Reichweite und Form politisch
begründeter Forschungsfreiheit

11.1 Die Reichweite einer politischen
Begründung der Wissenschaftsfreiheit

Im Kontext politischer Begründungen ist typischerweise eher von einem umfassenderen Ideal der Wissenschaftsfreiheit die Rede als von einer spezifischen Freiheit wissenschaftlicher *Forschung*. Viele Beispiele, auf die dabei verwiesen wird – die Maßregelung Galileis, die Entlassung der Göttinger Sieben, die Manipulation von Klimaforschungsberichten durch die Bush-Regierung –, sind eher Fälle von Einschränkungen der *Meinungs*freiheit von Wissenschaftlern und der Freiheit wissenschaftlicher Lehre und Kommunikation. Sind es also vielleicht eher diese, die durch eine politische Begründung gestützt werden können, während die eigentliche Forschungsfreiheit nicht unmittelbar betroffen ist? Oberflächlich betrachtet, und wenn man die Beteuerungen von Wissenschaftlern ernst nimmt, dass für die Praxis relevante Ergebnisse wissenschaftlicher Forschung grundsätzlich unvorhersehbar seien,[1] bietet ja die Forschung gar nicht den richtigen Angriffspunkt für mögliche Manipulationen in eine gewünschte Richtung, sondern erst die Mitteilung der Ergebnisse. Dann verdiente in demokratietheoretischer Hinsicht auch nur dieser Bereich wissenschaftlicher Aktivität besonderen Schutz.

Dass dem nicht so ist, lässt sich am einfachsten durch ein Beispiel illustrieren. Die NASA hat vor wenigen Jahren ihre Prioritäten massiv geändert und insbesondere viele ihrer Wissenschaftsmissionen gestrichen oder verkleinert.[2] Dazu gehörten auch besonders

---

1 Besonders nachdrücklich vertritt dies etwa Michael Polanyi, »The Republic of Science. Its Political and Economic Theory«, in: *Minerva* 1 (1962), S. 54-73, hier S. 63; ähnlich auch Vannevar Bush, *Science, the Endless Frontier. A Report to the President on a Program for Postwar Scientific Research,* Neudr., Washington 1960, S. 18 f. Siehe auch oben, S. 166 f.

2 Space Studies Board, *An Assessment of Balance in NASA's Science Programs,* Washington D.C. 2006; Tony Reichhardt, »US Space Scientists Rage over Axed Pro-

viele geowissenschaftliche Missionen. So wurde zum Beispiel das ehrgeizige Projekt der geplanten Beförderung des *Deep Space Climate Observatory* ins All Anfang 2006 gestrichen und der Satellit eingelagert, obgleich er beinahe fertiggestellt war.[3] Unter der Clinton-Regierung geplant und besonders von Al Gore befürwortet, sollte er in der Hauptsache Daten liefern, die genauen Aufschluss über die wechselnde Albedo (das Rückstrahlvermögen) der Erde gegeben hätten. Die Albedo gilt als eine der entscheidenden Unbekannten bei der Beurteilung des Klimawandels.[4] Es ist weder möglich, nachzuweisen, noch nötig, zu unterstellen, dass die Einstellung dieses speziellen Projekts das Ergebnis unmittelbarer politischer Einflussnahme auf die Agentur war. Mindestens ebenso wahrscheinlich ist, dass dies gar nicht nötig war und dass die NASA selbst bei der Anpassung ihres Programms die politische Agenda der Regierung George W. Bush genau im Blick behalten hat, nachdem Bush im Januar 2004 durch die Verkündung seiner *Vision for Space Exploration* (das heißt der Ausrichtung des Weltraumprogramms auf die langfristigen Ziele bemannter Mond- und Marsmissionen) seine Macht über das Schicksal der NASA eindrucksvoll demonstriert hatte. Ebenfalls 2006 hat diese jedenfalls das Ziel, »unseren Heimatplaneten zu verstehen und zu schützen« (»to understand and protect our home planet«) ersatzlos aus ihrer Satzung (dem »Mission Statement«) gestrichen. Die Formulierung war seit 1958 Bestandteil der offiziellen Zielvorgaben der NASA. Laut einem ihrer Sprecher erfolgte die Änderung, um den von der Bush-Regierung ausgegebenen neuen Zielvorgaben zu entsprechen, die auf bemannte Mond- und Marsmissionen ausgerichtet waren.[5] Angesichts der wohlbekannten Haltung der Bush-Regierung zur Klimapolitik und ihrer gut dokumentierten Versuche, wissenschaftliche Belege für ei-

jects«, in: *Nature* 439 (2006), S. 768-769; Andrew Lawler, »A Space Race to the Bottom Line«, in: *Science* 311 (2006), S. 1540-1543.

3 Andrew Lawler, »NASA Terminates Gore's Eye on Earth«, in: *Science* 311 (2006), S. 26.

4 Siehe Robert J. Charlson u. a., »In Search of Balance«, in: *Science* 308 (2005), S. 806-807.

5 Andrew C. Revkin, »NASA's Goals Delete Mention of Home Planet«, in: *The New York Times*, 22. Juli 2006, A10. Vgl. UCS, *Federal Science and the Public Good. Securing the Integrity of Science in Policy Making,* Cambridge/Mass. 2008, ⟨www.ucsusa.org/assets/documents/scientific_integrity/federal-science-and-the-public-good.pdf⟩, letzter Zugriff 13. 9. 2011, S. 23.

nen durch Menschen verursachten Klimawandel zu unterdrücken,[6] ist eine Relevanz der negativen Entscheidung über das *Deep Space Climate Observatory* für den demokratischen Prozess nicht von der Hand zu weisen. In jedem Fall wurde dem Interesse der Bürger an unabhängigem, verlässlichem Wissen kein guter Dienst erwiesen. Das Beispiel illustriert deutlich, dass bereits Entscheidungen über das Schicksal von *Forschungs*projekten eine brisante politische Relevanz haben können, sogar ohne dass ihre konkreten Ergebnisse vorhersagbar sein müssen. So kann es beispielsweise im Interesse einer Regierung liegen, Wissenslücken, die den Anschein einer »Unsicherheit« der wissenschaftlichen Befunde über ein bestimmtes Sachgebiet verstärken, möglichst lange offen zu halten. Die politische Begründung der Wissenschaftsfreiheit muss deshalb die Forschungsfreiheit durchaus mit einschließen.

Überhaupt ist die zuweilen behauptete Unvorhersehbarkeit praktisch relevanter Ergebnisse nicht durchgängig plausibel. Dass die biomedizinische Forschung heute international mit Abstand den größten Anteil der öffentlichen Forschungsförderung erhält, hängt mit der Erwartung zusammen, dass die geförderten Projekte zu erwünschten Folgen in *bestimmten* Anwendungsbereichen führen werden. Die gesamte Wissenschaftspolitik beruht auf der Prämisse, dass die praktischen Folgen der Forschung nicht *völlig* unvorhersehbar sind.[7] Dies allein würde gewiss nicht über den Wahrheitsgehalt dieser Prämisse entscheiden, aber eine gewisse Glaubwürdigkeit wird man ihr nicht abstreiten können. Immerhin hat das *Manhattan Project* tatsächlich zur Entwicklung einer Atombombe geführt, und die AIDS-Forschung hat tatsächlich Behandlungsmöglichkeiten entwickelt, die die Lebenserwartung von HIV-Infizierten steigern.[8]

Diese Überlegung führt allerdings unmittelbar zu einer viel gravierenderen Frage hinsichtlich der Reichweite einer politischen Begründung der Wissenschaftsfreiheit. Die Begründung setzt an

---

6 Siehe die in Kapitel 10, Fußn. 57 angeführten Belege.

7 Vgl. Daniel Sarewitz, *Frontiers of Illusion. Science, Technology, and the Politics of Progress*, Philadelphia 1996, S. 36 f.

8 Natürlich gibt es auch prägnante Gegenbeispiele wie etwa das 1971 von Richard Nixon ausgerufene Großprojekt zur Bezwingung des Krebses (»*War on Cancer*«), aber die hier von mir verteidigte, sehr schwache These erfordert nicht, dass Forschungsvorhaben *immer* ihr gesetztes Ziel erreichen.

bei der Notwendigkeit von Wissen für die Befähigung der Bürger, wohlinformierte politische Urteile bilden zu können. Für diese Befähigung spielt offensichtlich nicht jede Art wissenschaftlichen Wissens eine gleich große Rolle. Die Einmischung einer Regierung in das Forschungsprogramm der Paläoichthyologie würde den demokratischen Prozess nicht auf die gleiche Weise unterminieren wie eine Einmischung in die Klimaforschung. Kann die politische Begründung überhaupt auf alle Bereiche wissenschaftlicher Forschung angewendet werden? Ist sie nicht auf Gebiete beschränkt, die, wie etwa die Klimaforschung oder die Strahlenbiologie, zumindest eine gewisse politische Brisanz besitzen?

Welche wissenschaftlichen Gebiete besitzen überhaupt eine Relevanz für die Ausbildung politischer Präferenzen? Bei einer großen Menge politisch unmittelbar relevanter Fragen ist es heute klar, dass Bürger keine begründeten Antworten auf sie finden können, ohne sich zumindest mittelbar auf die Ergebnisse wissenschaftlicher Forschung zu stützen. Hier nur einige Beispiele solcher Fragen, bei denen dies im Hinblick auf naturwissenschaftliche Forschung besonders offensichtlich ist: Welche Sicherheitsrisiken und Umweltgefährdungen gehen von Atomkraftwerken aus? Welches sind die potenziellen Folgen der globalen Erwärmung, und durch welche Maßnahmen ließe sie sich effektiv abmildern? Kann ein Raketenabwehrsystem funktionieren? Wie wahrscheinlich ist es, dass Forschung an embryonalen Stammzellen zu neuartigen und besseren Therapien für schwere Krankheiten führen wird? Was wären die Folgen eines Einsatzes nuklearer Waffen? Welche Auswirkungen kann die Freisetzung gentechnisch manipulierter Nutzpflanzen langfristig auf die natürliche Flora und Fauna und auf traditionelle Nutzpflanzen haben? Stellt Bisphenol A als Weichmacher in Babyfläschchen auch in geringer Konzentration eine Gesundheitsgefährdung dar? Ist die Bundesrepublik Deutschland ausreichend auf eine neuartige Virusepidemie vorbereitet? Es mag angemessen, wenn auch kaum erforderlich sein, anzumerken, dass für die Bedeutung *sozial*wissenschaftlicher Forschung für die Beantwortung politisch relevanter Fragen ebenfalls viele klare Beispiele gegeben werden können: Welche Auswirkungen hat die Verwendung patentierter, gentechnisch manipulierter Nutzpflanzen auf die Lebensverhältnisse der Landbevölkerung in Schwellenländern? Hat die Androhung harter Strafen eine abschreckende Wirkung auf

Jugendliche? Welche Auswirkungen hat der sich ausweitende Anbau von Biodiesel auf den internationalen Nahrungsmittelmarkt? Welches sind die soziokulturellen Ursachen der statistischen Unterschiede in den Karriereverläufen von Frauen und Männern? Welche Auswirkungen hätte die Einführung eines Mindestlohns auf den Arbeitsmarkt?

Die große Bandbreite dieser Fragen zeigt an, dass der Bereich politisch relevanter Wissenschaft *groß* ist und von der Nuklearphysik über die Chemie der Kunststoffe, die Molekularbiologie und die ornithologische Verhaltensforschung bis hin zur Jugendsoziologie die verschiedensten Forschungsfelder einschließt. Dies scheint zumindest zunächst aber nichts daran zu ändern, dass dieser Bereich zugleich *begrenzt* ist. Die Ethologie der Wüstenspringmaus, die bereits erwähnte Paläontologie der Fische, aber auch die Suche nach Nachweisen dunkler Energie scheinen zumindest bisher weder für politische Entscheidungen auswertbare Informationen an den Tag befördert noch auch nur die Erwartung erweckt zu haben, dass dies geschehen könne.

Allerdings können auch zunächst allem Anschein nach politisch irrelevante Forschungsgebiete eines Tages unerwartet politische Brisanz erlangen. Wer hätte vor der Entwicklung der Kernenergie ahnen können, welche politische Bedeutung geologisches Wissen über Uranvorkommen einmal haben würde? Wer hätte vor 40 Jahren erwartet, dass die Bestimmung der Albedo der Erde dereinst für politische Entscheidungen bedeutsam werden könnte? Dieser Umstand kann aber bei näherem Hinsehen *nicht* benutzt werden, um die Reichweite einer politischen Begründung der Wissenschaftsfreiheit auf alle *potenziell* politisch bedeutsamen (das hieße vermutlich: ausnahmslos alle) Forschungszweige auszuweiten. Denn die Notwendigkeit der Wissenschaftsfreiheit ergibt sich in der politischen Begründung aus dem Gebot, eine den demokratischen Prozess unterminierende Beeinflussung des in die politischen Deliberationsprozesse einfließenden Wissens durch die politischen Gewalten zu verhindern. Die Gefahr einer solchen Beeinflussung besteht aber nur dann, wenn politische Entscheidungsträger zumindest eine Ahnung von der politischen Bedeutsamkeit der betreffenden Forschung haben. Diese Ahnung muss zumindest ausreichend informativ sein, um klarzustellen, in welche Richtung die Beeinflussung gehen müsste, um den jeweils einschlägigen politischen Interessen entgegenzukommen. Die politische Begründung der Wissenschaftsfreiheit mag also ihre Reichweite auf Gebiete erstrecken, die für zumindest von manchen für zumindest möglicherweise politisch bedeutsam gehalten werden (im soeben erläuterten ausreichend informativen Sinn), sie erfasst jedoch nicht alle Forschungsgebiete, die sich möglicherweise in der Zukunft überraschend als politisch relevant erweisen könnten.

Stärker wiegt dagegen die Beobachtung, dass die Grenze zwischen politisch relevanter und nicht politisch relevanter Forschung offenbar fließend ist. Ist die Erforschung der Geologie des Mars politisch völlig irrelevant? Immerhin könnte die Frage, ob Menschen eines Tages ihren Rohstoffbedarf zum Teil aus extraterrestrischen Ressourcen decken könnten, einen minimalen Einfluss zumindest auf die politische Rhetorik im Zusammenhang mit Diskussionen über den Umgang mit den Ressourcen der Erde und die Verantwortung gegenüber zukünftigen Generationen entfalten – auch wenn diese Aussicht nach allem, was wir wissen, bestenfalls als ausgesprochen utopisch bezeichnet werden kann.[9] Wer könnte die Grenze zwischen politisch relevanter und irrelevanter Forschung ziehen und dürfte somit bestimmen, welche Wissenschaftszweige den erweiterten Schutz der politischen Begründung genießen und welche nicht? Ganz sicher können diejenigen politischen Gewalten, deren Einfluss auf die (politisch relevante) Forschung der politischen Begründung zufolge eingedämmt werden muss, die Entscheidung über die Reichweite dieser Eindämmung nicht treffen, ohne sie gleich ganz in Frage zu stellen. Die Abgrenzung der wissenschaftlichen Gemeinschaft zu überlassen, würde realistischerweise auf dasselbe hinauslaufen wie den Schutz vor politischer Einmischung auf die Gesamtheit wissenschaftlicher Forschung auszuweiten – andernfalls müsste man von Forschungsgemeinschaften eine in utopischen Maßen ausgeprägte Fähigkeit erwarten, ihre kollektiven Eigeninteressen zurückzustellen. Welche Institution oder Gemeinschaft aber sonst die Abgrenzung auf eine Weise vornehmen könnte, die zugleich praktikabel wäre und nicht mit der Gefahr einherginge, unter den Druck der Interessen poli-

---

9 Siehe Wolfgang Seboldt, »Möglichkeiten und Grenzen der Raumfahrt in Wissenschaft, Anwendung und Wirtschaft – ›Exploration und Nutzung von Weltraumressourcen‹ als Beispiele«, in: Carl Friedrich Gethmann u. a. (Hg.), *Die Zukunft der Raumfahrt. Ihr Nutzen und ihr Wert*, Bad Neuenahr 2007, S. 61-97.

tischer Gewalten zu geraten, ist vollkommen offen.[10] Darin kann man ein pragmatisches Argument für die Ausweitung der politischen Begründung der Wissenschaftsfreiheit auf alle Forschungsfelder ohne Rücksicht auf ihre politische Relevanz sehen: Da eine nichtwillkürliche Abgrenzung des Bereiches politischer Relevanz nicht praktikabel erscheint, muss die Wissenschaftsfreiheit um der hohen Schutzwürdigkeit des demokratischen Prozesses willen als möglichst inklusiv verstanden werden, um ihrer Aushöhlung von vornherein einen Riegel vorzuschieben.

In analoger Weise lässt sich begründen, warum im Allgemeinen die Meinungsfreiheit als politisches Recht möglichst umfassend verstanden wird – das heißt als bis auf einige klar definierte Ausnahmen (wie Anstiftung zu Straftaten oder üble Nachrede) alle Bereiche menschlichen Ausdrucks einschließend. Der Grund dafür ist nicht, dass *jede* menschliche Äußerung als der Fähigkeit der Bürger zur Selbstregierung zuträglich anzusehen ist, sondern dass wir uns die Institution eines Zensors, der die zuträglichen von den irrelevanten (und abträglichen) Äußerungen trennte, nicht als eine für den demokratischen Prozess völlig unbedenkliche Einrichtung vorstellen können.[11]

Zugleich ist die Analogie zwischen Wissenschafts- und Meinungsfreiheit jedoch auch irreführend. Denn innerhalb des allgemeinen Marktes von Meinungen und Informationen zeichnet sich wissenschaftliches Wissen heute unter anderem durch einen sehr hohen Aufwand bei der Erzeugung aus. Vorbei die Zeiten, in denen neue Erkenntnisse mit einer Kerze und einem Stück Schnur erbracht werden konnten. Wenn eine politisch unabhängige Wissenschaft für den demokratischen Prozess wichtig ist, dann ist dies deshalb auch ein Argument dafür, für dieses Unterfangen öffentli-

10 In gewisser Weise knüpft sich an die Einrichtung nationaler Ethikkommissionen die Hoffnung, für ganz bestimmte Kontexte (unter anderem) diese Funktion zu erfüllen. Die schwierigen Fragen, die sich hinsichtlich der Zusammensetzung, der Legitimation und der Kompetenzen dieser Kommissionen stellen, unterstreichen jedoch gerade die praktischen Schwierigkeiten, die mit der Institutionalisierung dieser Rolle zusammenhängen.

11 Alexander Meiklejohn etwa, einer der nachdrücklichsten Verfechter des demokratietheoretischen Arguments für die Meinungsfreiheit, begründet eine größtmögliche Reichweite der Meinungsfreiheit in ähnlicher Weise (»The First Amendment Is an Absolute«, in: *The Supreme Court Review* [1961], S. 245-266, hier S. 262).

che Ressourcen bereitzustellen. Und gerade hier wird die politische Begründung besonders interessant – als Argument dafür, dass die Regierung und andere politische Gewalten, die in demokratisch legitimierter Weise öffentliche Mittel für die wissenschaftliche Forschung zur Verfügung stellen, gleichwohl *nicht* legitimiert sind, einen inhaltlichen Einfluss auf die so geförderte Forschung zu nehmen. Weil eine rein negative Wissenschaftsfreiheit ohne öffentliche Förderung keinen substanziellen Beitrag zur Stützung des demokratischen Prozesses leisten kann und weil die insgesamt für die Förderung verfügbaren Ressourcen begrenzt sind, gehört die Frage, ob alle Bereiche der Forschung aufgrund der politischen Begründung gleichermaßen *förderungswürdig* sind, mit zur Diskussion um die Reichweite dieser Begründung. Dies stellt einen markanten Unterschied zu den eben angestellten Überlegungen zu Meinungsfreiheit und Zensur dar, die sich nämlich in deutlich anderer Weise entfalten würden, wenn es darum ginge, ob die öffentliche Hand alle menschlichen Meinungsäußerungen um des demokratischen Prozesses willen im selben Maße *fördern* sollte.

Da es bei der öffentlichen Förderung der Wissenschaften um eine Verteilung endlicher Ressourcen geht, ergibt es Sinn, den Schutz verschiedener Wissenschaftsbereiche als eine graduelle Angelegenheit zu betrachten. Demnach ist eine naheliegende Konsequenz der politischen Begründung, dass ein Forschungsfeld auf Grundlage der politischen Begründung einen desto größeren Anspruch auf positive Freiheit hat, je größer seine politische Bedeutung ist. Zu diesem Schluss gelangen auch Brown und Guston:

> Das Recht auf Forschung ist, wenn die Forschung einen klaren Beitrag zu demokratischen Prozessen leistet, stärker, als wenn sie es nicht tut. [...] Weil das Recht auf Forschung auf der Bedeutung der Forschung für die demokratische Regierungsführung beruht, wird das Ausmaß des Rechts auf Forschung mit dem Maßstab der Demokratie gemessen.[12]

---

12 »[T]he right to inquiry is stronger when the inquiry makes a distinct contribution to democratic processes than when it does not. [...] Because the right to inquiry is predicated on the importance of inquiry for democratic governance, the extent of the right to inquiry is measured by democracy's yardstick.« Mark B. Brown, David H. Guston, »Science, Democracy, and the Right to Research«, in: *Science and Engineering Ethics* 15 (2009), S. 351-366, hier S. 362, meine Übersetzung.

Bedeutet dies, dass Forschungsvorhaben zur Ethologie der Wüstenspringmaus bei der Konkurrenz um öffentliche Gelder leer ausgehen müssen? Natürlich nicht, da demokratietheoretische Erwägungen nicht die *einzigen* Gründe darstellen, aus denen heraus eine Förderung wissenschaftlicher Forschung durch die öffentliche Hand gerechtfertigt ist – in Teil II dieses Buches sind weitere Gründe zur Sprache gekommen. Stattdessen kann die politische Begründung nur bedeuten, dass politisch relevanten Forschungsbereichen ein *Mindestmaß* an Ressourcen zur Verfügung stehen muss, wobei dieses Mindestmaß relativ zur graduellen politischen Bedeutung ist. Dies ist die Konsequenz aus den praktischen Problemen der Abgrenzbarkeit politisch relevanter Forschung, soweit die »Freiheit der Mittel« betroffen ist. Was die »Freiheit der Ziele« angeht, also den Ausschluss von Beeinträchtigung oder Einmischung durch die politischen Gewalten, so sprechen weiterhin die oben diskutierten pragmatischen Gründe (die praktische Unmöglichkeit einer nicht-willkürlichen Abgrenzung betreffend) ceteris paribus für eine möglichst inklusive Auslegung dieser Freiheit.

Zum Abschluss dieser Überlegungen zur Reichweite politischer Begründungen der Wissenschaftsfreiheit möchte ich noch ein weiteres, vielleicht gewagteres Argument für eine möglichst umfassende Forschungsfreiheit auf demokratietheoretischer Grundlage in Erwägung ziehen. Wie schon erwähnt, hat Dewey den ausgeprägten Aufklärungsoptimismus über die Verknüpfung von Wissenschaft und Demokratie explizit abgelehnt – und zwar in beiden Richtungen: Weder kann Wissenschaft nur in Demokratien florieren, noch wird die Kultivierung der Wissenschaft zwangsläufig zu freien gesellschaftlichen Institutionen führen. Wie wir jedoch bereits in Kapitel 7 gesehen haben, hat Dewey dennoch ein innigeres Verhältnis zwischen Wissenschaft und Demokratie postuliert, als ich es in diesem dritten Teil des Buches bisher in Betracht gezogen habe.

Zwar besteht zwischen den beiden nach Dewey keine einfache Kausalität, aber es liegen ihnen gemeinsame epistemische Prinzipien zugrunde, die er in einer Charakterisierung der *scientific attitude* zusammenfasst. Die folgenden Elemente zählen für ihn ausdrücklich dazu: die Bereitschaft, sich des Urteils über eine noch nicht ausreichend geklärte Frage zu enthalten; die Fähigkeit, Zweifel solange aufrechtzuerhalten, wie noch nicht genügend (empirische) Belege offenliegen; die Bereitschaft, statt der persönlichen Präferenz für ein Ergebnis der von den Belegen vorgegebenen Richtung zu folgen; die Fähigkeit, Ideen als Hypothesen und nicht als Dogmen zu behandeln sowie die Freude an neuen Untersuchungsfeldern und neuen epistemischen Herausforderungen.[13] Dewey nimmt (ganz wie es in der von mir rekonstruierten politischen Begründung der Wissenschaftsfreiheit getan wird) an, dass eine funktionierende Demokratie unter anderem voraussetzt, dass die Bürger ausreichend und unabhängig informiert sind. Da er meint, dass das erforderliche Wissen der Bürger nur gedeihen kann, wenn sich die beschriebene epistemische Haltung einer weiten Verbreitung und Anerkennung erfreut, ergibt sich eine Abhängigkeit der Demokratie von der *scientific attitude*.[14]

Diese Abhängigkeit kann man meines Erachtens stärker verstehen denn nur als eine Abhängigkeit des demokratischen Prozesses von verlässlichen Informationsquellen: Die erkenntnistheoretische Haltung, die im von Dewey formulierten Ideal der *scientific attitude* zum Ausdruck kommt, *stabilisiert* eine demokratische Gesellschaft und reduziert ihre Anfälligkeit für Versuche einzelner Akteure oder Gruppen, die öffentliche Meinung zu dominieren.

In seinem dystopischen Roman *1984* lässt George Orwell den Protagonisten Winston Smith in sein Tagebuch die Worte schreiben: »Freiheit ist die Freiheit zu sagen, dass zwei und zwei gleich vier ist. Sobald das gewährleistet ist, ergibt sich alles andere von selbst.«[15] Im späteren Verlauf der Handlung wird Smith vom Parteioffizier O'Brien durch Einschüchterung und Folter dazu gebracht, an dieser einfachen arithmetischen Wahrheit zu zweifeln. Natürlich haben O'Brien und das autoritäre Regime, dem er dient, kein Interesse daran, Smiths spezifisch arithmetische Überzeugungen zu manipulieren. Worum es ihnen geht, ist die Zerstörung einer bestimmten erkenntnistheoretischen Haltung, vermöge derer Smith seine Überzeugungen (unter anderem seine arithmetischen

---

13 Diese Aufzählung ist eine freie Übersetzung der oben (S. 193) wörtlich zitierten Passage aus *Freedom and Culture*, in: ders., *The Later Works, 1925-1953*, Bd. 13: 1938-1939, hg. v. Jo Ann Boydston, Carbondale 1988, S. 64-189, hier S. 166.

14 Vgl. ebd., S. 168: »Why don't a great many more persons have this attitude? The answer given to this challenge is bound up with the fate of democracy.« Siehe auch oben, S. 193-195.

15 George Orwell, *1984*, Konstanz [13]1964, S. 76.

Überzeugungen) als *nicht* dem Diktat der politischen Herrschaft unterworfen betrachtet.[16]

Folgt man Bernard Williams, dann ist diese erkenntnistheoretische Haltung in der naturwissenschaftlichen Forschung in einer Weise verkörpert, die besonders dazu angetan ist, sie weiter zu bekräftigen und zu stabilisieren. Der Grund dafür ist, dass die Widerständigkeit des Forschungsgegenstandes Naturwissenschaftlern in besonderer Weise deutlich macht, dass das Ringen um naturwissenschaftliches Wissen nicht ein Ringen zwischen konkurrierenden *Willen* ist – »die Wahrheiten der Natur haben keinen Willen«.[17] Um zu robustem, verlässlichem Wissen zu gelangen, helfen in den Naturwissenschaften keine Winkelzüge strategischer Kommunikation; stattdessen sind zur Bewältigung der Schwierigkeiten der Forschung regelmäßig entscheidende »Tugenden der Wahrheit« nötig[18] (die sehr genau den Einstellungen entsprechen, die Dewey in der oben zitierten Charakterisierung der *scientific attitude* aufzählt). Williams meint, dass diese Merkmale der Forschung und die erkenntnistheoretische Haltung von Naturwissenschaftlern sogar dort ihren Wert erweisen *können*, wo sich dem Bestreben, an der Realität festzuhalten, Kräfte der politischen Korruption und des Terrors entgegenstellen.[19]

Sicher ist es nicht angezeigt, über Williams' vorsichtige Einschätzung hinauszugehen und der überoptimistischen Ansicht zu verfallen, die genannten Besonderheiten würden diejenigen, die in ihrer Arbeit die Elemente der *scientific attitude* verinnerlicht haben, immun gegen antidemokratische und autoritäre Tendenzen machen. Die Wissenschaftsgeschichte ist reich an traurigen Gegenbeispielen.[20] Dennoch bietet sich eine vorsichtige Integration einer an

---

16 Vgl. Bernard Williams' Interpretation: »The torture that Orwell imagines [...] subverts true belief so as to destroy the victim's relation to the world altogether, undoing the distinctions between fantasy and reality.« (*Truth and Truthfulness. An Essay in Genealogy*, Princeton 2002, S. 148 [dt.: *Wahrheit und Wahrhaftigkeit*, Frankfurt/M. 2003]). Ähnlich auch Michael Lynch, *True to Life. Why Truth Matters*, Cambridge/Mass. 2004, S. 162.

17 »[T]he truths of nature have no will«, Williams, *Truth and Truthfulness*, S. 145.

18 Ebd., S. 144.

19 Ebd., S. 141.

20 Die Wissenschaften des nationalsozialistischen Deutschland liefern dazu umfangreiche ernüchternde Belege; siehe Alan D. Beyerchen, *Scientists under Hitler. Politics and the Physics Community in the Third Reich*, New Haven 1977 (dt.: *Wis-*

Dewey anschließenden Überlegung in die politische Begründung der Wissenschaftsfreiheit in dem Maße an, in dem man akzeptiert, dass die (natur-)wissenschaftliche Forschung eine Möglichkeit bietet, eine bestimmte, auch für die politische Kultur einer demokratischen Ordnung bedeutsame erkenntnistheoretische Haltung zu *kultivieren*. Die von Dewey ausgezeichneten Einstellungen müssen dabei als besonders bedeutsam für eine funktionierende demokratische Öffentlichkeit vorausgesetzt werden. Dies dürfte die am wenigsten gewagte Annahme des Arguments sein.

Darüber hinaus muss angenommen werden, dass diese erkenntnistheoretische Haltung, um dauerhaft und stabil in den epistemischen Einstellungen der Bürger verwurzelt zu sein, in einer anerkannten und erfolgreichen epistemischen Praxis gegründet sein muss, und dass die (natur-)wissenschaftliche Forschung diese Praxis am besten verkörpern kann. Zusätzlich müssen wir voraussetzen, dass die naturwissenschaftliche Forschung nur dann eine glaubhafte und wirksame Verkörperung der *scientific attitude* darstellen kann, wenn sie eine weitestgehende Unabhängigkeit von den politischen Gewalten genießt. Auch diese Annahme wird wenig kontrovers sein, da das unbefangene Urteil und die unbefangene Verfolgung neuer Fragen und Probleme eine so zentrale Rolle für die deweysche Haltung spielen. Allerdings lohnt es sich, darauf hinzuweisen, dass eine Bedrohung der öffentlichen Glaubwürdigkeit der wissenschaftlichen Forschung im Hinblick auf die Verkörperung dieser Tugenden in neuerer Zeit nicht nur von wahrgenommener *politischer* Einflussnahme ausgeht, sondern besonders von Interessenkonflikten, welche die wachsende *Kommerzialisierung* der Forschung mit sich bringt.[21] Dass hinsichtlich unserer episte-

senschaftler unter Hitler. Physiker im Dritten Reich, Ungek. Ausg., Frankfurt/M. 1982), Robert N. Proctor, *Racial Hygiene. Medicine under the Nazis*, Cambridge/Mass. 1988, und Ute Deichmann, *Biologen unter Hitler. Vertreibung, Karrieren, Forschung*, Frankfurt/M. 1992.

21 Vgl. Paul J. Friedman, »The Impact of Conflict of Interest on Trust in Science«, in: *Science and Engineering Ethics* 8 (2002), S. 413-420. Einen konkret nachvollziehbaren Fall von Erosion öffentlichen Vertrauens aufgrund wahrgenommener kommerzieller Interessen beschreibt Sheldon Krimsky (*Science in the Private Interest. Has the Lure of Profits Corrupted Biomedical Research?*, Lanham 2003, Kapitel 3 u. S. 220): Als um die Frage der genetischen Kontamination traditioneller mexikanischer Maissorten durch wilde Einkreuzung gentechnisch modifizierter Sorten eine Kontroverse entbrannte, wurde den Beiträgen von Wissenschaft-

mischen Unabhängigkeit die Einflussnahme gerade der Regierung auf den Prozess wissenschaftlicher Erkenntnisgewinnung ebenso wie auf andere Erkenntnis- und Kommunikationsprozesse besonders problematisch ist, liegt offenbar an der besonderen Macht und den besonderen Möglichkeiten, die eine Regierung besitzt.[22] Heute besitzen jedoch oft auch andere Akteure, etwa multinationale Konzerne, Macht und Möglichkeiten, die denjenigen einer Regierung kaum nachstehen. Als Argument für eine Kultur unabhängiger Forschung kann die an Dewey angelehnte Überlegung daher nur im Zusammenhang einer umfassend verstandenen Unabhängigkeit überzeugen, die auch das Ideal einer operativen Unabhängigkeit der Forschung von anderen mächtigen Akteuren mit einschließt.

Möglicherweise ist die Voraussetzung, dass die (natur-)wissenschaftliche Forschung überhaupt eine geeignete Verkörperung der *scientific attitude* darstellt, das Element der deweyschen Überlegung, das gegenwärtig am ehesten Kritik herausfordert – nämlich die Kritik derjenigen, aus deren Sicht auch dieser Annahme der Geruch des Exzeptionalismus anhaftet (vergleiche oben, Abschnitt 10.2). Manche betrachten als Hauptergebnis der sozialwissenschaftlichen Wissenschaftsforschung die Einsicht, dass naturwissenschaftliche Forschungsergebnisse letztlich Verhandlungsergebnisse seien, die aus dem Widerstreit der Meinungen der beteiligten Wissenschaftler hervorgingen. Dabei hätten die Unterschiede in Motivationen und Einstellungen, auf welchen die Kontroversen fußten, ihre Wurzeln in der außerwissenschaftlichen gesellschaftlichen Realität.[23] Ist damit das hehre Bild der reinen Tatsachenorientierung, das Dewey noch vorausgesetzt zu haben scheint, nicht überholt und widerlegt?

Bei näherem Hinsehen zeigt sich, dass die deweyschen Annah-

---

lern der Abteilung für Pflanzen- und Mikrobiologie der Universität Berkeley in Medien und Öffentlichkeit die Glaubwürdigkeit abgesprochen: Zwischen der Abteilung und dem Saatgutkonzern Novartis bestand zu dieser Zeit ein 25-Millionen-Dollar-Kooperationsabkommen. Die Gefährdung der Glaubwürdigkeit wissenschaftlicher Praktiken durch Unterordnung unter die Partikularinteressen der Industrie hat interessanterweise bereits Dewey erkannt; siehe *Freedom and Culture*, S. 158 f.

22 Vgl. Williams, *Truth and Truthfulness*, S. 207.

23 Derartige Schlussfolgerungen zieht etwa Harry Collins (*Changing Order. Replication and Induction in Scientific Practice*, London 1985, Kapitel 3 u. 4) aus seiner Analyse des »experimenter's regress«. Vgl. auch Bruno Latour und Steve Woolgar, *Laboratory Life. The Construction of Scientific Facts*, Beverly Hills 1979.

men nicht so stark sind, dass sie an den unkontroversen Einsichten der Wissenschaftsforschung scheitern. Grundsätzlich ist die Realität von Kontroversen und Aushandlungsprozessen in der Wissenschaft durchaus mit der *scientific attitude* vereinbar. Die Fähigkeit etwa, sich des abschließenden Urteils über eine Sachfrage zu enthalten, solange nicht ausreichende empirische Belege vorliegen, müsste man Wissenschaftlern nur dann absprechen, wenn man unterstellte, dass ihre Kontroversen sich *ganz unabhängig* von den empirischen Belegen abspielten. Und nur die extremste Auslegung der Beobachtungen der sozialwissenschaftlichen Wissenschaftsforschung würde im Widerspruch mit der Annahme stehen, dass es Bestandteil wissenschaftlicher Praxis ist, dass empirische Belege, sobald sie stark genug sind, die Oberhand über die eigenen Präferenzen der Forscher gewinnen. Es ist möglich, zuzugestehen, dass Kontroversen und Aushandlungsprozesse eine bedeutende Rolle in der Dynamik wissenschaftlicher Überzeugungsbildung spielen, und zugleich an dem Prinzip festzuhalten, dass die empirischen Belege den begrenzenden Rahmen der Kontroversen und Aushandlungsprozesse abstecken.[24] Es ist sogar vertretbar, die Realität wissenschaftlicher Kontroversen mit der optimistischen Einschätzung zu vereinen, dass *auf lange Sicht* die erfolgreiche Bestätigung einer Hypothese in Experimenten und Beobachtungen der entscheidende Faktor für ihre Durchsetzung ist.[25] In diesem Sinn wäre auch Williams' These zu verteidigen, dass die Widerständigkeit bei der Suche nach naturwissenschaftlichem Wissen *letztlich* nicht in einem konkurrierenden Willen besteht, sondern in einer Sache (der Natur), die selbst keinen Willen besitzt.

Die an Dewey angelehnte Überlegung ist deshalb meines Erachtens keineswegs überholt: Die Förderung einer politisch unabhängigen Wissenschaft ist für eine demokratische Gesellschaft

24 Eine kluge Ausarbeitung findet diese gemäßigte Position etwa in der Philosophie Helen Longinos (*Science as Social Knowledge. Values and Objectivity in Scientific Inquiry*, Princeton 1990, und *The Fate of Knowledge*, Princeton 2002).

25 Diese optimistische Sicht hat Philip Kitcher in seiner Unterscheidung zwischen transienter und permanenter Unterdeterminiertheit von Theorien durch empirische Belege umgesetzt (*Science, Truth, and Democracy*, Oxford 2001, insb. S. 30 f.). Während transiente Unterdeterminiertheit (die sich durch mehr empirische Forschung auflösen lässt) offenbar in den Wissenschaften allgegenwärtig ist, lässt sich sehr schwer zeigen, dass dies auch für relevante Fälle von permanenter Unterdeterminiertheit gilt.

bedeutsam, weil durch sie genau diejenige erkenntnistheoretische Haltung kultiviert wird, von deren breiter Durchsetzung auch der langfristige Erfolg der demokratischen Ordnung abhängt. Dieses Argument ist offenbar nicht auf bestimmte Bereiche wissenschaftlicher Forschung (etwa die »politisch relevanten«) beschränkt.

Die Durchschlagskraft des Arguments mag begrenzt bleiben, weil ein entscheidendes Element darin recht spekulativ bleibt: die Annahme, dass eine öffentlichkeitswirksame erfolgreiche epistemische Praktik in Form einer politisch unabhängigen Wissenschaft *der entscheidende* Schlüssel zur Kultivierung der *scientific attitude* ist. Andere Elemente der gesellschaftlichen Realität, wie etwa der über die Medien geführte öffentliche Diskurs und insbesondere das Erziehungssystem, können für ebenso entscheidend, wenn nicht entscheidender gehalten werden. Wer kann sagen, ob nicht ein besseres Erziehungssystem auch ohne das Beispiel einer politisch unabhängigen Wissenschaft die *scientific attitude* erfolgreich kultivieren könnte?

Es ist daher wichtig, zu betonen, dass die politische Begründung keineswegs von der an Dewey angelehnten Überlegung *abhängt*. Vielmehr ist diese als eine Ergänzung und Erweiterung zu betrachten, die einen spekulativen Vorstoß insbesondere hinsichtlich der *Reichweite* der politischen Begründung ermöglicht. Auch ohne sie ist aber, wie wir gesehen haben, diese Reichweite nicht strikt auf Forschung mit eindeutiger politischer Relevanz beschränkt. Was die *negative* Freiheit der Forschung angeht, so lässt sich mit einem pragmatischen Argument dafürhalten, dass sie möglichst umfassend verstanden werden muss, weil eine praktikable Abgrenzung nicht in unbedenklicher Weise möglich ist. Die aus Sicht des demokratischen Prozesses wünschenswerte *positive* Freiheit der Forschung lässt sich dagegen abstufen: Sie ist desto größer, je näher der Forschungsgegenstand an bekanntermaßen politisch relevante Fragen heranreicht.

11.2 Die politische Begründung der Forschungsfreiheit und der sich wandelnde Charakter naturwissenschaftlicher Forschung

Wie wir gesehen haben, hat die politische Begründung der Wissenschaftsfreiheit in Deutschland bereits im 19. Jahrhundert begonnen, politische Wirksamkeit zu entfalten. Gerade diese lange Geschichte motiviert jedoch einen weiteren Einwand: Die demokratietheoretischen Argumente seien, weil sie sich ursprünglich auf die Wissenschaft des 19. Jahrhunderts beziehen, im Hinblick auf die heutige Forschung nicht mehr zeitgemäß. In jüngster Zeit hat etwa Gernot Böhme diese Kritik stark gemacht,[26] sie ist aber bereits früher in ähnlicher Weise von Hans Jonas vorgebracht worden.[27] Auch in politischen Diskussionen ist die Behauptung, dem verfassungsrechtlichen Schutz der Wissenschaftsfreiheit liege ein inzwischen obsoletes Bild wissenschaftlicher Forschung zugrunde, zuweilen anzutreffen.[28]

Böhme zufolge ist ein Kernproblem hierbei, dass Wissenschaft heute nicht mehr auf den Zweck der Aufklärung der Öffentlichkeit ausgerichtet sei, wie die ursprüngliche Begründung des Forschungsfreiheitsgedankens es voraussetze, sondern vielmehr »zur Erreichung bestimmter wirtschaftlicher und nationaler Zwecke betrieben« werde.[29]

Wie wir gesehen haben, baut die politische Begründung der Wissenschaftsfreiheit tatsächlich auf der Annahme auf, dass durch die Wissenschaften den Bürgerinnen und Bürgern Wissen zugänglich wird, das ihnen bei der Ausbildung solcher politischer Präferenzen, die ihre Werte und Interessen in angemessener Weise reflektieren, dienlich ist. Falls die von Böhme unterstellte einseitige

---

26 Gernot Böhme, »Die Wissenschaftsfreiheit und ihre Grenzen«, in: Michael Fischer, Heinrich Badura (Hg.), *Politische Ethik II. Bildung und Zivilisation*, Bern 2006, S. 19-28.

27 Hans Jonas, »Freiheit der Forschung und öffentliches Wohl«, in: Oskar Schatz (Hg.), *Brauchen wir eine andere Wissenschaft? X. Salzburger Humanismusgespräch*, Graz 1981, S. 101-116.

28 So etwa im Sondervotum der Grünen zum Bericht der Enquête-Kommission »Chancen und Risiken der Gentechnologie« von 1987; siehe Thomas Dickert, *Naturwissenschaften und Forschungsfreiheit*, Berlin 1991, S. 259 f.

29 Böhme, »Die Wissenschaftsfreiheit und ihre Grenzen«, S. 21.

Ausrichtung tatsächlich in einem solchen Maße charakteristisch für die gegenwärtigen Wissenschaften ist, dass das in der Forschung erzeugte Wissen diese politische Orientierungsfunktion nicht mehr ausüben kann, dann könnte man darin deshalb in der Tat den Verlust der Grundlage der politischen Begründung sehen.

Böhmes These von der konsequenten Instrumentalisierung (oder »Finalisierung«, wie es bei ihm heißt) der Wissenschaften für wirtschaftliche und nationale Zwecke hat im gegebenen Argumentationszusammenhang zwei unterschiedlich starke Lesarten. Die stärkere Variante der These unterstellt, dass in den gegenwärtigen Wissenschaften überhaupt kein Wissen von der Art mehr erzeugt wird, wie es Bürgerinnen und Bürger im demokratischen Prozess gebrauchen können. Selbst wenn dies der Fall wäre, müsste man sich fragen, ob die normative Konsequenz aus dieser Situation nicht eher die Forderung nach der Wiederherstellung einer politisch unabhängigen Wissenschaft im Dienste des Bürgerinteresses sein sollte denn die Abschaffung oder Einschränkung des Prinzips der Forschungsfreiheit. Dessen ungeachtet dürfte aber klar sein, dass die These in dieser starken Lesart unplausibel ist. Vom Klimawandel über die Gentechnik bis zur Vogelgrippe sind leicht viele Beispiele für Themen benennbar, bei denen neueste wissenschaftliche Forschung als wichtige Informationsgrundlage der politischen Orientierung dient.

Eine schwächere Variante der These besagt, dass die gegenwärtigen Wissenschaften nur teilweise (vielleicht nur zu einem sehr geringen Teil) mit der Gewinnung von solchem Wissen befasst sind, das der Ausbildung politischer Präferenzen dienlich sein kann. In dieser Form ist der Befund plausibel. Er verweist uns zurück auf die Reichweitediskussion des vorigen Abschnitts, in deren Zusammenhang der Umstand, dass nicht *alle* wissenschaftlich gewonnenen Erkenntnisse relevant für den demokratischen Prozess sind, bereits ausdrücklich gewürdigt wurde. Wir haben gesehen, dass dies zwar einschränkende Auswirkungen auf die Reichweite der politischen Begründung insbesondere einer positiven Freiheit der Wissenschaften hat, diese Begründung aber nicht grundsätzlich unterminiert. Auch wenn es auf den ersten Blick so aussehen mag, als ob unter den gegenwärtigen Bedingungen wissenschaftlicher Erkenntnisgewinnung nur noch ein kleiner Teil der Forschung den Genuss einer politisch begründeten Wissenschaftsfreiheit verdient hätte, hat die Diskussion des vorigen Abschnittes gezeigt, dass sich das Forschungsfreiheitsprinzip nicht so einfach auf einen Teilbereich wissenschaftlicher Aktivitäten beschränken lässt, ohne seine demokratietheoretische Funktion gleich ganz zu untergraben.

Doch die Wissenschaften haben sich laut Böhme noch in einer weiteren wichtigen Hinsicht entscheidend gewandelt. Während die Wissenschaftsfreiheit ihre Ursprünge im Geist der Aufklärung habe, der die Wissenschaftler als Teilnehmer eines intellektuellen Diskurses betrachte, sei heute die »Wissenschaft wesentlich Forschung geworden« und münde nicht mehr unbedingt in der Teilnahme an einem öffentlichen Diskurs.[30]

Dieser Einwand verweist zunächst auf eine wichtige Einschränkung jeder politischen Begründung von Forschungsfreiheit: Offenbar kann sie sich nicht auf wissenschaftliche Forschung erstrecken, deren Ergebnisse nie bei den Teilnehmern demokratischer Meinungs- und Willensbildungsprozesse ankommen können. Für Forschungen, deren Ergebnisse etwa zum Zweck privater Gewinnmaximierung geheim gehalten werden, kann deshalb das Forschungsfreiheitsprinzip nicht unter Berufung auf eine politische Begründung in Anspruch genommen werden. Ähnliches gilt für Forschungen, deren Ergebnisse aus politischen Gründen der Geheimhaltung unterliegen, wie es etwa in der Rüstungsforschung und der Kerntechnologie vielfach der Fall ist.

Diese Einschränkung der politischen Begründung ist durchaus beachtenswert. Dennoch betrifft sie offenbar nur einen überschaubaren Teilbereich wissenschaftlicher Forschung. Für alle anderen Bereiche schließen sich der Forschungscharakter wissenschaftlicher Aktivitäten und ihre potenzielle Bedeutung für den politischen Diskurs nicht aus. Am Beispiel des *Deep Space Climate Observatory* haben wir im vorangegangenen Abschnitt gesehen, dass die Implikationen der politischen Begründung sich nicht nur auf die Mitteilung und Diskussion von Ergebnissen, sondern auch auf die Forschung selbst erstrecken. Dass viele Wissenschaftler heute nicht mehr selbst als Akteure in öffentlichen Diskursen auftreten, spielt dabei keine Rolle.

Die Beobachtung, dass die Wissenschaft heute wesentlich Forschung geworden ist, hat jedoch noch eine weitere Dimension,

30 Ebd., S. 23.

die bis hierher in meiner Betrachtung noch nicht berücksichtigt worden ist. Denn in dieser Beobachtung ist auch die Einsicht enthalten, dass von der heutigen Wissenschaft qua Forschung schon in Form der unmittelbaren Folgen des Forschungshandelns oft erhebliche Auswirkungen auf die Lebenswirklichkeit der Menschen ausgehen können. Im Gegensatz dazu, so Hans Jonas, beruht das traditionelle Verständnis der Wissenschaftsfreiheit auf einem Bild, dem zufolge die Wissenschaft als primär intellektuelle Unternehmung von der »Sphäre des Handelns« strikt getrennt sei.[31] Heute aber seien Theorie und Praxis in der gesamten (Natur-)Wissenschaft miteinander unauflöslich verschränkt.[32] Vereinfacht lässt sich diese Beobachtung wie folgt zuspitzen: Die Tradition der Aufklärung, der das traditionelle Prinzip der Wissenschaftsfreiheit entspringt, setzt für die unmittelbaren, praktischen Auswirkungen der Wissenschaft auf die Lebenswelt eine Harmlosigkeit voraus, die für die heutige, technologielastige naturwissenschaftliche Forschung nicht mehr gegeben ist.[33]

Auch diese These weist meines Erachtens auf eine *Grenze* der politischen Begründung der Wissenschaftsfreiheit hin, ohne sie aber grundsätzlich auszuhöhlen. Die politische Begründung der Wissenschaftsfreiheit, die zwar eine starke Rechtfertigung für den Schutz freier wissenschaftlicher Betätigung vor Behinderung und Einmischung liefert, da es um den Schutz einer den demokratischen Prozess begünstigenden Bedingung geht, begründet keineswegs einen *unbedingten* Vorrang der Forschungsfreiheit gegenüber anderen gesellschaftlichen Interessen. Dies wird besonders dort deutlich, wo die Forschungsfreiheit in Konkurrenz mit auf Grundrechten beruhenden Werten tritt, wie etwa bei Experimenten am Menschen. Darüber, dass in diesem Fall die Rechte des Individuums Vorrang genießen und solche Forschungen nur unter bestimmten Voraussetzungen (insbesondere der informierten Zustimmung der Probanden) statthaft sind, besteht spätestens seit dem Nürnberger Kodex von 1947 und der Erklärung von Helsinki von 1964 ein welt-

---

31 Jonas, »Freiheit der Forschung und öffentliches Wohl«, S. 101.
32 Ebd., S. 105 f., vgl. Jonas, »Wissenschaft und Forschungsfreiheit. Ist erlaubt, was machbar ist?«, in: Hans Lenk (Hg.), *Wissenschaft und Ethik*, Stuttgart 1992, S. 193-214, hier S. 201-214.
33 Vgl. ebd., S. 204-206.

weit fast universell anerkannter Konsens.[34] Aus denselben Gründen ist auch weithin unbestritten, dass, *wenn* Blastozysten bereits vom Zeitpunkt der Befruchtung ab den vollen moralischen Status von Menschen besäßen, wie es etwa die Extremposition konservativer Kirchenvertreter will, im Falle der verbrauchenden Forschung an Frühembryonen das Prinzip der Forschungsfreiheit *überhaupt keine* Zugkraft entwickeln könnte, weil es von vornherein durch die Grundrechte übertrumpft würde. Tatsächlich besitzt allerdings das Forschungsfreiheitsprinzip in der Stammzellendiskussion durchaus Relevanz – jedoch nur deshalb, weil die genannte Vorbedingung keineswegs selbstverständlich ist und deshalb viele Beteiligte der Debatte bezweifeln, dass (Früh-)Embryonen bereits den Schutz der Grundrechte oder ähnlich starker Prinzipien genießen.[35] Auf jeden Fall wird an diesen Beispielen deutlich, dass das Forschungsfreiheitsprinzip in der Praxis nicht als unbedingt, sondern als abwägbar gegen andere schutzwürdige Werte betrachtet wird.[36] Diese Abwägbarkeit ist auch nicht auf die Konkurrenz mit elementarsten Grundrechten wie etwa dem Recht auf Leben beschränkt: Würde ein Wissenschaftler darauf verfallen, für die Ermöglichung eines Forschungsprojekts von einem Mitbürger die Überlassung eines privaten Grundstücks oder anderen privaten Eigentums zu verlangen, dürfte er nicht mit öffentlichem Verständnis für sein Ansinnen rechnen – geschweige denn mit rechtlicher oder politischer Unterstützung.

Vor dem Hintergrund der politischen Begründung der Wissenschaftsfreiheit lässt sich diese Abwägbarkeit gut erklären. Denn ihr zufolge ist die Wissenschaftsfreiheit zwar ein aus einem hohen Wert (dem Funktionieren einer demokratischen politischen Ordnung) abgeleitetes Prinzip, aber keineswegs eines, das deshalb *höchste* Priorität besäße. Man kann argumentieren, dass höchste Priorität unter den politisch begründeten Prinzipien solche besitzen, de-

---

34 Siehe dazu Patrick Boleyn-Fitzgerald, »Experimentation on Human Subjects«, in: R. G. Frey, Christopher Heath Wellman (Hg.), *A Companion to Applied Ethics*, Oxford 2003, S. 410-423.

35 Siehe dazu auch unten, Abschnitt 13.2.

36 Erstaunlicherweise geht Jonas (»Wissenschaft und Forschungsfreiheit«, S. 198) offenbar davon aus, dass dem herkömmlichen Verständnis zufolge die Freiheit wissenschaftlicher Forschung unbedingt sei, »d. h. nicht eingeschränkt durch möglichen Konflikt mit anderen Rechten«. Siehe auch ders., »Freiheit der Forschung und öffentliches Wohl«, S. 101.

ren Einschränkung oder Aufhebung möglicherweise kaum zu revidieren wäre, weil sie selbst erst den demokratischen Prozess der Revision politischer Prinzipien konstituieren oder ermöglichen.[37] Das allgemeine Prinzip der Meinungsfreiheit würde man etwa zu diesen stärksten politischen Prinzipien zählen. Dagegen ist die Forschungsfreiheit nicht von so zentraler Bedeutung, dass man grundsätzliche Befürchtungen hegen müsste, der demokratische Prozess könne ohne das Instrument der Forschungsfreiheit, wenn es einmal abgeschafft oder eingeschränkt wäre, seine Wiedereinsetzung, wenn diese im Lichte der Interessen und Werte der Bürgerinnen und Bürger angezeigt wäre, nicht mehr wirkungsvoll herbeiführen. Die politische Begründung beruht nur auf der Voraussetzung, dass die Wissenschaftsfreiheit den demokratischen Prozess im Allgemeinen wesentlich begünstigt, und umfasst nicht die Behauptung, dass sie für ihn in jedem Einzelfall und in jedem Aspekt unabdingbar wäre. Die Abwägbarkeit gegen Rechte und Prinzipien vergleichbarer Stärke ergibt sich unmittelbar.

Diese Herleitung der Freiheit der Wissenschaft muss Letztere deshalb nicht als »harmlos« voraussetzen, da die so begründete Freiheit keine uneingeschränkte und unbedingte ist. Eine davon unabhängige Frage ist, ob bei der rechtlichen Kodifizierung der Forschungsfreiheit bestimmte Einschränkungen, die sich aus dem Vorrang von Grundrechten und stärkeren politischen Prinzipien ergeben, gleich mit kodifiziert werden sollten. Grundsätzlich ist dies durch die politische Begründung nicht ausgeschlossen, solange die entsprechenden Regulierungen und Verfahren sicherstellen, dass nicht die politischen Gewalten diese Form der Regulierung dazu nutzen können, die Forschung inhaltlich im Sinne ihrer spezifischen politischen Agenda oder ihrer aktuellen Interessen zu beeinflussen. Sogar das im obigen Sinne viel stärker begründete Prinzip der Meinungsfreiheit ist rechtlich kodifizierten Einschränkungen unterworfen (die beispielsweise unlauteren Wettbewerb, üble Nachrede oder Volksverhetzung betreffen).[38]

37 So ähnlich Dahl, *Democracy and its Critics*, New Haven 1989, S. 182 f., vgl. Brown/Guston, »Science, Democracy, and the Right to Research«, S. 361.

38 Insofern ist es tatsächlich ein Kuriosum, dass, wie Böhme bemerkt (»Die Wissenschaftsfreiheit und ihre Grenzen«, S. 20), die Wissenschaftsfreiheit im Grundgesetz für die Bundesrepublik Deutschland nicht unter ausdrücklichem Gesetzesvorbehalt steht, die Meinungsfreiheit aber schon. Natürlich bestehen für die

Noch wichtiger ist es, daran zu erinnern, dass auch ohne rechtlich kodifizierte Einschränkungen das Prinzip der Wissenschaftsfreiheit kein Freibrief ist, der Wissenschaftler und andere am Forschungsprozess beteiligte Personen von der moralischen Verantwortung für die Folgen ihres Handelns losspricht. Es ist deshalb nicht einzusehen, dass die Begründbarkeit des Forschungsfreiheitsprinzips davon abhängig sein sollte, dass die Wissenschaft von der Sphäre des Handelns sauber trennbar wäre und dass »Forschen als solches keine sittlichen Probleme« aufwürfe.[39] Freiheit und Verantwortung sind keine entgegengesetzten Pole, sondern im Gegenteil die zwei Seiten derselben Medaille. Die Bedenken von Böhme, Jonas und anderen sollten also besser als die Frage verstanden werden, ob es unter heutigen Bedingungen noch ratsam ist, die *Ausübung* der Wissenschaftsfreiheit (und damit der Verantwortung) alleine *den Wissenschaftlern selbst* zu überlassen. Die politische Begründung beinhaltet gute Gründe gegen die Vorstellung, es wäre klug, die politischen Gewalten (das heißt die Regierung oder das Parlament) den Wissenschaftlern diese Verantwortung systematisch abnehmen zu lassen – angesichts der wachsenden politischen Bedeutung wissenschaftlichen Wissens könnte dies die demokratische Legitimation dieser Gewalten aushöhlen. Aber sind diese beiden Alternativen – Alleinverantwortung von Forscherinnen und Forschern versus Steuerung durch politische Gewalten – die einzigen zu betrachtenden Möglichkeiten? Mit einer Untersuchung dieser Frage möchte ich die Diskussion der politischen Begründung der Wissenschaftsfreiheit im folgenden Abschnitt abrunden.

11.3 Die Ausübung der Wissenschaftsfreiheit

Anders als die erkenntnistheoretische Begründung der Forschungsfreiheit operiert die politische Begründung nicht in wesentlicher Weise auf der Ebene des Individuums. Die Vorteile, die eine Unabhängigkeit der Wissenschaften der politischen Begründung zufolge bietet, können sich auch entfalten, wenn die in Rede stehende Wis-

Wissenschaftsfreiheit trotzdem Grundrechtsschranken (siehe dazu Christoph Kannengießer, »Art. 5«, in: Hans Hofmann, Axel Hopfauf [Hg.], *GG. Kommentar zum Grundgesetz*, Köln [11]2008, S. 245-264, hier S. 263).

39 Jonas, »Wissenschaft und Forschungsfreiheit«, S. 198.

senschaftsfreiheit von Akteuren höherer Ordnung ausgeübt wird – etwa von Forschungsgemeinschaften *(research communities)* oder ganzen wissenschaftlichen Disziplinen. Die politische Begründung ist deshalb in gewisser Hinsicht auch geeignet, zur Begründung wissenschaftlicher Autonomie im Sinne einer Selbststeuerung der wissenschaftlichen Disziplinen ins Feld geführt zu werden – nämlich soweit es um eine Verteidigung derselben gegen die Steuerungsbestrebungen seitens politischer Organe geht.

Allerdings beruht diese Eigenschaft der politischen Begründung bei näherem Hinsehen auf dem rein negativen Charakter des Arguments. Im Kern liefert die politische Begründung nur ein Argument *gegen* eine politische Kontrolle der Forschungsagenda (im Sinne einer Kontrolle durch eine Regierung oder eine ähnlich starke politische Gewalt). Dieses Argument etabliert allerdings nicht zugleich auch eine positive Behauptung darüber, wie die Forschungsagenda stattdessen bestimmt werden sollte. Die Selbststeuerung der Wissenschaften auf der Ebene von Disziplinen und Forschungsgemeinschaften scheint als politisch unabhängiger Mechanismus der Festlegung der wissenschaftlichen Tagesordnung nahezuliegen, ist aber damit nicht als einzig mögliche Alternative erwiesen. Es ist durch die politische Begründung der Wissenschaftsfreiheit nicht ausgeschlossen, dass es beispielsweise demokratische, inklusive Prozesse geben könnte, die einen dritten Weg neben der Steuerung der Wissenschaft durch demokratisch legitimierte Organe und ihrer völligen Autonomie darstellen.

Eingangs des Kapitels 9 sind die Bestrebungen Kilgores, Bernals und anderer zur Sprache gekommen, Mechanismen zu finden, um die Wissenschaft gezielt auf das gesellschaftliche Wohl auszurichten. In jüngerer Zeit ist ebenfalls vielfach argumentiert worden, die Richtung wissenschaftlicher Forschung solle *nicht* allein durch disziplinäre Selbststeuerung bestimmt werden, sondern müsse gerade aus politischen und demokratietheoretischen Gründen durch eine die gesamte Gesellschaft berücksichtigende Wertgrundlage informiert sein. Auch ich bin bereits im Zusammenhang mit der Diskussion um den Wert wissenschaftlichen Wissens im Kontext der erkenntnistheoretischen Begründung der Forschungsfreiheit zu dem Ergebnis gekommen, dass eine breitere gesellschaftliche Beteiligung an der Identifikation und Setzung relevanter Erkenntnisziele wünschenswert wäre und die Sache der Forschungsfreiheit stärken könnte.[40] Im Hinblick auf die politische Begründung der Wissenschaftsfreiheit bringt dies die Frage auf, ob diese Freiheit durch die Forschungsgemeinschaften und wissenschaftlichen Disziplinen selbst ausgeübt werden muss oder ob es nicht möglich ist, die Ausübung dieser Freiheit auf eine breitere gesellschaftliche Basis zu stellen. Ist eine Demokratisierung der wissenschaftlichen Tagesordnung mit der politischen Begründung der Wissenschaftsfreiheit vereinbar oder würde dies die geforderte politische Unabhängigkeit notwendigerweise unterminieren?

Was die Gründe dafür angeht, diese breitere Basis überhaupt anzustreben, so ist eine gemeinsame Richtung der in neuerer Zeit vorgebrachten Argumente auszumachen.[41] So beginnt Janet Kourany die Begründung ihres Ideals gesellschaftlich verantwortlicher Wissenschaft *(Ideal of Socially Responsible Science)* mit dem Hinweis darauf, dass eine *wertfreie* Bestimmung der Forschungsagenda ohnehin auf keine Weise möglich sei.[42] Die Wissenschaft könne nun einmal unmöglich jeder Wahrheit mit derselben Intensität nachgehen, und bei der Festlegung der Prioritäten komme unweigerlich ein Amalgam verschiedenster Werte zum Tragen. So wie die Wissenschaft augenblicklich organisiert sei, führe dies vor allem zu einer vorrangigen Berücksichtigung von Interessen der Industrie und des Militärs. Kourany tritt deshalb dafür ein, die Prioritäten für öffentlich geförderte Forschungsprojekte stattdessen gezielt nach gesellschaftlichen Werten mit einer breiteren Basis in der Bevölkerung zu ordnen[43] – auch mit der ausdrücklichen Begrün-

40 Siehe oben, Abschnitt 6.3.

41 Natürlich geht den im Folgenden erwähnten neueren Beiträgen eine lang anhaltende Debatte voraus, die hier nicht im Detail dargestellt werden kann. Einen guten Überblick bietet James R. Brown, *Who Rules in Science? An Opinionated Guide to the Wars*, Cambridge/Mass. 2001, Kapitel 8.

42 Janet Kourany, »Replacing the Ideal of Value-Free Science«, in: Martin Carrier u.a. (Hg.), *The Challenge of the Social and the Pressure of Practice. Science and Values Revisited*, Pittsburgh 2008, S. 87-111, und »A Philosophy of Science for the Twenty-First Century«, in: *Philosophy of Science* 70 (2003), S. 1-14, hier insb. S. 8 f.

43 Kouranys spezielles Anliegen ist die Privilegierung von Forschungsvorhaben, die das Potenzial haben, egalitäre Ansichten zu fördern. Die Befürchtung, dass die öffentlich transparente, ausdrücklich politisch begründete Bevorzugung solcher Vorhaben die erwünschte Wirkung ihrer Ergebnisse (nämlich die stärkere gesellschaftliche Akzeptanz der durch sie gestützten egalitären Ansichten) untergraben könnte, weil die Öffentlichkeit diese Forschungsprojekte deshalb als ideologi-

dung, dass dieselbe Bevölkerung schließlich als Steuerzahler für die Kosten der Forschung aufkommen müsse.[44] Ganz ähnlich sieht auch Heather Douglas den Hauptgrund für stärkere öffentliche Beteiligung in der Tatsache, dass (nichtepistemische) Werte den gesamten Forschungsprozess hindurch eine unverzichtbare Rolle für wissenschaftliche Praktiken spielen (eine These, die ich bereits oben zustimmend diskutiert habe).[45] Mechanismen der Beteiligung der demokratischen Öffentlichkeit an der Wissenschaftsentwicklung seien deshalb an dem Ziel zu messen, Werte der Bürgerinnen und Bürger in den Kernbereich technischer Beurteilungen hineinzubringen.[46]

Andere Autoren habne in ähnlicher Weise insistiert, dass die Wissenschaften schon immer *politisch* gewesen seien.[47] Statt dem illusorischen Ziel einer Entpolitisierung nachzugehen, müsse es darum gehen, durch Verwirklichung von Transparenz und Rechenschaftslegung in den Entscheidungsprozessen der Politisierung eine demokratische Form zu geben – so argumentiert beispielsweise David Guston.[48] Wie Mark Brown resümiert: »Sowie die Politik sich über den staatlichen Bereich hinaus ausdehnt, muss die Demokratie ihr folgen, sonst wird sie abgehängt.«[49]

Es lohnt sich, dazu auch zwei Ergebnisse der früheren Dis-

siert und parteiisch betrachten würde, kann Kourany meines Erachtens nicht befriedigend zerstreuen. Es geht mir an dieser Stelle aber nur ganz grundsätzlich um Kouranys Argumente für eine stärker durch gesellschaftliche Werte geprägte Forschungsagenda.

44 Ebd., S. 10.

45 Siehe oben S. 243-246.

46 Wörtlich: »to bring citizen values into the heart of technical judgment«, Heather Douglas, »Inserting the Public into Science«, in: Sabine Maasen, Peter Weingart (Hg.), *Democratization of Expertise? Exploring Novel Forms of Scientific Advice in Political Decision-Making*, Berlin 2005, S. 153-169, hier S. 154.

47 David Guston, »Forget Politicizing Science. Let's Democratize Science!«, in: *Issues in Science and Technology* (2004), S. 25-28, hier S. 25, siehe zu dieser These auch Dominique Pestre, »The Technosciences between Markets, Social Worries and the Political. How to Imagine a Better Future?«, in: Helga Nowotny u. a. (Hg.), *The Public Nature of Science under Assault. Politics, Markets, Science and the Law*, Berlin 2005, S. 29-52.

48 Guston, »Forget Politicizing Science«.

49 »[A]s politics extends beyond the state, democracy needs to follow or else be left behind.« Mark B. Brown, *Science in Democracy. Expertise, Institutions, and Representation*, Cambridge/Mass. 2009, S. 195.

kussion (aus Abschnitt 6.3) zur öffentlichen Beteiligung an der Festlegung der Forschungstagesordnung in Erinnerung zu rufen: Erstens muss eine solche Beteiligung nicht dazu führen, dass die Forschungsagenda kurzsichtig und einseitig auf wenige konkrete Anwendungsziele ausgerichtet wird – man darf einem gesellschaftlichen Prozess auch dann die nötige Intelligenz zutrauen, Prinzipien der Nachhaltigkeit und Ausgewogenheit zu berücksichtigen, wenn nicht nur Wissenschaftler an ihm beteiligt sind. Zweitens haben wir gesehen, dass im Fall der erkenntnistheoretisch begründeten Forschungsfreiheitsformen die Grundlage zur Einforderung der Forschungsfreiheit durch eine breite öffentliche Beteiligung an der Setzung der Erkenntnisziele sogar noch gestärkt würde, weil eine solche Beteiligung einen größeren Erfolg bei der *Identifikation* der relevanten Erkenntnisziele verspricht. Ähnliches lässt sich auch für die politische Begründung sagen: Für die Identifikation desjenigen Wissens, das die Bürger für die Ausbildung wohlinformierter politischer Präferenzen benötigen, haben die meisten individuellen Wissenschaftler keine größere Kompetenz als jeder andere Bürger; ihre kollektive Kompetenz dazu ist dadurch eingeschränkt, dass im Berufsstand der Wissenschaftler bei weitem nicht alle Segmente und Schichten der Gesellschaft repräsentiert sind. Je besser die politisch relevanten Wissensziele ausgemacht werden können – zum Beispiel durch öffentliche Partizipation –, desto mehr steigt der Wert der unabhängigen Wissenschaft für den demokratischen Prozess und desto stärker wiegt die politische Begründung der Forschungsfreiheit.

Doch welche Form könnte die geforderte Demokratisierung und öffentliche Beteiligung an den die Forschungsagenda bestimmenden Prozessen annehmen? Eine vielleicht naheliegende Möglichkeit wäre es, dies zur Aufgabe der demokratisch legitimierten Regierung zu erklären oder alternativ zur Aufgabe einer repräsentativ zusammengesetzten Legislative. Die oben ausführlich diskutierten Argumente schließen jedoch genau diese Möglichkeiten aus. Gerade unter der Voraussetzung, dass die Wissenschaften und ihre Ergebnisse entscheidende politische Relevanz besitzen (wie sie den Forderungen nach Demokratisierung und Partizipation zugrunde liegt), ist eine Kontrolle durch die entscheidenden politischen Gewalten kein geeignetes Mittel der Demokratisierung, weil die Legitimation dieser Gewalten in Frage steht, sobald sie zu viel Macht über die Wissensgrundlage des sie selbst legitimierenden demokratischen Prozesses ausüben.

Demokratisierung der Wissenschaften kann jedoch auch andere Formen annehmen, die sie nicht in unmittelbare Abhängigkeit von den politischen Gewalten bringen. Hier ist besonders an partizipative Verfahren zu denken, die in den vergangenen Jahren besonders in Europa vermehrt auf Politikfeldern mit Wissenschafts- oder Technikbezug angewandt werden.[50] Um diese Möglichkeit konkret darzustellen, möchte ich zwei Beispiele betrachten.

Mit dem ausdrücklichen Ziel, zur Demokratisierung der Wissenschaften beizutragen, wurden seit den 1970er Jahren an niederländischen Universitäten so genannte *Wissenschaftsläden* gegründet.[51] Es handelt sich dabei um Einrichtungen, bei denen Interessengruppen spezifische Anfragen stellen können, die den Zugriff auf wissenschaftliche Forschung oder wissenschaftliches Wissen erfordern. Die Läden wurden und werden von so unterschiedlichen Gruppen wie Gewerkschaften, Umweltschutzinitiativen und Gruppen der Frauenbewegung genutzt. Einige der Anfragen führen zur Initiation von entsprechenden Forschungsprojekten, etwa im Rahmen einer Diplomarbeit an der entsprechenden Universität (andere Anfragen können unmittelbar beantwortet oder an andere Einrichtungen weitergeleitet werden). Die ursprüngliche Konzeption der Wissenschaftsläden sah vor, dass ihre Leistung unentgeltlich ist und ihre Kunden keine kommerziellen Ziele verfolgen dürfen.[52]

Die Wissenschaftsläden haben seit ihrer Gründung hunderte von Forschungsprojekten angestoßen. Darunter sind viele recht kleine »Projekte«, wie beispielsweise Bodenuntersuchungen auf

---

50 Siehe zur Dokumentation Rob Hagendijk u. a.: *Science, Technology and Governance in Europe. Challenges of Public Engagement, STAGE Final Report*, Bd. 1, 2005, ⟨www.stage-research.net/STAGE/documents/STAGE_Final_Report_final. pdf⟩, letzter Zugriff 13. 9. 2011, vgl. auch Gabriele Abels, Alfons Bora, *Demokratische Technikbewertung*, Bielefeld 2004.

51 Joseph Wacheler, »Democratizing Science. Various Routes and Visions of Dutch Science Shops«, in: *Science, Technology, & Human Values* 28 (2003), S. 244-273, Alan Irwin, *Citizen Science. A Study of People, Expertise and Sustainable Development*, London 1995, Kapitel 6.

52 Siehe Irwin, *Citizen Science*, S. 157. Unter dem Druck von Budgetkürzungen sind einige der Läden inzwischen von beiden Prinzipien abgerückt, siehe Wacheler, »Democratizing Science«, S. 257-261.

Anfrage von Bürgerinitiativen.[53] Doch die Arbeit der Läden hat auch komplexere Vorhaben angeregt und, was wichtiger ist, diese Art der Bürgerbeteiligung ist sicher nicht grundsätzlich auf kleine und vergleichsweise alltägliche Fragestellungen beschränkt. Ob Wissenschaftsläden einen merklichen Einfluss auf die wissenschaftliche Tagesordnung haben können oder nicht, wird wesentlich davon abhängen, wie stark die Stellung ist, die ihnen innerhalb der Forschungsorganisationen, denen sie angeschlossen sind, zugebilligt wird.

Dennoch eröffnet mein zweites Beispiel für Öffentlichkeitsbeteiligung zumindest potenziell noch größere Einflussmöglichkeiten. Warum sollten an der Entscheidung über die Förderung von Forschungsvorhaben *nur* Wissenschaftler teilhaben? Im Kontext der Risikoforschung haben einflussreiche Autoren *extended peer communities* gefordert, denen außer Wissenschaftlern auch Interessenvertreter, Betroffene und andere Bürger angehören sollten.[54] Ein Beispiel für die Realisierung dieses Gedankens liefert die zentrale US-amerikanische biomedizinische Forschungsagentur *National Institutes of Health* (NIH), die bei der Entscheidung über die Finanzierung von Projekten in verschiedenen Programmen *extended peer communities* einsetzt. Die nichtwissenschaftlichen Mitglieder sind beispielsweise Überlebende einer zu erforschenden Krankheit, Angehörige oder Personen, die mit der Pflege von Betroffenen befasst sind. Sie werden zum Teil von Interessen- und Patientengruppen nominiert.[55] Auch ein solches *extended peer review* kann als Mittel zur Demokratisierung der Wissenschaften angesehen werden.[56]

Sowohl eine Beteiligung von Bürgern bei der Anregung neuer Projekte (wie bei den Wissenschaftsläden) als auch bei der Ent-

53 Irwin, *Citizen Science*, S. 157.
54 Silvio O. Funtowicz, Jerome R. Ravetz, »Risk Management, Post-Normal Science and Extended Peer Communities«, in: Christopher J. Hood, David K.C. Jones (Hg.), *Accident and Design. Contemporary Debates in Risk Management*, London 1996, S. 172-181. Funtowicz und Ravetz entwickeln diesen Vorschlag mit Bezug auf ihre Konzeption der postnormalen Wissenschaft, das heißt, als eine Maßnahme für Forschungsfelder mit großer epistemischer Unsicherheit, bei denen zugleich hinsichtlich der praktischen Konsequenzen viel auf dem Spiel steht.
55 National Institutes of Health, »Inclusion of Public Representatives/Participants in Scientific Peer Review«, 11.12.2000, ⟨grants.nih.gov/archive/grants/peer/public_in_peer_review.htm⟩, letzter Zugriff 8.2.2012.
56 Guston, »Forget Politicizing Science«, S. 26.

scheidung über die Förderung von Projekten (wie beim *extended peer review*) kommt den Argumenten der Befürworterinnen und Befürworter einer Demokratisierung entgegen. Diese Maßnahmen können die Werte der Betroffenen in die Verfahren der Festlegung der Forschungsagenda einbringen und in manchen Fällen auch dazu beitragen, verborgene politische Implikationen und Konflikte sichtbar zu machen. (Zumindest, so sollte ich präzisieren, scheinen sie dazu das Potenzial zu besitzen – denn bisher werden sie nur in recht geringem Ausmaß angewendet.) Gleichzeitig stehen sie in keinem offensichtlichen Widerspruch zur Wissenschaftsfreiheit, wie sie durch die politische Begründung gestützt wird. Denn die Tagesordnungen der Wissenschaften werden durch sie nicht der Kontrolle politischer Gewalten unterstellt.

Das bedeutet nicht, dass diese Verfahren aus politischer Sicht über jegliche Bedenken erhaben sind. Je größer ihr tatsächlicher Einfluss auf die Forschungsagenda wäre, desto größer wäre auch die Wahrscheinlichkeit, dass interessierte Akteure versuchen würden, sie in eine bestimmte Richtung zu lenken. So ist beispielsweise schon heute ein großes Interesse der Pharmaindustrie für Patientenorganisationen zu bemerken. Stichproben deuten darauf hin, dass in verschiedenen Industrieländern schon mehr als die Hälfte dieser Gruppen finanzielle Unterstützung aus der Industrie erhalten. Einige besonders stark industriefinanzierte Gruppen sind durch ihre intensive Lobbyarbeit zugunsten der Produkte der sie unterstützenden Unternehmen aufgefallen.[57]

Die Befürchtung ist deshalb nicht aus der Luft gegriffen, es könnten etwa große Unternehmen, für die ökonomisch viel auf dem Spiel steht, auch Maßnahmen ergreifen, um beispielsweise *extended peer communities* in ihren Entscheidungen zu beeinflussen (wenn diese genug Macht besäßen, um dafür interessant zu sein). Zwar sind Unternehmen keine politischen Gewalten, so dass hier nicht dieselbe Art von Gefahr der Unterminierung des demokratischen Prozesses besteht wie bei der Beeinflussung durch Akteure, die ihr Handeln auf demokratische Legitimität stützen. Dennoch ist eine mittelbare Beschädigung des demokratischen Prozesses nicht auszuschließen – schon allein, weil sich immer wieder Allian-

---

57 Barbara Mintzes, »Should Patient Groups Accept Money from Drug Companies? No«, in: *British Medical Journal* 334 (2007), S. 935.

zen zwischen mächtigen ökonomischen Akteuren und den politischen Gewalten bilden.

Auch diese Befürchtungen stützen aber wiederum nur ein Argument für eine weitestgehende Unabhängigkeit der Verfahren, die über die Forschungsagenda bestimmen, von den politischen Gewalten *und von solchen Akteuren, die in Macht und Möglichkeiten den politischen Gewalten nahekommen.* Ein Argument für eine Selbststeuerung der Wissenschaften wäre es nur dann, wenn man annähme, dass Wissenschaftler eine größere Widerstandskraft gegen die Beeinflussung durch einseitige Interessen mitbrächten als andere Menschen – eine allzu kühne Mutmaßung. Einen perfekten Schutz gegen einseitige Beeinflussungen der Tagesordnung wird es bei keinem Verfahren geben. Allerdings gibt es Möglichkeiten, dafür zu sorgen, dass solche Einflüsse der kritischen Öffentlichkeit auffallen und gegebenenfalls kritisiert und korrigiert werden können. Dazu gehören klare und transparente Verfahrensregeln sowie die verpflichtende Offenlegung von Interessenkonflikten durch Funktionäre und Gremienmitglieder.

Es zeigt sich also, dass die politische Begründung der Wissenschaftsfreiheit eine Art Gewaltenteilung stützt: Eine institutionelle Verflechtung der Macht, die in Regierung und Legislative ausgeübt wird, mit Macht über die Tagesordnung der Wissenschaften muss vermieden werden. Sinn ergibt diese Begründung der Wissenschaftsfreiheit nur, wenn sie so verstanden wird, dass auch eine Verflechtung mit anderen, nicht offen politischen Akteuren, die in Macht und Möglichkeiten mit den politischen Gewalten vergleichbar sind, zu vermeiden ist. Diese Restriktionen schließen aber nicht aus, die Ausübung der Wissenschaftsfreiheit auf einen weiteren Kreis als nur die Forschenden selbst auszudehnen. Da die Forschungsfreiheit sich – der politischen Begründung zufolge – als ein politisches Erfordernis zugunsten der epistemischen Situation aller Bürgerinnen und Bürger erweist, ist eine solche Ausweitung nur folgerichtig. Partizipative Verfahren illustrieren, wie sie (in zugegebenermaßen inkrementellen Schritten) praktisch möglich ist. Die politische Begründung der Wissenschaftsfreiheit jedenfalls legt uns nicht auf die disziplinäre Selbststeuerung als einzige Möglichkeit ihrer Ausübung fest, sondern lässt Raum für viele Möglichkeiten.

Kapitel 12:
Stärken und Grenzen einer politischen Begründung der Forschungsfreiheit

Der politischen Begründung zufolge beruht die Befürwortung der Forschungsfreiheit auf starken Gründen, nämlich auf dem Schutz einer wichtigen Voraussetzung für einen gut funktionierenden demokratischen Prozess. Die so begründete Forschungsfreiheit lässt sich nicht im gleichen Sinn wie die erkenntnistheoretisch begründete als bloße Klugheitsregel verstehen, weil der Schutz von Voraussetzungen der demokratischen Ordnung nicht etwas ist, auf das wir je nach gesamtgesellschaftlicher Interessenlage mehr oder weniger Wert legen und im Zweifelsfall auch verzichten könnten.

Dennoch kann auch die politische Begründung kein absolutes Forschungsfreiheitsprinzip etablieren, das jede andere Erwägung automatisch außer Kraft setzen würde. Zunächst einmal ist der Wert der wirksamen demokratischen Partizipation, die mittelbar durch die Wissenschaftsfreiheit ermöglicht und geschützt werden soll, zwar ein hoher, aber nicht der einzige Wert, der in einer demokratischen Gesellschaft Berücksichtigung und Anerkennung findet. Der hohe Stellenwert individueller Rechte wie derjenigen auf Leben, auf körperliche Unversehrtheit und auf Eigentum wird durch die Erwägungen der politischen Begründung nicht relativiert, und so kann die Forschungsfreiheit, wo sie mit solchen Rechten in Konflikt zu geraten droht, diese nicht einfach übertrumpfen.[1]

---

1 In der Regel überwiegen diese Individualrechte gegenüber Erwägungen der Forschungsfreiheit, wenn es auch nicht undenkbar wäre, dass beispielsweise die für ein politisch bedeutsames Forschungsvorhaben erforderlichen Mittel (zum Beispiel das für ein Experiment erforderliche Land), wenn es anders nicht möglich wäre, durch Enteignung bereitgestellt würden. Auch in der deutschen Rechtsprechung gilt übrigens, dass das Recht auf Wissenschaftsfreiheit »die Inanspruchnahme von Rechten Dritter zwar nicht ohne weiteres legitimiert, aber doch als möglich voraussetzt« (Ingolf Pernice, »Artikel 5 III. Freiheit der Wissenschaft«, in: Horst Dreier [Hg.], *Grundgesetz. Kommentar*, Bd. 1, Tübingen 1996, S. 457–484, hier S. 475). Wie genau die unabhängigen Werte einer demokratischen Gesellschaft jeweils gegeneinander abzuwägen sind, kann hier nicht Gegenstand der Erörterung sein. Mein zentraler Punkt an dieser Stelle ist nur, dass die starken

Eine Relativierung der Stärke der politischen Begründung ergibt sich auch, wenn man bedenkt, dass der ungehinderte Fluss unabhängiger wissenschaftlicher Erkenntnis nicht die einzige (und vermutlich nicht die bedeutendste) Voraussetzung eines gut funktionierenden demokratischen Prozesses ist. Zu berücksichtigen sind hier nicht nur die klassischen politischen Rechte wie Wahlrecht, Versammlungs- und Pressefreiheit, die vielleicht nur in Ausnahmefällen überhaupt mit der Wissenschaftsfreiheit in Konkurrenz treten können. Für die Notwendigkeit der Abwägung von aus der Forschungsfreiheit resultierenden Ansprüchen, insbesondere auf eine Freiheit der Mittel, ist besonders relevant, dass zu den Voraussetzungen der demokratischen Ordnung auch die Gewährleistung bestimmter sozialer Rechte gehört. Diese Argumentation beruht auf der bis in die Antike zurückreichenden Idee, dass zu den Voraussetzungen der politischen Partizipation auch ein bestimmter sozioökonomischer Mindeststatus zählt. Zwar wurden die entsprechenden Argumente bis in die Neuzeit hinein dazu benutzt, den Armen politische Rechte zu verweigern, doch sollten dieselben Gründe innerhalb einer demokratischen Ordnung und vor dem Hintergrund der dort gewünschten Universalität politischer Rechte heute dafür sprechen, möglichst alle Bürger in eine durch Mindeststandards definierte sozioökonomische Lage zu versetzen und damit eine besonders starke Begründung für den Wohlfahrtsstaat zu liefern, wie etwa Jeremy Waldron argumentiert. Gründe dafür, dass sich Armut und Not mit einer effektiven Partizipation am demokratischen Prozess schlecht vertragen, lassen sich nach wie vor stark machen: Ungemilderte Armut macht in einem Maß verletzlich und vom Wohlwollen anderer abhängig, das sich kaum mit der für eine effektive Wahrnehmung der eigenen Interessen erforderlichen politischen Unabhängigkeit vereinbaren lässt. (Beispielsweise wäre zu befürchten, dass sich ökonomisch mächtige Akteure die politische Parteinahme der verzweifelten Armen erkaufen.) Außerdem stören Not und Sorge um das tägliche Überleben fast zwangsläufig die Möglichkeit zur Beteiligung an den öffentlichen Deliberationsprozessen einer demokratischen Gesellschaft. Wenn alle Menschen politische Rechte haben sollen, müssen deshalb auch

Gründe, die hinter der politischen Begründung stehen, keinesfalls stark genug sind, ein absolutes Vorrecht der Forschung zu rechtfertigen.

soziale Rechte dafür sorgen, dass nicht manche durch Armut und Not effektiv aus der politischen Bürgerschaft ausgeschlossen sind. Zu den in dieser Weise begründbaren Aufgaben des Staats gehören neben einer Gewährleistung sozioökonomischer Mindeststandards auch die öffentliche Gesundheitsfürsorge und ein staatliches Schul- und Bildungswesen.[2] Das bedeutet, dass viele andere Aufgaben des Staates, die mit der Aufwendung öffentlicher Mittel verbunden sind, auf eine ebenso starke politische Begründung zurückgeführt werden können wie die Förderung politisch unabhängiger wissenschaftlicher Forschung. Die Ansprüche der Wissenschaften auf eine Freiheit der Mittel müssen sich deshalb unweigerlich einer Abwägung gegen konkurrierende und nicht weniger stark begründete Ansprüche stellen.

Die Untersuchungen der Kapitel 9-11 haben neben Einsichten zu Stärke und Abwägbarkeit der politischen Begründung auch Ergebnisse zur *Form* der so begründbaren Forschungsfreiheit gebracht. Eine wichtige Dimension ist dabei das Subjekt der Freiheit (MacCallums Variable x, siehe Kapitel 1). Hier eröffnet die politische Begründung eine Perspektive, die weder das Argument aus Autonomiegründen (siehe Kapitel 2) noch die erkenntnistheoretische Begründung (siehe Teil II, insbesondere Kapitel 8) aufzuweisen vermochten, denn sie erlaubt grundsätzlich auch eine Verteidigung einer kollektiven Forschungsfreiheit – etwa in Form der Selbststeuerung einer wissenschaftlichen Disziplin durch geeignete Mechanismen wie *peer review* – gegen die Einmischung politischer Gewalten.

Allerdings beruht, wie wir gesehen haben, dieses Potenzial der politischen Begründung auf ihrem wesentlich negativen Charakter. Sie schließt aus, dass wichtige forschungsstrategische und -taktische Entscheidungen durch die Regierung oder ähnlich mächtige politische Akteure getroffen werden. Daraus folgen nicht automatisch bestimmte Schlussfolgerungen darüber, wie die Festlegung der Forschungsagenda stattdessen erfolgen sollte. Mit anderen Worten: Die politische Begründung liefert ein Argument für die Trennung der Wissenschaft von den politischen Gewalten – angesichts des stetig wachsenden politischen Einflusses wissenschaftlichen Wis-

2 Siehe Jeremy Waldron, »Social Citizenship and the Defense of Welfare Provision«, in: ders., *Liberal Rights. Collected Papers 1981-1991*, Cambridge 1993, S. 271-308, hier insb. S. 283-292.

sens könnte man mit einigem Recht auch von einer Trennung von den *anderen* politischen Gewalten sprechen. Diese Gewaltenteilung muss aber keine Entpolitisierung der Wissenschaften bedeuten.

Dass der Versuch einer Entpolitisierung der Wissenschaft das richtige Mittel wäre, die auch in ihrem Bereich wirksamen Wert- und Interessenskonflikte zu »lösen«, ist mehr als fraglich. Wie Mark Brown richtig bemerkt, zeigt die politische Erfahrung des 20. Jahrhunderts, dass gerade die Politisierung von Institutionen wie Arbeitsplatz und Familie oft erst die Voraussetzung geschaffen hat, zu einer konstruktiven Auseinandersetzung mit entscheidenden gesellschaftlichen Konflikten vorzudringen.[3] Es ist deshalb als Stärke der politischen Begründung der Forschungsfreiheit anzusehen, dass sie gegenüber den verschiedensten Möglichkeiten, wie die Tagesordnung der Wissenschaften entwickelt werden kann, offen ist. Dazu gehören neben der Selbststeuerung der Wissenschaften auch demokratisch inklusive und partizipative Verfahren wie Wissenschaftsläden oder *extended peer communities*. Diese Offenheit der politischen Begründung ist noch aus einem weiteren Grund bedeutsam: In Teil II dieses Buches haben wir festgestellt, dass die erkenntnistheoretische Begründung der Forschungsfreiheit desto überzeugender ist, je stärker sich der Anspruch begründen lässt, dass die Erkenntnisziele der Forschung dem allgemeinen Interesse dienen. Eine öffentliche Beteiligung an der Festlegung dieser Ziele, so habe ich geschlossen, schwächt daher nicht etwa die epistemisch begründete Forschungsfreiheit, sondern stärkt sie vielmehr. Dass die politische Begründung gegenüber einer Demokratisierung von Prozessen, welche die Forschungsagenda prägen, offen ist, solange diese Demokratisierung nicht die Form einer Steuerung durch eine der (anderen) politischen Gewalten annimmt, stellt daher auch die Vereinbarkeit von erkenntnistheoretischer und politischer Begründung der Forschungsfreiheit sicher.

Worin genau soll die eingeforderte »Unabhängigkeit« der Wissenschaft, ihre »Trennung« von den (anderen) politischen Gewalten, bestehen? Mit dieser Frage ist die zweite maccallumsche Dimension (y) der Freiheitsform angesprochen: Frei von welcher Art von Beschränkungen und Eingriffen soll die Wissenschaft der politischen Begründung zufolge sein? Die Untersuchung der po-

---

3 Mark B. Brown, *Science in Democracy. Expertise, Institutions, and Representation*, Cambridge/Mass. 2009, Kapitel 8.

litischen Theorie der Wissenschaftsfreiheit in Kapitel 10 hat deutlich gemacht, dass unter die Art von Einmischung der politischen Gewalten, gegen welche die Wissenschaft zu schützen ist, jede Art von Beeinflussung fallen kann, durch die sich die Forschung auf ein bestimmtes Ergebnis hin oder von einem Ergebnis weg lenken lässt. Im Kern gilt der Schutzanspruch zwar gegen Beeinflussungsversuche, die Ergebnisse mit einer mindestens erahnbaren Relevanz für die partikulären politischen Interessen der politischen Gewalten betreffen, doch haben wir gesehen, dass sich ein pragmatisches Argument für eine möglichst inklusive Auslegung des Schutzanspruchs stark machen lässt, welche die Freiheit der Ziele der Forschung unabhängig vom Maß ihrer politischen Relevanz macht. (Unter dem in Rede stehenden »Lenken« auf bestimmte Ergebnisse hin oder von bestimmten Ergebnissen weg sind auch solche Maßnahmen zu verstehen, die das Eintreffen des Ergebnisses nur wahrscheinlicher beziehungsweise weniger wahrscheinlich machen.) Für die Freiheit der Mittel ist jedoch eine möglichst inklusive Auslegung in einer Welt begrenzter Ressourcen undenkbar. Deshalb kann eine Freiheit von Beschränkungen finanzieller Art nur in dem Maße stark gemacht werden, in dem eine politische Relevanz der betreffenden Forschungen auf der Hand liegt.

Sinn ergibt dabei die politische Begründung insgesamt nur, wenn nicht nur dem Schutz vor der Einmischung der klassischen politischen Gewalten, insbesondere Exekutive und Legislative, große Bedeutung beigemessen wird, sondern ebenso auch dem Schutz vor der Einmischung von Akteuren, die in Macht und Möglichkeiten den politischen Gewalten nahe- oder gleichkommen. Dies ist im Zuge der Untersuchung der politischen Begründung an zwei Stellen deutlich zutage getreten: Erstens lässt sich der Anspruch auf eine möglichst weit gefasste Reichweite der politisch begründeten Forschungsfreiheit stärken, wenn man auch die Bedeutung einer offenen epistemischen Kultur für die Demokratie und die Rolle einer unabhängigen Wissenschaft für Verbreitung und Pflege dieser epistemischen Kultur berücksichtigt (Deweys *scientific attitude*). Diese Rolle kann die Wissenschaft nur spielen, wenn sie in glaubwürdiger Weise ihre Unabhängigkeit von *allen* mächtigen Akteuren wahrt. Zweitens, und dies ist vermutlich der bedeutendere Gesichtspunkt, kann die *Ausübung* der Wissenschaftsfreiheit nur dann den verschiedensten kollektiven Subjekten überlassen werden – seien dies nun wissenschaftliche Disziplinen oder weiter gefasste, inklusivere Gemeinschaften –, wenn diese nicht sogleich durch die mächtigen Interessen der Wirtschaft kooptiert werden. Dies folgt schon daraus, dass diese Interessen häufig Bündnisse mit den mächtigen Akteuren bilden (und in manchen Fällen praktisch mit ihnen zusammenfallen) und deshalb der angestrebte Schutz des demokratischen Prozesses durch eine solche Beeinflussung ebenso unterminiert würde wie durch eine unmittelbare politische Steuerung.

Die dritte Dimension der politisch begründbaren Forschungsfreiheit (MacCallums Variable z), ihre Reichweite, ist, wie eben gesehen, mit ihrer zweiten Dimension verschränkt. Die Reichweite ist, sofern die Freiheit der Mittel betroffen ist, begrenzt auf Forschungsbereiche von politischer Relevanz. Ebenso wie die erkenntnistheoretisch begründbare Forschungsfreiheit ist deshalb auch die politisch begründbare nicht inhaltsunabhängig, sondern variiert in der Stärke ihrer Ansprüche von einem Forschungsfeld zum andern.

Die Differenzierungen, die wir bei der Einschätzung der politischen Begründung zu berücksichtigen haben, betreffen jedoch nicht nur Begrenzungen der durch sie etablierten Form von Forschungsfreiheit. Die Betrachtungen der Kapitel 9-11 haben außerdem gezeigt, dass die politische Begründung der Forschungsfreiheit (ebenso wie die erkenntnistheoretische) von Voraussetzungen über den Charakter der Wissenschaft als sozial organisiertes, kognitives Kollektivunternehmen abhängig ist.

Das erste solche Charakteristikum ist, dass die Begründung den öffentlichen Charakter der Ergebnisse voraussetzt. Ohne ein wirksames System der Kommunikation und Veröffentlichung der Forschungsergebnisse können diese keine positive Rolle für das Vermögen der Bürger spielen, wohlinformierte politische Präferenzen auszubilden.

Zweitens haben wir gesehen, dass die politische Begründung eine soziale Struktur der Wissenschaften zur Bedingung hat, die den wissenschaftsinternen Pluralismus begünstigt. Nur wenn Forschungsfreiheit typischerweise dazu führt, dass innerhalb der Wissenschaften die ganze Bandbreite von Ansätzen genutzt wird, die ein komplexes Problem normalerweise gestattet, ist die Hoffnung berechtigt, dass die Ergebnisse der Forschung den Bürgern tatsächlich eine bessere Orientierung dabei bieten, Präferenzen auszubilden, welche ihre Werte und Interessen in angemessener Weise widerspiegeln. Zu glauben, dass die Wissenschaften diese Leistung auch ohne internen Pluralismus zu erbringen vermöchten, hieße, ihnen eine Neutralität zuzuschreiben, die den Wissenschaftlern übermenschliche Fähigkeiten zur Abstraktion von ihren eigenen Interessen und Vorurteilen abverlangte und auch angesichts der wissenschaftshistorischen Befunde unrealistisch wäre.

Auffällig ist, dass somit beide großen Begründungsstrategien der Forschungsfreiheit implizit eine interne Tendenz des Kollektivunternehmens Wissenschaft zur Ausbildung einer Diversität der Ansätze voraussetzen. Ebenso beruhen sie beide auf der Annahme, dass die Wissenschaften eine offene Kommunikations- und Veröffentlichungskultur pflegen. Eine einfache Moral aus dieser Beobachtung ist die folgende: Offenheit und Pluralismus der Wissenschaften werden immer mindestens so wertvoll sein wie ihre Freiheit.

IV. Schluss

Kapitel 13:
Begründungen und Begrenzungen von Forschungsfreiheitsformen und ihre Anwendung auf konkrete Debatten

13.1 Eine Vielfalt von Freiheitsformen

An verschiedenen Stellen dieses Buches habe ich mich auf Gerald MacCallums Analyse des Freiheitsbegriffs gestützt, dem zufolge Freiheit als dreistellige Relation zwischen Freiheitssubjekten (x), Arten von Beschränkungen (y) und von den Subjekten angestrebten oder gewünschten Handlungen und Zuständen (z) zu verstehen ist: »x ist frei von y, z zu tun oder zu werden«.[1] Der große Vorteil dieser Analyse besteht erstens darin, dass sie überhaupt die große Vielfalt von Freiheitsformen zu erkennen erlaubt, die sich durch unterschiedliche mögliche Auffassungen über den jeweiligen Geltungsbereich der drei Variablen ergeben. Zweitens schafft sie auch Raum für die Einsicht, dass nicht eine einzige dieser Freiheitsformen die »richtige« Konzeption der Freiheit darstellen muss, sondern die beste Voraussetzung für die Verwirklichung eines bestimmten politischen Ideals oder für das Florieren eines bestimmten Gemeinwesens in einer bestimmten Hinsicht auch in einer Kombination von verschiedenen Freiheitsformen bestehen kann.

Es zeigt sich, dass bei der Freiheit wissenschaftlicher Forschung genau diese Überlagerung verschiedener Freiheitsformen vorliegt, wenn man alle in diesem Buch betrachteten Begründungen der Forschungsfreiheit gemeinsam berücksichtigt. Denn die durch das Argument aus Autonomiegründen, durch die erkenntnistheoretische Begründung und durch die politische Begründung jeweils begründbaren Formen der Forschungsfreiheit unterscheiden sich wechselseitig in allen maccallumschen Dimensionen. Sie überschneiden sich teilweise, doch jede dieser Freiheitsformen hat ihre spezifischen Wirkungsbereiche und Begrenzungen.

Die durch das Argument aus Autonomiegründen begründbare

---

1 Gerald C. MacCallum, »Negative and Positive Freedom«, in: *The Philosophical Review* 76 (1967), S. 312-334. Vgl. oben, Abschnitt 1.2.

Forschungsfreiheitsform lässt sich, wie wir in Kapitel 2 gesehen haben, als »*private Forschungsfreiheit*« charakterisieren. Hinsichtlich der maccallumschen Dimension x (Subjekt der Freiheit) ist sie eine individuelle Freiheit aller, hinsichtlich der Dimension y (»Frei von welchen Beschränkungen?«) bleibt sie auf eine bloße Freiheit der Ziele beschränkt. Mittel müssen die Subjekte privater Forschungsfreiheit aus eigener Kraft anstreben. Dies bedingt ihre sehr begrenzte Bedeutung für die Forschungsfreiheitsdebatten der Gegenwart – wiewohl sie hinsichtlich der Dimension z (»Frei, was zu tun?«) zumindest *prima facie* praktisch unbegrenzt ist.[2]

Die erkenntnistheoretische Begründung stützt dagegen eine »*Mikroautonomie der Forscher*« (siehe insbesondere Kapitel 8). Sie ist hinsichtlich der Dimension x eine individuelle Freiheit der Forscher – genauer: der am epistemischen Gemeinschaftsunternehmen »Wissenschaft« aktiv beteiligten Individuen und Gruppen; in der Dimension y erweist sie sich als Freiheit der Ziele *und* der Mittel. Mit Blick auf die Dimension z ist die Mikroautonomie im Kern eine methodologische Freiheit der Forscher, und zwar im Wesentlichen begrenzt auf solche Bereiche der Forschung, für die der Wert des erstrebten Wissens (für die Gesamtheit aller Mitglieder der politischen Gemeinschaft) groß genug ist, um die Aufwendung der erforderlichen Mittel zu rechtfertigen. Nur bedingt beinhaltet sie darüber hinaus noch eine Freiheit in der Wahl der Fragestellung – nämlich nur (1) als Wahl zwischen den ohnehin aktiv beforschten Fragestellungen, (2) als Spielraum in der Auslegung von Fragestellungen und (3) zur Exploration völlig neuer Fragestellungen.

Was schließlich die durch eine politische Begründung etablierbare Forschungsfreiheit angeht, so ist diese als »*Trennung der Wissenschaften von den (anderen) politischen Gewalten*« beschreibbar (siehe insbesondere Kapitel 12). Man könnte sie auch als politische Unabhängigkeit der Wissenschaft bezeichnen. Sie ist eine kollekti-

---

2 Damit ist eine rein theoretische Unbegrenztheit gemeint, die sich lediglich auf die eigene Form der privaten Forschungsfreiheit bezieht, wie sie sich aus der inneren Logik des Arguments aus Autonomiegründen ergibt. Weil die private Forschungsfreiheit in der Praxis jedoch immer abgewogen werden muss – gegen die Autonomie anderer, aber auch gegen bedeutende Werte wie Gerechtigkeit und Glück, die sich möglicherweise nicht auf den Wert von Autonomie reduzieren lassen –, bedeutet diese Unbegrenztheit hinsichtlich der Dimension z keineswegs, dass die private Forschungsfreiheit in der Anwendung schrankenlos wäre.

ve Freiheit im Sinne der Dimension x; hinsichtlich der Dimension y beschreibt sie eine spezifische Freiheit der Ziele und der Mittel: nämlich die Freiheit von solchen Beeinflussungen seitens der politischen Gewalten und anderer mächtiger Akteure, die eine Lenkung in Richtung bestimmter Ergebnisse erlauben würden. Sie muss in Dimension z in erster Linie eine Freiheit der Fragestellung bedeuten, jedoch besteht diese als Freiheit der Mittel nur in Proportion zur politischen Relevanz des jeweiligen Forschungsfeldes.

Die unterschiedlichen Begründungen dieser verschiedenen Forschungsfreiheitsformen verweisen auf jeweils unterschiedliche Hinsichten, in denen wissenschaftliche Forschung einen positiven Beitrag zum menschlichen Wohlergehen leisten kann.[3] Die beiden stärkeren Begründungen setzen dabei ein Verständnis voraus, bei dem der positive Beitrag der Wissenschaft auf das Wohl einer Gemeinschaft bezogen wird. Die stärkste begründbare Konzeption der Forschungsfreiheit ergibt sich, wenn man die komplexe Überlagerung der verschiedenen, sich ergänzenden Forschungsfreiheitsformen insgesamt als förderlich für das Wohlergehen einer politischen Gemeinschaft und ihrer Mitglieder betrachtet.[4]

Nun sind allerdings Ideale menschlichen Wohlergehens und Konzeptionen des Gemeinwohls immer etwas Umstrittenes. Die genaue Stärke und Reichweite dieses komplexen Forschungsfrei-

---

3 Vgl. John Dupré, der die Fragen danach, welche Beiträge die Wissenschaften zum menschlichen Wohlergehen leisten können, und unter welchen Umständen sie solche Beiträge am ehesten zu leisten vermögen, als Kernfragen des wichtigsten Themenfelds der Wissenschaftsphilosophie überhaupt identifiziert (*The Disorder of Things. Metaphysical Foundations of the Disunity of Science*, Cambridge/Mass. 1993, S. 244). Vgl. auch Philip Kitcher, *The Advancement of Science. Science without Legend, Objectivity without Illusions*, New York 1993, S. 391.

4 Dass die Freiheitsformen als sich ergänzend angesehen werden können, ist nicht ganz selbstverständlich. Denn natürlich können verschiedene Freiheitsformen in ihren Ansprüchen auch miteinander konkurrieren, insbesondere wenn sie sich in der Subjektdimension unterscheiden. Bei den vorliegenden Formen der Forschungsfreiheit betrifft dies besonders das Verhältnis zwischen der individuellen Mikroautonomie der Forscher einerseits und der kollektiven politischen Unabhängigkeit der Wissenschaft. Die Mechanismen der Selbststeuerung (wie *peer review*), durch welche Letztere realisiert werden kann, treten zum Teil mit Ersterer in Konflikt. Abgemildert wird dieses Spannungsverhältnis allerdings dadurch, dass die Mikroautonomie im Kern eine methodologische Freiheit betrifft, die politische Unabhängigkeit dagegen hauptsächlich eine Freiheit der Fragestellung. Zur Vereinbarkeit der beiden Formen siehe auch oben, S. 286.

heitsbegriffs wird deshalb auf Dauer Gegenstand gesellschaftlicher Aushandlungsprozesse sein. Das zeigt sich besonders deutlich, wenn das Augenmerk auf die *Stärke* der verschiedenen Forschungsfreiheitsformen gerichtet wird, das heißt auf die Maßgaben, nach denen sie jeweils gegen andere Prinzipien, Werte und Interessen abgewogen werden müssen. Denn wir haben im Verlauf dieser Untersuchung gesehen, dass keine der Begründungen die Forschungsfreiheit als ein kategorisches und unabwägbares Vorrecht zu etablieren vermag: Die private Forschungsfreiheit muss spätestens dort abgewogen werden, wo andere bei der Erlangung oder Ausübung ihrer persönlichen Autonomie behindert werden. Doch auch Abwägungen gegen andere bedeutsame Werte und Ideale sind möglich, da die Autonomie kein vollständiges und unbedingtes moralisches Ideal ist. Die erkenntnistheoretisch gerechtfertigte Mikroautonomie der Forscher ist als bloße Klugheitsregel immer relativ zum instrumentellen Wert des jeweils angestrebten Wissens. Und bei der politisch begründeten Forschungsfreiheit und politischen Unabhängigkeit der Wissenschaften sind Begrenzungen möglich bei der Abwägung gegen individuelle Rechte sowie gegen andere bedeutende Voraussetzungen des demokratischen Prozesses. Überdies beruht bei dieser Forschungsfreiheitsform das genaue Maß der Freiheit der Mittel auf einer Einschätzung der politischen Relevanz jedes einzelnen Forschungsfeldes. Stärke und Reichweite aller Freiheitsformen sind daher abhängig von Abwägungen und Kalibrierungen, die schwierige Werturteile implizieren – zum Beispiel über den potenziellen Wert eines bestimmten Erkenntnisziels, über seine politische Relevanz, über die Abwägung zwischen der kognitiven Autonomie eines Einzelnen und anderen gesellschaftlichen Idealen wie Gerechtigkeit oder über die relative Bedeutung der freien Wissenschaft im Vergleich zu anderen Voraussetzungen des politischen Prozesses.

Wegen ihres unvermeidlichen Bezugs auf Werte und Ideale, die in ihrer genauen Bedeutung und Geltung nicht ein für alle Mal verbindlich festgelegt werden können, sondern immer in gewissem Maße umstritten sein werden, kann keine dieser Abwägungen durch die Anwendung eines nach philosophischen Prinzipien konstruierten Algorithmus ersetzt werden. Auch können solche Abwägungen in einer liberalen Demokratie nicht der Definitionshoheit eines einzelnen Akteurs, einer Behörde oder politischen Institution überlassen werden, wie sich (wegen der großen Bedeutung wissenschaftlichen Wissens für den demokratischen Prozess) in Teil III dieses Buches gezeigt hat. Idealerweise sollten sich die Abwägungen und Werturteile, die für die genaue Bestimmung von Reichweite und Stärke der verschiedenen Freiheitsformen entscheidend sind, als Ergebnisse von offenen, demokratischen Deliberationsprozessen ergeben.[5] Was in Kapitel 8 bereits über die erkenntnistheoretische Begründung allein gesagt wurde, gilt deshalb auch für das komplexe Gebilde insgesamt, das sich aus der Überlagerung der verschiedenen Freiheitsformen ergibt: Eine Berufung auf das Prinzip der Forschungsfreiheit sollte der Beginn einer fruchtbaren und zielführenden gesellschaftlichen Debatte über Ziele und Mittel wissenschaftlicher Forschung sein; sie kann nicht dazu dienen, einen Schlussstrich unter eine solche Debatte zu ziehen.

Ein genaues Verständnis der Forschungsfreiheitsformen und ihrer Begründungen ist für die Klärung der Forschungsfreiheitsdebatten der Gegenwart wichtig und hilfreich. Die Begründungen der verschiedenen Forschungsfreiheitsformen legen nämlich offen, wie genau bestimmte Formen der Forschungsfreiheit mit Gegenständen unserer Wertschätzung verknüpft sind – mit dem moralischen Ideal der Autonomie, mit dem Nutzen praktisch anwendbarer Innovationen für die Allgemeinheit, mit dem Wert von Verständniswissen und Erkenntnisfreude, mit der Integrität demokratischer Meinungsbildungsvorgänge und mit der Verbreitung einer epistemischen Kultur der offenen und unvoreingenommenen Wahrheitsorientierung. Ohne ein genaues Verständnis dieser Zusammenhänge bleibt die Forschungsfreiheit eine *black box*, bei der höchstens durch diffuse Verweise angedeutet werden kann, gegen was hier eigentlich die anderen gesellschaftlichen Werte und Interessen abgewogen und wofür der wissenschaftlichen Forschung besondere Freiheitsgarantien eingeräumt werden.

Wie ein genaues Verständnis der Forschungsfreiheitsformen und ihrer Begründungen auf Forschungsfreiheitsdebatten der Gegenwart bezogen werden kann, möchte ich in den folgenden Abschnitten anhand dreier exemplarischer Debatten zeigen. Wie-

---

5 Siehe dazu auch Torsten Wilholt, Hans Glimell, »Conditions of Science. The Three-Way Tension of Freedom, Accountability and Utility«, in: Martin Carrier, Alfred Nordmann (Hg.), *Science in the Context of Application*, Dordrecht 2010, S. 351-370, Abschnitt 3.

derum geht es mir nicht darum, Lösungen für die Debatten aus den Ergebnissen meiner Untersuchung abzuleiten – die gesellschaftlichen Deliberationsprozesse können nicht durch eine philosophische Beweisführung ersetzt werden. Stattdessen möchte ich illustrieren, wie die Kenntnis der Forschungsfreiheitsformen ihre Verknüpfung mit bestimmten Gegenständen unserer Wertschätzung in hilfreicher Weise sichtbar machen kann.

13.2 Forschung mit embryonalen Stammzellen

Ein Großteil der Debatte um die wissenschaftliche Forschung an menschlichen embryonalen Stammzellen dreht sich um den moralischen Status der Frühembryonen, welche bei der Gewinnung neuer Stammzelllinien für die Forschung zerstört werden. Diese Zerstörung ist jedenfalls bisher zur Erzeugung von pluripotenten Stammzelllinien noch unvermeidlich, wenngleich an alternativen Verfahren geforscht wird (dazu unten mehr). Die Pluripotenz embryonaler Stammzellen, das heißt ihre Fähigkeit, sich zu verschiedenen Gewebetypen weiterzuentwickeln, ist gerade diejenige Eigenschaft, die sie als besonders vielversprechende Forschungsobjekte qualifiziert – sowohl für die Grundlagenforschung an den Mechanismen, welche die Selbsterneuerung und Differenzierung der Zellen steuern, als auch insbesondere für die anwendungsorientierte Forschung, die (unter anderem) auf mögliche Zelltherapien abzielt, bei denen durch Krankheiten geschädigte Zellen durch mit Hilfe von Stammzellen erzeugte neue Zellen ersetzt werden könnten. Schon bald, nachdem 1998 zum ersten Mal die Gewinnung von pluripotenten menschlichen embryonalen Stammzellen gelungen war, wurde die Hoffnung genährt, mit Zelltherapien auf ihrer Grundlage eines Tages auch schwere und schwerste Krankheiten wie die Parkinson-Krankheit oder die Huntington-Krankheit behandeln zu können.[6]

Die Zerstörung der vier bis fünf Tage alten Embryonen (die ich als »Frühembryonen« bezeichnen werde[7]) bei der Gewinnung der

---

6 Siehe z. B. Robin Lovell-Badge, »The Future for Stem Cell Research«, in: *Nature* 414 (2001), S. 88-91.

7 Ich folge dabei unter anderem Johann S. Ach u. a., »Totipotenz und Potentialität. Zum moralischen Status von Embryonen bei unterschiedlichen Varianten der Ge-

Stammzellen wirft die Frage der Schutzwürdigkeit dieser Gebilde auf. Der stärkste in der Debatte vertretene Standpunkt ist, ihnen den vollen moralischen Status zuzubilligen, der auch einem geborenen Menschen zukommt. So ist laut Mehrheitsmeinung des amerikanischen *President's Council on Bioethics* (aus dem Jahr 2002) der menschliche Frühembryo »tatsächlich ›einer von uns‹: ein menschliches Leben im Prozess, ein gleichberechtigtes Mitglied der Spezies *Homo sapiens* im embryonischen Stadium seiner oder ihrer Entwicklung«.[8] Der damalige amerikanische Präsident George W. Bush wird mit dieser Einschätzung übereingestimmt haben, als er extrakorporale Frühembryonen als »verletzlichste Mitglieder unserer Gesellschaft« bezeichnete.[9]

Nimmt man diese Meinung ernst, kann keine der Begründungen der Forschungsfreiheit bei noch so starker Auslegung ihrer Reichweite und Stärke eine Erlaubnis zur »verbrauchenden« Embryonenforschung begründen. Denn keine der Begründungen ist stark genug, das Recht auf Leben auszuheben, das ein geborener Mensch hat und das deshalb auch ein Frühembryo besitzen müsste, wenn er dem moralischen Status nach einem geborenen Menschen gleich wäre. Seine Zerstörung müsste dann ebenso kategorisch ausgeschlossen sein wie die Tötung eines Neugeborenen durch Entnahme eines lebenswichtigen Organs zu Forschungszwecken.[10] Die Abwägungen und Kalibrierungen von Reichweite und Stärke der Forschungsfreiheit in der Stammzellendebatte beginnen überhaupt erst dann Sinn zu ergeben, wenn dem Frühem-

winnung humaner embryonaler Stammzellen«, in: *Jahrbuch für Wissenschaft und Ethik* 11 (2006), S. 261-321, hier S. 264. Zur Problematik der Terminologie in der Debatte siehe Bettina Schöne-Seifert, »Forschung an embryonalen Stammzellen? Zur Rolle der philosophischen Ethik in der Politikberatung«, in: Kurt Pawlik, Dorothea Frede (Hg.), *Forschungsfreiheit und ihre ethischen Grenzen*, Göttingen 2002, S. 35-48, hier S. 37 f.

8 »[I]n fact fully ›one of us‹: a human life in process, an equal member of the species *Homo sapiens* in the embryonic stage of his or her natural development«, President's Council on Bioethics, *Human Cloning and Human Dignity. The Report of the President's Council on Bioethics*, New York 2002, S. 175.

9 »[O]ur society's most vulnerable members«, zitiert nach Lawrence J. Nelson, Michael J. Meyer, »Confronting Deep Moral Disagreement. The President's Council on Bioethics, Moral Status, and Human Embryos«, in: *American Journal of Bioethics* 5 (2005), S. 33-42, hier S. 34.

10 Vgl. Ach u. a., »Totipotenz und Potentialität«, S. 267.

bryo *nicht* der volle moralische Status eines geborenen Menschen zuerkannt wird.

Ob man dem Frühembryo diesen zubilligt, hängt wesentlich von der Bewertung des Potenzialitätsarguments ab, des Standardarguments der Befürworter eines vollen Status. Diesem Argument zufolge besitzt der Embryo deshalb dieselbe moralische Schutzwürdigkeit wie ein geborener Mensch, weil in ihm das Potenzial angelegt ist, sich zu einem solchen zu entwickeln. Ohne Weiteres stützt diese Beobachtung die Zuweisung des vollen Status sicher nicht, da wir gegenüber einem Potenzial, etwas zu werden, nicht automatisch dieselben Einstellungen einnehmen müssen wie gegenüber diesem Etwas selbst. Wie Günter Patzig bemerkt: »Ein potenzieller König, also etwa ein Prinz, kann nicht erwarten, wie ein wirklicher, regierender König behandelt zu werden, ein potenzieller Nobelpreisträger wird nicht schon nach Stockholm eingeladen.«[11] Die Schwierigkeit des Potenzialitätsarguments besteht darin, die sozusagen »statusvorwegnehmende« Natur gerade der Art von Potenzialität, die dem Embryo innewohnen soll, auf nichtwillkürliche Weise zu begründen. Warum besitzen nicht auch eine menschliche Eizelle und ein menschliches Spermium, gemeinsam in einer Petrischale aufbewahrt, vermöge ihres Potenzials die volle Schutzwürdigkeit? Dass sie sich nicht »von ganz alleine« zu einem Menschen entwickeln werden, kann nicht der Grund dafür sein, denn das trifft auf einen in vitro erzeugten Frühembryo ebenso zu.[12] Die Problematik des Potenzialitätsarguments kann und soll hier aber nicht ein weiteres Mal in ihrer ganzen Komplexität ausgebreitet werden.[13] Für die Zwecke dieses Buches können wir stattdessen eine Fallunterscheidung treffen: Falls der Frühembryo den vollen moralischen Status hat, gibt es in diesem Bereich überhaupt keine Form von begründbarer Forschungsfreiheit.[14]

11 Günther Patzig, »Präimplantations-Diagnostik – Anmerkungen zu einer bioethischen Debatte«, in: Kurt Pawlik, Dorothea Frede (Hg.), *Forschungsfreiheit und ihre ethischen Grenzen*, Göttingen 2002, S. 19-33, hier S. 21.

12 Vgl. Ach u. a., »Totipotenz und Potentialität«, S. 295-298.

13 Eine detailreiche Darstellung bietet Michael Quante, *Personales Leben und menschlicher Tod. Personale Identität als Prinzip der biomedizinischen Ethik*, Frankfurt/M. 2002, Kapitel 3, Abschnitt 3.

14 In dieser Hinsicht stellt sich die konservative Position insbesondere in der amerikanischen Diskussion, wie sie beispielsweise von der Regierung George W. Bush vertreten wurde, als bemerkenswert inkonsequent dar. Denn sie hat zwar 2001

Falls nicht, können sich die folgenden Überlegungen anschließen.

Auf den ersten Blick folgt dann bereits aus dem Argument aus Autonomiegründen eine Freiheit der Ziele (und der aus eigener Kraft erstrebten Mittel), derentwegen sich eine Beschränkung der Forschung an embryonalen Stammzellen verbietet. Jedoch bedeutet das Zurückfallen der Frühembryonen hinter den vollen moralischen Status eines geborenen Menschen nicht, dass sie überhaupt keine besondere Schutzwürdigkeit besäßen. Viele Teilnehmer der Debatte, die einen vollen Status ablehnen, haben dafür argumentiert, dass wir ihnen einen gewissen moralischen Respekt schulden. Beispielsweise kann man auch diese Auffassung durch das Potenzial des Embryos, eines Tages ein Mensch werden zu können, begründen.[15] (Die Problematik, eine ganz bestimmte Art von Potenzialität als *die* statusvorwegnehmende Art identifizieren zu müssen, stellt sich hier möglicherweise nicht in derselben Schärfe wie bei den Vertretern eines vollen Status, weil der abgeschwächte Status beispielsweise mit einer gradualistischen Konzeption vereinbar ist, bei welcher die Schutzwürdigkeit des Embryos mit dem Fortschreiten seiner Entwicklung wächst.) Auf andere Weise kann eine gewisse, für alle verbindliche Einstellung von Respekt gegenüber dem Frühembryo auch damit begründet werden, dass zumindest einige Mitglieder unserer Gesellschaft ihm einen substanziellen moralischen Status zuweisen – der Respekt vor den Frühembryonen ergibt sich somit letztlich aus dem Respekt vor den moralischen Einstellungen unserer Mitmenschen.[16] Diejenigen, die beispielsweise dem Frühembryo einen vollen moralischen Status deshalb zuerkennen, weil sie den Glaubenssätzen der katholischen Kirche folgen, können nicht erwarten, dass auch Nichtkatholiken die Schlussfolgerungen aus diesen Glaubenssätzen als für sich verbindlich erachten. Aber sie dürfen erwarten, dass aus Respekt vor ihnen

die bundesstaatliche Förderung von Stammzellforschung durch eine Stichtagsregelung beschränkt, jedoch die aus anderen Quellen finanzierte Forschung an embryonalen Stammzellen sowie die Erzeugung und Zerstörung von Frühembryonen zu Forschungszwecken praktisch völlig unreguliert gelassen.

15 Siehe z. B. Patzig, »Präimplantations-Diagnostik – Anmerkungen zu einer bioethischen Debatte«, insb. S. 22.

16 So Nelson/Meyer, »Confronting Deep Moral Disagreement«, insb. S. 39, sowie Michael J. Meyer, Lawrence J. Nelson, »Respecting What We Destroy. Reflections on Human Embryo Research«, in: *Hastings Center Report* 31 (2001), S. 16-23.

selbst ihre moralischen Einstellungen nicht leichtfertig und ohne vordringliche Gründe übergangen werden.

Es bietet sich ein Vergleich mit dem Umgang mit menschlichen Leichen an.[17] Obgleich diese sicher nicht den vollen moralischen Status eines lebenden Menschen besitzen, räumen wir nicht schon aus Autonomiegründen jedermann das Recht ein, an menschlichen Leichen wissenschaftliche Forschungen vorzunehmen. Solche Forschungen sind durch Gesetze auf bestimmte institutionelle Kontexte beschränkt.[18] Offenbar soll dies dazu dienen, dem Pietätsgefühl von Angehörigen und der Gesellschaft sowie dem postmortalen Persönlichkeitsrecht der Verstorbenen Rechnung zu tragen. Diese Rechtsgüter werden also in der Praxis höher eingestuft als die Neugier und kognitive Autonomie Einzelner.

Eine ganz ähnliche Abwägung ist auch bei der Embryonenforschung plausibel: Da es sich innerhalb der berufsmäßig organisierten Wissenschaften durch berufsethische (und teilweise auch rechtlich kodifizierte) Regelungen besser sicherstellen lässt, dass im Umgang mit Frühembryonen bestimmte Rücksichten eingehalten werden – beispielsweise, dass sie nicht leichtfertig oder sinnloserweise zerstört werden –, ist eine Beschränkung der Berechtigung zu solcher Forschung auf bestimmte, berufsmäßig darauf ausgerichtete Einrichtungen angemessen. Die Einschränkung der persönlichen kognitiven Autonomie aller, die dies bedeutet, scheint vertretbar, weil ja die Ergebnisse der berufsmäßigen medizinischen Forschung im Allgemeinen allen verfügbar sind (und es angesichts der Komplexität der entsprechenden Forschungsaufgaben ohnehin nicht zu erwarten wäre, dass einer nicht berufsmäßig organisierten Forschung in diesem Bereich wesentliche Beiträge zu den epistemischen Grundlagen menschlicher Autonomie gelingen könnten). Dennoch bedingen die berechtigten Ansprüche an die epistemische Autonomie noch Folgendes: Wenn es Einschränkungen be-

---

17 Vgl. Nelson/Meyer, »Confronting Deep Moral Disagreement«, S. 36.

18 So urteilte das Verwaltungsgericht Berlin am 20.7.2009, eine anatomische Sektion dürfe »nur in anatomischen Instituten zum Zwecke der Lehre und Forschung über den Aufbau des menschlichen Körpers stattfinden« und untersagte deshalb das Ansinnen einer öffentlichen Sektion im Rahmen der *Körperwelten*-Ausstellung. Verwaltungsgericht Berlin, Pressemitteilung Nr. 32/2009 vom 20.07.2009, ⟨www.berlin.de/sen/justiz/gerichte/vg/presse/archiv/20 090 720.1535.132 567.html⟩, letzter Zugriff 13.9.2011.

stimmter Forschungen (zum Beispiel an Frühembryonen oder an Leichen) auf bestimmte berufsmäßig organisierte Kontexte gibt, dann sollte andererseits der Zugang zu den entsprechenden Berufen jedermann nach Maßgabe seiner Begabung und seines Fleißes offen stehen. Denn es ist mit der Idee kognitiver Autonomie unvereinbar, bestimmte kognitive Interessen von vornherein für unwichtig für die Ermöglichung selbstbestimmten Lebens zu erklären. Für jedes kognitive Interesse (das nicht offenkundig den Rechten anderer Menschen oder anderen bedeutenden Werten zuwiderläuft) sollte es in der Gesellschaft Wege geben, auf denen zumindest einige Menschen dem jeweiligen Interesse nachgehen können. Die Gangbarkeit dieser Wege für jeden Einzelnen sollte sich angesichts begrenzter Ressourcen nach Begabung und persönlichem Engagement richten.

Wer immer diese Wege beschreitet, übt Forschungsfreiheit, sofern sie ihm zukommt, im Auftrag der Allgemeinheit aus. Es wird bei diesen Überlegungen also deutlich, dass die (wenn auch begrenzte) moralische Schutzwürdigkeit der Frühembryonen *de facto* abgewogen wird gegen den Nutzen der Forschung. Die eigentliche Last zur Rechtfertigung von Forschungsfreiheit (innerhalb der berufsmäßig organisierten Wissenschaften) auf dem Gebiet von Embryonenforschung und Forschung an embryonalen Stammzellen lastet somit auf der erkenntnistheoretischen Begründung. Auch Patzig beispielsweise argumentiert mit dem Nutzwert des Wissens: »[D]ie Interessen potenzieller Patienten an wirksamen Heilmitteln für schwere und schwerste Krankheiten dürften gegenüber dem bloß relativen Schutzrecht für Embryonen in ihrem Anfangsstadium das Übergewicht haben.«[19]

Im Fall der Forschung an embryonalen Stammzellen ist dabei der Wert der erhofften Kenntnisse besonders in der Aussicht auf die bereits erwähnten neuen Zelltherapien zu sehen. Für die spätere Zukunft haben Wissenschaftler auch die Vision, ganze Organe für die Transplantation nachzüchten zu können; in einer noch späteren Zukunft könnten Verjüngungstherapien möglich werden.[20] Doch was genau ist von diesen Erwartungen und Visionen zu halten?

19 Patzig, »Präimplantations-Diagnostik – Anmerkungen zu einer bioethischen Debatte«, S. 32.
20 Vgl. Søren Holm, »Going to the Roots of the Stem Cell Controversy«, in: *Bioethics* 16 (2002), S. 493-507, hier S. 496 f.

Bereits 1998 wurde der Öffentlichkeit in Aussicht gestellt, die Forschung an embryonalen Stammzellen werde in fünf bis zehn Jahren zu signifikanten neuartigen Zelltherapien führen.[21] Nach Ablauf dieser Frist waren diese jedoch noch nicht konkret absehbar. In der bioethischen Debatte wird dieses Phänomen unter dem Stichwort »*overselling*« diskutiert: Wissenschaftler scheinen zumindest in der Vergangenheit die konkreten Aussichten auf therapeutische Erfolge auf Grundlage ihrer Forschungen zu optimistisch dargestellt zu haben, was unter anderem besondere moralische Fragen aufwirft, weil dadurch bei an schweren Krankheiten leidenden Menschen unrealistische Hoffnungen geweckt wurden.[22] In unserem Kontext ist daran eher problematisch, dass es auf eine Schwierigkeit bei der öffentlichen Deliberation hinweist, die, wie ich behauptet habe, zur Abwägung von Stärke und Reichweite der verschiedenen Formen von Forschungsfreiheit unerlässlich ist. Denn es besteht eine problematische Informationsasymmetrie: Genau diejenigen Personen, die typischerweise die Öffentlichkeit von Sinn und Frommen einer bestimmten Forschungsrichtung überzeugen wollen (nämlich die in diesem Bereich tätigen Wissenschaftler), verfügen als Einzige über die erforderliche Expertise, um einigermaßen realistische Voraussagen über den möglichen Nutzen der Forschung machen zu können.[23] Die Unerlässlichkeit der in Rede stehenden Abwägungsprozesse ist davon natürlich unberührt – jedoch stellt sich die Frage, wie sie überhaupt so gestaltet werden können, dass die Bewertungen von Erkenntniszielen im Lichte des besten verfügbaren Wissens realistisch ausfallen.

Dabei lässt sich im Fall der Stammzellenforschung eine interessante Verschränkung zwischen der Freiheit der Mittel und der Informationsasymmetrie beobachten. Denn in der US-amerika-

---

21 Siehe ebd., S. 502; vgl. T. Hviid Nielsen, »What Happened to the Stem Cells?«, in: *Journal of Medical Ethics* 34 (2008), S. 852-857, hier S. 853.

22 Vgl. Jan Helge Solbakk, Søren Holm, »The Ethics of Stem Cell Research. Can the Disagreements be Resolved?«, in: *Journal of Medical Ethics* 34 (2008), S. 831-832.

23 Dies führt im Prinzip zu genau denjenigen für ein Verhältnis zwischen Auftraggeber und Auftragnehmer typischen Problemen, die in der institutionenökonomischen Prinzipal-Agenten-Theorie diskutiert werden. Zur Anwendung der Prinzipal-Agenten-Theorie auf die Wissenschaft siehe David Guston, *Between Politics and Science. Assuring the Integrity and Productivity of Research*, Cambridge 2000, insb. Kapitel 1 u. 6.

nischen Debatte sind es besonders private Biotechnologiefirmen gewesen, die den Hype um Fortschritte in der Forschung an embryonalen Stammzellen und um das damit verbundene therapeutische Potenzial angeheizt haben. Weil Embryonen- und Stammzellenforschung in den USA nicht verboten, aber durch Gesetze von der öffentlichen Förderung durch bundesstaatliche Institutionen ausgeschlossen sind, fand und findet die Forschung dort zu einem nicht unerheblichen Teil in durch Risikokapital finanzierten privaten Forschungsunternehmen statt. Die Unternehmen Geron und Advanced Cell Technology beispielsweise haben wiederholt ihre Ergebnisse, teils noch bevor diese ein wissenschaftliches *peer review*-Verfahren durchlaufen hatten, durch schnelle, reißerische Pressemitteilungen bekannt gemacht und dabei offenbar eine Berichterstattung mit überzogenen Behauptungen über künftige aus der Forschung hervorgehende Segnungen zumindest billigend in Kauf genommen.[24] Bei einem Biotechnologieunternehmen, das bis zur tatsächlichen Einlösung der Anwendungsversprechungen auf den kontinuierlichen Zufluss von Investitionen angewiesen ist, ist das Interesse an der Verbreitung der Überzeugung, nutzbare Innovationen stünden unmittelbar bevor, besonders ausgeprägt. Es ist also durchaus plausibel anzunehmen, dass der Rückzug der öffentlichen Hand in den USA aus der Förderung der Embryonen- und Stammzellenforschung die Problematik des *overselling* bei der Beurteilung des praktischen Nutzens stark verschärft hat. Zwar müssen sich auch öffentliche Geldgeber mit dieser Problematik auseinandersetzen. Doch da Wissenschaftler häufig ein starkes Interesse daran haben, mit öffentlichen Förderungsinstitutionen ein längerfristiges und stabiles Förderungsverhältnis zu etablieren, gibt es für sie auch Anreize, Ankündigungen, die sich auf lange Sicht als *overselling* entpuppen werden, von vornherein zu vermeiden. Eine längerfristige Perspektive in der Förderung sowie eine geduldige Bewertung der erzielten Fortschritte unter Abwarten von *peer review* und innerdisziplinärer kritischer Dis-

---

24 Siehe: »Taking Stock of Spin Science«, [o.A.], in: *Nature Biotechnology* 16 (1998), S. 1291. Geron hatte unter anderem die Forschungen der beiden Forschungsgruppen in Wisconsin und Baltimore finanziert, denen 1998 zuerst die Ableitung menschlicher embryonaler Stammzellen gelungen war. Am Tag der öffentlichkeitswirksamen Bekanntgabe dieser Ergebnisse stieg der Wert einer Geron-Aktie von 6 auf 23 Dollar (Nielsen, »What Happened to the Stem Cells?«, S. 852).

kussion empfehlen sich deshalb als Elemente eines realistischen Abwägungsprozesses.

Gleich mehrere Autoren sind zu dem Schluss gekommen, der Embryonenschutz könne überhaupt nur gegen Forschungszwecke »mit zugunsten schwer leidender Menschen zentralen und alternativlosen Forschungszielen« abgewogen werden.[25] Reine »Neugierforschung« ließe sich somit nicht rechtfertigen. Wie diese spezielle Abwägung überhaupt möglich ist, wird zunächst aus der hier in Rede stehenden Forschungsfreiheitsform gut verständlich. Da die Schutzwürdigkeit des Embryos gegen den potenziellen Wert der Forschungsergebnisse für die Allgemeinheit abgewogen wird, kann die in Rede stehende Forschungsfreiheit nur eine erkenntnistheoretisch begründete sein. Und diese ist, wie wir gesehen haben, im Wesentlichen eine methodologische Freiheit und schließt nur sehr bedingt eine Freiheit der Fragestellung mit ein. Dass zum Ergebnis der Abwägung eine Einschränkung der zulässigen Fragestellungen gehört, ist also mit der erkenntnistheoretisch begründbaren Mikroautonomie der Forscher durchaus vereinbar. Dennoch bleiben zwei Fragen. Erstens: Wie ist diese Einschränkung genau zu verstehen? Und zweitens: Die *Möglichkeit* einer solchen Einschränkung als Ergebnis der Abwägung zugestanden – ist sie auch das Ergebnis einer *klugen* Abwägung?

Hinsichtlich der ersten Frage ist daran zu erinnern, dass zur Erhaltung der erkenntnistheoretisch unerlässlichen methodologischen Freiheit auch gewisse Freiheiten der Fragestellung erforderlich sind. In diesem Kontext betrifft das hauptsächlich die Freiheit, eine Fragestellung von der Orthodoxie abweichend auszulegen, sowie die Freiheit zu Forschungen, die der Entdeckung neuartiger Forschungsmöglichkeiten dienen. Die Einschränkung der Forschung auf potenziell überlebensrelevante Fragestellungen sollte nicht so eng verstanden werden, dass diese Freiheiten dadurch

25 So bei Jan P. Beckmann, »Zur gegenwärtigen Diskussion um eine Novellierung des Stammzellgesetzes aus ethischer Sicht«, in: *Jahrbuch für Wissenschaft und Ethik* 12 (2007), S. 191-216, hier S. 197. Vgl. auch Reinhard Merkel, *Forschungsobjekt Embryo. Verfassungsrechtliche und ethische Grundlagen der Forschung an menschlichen embryonalen Stammzellen*, München 2002, S. 186-188, sowie die Minderheitenposition des *Report of the President's Council on Bioethics* (President's Council on Bioethics, *Human Cloning and Human Dignity*, S. 154-160, s. dazu auch Nelson/Meyer, »Confronting Deep Moral Disagreement«, S. 34).

ausgeschlossen sind; andernfalls droht der Stammzellforschung erkenntnistheoretische Sterilität und Stillstand.

Angesichts der zweiten Frage müssen wir uns daran erinnern, dass zu einer *klugen* Ausrichtung der Forschungsagenda auf Ziele, die für uns alle von praktischem Wert sind, auch ein Prinzip der Nachhaltigkeit gehört, welches berücksichtigt, dass wissenschaftliche Innovationen so gut wie immer auf Grundlagenerkenntnissen der Vergangenheit aufbauen.[26] Der Ausschluss bloßer »Neugierforschung« ist also zwar möglich (das heißt bei entsprechender Abwägung mit der grundsätzlichen Konzeption erkenntnistheoretisch begründbarer Mikroautonomie der Forscher vereinbar), aber es könnte gerade um der erhofften medizinischen Vorteile willen ratsam sein, auch einen Teil des Forschungsaufwandes in die Erforschung der elementaren Kausalmechanismen zu investieren.

Die Problematik der Abwägung von Forschungsinteressen gegen die Schutzwürdigkeit des Embryos hat innerhalb der an der Stammzellenforschung beteiligten Forschungsgemeinschaften ein starkes Interesse an Techniken begründet, welche darauf abzielen, pluripotente menschliche Stammzelllinien ohne Zerstörung eines Frühembryos zu erzeugen.[27] Als beispielhaft für diese Entwicklung kann das Verfahren des *altered nuclear transfer* (ANT) stehen, das nach dem Bioethiker William Hurlbut, der es zuerst vorgeschlagen hatte, auch als Hurlbut-Methode bezeichnet wird. Dabei würde, analog zur Technik des so genannten »therapeutischen Klonens«, der Zellkern einer somatischen Zelle in eine entkernte Eizelle transferiert, wobei jedoch ein bestimmtes Gen der somatischen Zelle zuvor ausgeschaltet würde, das für die Ausbildung des Trophektoderms zuständig ist, jener äußeren Zellschicht des Frühembryos, die später zur Plazenta wird. Das resultierende Gebilde besäße deshalb nicht das Potenzial, sich zu einem Organismus zu entwickeln, würde aber möglicherweise die Gewinnung pluripotenter Stammzellen erlauben.[28] Angenommen, dass durch diese (oder eine ande-

---

26 S. oben S. 169 f.

27 Eine Übersicht und ethische Bewertung verschiedener solcher Techniken bieten Ach u. a., »Totipotenz und Potentialität«, S. 275-284.

28 An Mäusen wurde die Durchführbarkeit von Hurlbuts Vorschlag bereits nachgewiesen (Alexander Meissner, Rudolf Jaenisch, »Generation of Nuclear Transfer-Derived Pluripotent ES Cells from Cloned Cdx2-Deficient Blastocysts«, in: *Nature* 439 (2006), S. 212-215). Neben der noch unklaren Durchführbarkeit beim

re) technische Lösung die Gewinnung pluripotenter menschlicher Stammzellen gelänge, ohne einen Embryo (oder ein vergleichbares schutzwürdiges Gebilde) dabei zerstören zu müssen – wären die beschriebenen Erfordernisse und Schwierigkeiten des Abwägens damit aus der Welt geschafft?

Dies anzunehmen hieße zu vergessen, dass die Debatte um die Forschung an embryonalen Stammzellen – neben einer Debatte um die unmittelbaren Folgen des Forschungshandelns – auch eine Abtrennbarkeitsdebatte ist (siehe Abschnitt 1.1). Gerade die Methode des Zellkerntransfers, die sowohl bei ANT als auch bei einigen anderen der zur Zeit spekulativ diskutierten Alternativmethoden eine unerlässliche Rolle spielt, wirft hier noch ganz andere ethische Fragen auf. Denn die wachsende Beherrschung und das zunehmende Verständnis dieser Methode bringen ein Wissen in die Welt, das von vielen Teilnehmern der Debatte für gefährlich gehalten wird. Der Grund dafür ist, dass diese Technik auch von zentraler Bedeutung für das Klonen ist – nicht nur für das therapeutische oder Forschungsklonen (bei dem lediglich pluripotente Stammzellen mit dem genetischen Material eines geborenen Menschen erzeugt werden sollen), sondern auch für das reproduktive Klonen. Letzteres stößt jedoch in unserer Gesellschaft auf breite und intensive Ablehnung.[29] Auch die Kerntransfertechnik selbst ist deshalb von den Bedenken betroffen, der Weg zum reproduktiven Klonen beim Menschen ließe sich kaum mehr aufhalten, wenn diese Technik eines Tages in all ihren Feinheiten gemeistert würde.[30] Es bestehen Zweifel daran, ob sich die abgelehnte Anwendung (reproduktives Klonen) von der Erforschung der ihr zugrundeliegenden Technik (Zellkerntransfer) effektiv abtrennen lässt: Die Wirksamkeit der

Menschen ist auch umstritten, ob ANT die erhofften ethischen Vorteile gegenüber »herkömmlichen« Methoden der Gewinnung embryonaler Stammzellen überhaupt besitzt (siehe Kevin Elliott, »An Ironic *Reductio* for a ›Pro-Life‹ Argument. Hurlbut's Proposal for Stem Cell Research«, in: *Bioethics* 21 (2007), S. 98-110). Ich werde dies um des Arguments willen aber voraussetzen.

29 Empirische Daten dazu in Davor Solter u. a., *Embryo Research in Pluralistic Europe*, Berlin 2003, S. 171 f. Zu den ethischen Problemen des reproduktiven Klonens beim Menschen siehe Philip Kitcher, *The Lives to Come. The Genetic Revolution and Human Possibilities*, erw. Ausg., New York 1997, S. 327-340.

30 Siehe George Q. Daley, »Cloning and Stem Cells – Handicapping the Political and Scientific Debates«, in: *New England Journal of Medicine* 349 (2003), S. 211-212.

Verbote menschlichen reproduktiven Klonens etwa steht angesichts der Globalisierung und des bereits bestehenden Phänomens des Reproduktionstourismus in Frage.[31]

Eine weitere Abtrennbarkeitsdebatte hat ihren Ursprung im Bedarf an menschlichen Eizellen. Gerade wenn sich die Hoffnung auf Stammzelltherapien auf der Grundlage pluripotenter Stammzellen verwirklichen sollte, könnte dieser Bedarf in der Zukunft sehr groß werden. Wie kann er gedeckt werden, ohne dass dabei Frauen (insbesondere aus sozial benachteiligten Schichten und aus Entwicklungs- und Schwellenländern) in Ausbeutungsverhältnisse geraten?[32]

Diese Abtrennbarkeitsdebatten zeigen, dass die Abwägung des zukünftigen Nutzens der Stammzellforschung gegen ihre Kosten und Risiken unerlässlich bleibt und nicht durch technologische Innovationen bei der Gewinnung pluripotenter menschlicher Stammzellen obsolet gemacht werden kann. Die Argumente zugunsten einer erkenntnistheoretisch begründbaren Mikroautonomie der Forscher sind stark: Die Aussichten auf Zelltherapien gegen Diabetes, gegen die Parkinson-Krankheit und gegen andere schwere Leiden sind zwar durch die Problematik des *overselling* belastet, doch sie scheinen auch bei kritischer Berücksichtigung der wissenschaftlichen Literatur real zu sein (wenn auch der Zeitrahmen vermutlich anders aussehen wird, als die an Risikokapital interessierten Biotechnologie-Unternehmen ihren Investoren glauben machen wollen). Die Argumente für eine Schutzwürdigkeit des Frühembryos scheinen, wenn man sich auf solche Argumente beschränkt, die nicht nur innerhalb bestimmter Glaubensgemeinschaften Gültigkeit beanspruchen können, eher eine bloß relative Schutzwürdigkeit zu stützen, welche die Zerstörung von Frühembryonen zu Forschungszwecken nicht kategorisch ausschließt. Eine kluge und nachhaltige Abwägung würde meines Erachtens nicht nur die unmittelbar auf medizinische Anwendungen ausgerichteten Forschungen gestatten, sondern auch die Erforschung der grundlegenden Kausalmechanismen. Doch keine philosophische Beweisführung kann die Herausforderung umgehen, die erforderlichen Abwägungen von Nutzen, Kosten und Risiken in einem möglichst offenen gesellschaftlichen Deliberationsprozess zu tref-

31 Vgl. Holm, »Going to the Roots of the Stem Cell Controversy«, S. 500 f.
32 Ebd., S. 499 f.

fen. Ein kategorisches moralisches Recht auf freie Forschung an embryonalen Stammzellen gibt es nicht.

Außen vor gelassen habe ich bisher die Frage, ob auch die politische Begründung der Forschungsfreiheit eine Relevanz für die Stammzellendebatte besitzt. Da die politische Begründung eine *spezifische* Form von Wissenschaftsfreiheit stützt, nämlich einen Schutz gegen solche Beeinflussungen, die eine Lenkung der Forschungsergebnisse in Richtung der Partikularinteressen einer politischen Gewalt gestatten würden, mag diese Aussparung zunächst plausibel erscheinen. Was für Partikularinteressen könnten das im Falle der Stammzellenforschung schon sein? Doch ein Blick in die jüngere Geschichte lässt aufmerken. Als George W. Bush im August 2001 die öffentliche Förderung von Forschung an embryonalen menschlichen Stammzellen per Gesetz durch eine Stichtagsregelung stark eingrenzte, präsentierte er diese Regelung als besonnene Abwägung zwischen der Schutzwürdigkeit des Embryos und dem medizinischen Potenzial der Forschung: Durch die Stichtagsregelung, so Bush in einer Fernsehansprache, würden den Forschern 60 am Stichtag bereits existierende und für die Forschung geeignete Stammzelllinien belassen. Diese Zahl stellte sich schnell als völlig falsch heraus. Kritiker äußerten schon bald den Verdacht, dass es sich bei ihr um eine gezielte Irreführung der Öffentlichkeit handelte. Die Zahl war nicht durch eine wissenschaftliche Studie gestützt, sondern offenbar nur durch eine Art hastig durchgeführter Telefonumfrage zustande gekommen. Bald zeigte sich, dass den US-Forschern nur elf Stammzelllinien zur Verfügung standen, die mit der Stichtagsregelung im Einklang waren. Diese elf waren überdies alle potenziell durch Viren kontaminiert.[33]

Zwar ist die Irreführung der Öffentlichkeit in diesem Fall nicht durch eine Beschränkung der Forschungsfreiheit zustande gekommen, sondern durch einen (je nach Interpretation der Vorgänge) manipulativ verfälschenden oder verantwortungslos schlampigen Umgang mit Informationen. Aber der Fall zeigt auf, dass es

---

33 Siehe United States House of Representatives Committee on Government Reform – Minority Staff Special Investigations Division, *Politics and Science in the Bush Administration,* Washington D.C. 2003 [»Waxman Report«], ⟨oversight-archive.waxman.house.gov/documents/20080130103545.pdf⟩, letzter Zugriff 17. 2. 2012, S. 27 f., und Chris Mooney, *The Republican War on Science,* New York 2005, S. 2-4 u. 195-216.

Kontexte gibt, in denen Informationen über Stammzellen selbst Grundlage für die politische Regulierung des wissenschaftlichen Umgangs mit ihnen werden. Nicht alles Wissen, das die Stammzellforschung hervorbringt, ist solches Regulierungswissen, doch typischerweise setzt sich Regulierungswissen aus Erkenntnissen ganz verschiedener Teilbereiche eines Forschungsfelds zusammen. Auch die politische Begründung kann der Stammzellforschung zwar kein kategorisches Freiheitsrecht verschaffen, und sie verleiht den Forschungsinteressen auch kein zusätzliches Gewicht bei der Abwägung gegen die Schutzwürdigkeit des Frühembryos und die gesellschaftlichen Folgen und Risiken der von der Forschung kaum abtrennbaren Anwendungsentwicklungen. Aber sie stützt die konkrete Forderung nach einer spezifischen Form der Forschungsfreiheit: nämlich die Forderung, dass dort, wo die Forschung relevant für die Erzeugung von Regulierungswissen ist, sie institutionell und inhaltlich so unabhängig wie möglich von politischen Gewalten oder ähnlich mächtigen Akteuren sein muss.

13.3 Forschungen zu »Rasse« und Intelligenz

Die Geschichte wissenschaftlicher Studien, die eine angeborene Überlegenheit von Europäern (und europäischstämmigen Amerikanern) gegenüber Mitgliedern anderer »Rassen«, insbesondere gegenüber Menschen afrikanischer Abstammung, beweisen sollte, reicht bis mindestens in die Zeit der Sklaverei zurück. Die vermeintlichen Belege, die diese Forschungen für das Vorliegen von Charakterunterschieden und unterschiedlicher intellektueller Begabung präsentierten, hatten einen nicht unerheblichen Einfluss auf die Ausbreitung und Verfestigung rassistischer Vorurteile und rassistischer Politik in Europa und Nordamerika.[34]

In der zweiten Hälfte des 20. Jahrhunderts flammte die Debatte erneut auf. Anlass dazu gaben Studien, die sich auf den seit Beginn des 20. Jahrhunderts entwickelten quantifizierten Intelligenzbegriff (Intelligenzquotient) stützten und den Anspruch erhoben, eine genetisch bedingte Differenz zwischen den durchschnittlichen Intelligenzquotienten von »weißen« Amerikanern einerseits und

34 Siehe Stephen Jay Gould, *The Mismeasure of Man*, New York 1981, und William H. Tucker, *The Science and Politics of Racial Research*, Urbana 1994.

Afroamerikanern andererseits nachweisen zu können. Eine zentrale Rolle spielten dabei die Arbeiten des Psychologen Arthur Jensen.[35] Um Jensens Thesen entbrannten sogleich heftige wissenschaftliche Auseinandersetzungen, in deren Gefolge seine Schlussfolgerungen vonseiten namhafter Genetiker, Psychologen und anderer Wissenschaftler scharf kritisiert wurden (dazu sogleich mehr).[36] Ein erneutes Aufleben erfuhr die Debatte Mitte der 1990er Jahre, nachdem Richard Herrnstein, ein Psychologe, und Charles Murray, ein Politikwissenschaftler und konservativer Essayist, die These von den genetisch bedingten ethnischen IQ-Differenzen innerhalb der USA erneut aufgegriffen und in ihrem umstrittenen Buch *The Bell Curve* zu belegen versucht hatten.[37] Erneut hagelte es Beanstandungen an den methodologischen Grundlagen der Studien.[38] Der massiven Kritik am wissenschaftlichen Fundament des Buches ungeachtet erzielte es beachtliche Medienerfolge: eine *Newsweek*-Coverstory, mehrere *New York Times*-Leitartikel und mehrere Hunderttausend verkaufter Exemplare allein der Hardcoverauflage. Schon kurz nach Erscheinen des Buches wurde Murray zu einem Vortrag vor den neu gewählten republikanischen Mitgliedern des Repräsentantenhauses eingeladen.[39]

Um diese neueren Forschungen zum Zusammenhang zwischen »Rasse«[40] und Intelligenz hat sich eine Forschungsfreiheitsdebatte

---

35 Siehe insb. Arthur R. Jensen, »How Much Can We Boost IQ and Scholastic Achievement?«, in: *Harvard Educational Review* 39 (1969), S. 1-123.

36 Siehe Ned J. Block, Gerald Dworkin (Hg.), *The IQ Controversy. Critical Readings*, New York 1976.

37 Richard J. Herrnstein, Charles Murray, *The Bell Curve. Intelligence and Class Structure in American Life*, New York 1994, insb. Kapitel 13 u. 14.

38 Siehe etwa Steven Fraser (Hg.), *The Bell Curve Wars. Race, Intelligence, and the Future of America*, New York 1995, Claude S. Fischer u. a., *Inequality by Design. Cracking the Bell Curve Myth*, Princeton 1996, und (als gute Darstellung eines methodologischen Kernproblems des Buchs) Ned Block, »How Heritability Misleads about Race«, in: *Cognition* 56 (1995), S. 99-128.

39 Siehe Fischer u. a., *Inequality by Design*, S. 10 f. u. 13.

40 »Race and IQ« ist das gebräuchlichste Etikett für die gesamte Debatte, obwohl sich der Begriff der Rasse, ganz abgesehen von seiner gründlichen politischen Diskreditierung, gerade im Bereich der Populationsgenetik längst als bedeutungslos und irreführend erwiesen hat. Ein genetisch sinnvollerer Begriff wäre möglicherweise derjenige der biogeographischen Abstammung (vgl. Steven Rose, »Should Scientists Study Race and IQ? No: Science and Society Do Not Benefit«, in: *Nature* 457 (2009), S. 786-788, hier S. 787). Herrnstein und Mur-

entwickelt, die sowohl Züge einer Parteilichkeitsdebatte trägt (da sich durch die lange Geschichte der beteiligten Wissenschaftsdisziplinen eine Tendenz zieht, mit immer neuen Mitteln Bestätigung für ohnehin verbreitete Vorurteile zu suchen[41]) als auch einer Abtrennbarkeitsdebatte (da die politischen und gesellschaftlichen Wirkungen der Verbreitung der entsprechenden Thesen sich nicht effektiv von einer vermeintlich »rein epistemischen« wissenschaftlichen Diskussion abtrennen lassen). So haben wir bereits gesehen, dass Kitcher sein von ihm selbst so genanntes millsches Argument gegen die Forschungsfreiheit am Beispiel der Forschungen zum Zusammenhang von »Rasse« und Intelligenz vorträgt.[42] Er schließt, dass es moralisch geboten sei, solche Forschungen nicht mehr durchzuführen (ohne allerdings ein Verbot zu fordern).[43] Janet Kourany hat konkreter gefordert, solche Forschungen im Rahmen der öffentlichen Forschungsförderung zu depriorisieren und stattdessen Forschungen, die in Aussicht stellen, in ihren Ergebnissen egalitäre Sichtweisen zu fördern, bei der Vergabe von Mitteln einen Vorrang einzuräumen.[44] Von der anderen Seite der Debatte her ist schon angesichts der teils heftigen öffentlichen Proteste, die Jensen und andere im Verlaufe der Kontroverse erfahren hatten, eine Einschränkung von deren Forschungsfreiheit beklagt worden.[45] Heutige Verfechter einer Weiterverfolgung der Forschung bedienen sich einer aus Teil II dieses Buches wohlbekannten Argumentation: »Die energische Debatte hat zu einem beträchtlichen Verständnis [der Phänomene] geführt, und es werden noch mehr Durchbrüche kommen – wenn wir freie Rede in der Wissenschaft

---

ray sprechen von »ethnic differences« und verwenden innerhalb der amerikanischen Bevölkerung Kategorien wie »white«, »black«, »Latino« und »Asian«. Ob beispielsweise die Gesamtheit der Afroamerikaner als »Ethnie« zu verstehen ist, dürfte allerdings ebenso zweifelhaft sein. Ich werde bei der Beschreibung und Diskussion von Herrnsteins und Murrays Thesen die problematische Terminologie von »weißen« und »schwarzen« Amerikanern gebrauchen, weil dies die in *The Bell Curve* verwendeten Kategorien sind.

41 Siehe Gould, *The Mismeasure of Man*.

42 Siehe oben, S. 181 f.

43 Philip Kitcher, *Science, Truth, and Democracy*, New York 2001, S. 105.

44 Janet A. Kourany, »A Philosophy of Science for the Twenty-First Century«, in: *Philosophy of Science* 70 (2003), S. 1-14, hier S. 8.

45 Siehe z. B. Thomas R. Ireland, »The Relevance of Race Research«, in: *Ethics* 84 (1974), S. 140-145, hier S. 140.

zulassen.«[46] Was also ist im Licht der verschiedenen Forschungsfreiheitsformen und ihrer Begründungen zu dieser Debatte zu sagen?

Für die einschlägigen Abwägungen ist zunächst eine etwas genauere Betrachtung der in Rede stehenden Forschung erforderlich. Herrnstein und Murray gründen ihre Schlussfolgerung auf ein argumentatives Grundmuster, das schon bei Jensen vorliegt. Ihren Ausgangspunkt nimmt die Argumentation bei drei Typen empirischer Befunde. Der erste Typ umfasst Befunde darüber, dass »schwarze« Amerikaner im Schnitt bei standardisierten IQ-Tests schlechter abschneiden als »weiße«. Der zweite Typ besteht aus Daten, die belegen sollen, dass innerhalb der Gruppe der »weißen« Amerikaner Intelligenz eine Heritabilität von etwa 60 Prozent besitzt (sogleich mehr zur genauen Bedeutung dieser Größe). Zum dritten Typ gehören eine Reihe von Befunden, die eine nichtgenetische Erklärung für den ersten Befundtyp in Herrnstein und Murrays Augen unwahrscheinlich machen: zum Beispiel, dass der IQ-Unterschied zwischen »Schwarzen« und »Weißen« zwar kleiner wird, aber bestehen bleibt, wenn man den Faktor des sozioökonomischen Status statistisch extrahiert (also praktisch immer »weiße« und »schwarze« Amerikaner derselben Statusgruppe miteinander vergleicht), und dass andere amerikanische Minderheiten, beispielsweise chinesischstämmige Amerikaner, in IQ-Tests besser abschneiden als »weiße«. Aus der Summe dieser Befunde glauben Herrnstein und Murray schließen zu dürfen, dass der erste Befundtyp einen genetisch bedingten Intelligenzunterschied zwischen »weißen« und »schwarzen« Amerikanern reflektiere. (Genauer gesagt schließen sie, dass die Unterschiede sowohl genetische als auch umweltbedingte Ursachen haben.)

46 »[V]igorous debate has resulted in great understanding, and more breakthroughs will come – if we allow free speech in science.« Stephen Ceci, Wendy M. Williams, »Should Scientists Study Race and IQ? Yes: The Scientific Truth Must Be Pursued«, in: *Nature* 457 (2009), S. 788-789, hier S. 789. Dies ist gewissermaßen die Stellungnahme der Autoren zur Parteilichkeitsdebatte um die »Rasse«-IQ-Forschung. Zum Aspekt der Abtrennbarkeitsdebatte schreiben sie: »Such problems, however, arise not from scientific discourse, but from political applications of those ideas. This is another matter entirely and must be subject to checks and balances.« Ebd. (Die Entwicklungspsychologen Ceci und Williams selbst vertreten den Standpunkt, dass gemessene IQ-Unterschiede zwischen Afroamerikanern und europäischstämmigen Amerikanern *keine* angeborenen Ursachen haben.)

Gegen diese Vorgehensweise können verschiedene sehr grundlegende methodologische Bedenken geltend gemacht werden. Beispielsweise kann aus guten Gründen daran gezweifelt werden, ob es überhaupt ein geeignetes standardisierbares Testverfahren geben kann, mit dem die »allgemeine Intelligenz« von Menschen verglichen werden kann, ja sogar, ob es so eine Eigenschaft überhaupt gibt.[47] Ich möchte mich hier jedoch auf nur ein methodisches Problem konzentrieren, nämlich das Aufbauen der Argumentation auf dem (für den zweiten Befundtyp zentralen) populationsgenetischen Begriff der Heritabilität.[48] Die Heritabilität eines Merkmals ist immer in Bezug auf eine bestimmte Population definiert, und zwar als das Verhältnis der *genetisch bedingten* Variabilität des Merkmals innerhalb der Population zur Variabilität des Merkmals innerhalb der Population insgesamt. Der praktische Vorteil dieser Größe besteht darin, dass sie ohne genaue Kenntnis der genetischen Grundlagen des Merkmals (sogar ohne ein genaues Verständnis dessen, was bei der Merkmalsbestimmung eigentlich genau gemessen wird) rein statistisch bestimmt werden kann. In der Tier- und Pflanzengenetik funktioniert dies über Zuchtexperimente, in der Humangenetik über Verwandtenvergleiche. Insbesondere Zwillingsstudien spielen bei der Feststellung der Heritabilität des IQ eine große Rolle. Eine Methode, die Herrnstein und Murray als die »direkte« Methode und als die eindeutigste bezeichnen,[49] besteht darin, die Korrelationen zwischen eineiigen Zwillingen auszuwerten, die getrennt aufgewachsen sind. Da sie genetisch identisch sind, erlauben die gemessenen IQ-Unterschiede zwischen ihnen eine Abschätzung des Umwelteinflusses. Außerdem gibt es noch »indirekte« Methoden: Vergleicht man etwa die durchschnittliche IQ-Korrelation bei *gemeinsam* aufwachsenden eineiigen Zwillingen mit der durchschnittlichen IQ-Korrelation bei gemeinsam aufwachsenden zweieiigen Zwillingen, dann lassen die unterschiedlich starken Korrelationen Rückschlüsse auf die Heritabilität des Merkmals zu. (Vorausgesetzt wird dabei, dass das Zwillingsdasein und das gemeinsame Aufwachsen der Studiensubjekte eine einigermaßen homogene Umwelt garantieren.)[50]

---

47 Siehe z. B. Stephen Jay Gould, »Curveball«, in: Fraser (Hg.), *The Bell Curve Wars*, S. 11-22.
48 Ich orientiere mich dabei an Block, »How Heritability Misleads about Race«.
49 Herrnstein/Murray, *The Bell Curve*, S. 105-108.
50 Zu beiden Methoden sind auch jeweils Varianten auf der Grundlage von Da-

Das Problem dabei ist, dass diese Methoden nur eine Messung der Heritabilität innerhalb relativ homogener Gruppen erlauben, und dass die Heritabilitäten eines Merkmals *innerhalb* von Untergruppen einer Population keinerlei Rückschlüsse über die Heritabilität des Merkmals in der Population insgesamt zulassen. Diesen Punkt hat bereits Richard Lewontin in seiner Kritik an Jensen durch ein Gedankenexperiment eindrucksvoll demonstriert:[51] Angenommen, wir würden aus einem Sack Getreidesaat (mit genetischer Variabilität) zwei Handvoll Saatkörner auf zwei unterschiedlichen Nährböden anbauen. *Innerhalb* der beiden Experimente achteten wir jeweils peinlichst genau auf homogene Umweltbedingungen (homogene Beleuchtung, homogene Nährstoffverteilung und Bewässerung etc.), wobei jedoch einer der Nährböden sehr reichhaltig wäre, der andere sehr karg. Nach einer festgesetzten Zeit untersuchten wir die Höhe der einzelnen Pflanzen, um die Heritabilität dieses Merkmals zu beurteilen. Da innerhalb der beiden Gruppen jeweils die gesamte vorhandene Variabilität in der Höhe nur auf ihren genetischen Unterschieden beruhen würde, wäre die Heritabilität innerhalb jeder Gruppe definitionsgemäß 100 Prozent – und dies, obwohl die (umweltbedingten) Höhenunterschiede *zwischen* beiden Gruppen unter Umständen viel größer wären als die internen Höhenunterschiede. Der Schluss, dass die Heritabilität des Merkmals auch in der aus beiden Gruppen zusammengesetzten Gesamtpopulation 100 Prozent (oder auch nur »sehr hoch«) sein müsste, wäre offensichtlich ungültig.

Könnte man beispielsweise in diesem Experiment Beobachtungen anstellen, die den Zwillingsstudien der »indirekten« Sorte entsprächen (also Vergleiche der Höhenkorrelation bei Paaren genetisch identischer Saatkörner mit Paaren, die zum Grad 0,5 miteinander verwandt sind, wobei die Paare jeweils gemeinsam, also auf demselben Nährboden aufgewachsen sind), würde man, auch wenn man Paare aus beiden Nährböden in die Studie einbezöge, genau diese 100 Prozent Heritabilität als Ergebnis erhalten. Aufgrund der Bedingung des gemeinsamen Aufwachsens messen diese

---

ten über schwächere Verwandtschaftsbeziehungen möglich. Diese Varianten zu berücksichtigen, würde für die Beurteilung des Arguments keinen Unterschied machen.

51 Vgl. Richard C. Lewontin, »Race and Intelligence«, in: Block/Dworkin (Hg.), *The IQ Controversy*, S. 78-92, hier S. 90f.

Studien sozusagen automatisch Heritabilität innerhalb homogener Umwelten. Durchbrechen könnten diese methodologische Barriere nur Zwillingsstudien der anderen, »direkten« Art. Doch im realen Fall der »Rasse«-und-Intelligenz-Forschung liegen auch für sie Daten nur für homogene Populationen vor. Neben dem Problem der Seltenheit der Fälle von seit der Geburt getrennt aufwachsenden eineiigen Zwillingen steht der Aussicht auf verlässliche Daten gerade in Bezug auf die kritische Frage hier ein methodologisches Problem entgegen: Ein »schwarzes« Zwillingskind, das in einer »weißen« Familie aufwüchse, brächte trotzdem neben seiner genetischen Veranlagung auch einen Teil seiner Umwelt mit, da es von anderen als Afroamerikaner angesehen und behandelt würde.[52] Herrnstein, Murray und andere bleiben daher (und wegen kontingenter Umstände ihrer Datenbasis) auf Daten angewiesen, welche im Wesentlichen nur über die Heritabilität des IQ *innerhalb der »weißen« Bevölkerung* Aufschluss geben. Ein direkter Schluss darauf, dass auch die Unterschiede zwischen »schwarzen« und »weißen« Amerikanern erblich bedingt sein müssen, ist ungültig, wie Lewontins Gedankenexperiment deutlich macht.[53]

Man kann deshalb Herrnsteins und Murrays Argument höchstens noch so verstehen, dass sie dafürhalten wollen, eine genetische Ursache der gemessenen Unterschiede zwischen »weißen« und »schwarzen« Amerikanern sei *wahrscheinlich*, weil andere (umweltbedingte) Faktoren die IQ-Differenzen zwischen den beiden

---

52 Block, »How Heritability Misleads about Race«, S. 107.

53 Dies ist noch nicht die einzige Weise, in der die Kenngröße der Heritabilität in der Diskussion irreführend ist. Eine zusätzliche Verwirrung ergibt sich, weil Heritabilität eines Merkmals leicht als »genetisch bedingte Erblichkeit« verstanden werden kann. Die rein statistischen Messverfahren der Heritabilität sind aber gar nicht in der Lage, die genetisch bedingte Erblichkeit eines Merkmals nachzuweisen. Insbesondere können sie nicht zwischen der direkt verursachten Heritabilität, die bei einem tatsächlich genetisch determinierten Merkmal vorliegt, und einer indirekten Heritabilität unterscheiden, die sich erst durch Interaktion mit der Umwelt ergibt. So würde beispielsweise die Einführung der kulturellen Praxis, allen Rothaarigen regelmäßig heftig auf den Kopf zu schlagen, die allgemeine Heritabilität von Intelligenz erhöhen – bei natürlich völlig gleich bleibenden Tatsachen der Erbbiologie. (In diesem Beispiel ist vorausgesetzt, dass Rothaarigkeit genetisch bedingt, also biologisch vererbbar ist, und dass regelmäßige heftige Schläge auf den Kopf die Entwicklung von Intelligenz behindern.) Vgl. ebd., S. 115-122.

Gruppen nicht ausreichend erklären könnten. (Die Befunde zur Heritabilität tragen dann nicht viel mehr zur Erklärung bei, als dass sie nahelegen, genetisch bedingte IQ-Unterschiede seien überhaupt *möglich*.) Dabei kommt der dritte Befundtyp ins Spiel, insbesondere der Umstand, dass die statistischen Unterschiede auch bei Korrektur nach sozioökonomischen Faktoren bestehen bleiben. Doch selbst bei dieser eher schwachen Argumentation zeigen sich noch erhebliche Lücken. Denn die Umweltfaktoren, die durch die bei den entsprechenden Studien zur Anwendung kommenden Variablen (wie Einkommen) gemessen werden können, bilden nur einen kleinen Ausschnitt aus der Lebensumwelt »schwarzer« wie »weißer« Amerikaner ab und können die Auswirkungen von über Generationen anhaltenden Faktoren wie Diskriminierung und unterschiedlichen Bildungsbedingungen nicht widerspiegeln. Auf der anderen Seite gibt es solide Daten, die belegen, dass der IQ äußerst sensibel auf veränderte Umweltbedingungen reagiert. Dazu gehört der so genannte Flynn-Effekt: Weltweit steigt der IQ seit Kriegsende um etwa drei Punkte pro Dekade. In den Niederlanden waren es zwischen 1952 und 1982 sogar 21 Punkte – deutlich mehr als die von Herrnstein und Murray angenommenen synchronen Unterschiede zwischen »schwarzen« und »weißen« Amerikanern. Ist es so unplausibel, dass die durchschnittlichen umweltbedingten Unterschiede zwischen europäischstämmigen und Afroamerikanern der Größenordnung nach den Unterschieden in den Lebensbedingungen der Nachkriegsniederländer und der Generation ihrer Kinder entsprechen?[54] Die Frage braucht zur Beurteilung der Forschungen von Herrnstein und Murray nicht beantwortet zu werden. Umweltbedingungen haben erwiesenermaßen eine erhebliche Auswirkung auf den IQ, die wir im Lichte der verfügbaren Daten aber weder genau charakterisieren noch quantifizieren können. Ein Schluss auf das Vorliegen von genetisch bedingten Unterschieden, basierend auf dem angeblichen Mangel alternativer Erklärungen, ist deshalb nicht gerechtfertigt.

Die Schwierigkeiten mit der Größe der Heritabilität und die Unmöglichkeit, von den vorliegenden Daten über Heritabilität beim IQ auf eine genetische Bedingtheit des Unterschieds zwischen »weißen« und »schwarzen« Amerikanern zu schließen, sind schon

54 Vgl. ebd., S. 114 f.

bald nach Erscheinen von *The Bell Curve* von Experten verschiedener Disziplinen aufgezeigt worden. Doch die breite Öffentlichkeit werden diese Kritiken kaum jemals erreichen, während ihr dagegen die Schlussfolgerungen des Buches sattsam präsentiert wurden. Die Komplexität der tatsächlichen Datenlage wird bei diesen Präsentationen in den Massenmedien natürlich nicht dargestellt. Wo Herrnstein und Murray von einer Bandbreite von Studien sprechen, bei denen die Heritabilität des IQ innerhalb der jeweils untersuchten Populationen zwischen 40 Prozent und 80 Prozent liege, fasst die *New York Times* zusammen: »Die Autoren stellen die [...] Behauptung auf, dass der bestehenden Forschung zufolge zwischen 40 und 80 Prozent der Intelligenz in den Genen steckt.«[55] *Forbes* resümiert: »Im Wesentlichen glauben die Experten, dass menschliche Intelligenz [...] durch Vererbung unterschiedlich ausfällt (40% bis 80% der Variation des IQ).«[56] Die Widergabe der Heritabilitätsschätzungen ohne Angabe von Bezugspopulationen und als allgemeine Grade der Erblichkeit, die eine kritische Einordnung dieser Angaben von vornherein verunmöglicht, gibt es sowohl in Jubelartikeln über das Buch (*Forbes*) als auch in der kritischen Berichterstattung (*New York Times*). Für die mühevolle Auseinandersetzung mit den methodologischen Fallstricken der Argumentation, wie ich sie auf rund vier Seiten skizziert habe, gibt es natürlich in Medien, die im Verbreitungsgrad diesen Periodika entsprechen, keinen Platz.

Das Heritabilitätsproblem illustriert deshalb hervorragend die Eigenschaft der epistemischen Asymmetrie, wie Kitcher sie definiert hat: Wenn Forschungen grundsätzlich geeignet sind, zu Belegen für eine solche Hypothese zu führen, deren Rezeption in der Gesellschaft zur Stärkung und Verbreitung diskriminierender Vorurteile gegen eine ohnehin benachteiligte Gruppe führen würde, dann spricht Kitcher von epistemischer Asymmetrie, sofern in der Gesellschaft insgesamt die Tendenz vorherrscht, die Belege für

---

55 »[T]he authors make the [...] claim that, according to existing research, between 40 and 80 percent of intelligence is in the genes.« Christopher Winship, »Lessons beyond ›The Bell Curve‹«, in: *The New York Times*, 15. November 1994, A29, meine Übersetzung.

56 »Basically, the experts believe that human intelligence [...] differs by heredity (40% to 80% of IQ variation).« Peter Brimelow, »For Whom the Bell Tolls«, in: *Forbes* 154, 24. Oktober 1994, S. 153-163, meine Übersetzung.

die Hypothese überzubewerten – das heißt, der Hypothese einen höheren Bestätigungsgrad zuzuweisen, als dies nach Maßgabe der genauesten Methoden zur Beurteilung ihres Bestätigungsgrades gerechtfertigt wäre.[57] Im Fall der Forschungen zu einem vermeintlichen genetisch bedingten Intelligenzunterschied zwischen »schwarzen« und »weißen« Amerikanern manifestiert sich die epistemische Asymmetrie (unter anderem) in dem Umstand, dass die bei der genauestmöglichen Beurteilung des Bestätigungsgrades zu berücksichtigenden Überlegungen den Rahmen der in den heutigen Massenmedien üblicherweise angesetzten Aufmerksamkeitsspanne sprengen. Eine verkürzende Zusammenfassung der Behauptungen von Herrnstein und Murray ist dagegen leicht möglich: »Intelligenz ist mindestens zur Hälfte genetisch bedingt, und ›weiße‹ Amerikaner schneiden bei IQ-Tests im Schnitt 15 IQ-Punkte besser ab als ›schwarze‹, also muss es einen genetisch bedingten Intelligenzunterschied zwischen den beiden Gruppen geben.« Während es ebenso leicht ist, seiner Empörung über die Behauptungen Ausdruck zu geben, ist es schwierig und umständlich, genau zu erklären, was an den Voraussetzungen problematisch und warum die Schlussfolgerung schlicht ungültig ist. Das Ankämpfen gegen die auf methodologischen Fehlern aufbauenden Behauptungen dieser Forschung ist eine Sisyphusaufgabe, wie auch Kitcher konstatiert:

Das Muster, das in den historischen Vorgängen klar erkennbar ist, zeigt eine Version des Inegalitarismus (die typischerweise von späteren Generationen als grotesk angesehen wird), die so lange weithin akzeptiert ist, bis durch akribische Arbeit ihr Mangel an empirischer Stützung offengelegt wird, worauf eine Phase des Agnostizismus folgt, bis die nächste Version des Inegalitarismus ihren Auftritt hat.[58]

Zur epistemischen kommt noch eine politische Asymmetrie hinzu:[59] Die Hypothese, dass »schwarze« Amerikaner genetisch

---

57 Kitcher, *Science, Truth, and Democracy*, insb. S. 97 f.

58 »[T]he pattern clearly discernible in the histories reveals one version of inegalitarianism (typically seen as preposterous by later generations) widely accepted until painstaking work reveals its lack of evidential support, followed by an interval of agnosticism until the next version of inegalitarianism makes its appearance.« Philip Kitcher, »An Argument About Free Inquiry«, in: *Noûs* 31 (1997), S. 279–306, hier S. 283, meine Übersetzung.

59 Vgl. Kitcher, *Science, Truth, and Democracy*, S. 97.

bedingt weniger intelligent seien als »weiße«, hat ein erhebliches Potenzial, die Lebenssituation von Afroamerikanern zu verschlechtern; ihre Widerlegung hat dagegen kaum Potenzial, die Situation zu verbessern. Letzteres ist die allgemeine, niederschmetternde Erfahrung aus der Geschichte des Versuchs, Rassismus mit rationalen Argumenten zu bekämpfen. Ersteres zeigt sich beispielsweise an den möglichen Schlussfolgerungen über die Gleichstellungspolitik an Hochschulen und auf dem Arbeitsmarkt (*affirmative action*), die Murray und Herrnstein selbst nahelegen: Besondere Förderungsmaßnahmen für Afroamerikaner ergäben wenig Sinn, wenn sie vermöge ihrer genetischen Veranlagung für die entsprechenden Aufgaben gar nicht geeignet seien.[60] Angesichts der Kombination aus politischer und epistemischer Asymmetrie ist kaum zu sehen, wie die amerikanische Gesellschaft von Forschungen wie denen Herrnsteins und Murrays je profitieren könnte.[61] Dass sie ihr schaden können und vermutlich geschadet haben, ist dagegen sehr naheliegend. Also scheint es besser, wenn solche Forschungen nicht stattfinden. Haben Wissenschaftler trotzdem ein Recht auf Forschungsfreiheit, deren Ansprüche sich auch auf Forschungen zu »Rasse« und Intelligenz erstrecken?

Die Ansprüche auf eine »private Forschungsfreiheit«, die direkt aus dem Argument aus Autonomiegründen erwachsen, müssen sich, wie wir gesehen haben, gegen andere gesellschaftliche Werte abwägen lassen, weil das Ideal der Autonomie kein vollständiges und absolutes moralisches Ideal sein kann. Rassismus unterminiert ohne Zweifel gesellschaftliche Werte wie Solidarität und Gerechtigkeit und bedroht überdies die von rassistischen Vorurteilen Betroffenen in der Ausübung *ihrer* Autonomie. Der kognitiven Au-

---

60 Herrnstein/Murray, *The Bell Curve*, Kapitel 19 u. 20.
61 Dies würde vermutlich selbst dann gelten, wenn es tatsächlich genetisch bedingte Unterschiede gäbe. Man mag zwar hypothetische politische Konsequenzen ersinnen können, durch welche die Gesellschaft als Ganzes von einer solchen Erkenntnis profitieren könnte, doch die Erfahrung lässt es nicht eben als plausibel erscheinen, dass dies in der Praxis passieren würde: »The answer sometimes advanced is that if there were such differences, and their causes were understood, the less well-endowed groups could be ›compensated‹ by some form of differentiated education. But in practice, claims that there are differences in intelligence between blacks and whites, or men and women, have always been used to justify a social hierarchy in which white males continue to occupy the premier positions […].« Rose, »Should Scientists Study Race and IQ?«, S. 788.

tonomie einzelner Forschender stehen also schwerwiegende Werte entgegen, die, wie wir gesehen haben, bereits durch die Forschungsaktivität selbst bedroht sein können, sobald diese eine gewisse Publizität erringt. Wären hier also, über die Forderungen von Kitcher und Kourany hinausgehend, sogar Beschränkungen in der Freiheit der Ziele gerechtfertigt, etwa in rechtlich erzwingbarer Form?

Kitcher selbst sieht von einer solchen Forderung aus pragmatischen Gründen ab: Ein Verbot der Forschungen liefe Gefahr, in der öffentlichen Wahrnehmung als Unterdrückung einer missliebigen Wahrheit wahrgenommen zu werden und so die Publizität der inegalitären Forschungshypothesen und die Verbreitung der entsprechenden Vorurteile sogar noch zu fördern.[62] Eine weitere Erwägung, die hier zu berücksichtigen ist, betrifft die Frage, welche Arten von Aktivitäten eingeschränkt werden müssten, um die Forschung effektiv zu verbieten. Bei der Forschung an Leichen oder an Frühembryonen beispielsweise ist nur der Zugriff auf ein bestimmtes Forschungsmittel eingeschränkt – dabei ist jeweils das in Rede stehende Forschungsmittel selbst zugleich Gegenstand der Schutzwürdigkeit, um derentwillen die Forschung überhaupt erst beschränkt wird. Bei Forschungen zu »Rasse« und Intelligenz liegt die Sache nicht so einfach. Um sie effektiv zu unterbinden, könnte der Zugriff auf breit angelegte Intelligenzstudien, Längsschnittdaten über militärische Eignungstests, Ergebnisse von Zwillingsstudien zur Heritabilität von Intelligenz innerhalb bestimmter Gruppen und vergleichbare Datenquellen eingeschränkt werden. Ein Problem dabei wäre, dass keine einzelne dieser Datenquellen direkt auf das Ziel des Nachweises von genetisch bedingten Intelligenzunterschieden zwischen Gruppen ausgerichtet ist. Und ein weiteres Problem läge darin, dass Untersuchungen, die einem Verständnis des Phänomens der Intelligenz gewidmet sind, zumindest *prima facie* in sehr plausibler Weise für sich in Anspruch nehmen können, für die grundsätzliche Orientierung von Individuen in der Welt bedeutsam zu sein. Um Forschungen zu »Rasse« und Intelligenz zu verbieten, könnte man also nicht einfach *alle* diese Informationsquellen zur Geheimsache erklären – jedenfalls nicht, ohne eine massive Einbuße allgemeiner kognitiver Autonomie in Kauf zu nehmen. Man könnte höchstens verbieten, diese Quellen auf eine bestimmte Art und Weise zu ver-

---

62 *Science, Truth, and Democracy*, S. 105.

knüpfen und auszuwerten. In der Wirkung würde das ein Verbot bedeuten, aus bestimmten, mehr oder weniger öffentlich zugänglichen Datensätzen eine bestimmte Art von Schlussfolgerung zu ziehen. Abgesehen von der Durchsetzbarkeit und den praktischen Schwierigkeiten, die unvermeidlichen Grauzonen zu überwachen, wäre auch ein solches Denkverbot ein äußerst grober Eingriff in die kognitive Autonomie. Während die Einschränkung etwa des Zugriffs auf eine bestimmte Art von Experimentiermaterial der Sache nach immer ein begrenzter Eingriff in die kognitive Selbständigkeit ist, lässt sich eine Einschränkung der Freiheit, Schlussfolgerungen zu ziehen (und seien es auch falsche), nicht ohne einen empfindlichen Verlust grundsätzlicher kognitiver Freiheit denken. Erinnert sei an Fichtes Mahnung, »die Aeußerung der Freiheit im Denken« sei die notwendige Bedingung, unter welcher ein Mensch sagen könne: »ich *bin*, bin selbstständiges Wesen«.[63] Obwohl die Schutzwürdigkeit der durch die Forschungen bedrohten Werte im vorliegenden Fall nicht als geringer einzuschätzen ist als diejenige, die in den Fällen der Embryonenforschung und der Leichensektion jeweils relevant ist, ergibt die genauere Betrachtung des Arguments aus Autonomiegründen hier eine Bestätigung von Kitchers Ablehnung eines Verbots. Eine Beschränkung der Freiheit der Ziele ließe sich in diesem Fall nämlich nur durch massive Eingriffe in die kognitive Autonomie durchsetzen. In der Gesamtschau und bei Berücksichtigung des Umstands, dass ein Verbot (wegen seiner begrenzten Umsetzbarkeit und wegen der »Märtyrerrolle«, die es den »Rasse«- und-IQ-Forschern einzunehmen gestattete) den Schutz der durch die Forschungen bedrohten Werte ohnehin nur begrenzt leisten könnte, sprechen gewichtigere Gründe gegen ein Verbot als dafür.

Damit ist noch nichts darüber gesagt, ob solche Forschungen auch in den Genuss öffentlicher Förderung kommen sollten. Sie davon auszuschließen, wäre zwar eine Beschränkung der Freiheit der Mittel, doch diese ist durch das Argument aus Autonomiegründen nicht gedeckt. Es hängt also von der Beurteilung der in diesem Fall erkenntnistheoretisch und politisch begründbaren Forschungsfreiheitsformen ab.

63 *Zurückforderung der Denkfreiheit von den Fürsten Europens, die sie bisher unterdrückten*, in: Reinhard Lauth, Hans Jacob (Hg.), *J. G. Fichte-Gesamtausgabe*, Bd. I-1, Stuttgart-Bad Cannstatt 1964, S. 163-192, hier S. 175, Hervorhebung im Original.

Was die erkenntnistheoretische Begründung angeht, so ist der vorliegende Fall eine weitere eindrucksvolle Illustration der Einsicht, dass die Descartes-Asymmetrie (Wahrheit nützt, aber Irrtum schadet nicht) jedenfalls für die wissenschaftliche Forschung unserer Tage keine Geltung besitzt.[64] Auch die Milton-Asymmetrie vorauszusetzen und somit anzunehmen, dass sich im freien Widerstreit der Auffassungen und Argumente die Wahrheit *auf lange Sicht* durchsetzen wird, vermindert das Problem nicht. Für die Wissenschaft mag es letztlich egal sein, wenn irreführende Methodologien und unsinnig begründete Hypothesen für einige Zeit Aufmerksamkeit und andere Ressourcen auf sich ziehen, bevor sie auf dem Marktplatz des freien Ideenaustauschs widerlegt werden – für die Gesellschaft, in der sich die dadurch in die Welt gesetzten Ideen verbreiten, können auch vorübergehende Verirrungen massive Folgen haben.[65] Bei der Einschätzung des Wertes des angestrebten Wissens müssen die Folgen möglicher Irrtümer mit abgewogen werden, wie wir bereits in Teil II festgestellt haben.

Welchen Wert für die politische Gemeinschaft insgesamt können die Erkenntnisziele der in Rede stehenden Forschungen beanspruchen? Ihre verschiedenen Verteidiger weisen auf zwei Möglichkeiten hin: Stephen Ceci und Wendy Williams argumentieren, dass, wenn im Zuge der Forschungen Belege *gegen* genetisch bedingte Gruppenunterschiede im IQ gefunden würden, oder auch nur die Unzulässigkeit der Schlussfolgerungen zugunsten dieser Hypothese endgültig enttarnt würde, dies unserem Verständnis helfen und (so darf man vermuten) der Verbreitung rassistischer Vorurteile entgegenwirken würde.[66] Wenn dagegen die Forschungen Belege *für* genetisch bedingte Intelligenzunterschiede etwa zwischen »weißen« und »schwarzen« Amerikanern hervorbrächten, so wäre das nach Herrnstein und Murray ein sehr nützliches Wissen für die Umgestaltung von so wichtigen gesellschaftlichen Institutionen wie Schule, höherem Bildungswesen und Sozialhilfe.[67] Die epistemischen und politischen Asymmetrien, welche die Forschungen und ihren gesellschaftlichen Kontext beherrschen,

---

64 S. oben S. 68 f. u. 151-153.
65 Vgl. Michael Dummett, »Ought Research to Be Unrestricted?«, in: *Grazer philosophische Studien* 12/13 (1981), S. 281-298, hier S. 293.
66 Ceci/Williams, »Should Scientists Study Race and IQ?«, S. 789.
67 Herrnstein/Murray, *The Bell Curve*, Kapitel 17-22, insb. S. 549-552.

lassen beide Arten von hypothetisch unterstelltem Nutzen jedoch sehr fragwürdig erscheinen. Wenn weitere Forschungen zu Ergebnissen führten, die in der Gesellschaft als Bestätigung der genetisch bedingten Unterschiede aufgefasst würden, wären die wahrscheinlichsten Konsequenzen die Weiterverbreitung rassistischer Einstellungen, die Verschärfung der faktischen Segregation zwischen europäischstämmigen und Afroamerikanern und die Erschwernis der Bedingungen, unter denen Afroamerikaner nach Bildung, Beschäftigung und annehmbaren Lebensbedingungen streben. Die sozialen und moralischen Kosten von Rassismus sind jedoch so hoch, dass es sich noch nicht einmal unter der Perspektive einer Abwägung gegen den Nutzen einer angeblich effizienteren Ausgestaltung von Bildungswesen und Sozialhilfe als opportun darstellen dürfte, Erstere um des Letzteren willen in Kauf zu nehmen. Umgekehrt illustriert der Fall der methodologischen Schwierigkeiten um das Heritabilitätskonzept, wie schlecht die Chancen dafür stehen, auf dem Weg der »Rasse«-und-Intelligenz-Forschung zu einer Zurückdrängung rassistischer Vorurteile beizutragen. Denn negative Ergebnisse über Gruppenunterschiede in Bezug auf Intelligenz werden praktisch immer über eine relativ abstrakte Argumentation belegt werden müssen, die Details der statistischen Begriffe und Methoden zum Gegenstand hat, während die angeblichen positiven Ergebnisse immer dort den Anschein der Plausibilität für sich haben werden, wo Gruppenunterschiede zunächst einmal messbar sind (und messbar werden Gruppenunterschiede praktisch überall dort bleiben, wo Gruppen unter verschiedenen Umweltbedingungen leben).

Selbst wenn die Forschungen zu definitiven Ergebnissen kämen, wäre deshalb ein gesellschaftlicher Nutzen nicht zu erwarten; doch im Grunde ist diese Überlegung bereits zu hypothetisch: Wegen der dargestellten prinzipiellen methodologischen Hindernisse sind von der Forschung ohnehin keine definitiven Ergebnisse zu erwarten. Der Neurobiologe Steven Rose resümiert: »Das Problem ist nicht, dass Wissen über solche Intelligenzunterschiede zwischen Gruppen zu gefährlich wäre, sondern vielmehr, dass es auf diesem Gebiet überhaupt kein gültiges Wissen zu finden gibt.«[68] Die er-

---

68 »The problem is not that knowledge of such group intelligence differences is too dangerous, but rather that there is no valid knowledge to be found in this area at all.« Rose, »Should Scientists Study Race and IQ?«, S. 788, meine Übersetzung.

kenntnistheoretische Begründung der Forschungsfreiheit, die als Klugheitsregel nur so stark ist wie der vom zu erwartenden Wissensgewinn erhoffbare Nutzen, greift bei den in Rede stehenden Forschungen nicht.

Aber wer darf das entscheiden? Mit dieser Frage ist die politische Begründung der Forschungsfreiheit als mögliche Verteidigung einer Freiheit der Mittel für die »Rasse«-und-Intelligenz-Forschung angesprochen. Die grundsätzliche politische Relevanz der Forschungen steht nicht in Frage. Sie ist mit großer Wahrscheinlichkeit überhaupt für den bemerkenswerten Medienerfolg von Herrnstein und Murrays Buch verantwortlich. Insbesondere, dass die Thesen zur Rechtfertigung für die Kürzung von Sozialausgaben und Bildungsleistungen geeignet scheinen, dürfte seinen Erfolg beflügelt haben, wie schon Gould unmittelbar nach Erscheinen des Buches mutmaßte.[69] Haben »Rasse«-und-IQ-Forscher, weil sie sich mit ihren Thesen in einer politisch strukturierten Landschaft bewegen, also Anspruch auf eine politisch begründete Forschungsfreiheit, insbesondere eine Freiheit der Mittel? Läge eine Verletzung einer solchen Freiheit vor, wenn beispielsweise eine Forschungsagentur entschiede, solche Forschungen wegen ihrer oben dargelegten Nutzlosigkeit nicht mehr zu fördern? Immerhin scheint es sich bei den Gründen, die ich gegen die Förderung solcher Forschungen angebracht habe – wie beispielsweise bei dem Ziel, eine weitere Verschlechterung der Lage einer benachteiligten Gruppe zu verhindern –, in gewissem Sinn um »politische« Gründe zu handeln.

Die politisch begründbare Forschungsfreiheit kann jedoch nicht gegen den Einfluss politischer Gründe auf die Festlegung der Forschungsagenda schützen, sondern nur vor dem Eingreifen politischer Gewalten. Tatsächlich liefern die in Teil III diskutierten Argumente gute Gründe, dass Entscheidungen über die Förderung der in Rede stehenden Forschungen nicht von einer Regierung oder einem Parlament getroffen werden sollten. In vielerlei Hinsicht wäre

69 »*The Bell Curve* […] contains no new arguments and presents no compelling data to support its anachronistic social Darwinism, so I can only conclude that its success in winning attention must reflect the depressing temper of our time – a historical moment of unprecedented ungenerosity, when a mood for slashing social programs can be powerfully abetted by an argument that beneficiaries cannot be helped, owing to inborn cognitive limits expressed as low IQ scores.« (Gould, »Curveball«, S. 11.)

es ideal, wenn eine solche Entscheidung stattdessen durch einen von den politischen Gewalten getrennten partizipativ-demokratischen Prozess getroffen würde – beispielsweise durch ein Gremium von der Art der *extended peer communities*.[70] So würde dem Ziel gedient, bei den vorzunehmenden Abwägungen die Werte in Anschlag zu bringen, die einen demokratischen Rückhalt haben. Die in diesem Abschnitt diskutierten speziellen Schwierigkeiten der epistemischen Asymmetrie illustrieren nebenbei nochmals, wie wichtig in einem solchen Verfahren die gute fachliche Beratung und Aufklärung der Laien wäre.

In Abwesenheit etablierter partizipativer Strukturen liegt die Entscheidung im Wesentlichen bei den Institutionen der wissenschaftlichen Selbststeuerung (insbesondere den Forschungsagenturen). Ein sinnvoller Maßstab für deren Entscheidungen über die Forschungsagenda wäre es, so zu entscheiden, wie ein wohlberatenes und besonnenes Bürgergremium, in dem die betroffenen Perspektiven und Interessen vertreten wären, nach einem eingehenden, fairen und besonnenen Austausch von Argumenten vermutlich entscheiden *würde*.[71] (Entscheidungen nach diesem Ideal würden jedenfalls ganz allgemein die individuellen und kollektiven Ansprüche der Wissenschaftler auf epistemisch und politisch begründete Forschungsfreiheit stärken, wie wir gesehen haben.) Die oben vorgebrachten Argumente sprechen dafür, dass Entscheidungen nach diesem Ideal nur *gegen* die Förderung der in diesem Abschnitt besprochenen Forschungen ausfallen können. Auch eine hypothetische Grundsatzentscheidung einer Forschungsagentur, solche Forschungen nicht mehr zu fördern, wäre nicht etwa als Verletzung, sondern als Ausübung der kollektiven Wissenschaftsfreiheit zu verstehen – solange sie ohne Druck der politischen Gewalten zustande kommt.

Den Forschungen über mutmaßliche genetisch bedingte Intelligenzunterschiede zwischen »Rassen« kann effektiv nur eine sehr begrenzte Form der Forschungsfreiheit zugesprochen werden, die sich im Wesentlichen auf eine Freiheit der Ziele beschränkt. Eine weiterreichende Freiheit der Mittel ergibt sich nicht – jedenfalls

---

70 Siehe oben, Abschnitt II.3.

71 Denselben Maßstab beschreibt Philip Kitcher in seinem Ideal der wohlgeordneten Wissenschaft *(well-ordered science)*, vgl. *Science, Truth, and Democracy*, Kapitel 10.

nicht in einer Weise, die der Entscheidung im Wege stehen würde, diese Forschungen nicht mehr aus öffentlichen Mitteln zu fördern (sofern eine solche Entscheidung ohne steuernde Eingriffe der politischen Gewalten fällt).

13.4 Die Kommerzialisierung
akademischer Forschung

Es gehört zur Realität wissenschaftlicher Forschung in der heutigen Zeit, dass ein großer Teil von ihr auf kommerzielle Interessen ausgerichtet ist. In Deutschland trug die Wirtschaft zuletzt 68,1 Prozent der Aufwendungen für Forschung und Entwicklung, in den USA waren es 66,4 Prozent und in Japan 77,7 Prozent.[72] Dieser Anteil der Wirtschaft ist in den vergangenen Jahrzehnten gewachsen; 1962 betrug er in Deutschland noch rund 48 Prozent, 1982 rund 55 Prozent und 1996 rund 61 Prozent.[73] (Zwar sind diese Angaben in ihrer Aussagekraft für die wissenschaftliche Forschung wegen der Schwierigkeiten der Differenzierung zwischen Forschung und Entwicklung interpretationsbedürftig; an einem insgesamt sehr großen Anteil wirtschaftlichen Engagements insbesondere in der natur- und ingenieurswissenschaftlichen Forschung der Gegenwart dürfte aber kein Zweifel bestehen.)

Dass das Forschungsengagement der Wirtschaft stärker gewachsen ist als das öffentliche, schlägt sich nicht nur in unternehmenseigener Forschung nieder.[74] Die Forschungs- und Entwicklungsak-

---

72 Daten für 2006 (Deutschland) bzw. 2007 (USA und Japan) nach Organisation for Economic Co-operation and Development, *Science, Technology and Industry Scoreboard 2009*, Paris 2009, S. 29, und ⟨dx.doi.org/10.1787/742104412330⟩, letzter Zugriff 13. 9. 2011.

73 Bundesministerium für Bildung und Forschung, *Bundesbericht Forschung 2004*, Berlin 2004, S. 601. Für die USA lauten die entsprechenden Zahlen (Anteil »industry« an »national R&D expenditures«): 33 Prozent für 1962, 50 Prozent für 1982 und 63 Prozent für 1996. Dort war der Industrieanteil nach einem Hoch von 69,6 Prozent im Jahr 2000 kurzzeitig abgesunken, steigt aber seit 2005 wieder; siehe National Science Board, *Science and Engineering Indicators 2008*, Arlington 2008, Bd. 1, S. O-22 und Bd. 2, S. A4-7 f.

74 Hierzu orientiere ich mich an Matthias Adam, Torsten Wilholt, »Unternehmensforschung – Zum Verhältnis öffentlicher und privater Wissensproduktion«, in: Peter Weingart u. a. (Hg.), *Nachrichten aus der Wissensgesellschaft. Analysen zur*

tivitäten der deutschen Hochschulen beispielsweise wurden 2005 zu 14,1 Prozent aus der Wirtschaft finanziert (1995 waren es noch 8,2 Prozent, 1981 nur 1,8 Prozent).[75] Die Formen der Zusammenarbeit zwischen Wirtschaft und Universitäten (und anderen öffentlichen Forschungseinrichtungen) sind dabei vielfältig. Fälle, in denen die Forschung an öffentlichen Einrichtungen von Wirtschaftsunternehmen finanziert wird, reichen von der Förderung einzelner Promotionsprojekte bis hin zu millionenschweren Deals wie demjenigen zwischen Novartis und der Abteilung für Pflanzen- und Mikrobiologie der Universität Berkeley. Novartis stellte über fünf Jahre hinweg 25 Millionen Dollar zur Verfügung (entsprechend 30 bis 40 Prozent des gesamten Forschungsbudgets der Abteilung) und erhielt dafür zwei von fünf Sitzen in dem Gremium, das über die Verwendung der Mittel in Forschungsprojekten verfügte, sowie das Recht auf exklusive Lizensierung der Forschungsergebnisse.[76] Neben dem bloß finanziellen Engagement gibt es auch Formen der Kooperation von unternehmensinterner und öffentlicher Forschung. Zum Beispiel engagierten sich die Philips-Forschungslaboratorien Anfang der 1990er Jahre stark bei der Erforschung des 1988 entdeckten Riesenmagnetowiderstandseffektes (der heute die Grundlage für die aktuelle Generation von Leseköpfen für magnetische Datenspeichermedien liefert). Die konkrete Forschungsarbeit fand sowohl in den unternehmenseigenen Laboren in Eindhoven statt als auch an verschiedenen Universitäten (besonders der TU Eindhoven), wobei festangestellte Philipsforscher auf Konzernkosten als Teilzeitprofessoren an die Hochschulen abgeordnet wurden. Diese Gemeinschaftsforschung wurde auch mit Mitteln der EU gefördert.[77] Gelegentlich nehmen Kooperationen zwischen Wirtschaft und öffentlichen Forschungseinrichtungen auch feste institutionelle Formen an wie etwa im Falle des Instituts für Zuckerrü-

Veränderung von Wissenschaft, Weilerswist 2007, S. 55-71, hier S. 64-66.

75 Daten nach Bundesministerium für Bildung und Forschung, *Bundesbericht Forschung und Innovation 2008*, Berlin 2008, S. 492 f.

76 Siehe Derek Bok, *Universities in the Marketplace. The Commercialization of Higher Education*, Princeton 2003, Kapitel 8, und Eyal Press, Jennifer Washburn, »The Kept University«, in: *The Atlantic Monthly* 285 (2002), S. 39-54.

77 Siehe Reinder Coehoorn, »Twenty Years of Magnetism Research at the Philips Research Laboratories (1983-2003)«, in: Bart H. Huisman, Frits Dijksman (Hg.), *From Physics to Devices. A Survey of Materials Research at Philips Research Laboratories Eindhoven*, Eindhoven 2004, S. 109-144, hier Abschnitt 3 u. 6.4, insb. S. 116.

benforschung, das vom Verein der Zuckerindustrie getragen wird und als An-Institut der Universität Göttingen operiert. Diese Form der Kooperation ist allerdings in Deutschland eher auf besonders auftragsgebundene Forschung beschränkt.[78] Neben solchen Verbindungen zwischen Institutionen ist auch die Ebene individueller Wissenschaftler für das Zusammenspiel zwischen Wirtschaft und öffentlicher Forschung relevant. Einzelne Forscher sitzen in wissenschaftlichen Beiräten von Privatunternehmen oder schließen Beraterverträge mit diesen ab. Die relative Bedeutung dieser Kooperationsdimension in bestimmten Forschungsfeldern macht eine in den späten 1990er Jahren an US-Universitäten durchgeführte Studie deutlich: Etwa die Hälfte der befragten Lebenswissenschaftler gab an, als Berater für die Industrie tätig gewesen zu sein, während nur insgesamt ein Viertel derselben Befragten Forschungsmittel aus der Industrie erhalten hatte.[79]

Die stärkere Verzahnung von Wirtschaft und akademischer Forschung wird von Interessen sowohl der Wirtschaftsunternehmen als auch der Universitäten und anderen öffentlichen Forschungsorganisationen vorangetrieben, wie Peter Weingart erläutert: Aufseiten der Unternehmen haben die Globalisierung und die gestiegenen Renditeerwartungen einen höheren Kostendruck erzeugt, auf den sie vielfach mit der Reduzierung hauseigener Forschungskapazitäten und deren Konzentration auf kurzfristige Produktentwicklungsziele reagiert haben. Um trotzdem weiterhin den Kontakt zu neuesten Forschungsentwicklungen und neu auftauchenden Innovationschancen zu haben, richten sie ihr Interesse auf die Forschungsinfrastruktur öffentlicher Forschungsinstitute und Universitäten. Diese sehen sich ihrerseits einer sinkenden Grundfinanzierung und steigenden Erwartung an selbständige Einwerbung von Drittmitteln gegenüber; im Fall der Universitäten tritt außerdem ein gewachsener Ressourcenbedarf im Zuge der Entwicklung zur Massenuniversität hinzu. Sie müssen sich gegenüber den öffentlichen Geldgebern legitimieren, die in zunehmendem Maße von

---

78 In den USA gibt es dagegen mit den *University-Industry Research Centers* (UIRC) auch in der Grundlagenforschung engagierte kooperativ getragene Institute. Siehe Peter Weingart, *Die Stunde der Wahrheit? Zum Verhältnis der Wissenschaft zu Politik, Wirtschaft und Medien in der Wissensgesellschaft*, Weilerswist 2001, S. 211 f.

79 David Blumenthal, »Academic-Industrial Relationships in the Life Sciences«, in: *New England Journal of Medicine* 349 (2003), S. 2452-2459.

Universitäten und öffentlichen Forschungsinstituten eine Orientierung auf ökonomischen Nutzen erwarten. Zusammenarbeit mit der Wirtschaft kann sowohl Legitimation als auch zusätzliche Finanzquellen bieten.[80]

Über diese Eigeninteressen beider Seiten hinaus hat auch die Politik gezielte Maßnahmen ergriffen, um eine stärkere Verschränkung von Wirtschaft und Wissenschaft zu bewirken. Ziel ist es dabei, wissenschaftliche Erkenntnisse schneller, häufiger und erfolgreicher in neue oder verbesserte Produkte und Leistungen und somit in wirtschaftlichen Erfolg zu verwandeln. Die wissenschaftspolitische Auffassung, dass dazu gezielte Maßnahmen erforderlich sind, verrät das verlorengegangene Vertrauen in das »lineare Modell«, dem zufolge wissenschaftliche Innovationen auf Grundlagenebene über Zwischenschritte mit einer gewissen Zwangsläufigkeit zu technischem Fortschritt führen sollten. Die konkreten politischen Maßnahmen umfassen Änderungen im Patentrecht, um den Hochschulen und anderen akademischen Instituten die Verwertung von aus ihrer Forschung entspringendem geistigen Eigentum zu erleichtern und sie so selbst zu mehr unternehmerischer Aktivität zu motivieren,[81] die Gründung von Transferstellen, Patent- und Verwertungsagenturen, die Professoren unter anderem bei der Anmeldung von Patenten und der Gründung eigener Unternehmen (Start-ups) helfen sollen, die Einrichtung von Technologiezentren (wie beispielsweise dem Technologiepark Berlin-Adlershof), in denen öffentliche Forschungseinrichtungen und private Unternehmen gemeinsam angesiedelt werden, und die gezielte Auflage von Förderprogrammen, in deren Rahmen Forschungskooperationen

80 Weingart, *Die Stunde der Wahrheit?*, Kapitel 5. Zu weiteren Gründen der Annäherung zwischen Wirtschaft und akademischer Forschung siehe Adam/Wilholt, »Unternehmensforschung – Zum Verhältnis öffentlicher und privater Wissensproduktion«, S. 62-64.

81 Eine einschneidende solche Patentrechtsänderung war das Bayh-Dole-Gesetz in den USA, das es Universitäten ermöglicht, Patente auf Ergebnisse von mit bundesstaatlichen Mitteln geförderter Forschung anzumelden. Mit ähnlichen Absichten wurde 2002 im deutschen Patentrecht das so genannte Hochschullehrerprivileg abgeschafft, das zuvor den Professoren die Rechte an ihren Erfindungen zugesichert und damit einer Verwertung von geistigem Eigentum durch die Universitäten als Institutionen im Wege gestanden hatte. Vgl. Adam/Wilholt, »Unternehmensforschung – Zum Verhältnis öffentlicher und privater Wissensproduktion«, S. 63 f.

von akademischen Institutionen mit der Wirtschaft aus öffentlichen Mitteln unterstützt werden (wie zuletzt etwa bei den Exzellenzclustern im Rahmen der Exzellenzinitiative und bei den »Innovationsallianzen« des Bundesforschungsministeriums).

Man darf insgesamt vermuten, dass der *Einfluss* wirtschaftlicher Interessen auf die akademische Forschung größer ist, als etwa die 14,1-prozentige finanzielle Beteiligung an der deutschen Universitätsforschung es nahelegen würde. Die politischen Maßnahmen zur Förderung des Wissenstransfers machen deutlich, dass auch öffentliche Mittel in ihrer Verwendung gezielt auf wirtschaftliche Interessen ausgerichtet werden. Überdies bewirkt bereits die Aussicht auf lukrative Kooperationen und die Einsicht in deren politische Erwünschtheit vielfach eine Orientierung der Forschungsagenda öffentlicher Einrichtungen an den (realen oder vermuteten) Interessen der Industrie. Von dieser Beeinflussung sind allerdings bei weitem nicht alle Bereiche der wissenschaftlichen Forschung in gleichem Maße betroffen. Berührt sind in besonderer Weise die Ingenieurswissenschaften, die Biowissenschaften einschließlich der Medizin und, in etwas geringerem Maße und auf einige Teilgebiete beschränkt, die physikalischen Wissenschaften.[82]

Der wachsende Einfluss wirtschaftlicher Interessen auf die Wissenschaft, der aus den geschilderten Entwicklungen resultiert, ist in vielerlei Hinsicht kritisiert worden: weil die Gesamttagesordnung der Forschung durch sie verzerrt und die Grundlagenforschung ebenso schleichend marginalisiert werde wie manches anwendungsorientierte Forschungsgebiet, das sich für die wirtschaftliche Ausbeutung über Patente nicht eignet; weil sie zu Interessenkonflikten und zum Verlust der Unparteilichkeit der Wissenschaft führe (beispielsweise bei der Beurteilung der Wirksamkeit und Unschädlichkeit neuartiger Therapien); weil sie die Kultur der offenen Kommunikation der Wissenschaften bedrohe, indem Geheimhaltung und intellektuelle Eigentumsrechte im Forschungsalltag mehr und mehr Bedeutung erlangten; weil sie einzelnen Akteuren erlaubten, öffentliche Güter für private Zwecke zu appropriieren; weil sie die epistemischen Ambitionen der Wissenschaften dämpfe, die im Hinblick auf konkrete Anwendungen nur noch nach Er-

---

82 Hans Radder, »The Commodification of Academic Research«, in: ders. (Hg.), *The Commodification of Academic Research. Science and the Modern University*, Pittsburgh 2010, S. 1-23, Abschnitt 3.

kenntnissen suchen würden, die sich in bestimmten, durch die be-
absichtigte Anwendung definierten Kontexten verlässlich replizie-
ren ließen, und nicht mehr nach übergreifenden Erklärungen und
Generalisierungen. Ich möchte mich jedoch in diesem Abschnitt
nur auf eine bestimmte kritische Frage konzentrieren:[83] Stellt die
Kommerzialisierung der akademischen Forschung eine Einschränkung oder Bedrohung der Forschungsfreiheit dar?[84]

Stellt man diese Frage, dann geht es im Wesentlichen um den
Einfluss wirtschaftlicher Interessen auf das öffentliche Gemeinschaftsunternehmen Wissenschaft. Behindern die ökonomischen
Einflüsse diejenigen Freiheiten, durch welche dieses Gemeinschaftsunternehmen idealerweise charakterisiert sein sollte? Es geht
also im Kern bei dieser aktuellen Nichtlinearitätsdebatte nicht um
die *private* Forschungsfreiheit, so dass das Argument aus Autonomiegründen hier weitgehend wirkungslos bleibt. Im Allgemeinen
erwachsen ja auch aus dem Engagement wirtschaftlicher Unternehmen in der Forschung – ob in der unternehmenseigenen oder
der akademischen – dem Einzelnen keine Hindernisse, aus eigenen
Mitteln nach Erkenntnissen zu streben, die für ihn bedeutsam sind.
Die aus Autonomiegründen begründbare Freiheit der Ziele ist also
prima facie nicht betroffen.

Ich werde mich daher in diesem Fall sogleich auf die erkenntnistheoretisch und politisch begründbaren Formen der Forschungsfreiheit konzentrieren. Zuvor soll aber zumindest erwähnt sein, dass
die Beobachtung, das Wirtschaftsengagement in der Forschung
behindere die private Forschungsfreiheit des Einzelnen nicht, bei
genauerem Hinsehen in einem Punkt eingeschränkt werden muss.
Eine Folgeerscheinung der Ökonomisierung der Forschung ist die
zunehmende Bedeutung von Patenten in der Forschung.[85] Durch

83 Die aufgezählten Kritikpunkte finden sich genauer dargestellt und diskutiert bei
Radder, »The Commodification of Academic Research«; Martin Carrier, »Science in the Grip of the Economy. On the Epistemic Impact of the Commercialization of Research«, in: Martin Carrier u.a. (Hg.), *The Challenge of the Social
and the Pressure of Practice. Science and Values Revisited*, Pittsburgh 2008, S. 217-
234; ders., »Knowledge, Politics and Commerce. Science under the Pressure of
Practice«, in: Martin Carrier, Alfred Nordmann (Hg.), *Science in the Context of
Application*, Dordrecht 2011, S. 11-30; Torsten Wilholt, »Design Rules. Industrial
Research and Epistemic Merit«, in: *Philosophy of Science* 73 (2006), S. 66-89.

84 Vgl. oben, S. 30.

85 Siehe zum Folgenden Martin Kenney, *Biotechnology. The University-Industrial*

die erwähnten Patentrechtsänderungen sind auch die Universitäten in wachsendem Maße daran interessiert, sich intellektuelles Eigentum zu sichern. So erhielt die Stanford University 1980 das Cohen-Boyer-Patent für das in der gesamten Gentechnik bedeutsame Verfahren der Trennung von Gensequenzen (*gene splicing*). Im selben Jahr entschied der oberste Gerichtshof der USA im berühmten Verfahren Diamond gegen Chakrabarty, dass ein menschengemachter lebendiger Mikroorganismus patentierbar sei. Seitdem hat das *U.S. Patent and Trademark Office* auch begonnen, Patente auf bestimmte Nukleotidsequenzen der DNA, also Gene, zu erteilen. Universitäten und andere Akteure haben seither zahllose Patente auf Dinge angemeldet, die als Mittel und Werkzeuge zur wissenschaftlichen Forschung (besonders im Bereich der Biowissenschaften) notwendig sind: auf Biomaterialien wie Stammzelllinien, Mikroorganismen und Labormäuse, auf Techniken wie das *gene splicing*, auf Datenbanken und nicht zuletzt auf tausende Gene.

Diese neuen Patente stellen prinzipiell nicht nur eine Begrenzung der Freiheit der Mittel, sondern auch der Freiheit der Ziele dar, und schränken damit theoretisch auch die durch das Argument aus Autonomiegründen geschützte kognitive Selbständigkeit ein. Denn sie erlauben es den Eigentümern, andere von der freien Nutzung ihres intellektuellen Eigentums und somit von der Durchführung bestimmter Experimente und Studien auszuschließen. Zwar gab es eine gewisse Tradition, bei akademischer Forschung (ohne kommerzielle Interessen) von der Durchsetzung intellektueller Eigentumsrechte abzusehen, und es gibt Hinweise darauf, dass nicht wenige Forscher in ihrer Praxis regelmäßig den Patentschutz für bestimmte Forschungsmittel einfach ignorieren.[86] Doch sind in jüngerer Zeit wegen patentgeschützter Forschungsmittel auch gegen akademische Forscher bereits Maßnahmen bis hin zur Strafverfolgung ergriffen worden.[87]

Complex, New Haven 1986, Kapitel 6, Sheldon Krimsky, *Science in the Private Interest. Has the Lure of Profits Corrupted Biomedical Research?*, Lanham 2003, Kapitel 5, und Peter Lee, »Patents, Paradigm Shifts, and Progress in Biomedical Science«, in: *The Yale Law Journal* 114 (2004), S. 659-695.

86 John P. Walsh u. a., »Working through the Patent Problem«, in: *Science* 299 (2003), S. 1021.

87 Siehe Krimsky, *Science in the Private Interest*, S. 67-69. Vgl. auch Lee, »Patents, Paradigm Shifts, and Progress in Biomedical Science«, S. 681-684, der für die

Ich spreche trotzdem nur von einer »prinzipiellen« und »theoretischen« Begrenzung der kognitiven Autonomie, weil es sich bei den betroffenen Forschungsfeldern um solche Gebiete handelt, in denen aus kontingenten Gründen (wegen des erforderlichen Aufwands) ohnehin nur für das gemeinschaftlich getragene Wissenschaftsunternehmen Aussichten bestehen, zu Einsichten zu führen, die für unsere kognitive Selbständigkeit bedeutsam sind. Es bleibt also dabei, dass in dieser Forschungsfreiheitsdebatte die *faktisch* entscheidenden Faktoren (auf die ich mich konzentrieren möchte) durch die erkenntnistheoretische und die politische Begründung beschrieben sind, auch wenn in Form der neuen intellektuellen Eigentumsrechte von der Kommerzialisierung auch eine *prinzipielle* Einschränkung der kognitiven Autonomie des Einzelnen ausgeht.

Eine faktische Beschränkung bedeuten die Patente auf Forschungsmittel dennoch, denn auch und gerade im Rahmen der erkenntnistheoretisch begründbaren Mikroautonomie der Forscher wirken sie sich aus: Sie bedeuten eine Einschränkung der methodologischen Freiheit der Forscher, da sie die Verwendung bestimmter Forschungsmittel zumindest verteuern (sowohl aufgrund von Lizenzkosten als auch hohen Transaktionskosten, die durch aufwendige juristische Überprüfungen und Verhandlungen über Rechte entstehen) und infolgedessen oft ganz unmöglich machen können. Ein Testfall für diese zunehmenden Schwierigkeiten sind heute schon die ressourcenarmen Forschungsinstitute in Entwicklungs- und Schwellenländern.[88]

Diese Einschränkungen der Forschungsfreiheit und die damit vermutlich einhergehende Reduzierung neuer wissenschaftlicher Erkenntnisse sind der Logik des neuen Patentregimes zufolge in Kauf zu nehmen, weil sich dadurch andererseits eine schnellere und effizientere Umsetzung der wissenschaftlichen Erkenntnisse in ökonomisch erfolgreiche Produkte ergibt. Weniger Wissen,

neueste amerikanische Patentrechtsprechung eine Einengung der »*experimental use exemption*« beschreibt.

88 Siehe Clemente Forero-Pineda, »The Impact of Stronger Intellectual Property Rights on Science and Technology in Developing Countries«, in: *Research Policy* 35 (2006), S. 808-824. Zu den forschungsbehindernden Folgen der Transaktionskosten siehe Rebecca S. Eisenberg, »Bargaining over the Transfer of Proprietary Research Tools. Is this Market Failing or Emerging?«, in: Rochelle Dreyfuss u. a. (Hg.), *Expanding the Boundaries of Intellectual Property. Innovation Policy for the Knowledge Society*, Oxford 2001, S. 223-249.

aber trotzdem mehr baconischer Nutzen, ist demnach das Versprechen der Privatisierung von Forschungsmitteln. Ob sie das Versprechen einlöst, ist wegen des impliziten kontrafaktischen Konditionals schwer zu beurteilen. Da Patente auf Forschungsmittel nicht nur akademischen Forschern, sondern auch Unternehmensforschern und Produktentwicklern das Leben schwer machen, sind daran wiederholt Zweifel angemeldet worden.[89] Überdies wäre dieser Vorteil nur dann gegen eine Einschränkung der Forschungsfreiheit abwägbar, wenn die vermehrte Bereitstellung neuer oder verbesserter Produkte sich auch als merklicher Vorteil für die politische Gemeinschaft insgesamt erweist, die im Gegenzug auf ein Stück Forschungsfreiheit verzichtet. Besonders bei der Patentierung von Genen ist gerade dies sehr fraglich, weil sie nicht nur Einschränkungen bei der Forschung mit sich bringt, sondern selbst im Fall, dass am Ende verbesserte therapeutische oder diagnostische Methoden bis zur Marktreife entwickelt werden, die starke Monopolstellung der Anbieter für das Gesundheitswesen stark erhöhte Kosten und in einigen Fällen begrenzte Verfügbarkeit bedeutet.[90] Dass die erkenntnistheoretisch begründbare Forschungsfreiheit durch den zunehmenden Einfluss intellektueller Eigentumsrechte in der Forschung beeinträchtigt ist, steht jedenfalls fest, wenn auch schwer zu beurteilen bleibt, ob eine Abwägung im Sinn des Gemeinwohls diese Einschränkung rechtfertigt oder nicht.

Weitere Probleme treten hervor, wenn wir uns in Erinnerung rufen, dass die erkenntnistheoretisch begründbare Forschungsfreiheit untrennbar mit dem Prinzip freier und offener Interaktion und Kommunikation innerhalb der Forschungsgemeinschaften verbunden ist.[91] Diese ist in kommerzialisierter Forschung häufig eingeschränkt. Patente sind hier ein zweischneidiges Schwert, da sie zwar einerseits selbst mit einer Veröffentlichungspflicht einherge-

---

89 Siehe z. B. Michael A. Heller, Rebecca S. Eisenberg, »Can Patents Deter Innovation? The Anticommons in Biomedical Research«, in: *Science* 280 (1998), S. 698-701, und Suzanne Scotchmer, »Standing on the Shoulders of Giants. Cumulative Research and the Patent Law«, in: *The Journal of Economic Perspectives* 5 (1991), S. 29-41.

90 Siehe Graham Dutfield, »DNA Patenting. Implications for Public Health Research«, in: *Bulletin of the Word Health Organization* 84 (2006), S. 388-392.

91 Siehe oben, S. 14.

hen, aber andererseits die Hoffnung auf ein Patent häufig – zumindest für eine gewisse Zeit – die Veröffentlichung von Ergebnissen verhindert.[92] Außerdem sind nicht alle ökonomisch wertvollen Erkenntnisse durch Patente schützbar, so dass auch die Sicherung des exklusiven Zugriffs auf Wissen durch Geheimhaltung eine Rolle in der kommerzialisierten Forschung spielt. Zusätzlich ist die offene akademische Kommunikation in Fällen eingeschränkt, in denen das Öffentlichwerden von Informationen den kommerziellen Interessen eines Sponsors zuwiderläuft. Ein wohldokumentiertes Beispiel dafür ist der Fall von Betty Dong und ihren Kollegen an der *University of California, San Francisco* (UCSF).[93] Sie hatten in einer klinischen Studie ein Markenpräparat zur Behandlung von Schilddrüsenunterfunktion mit vier Typen von Generika verglichen und dabei die Bioäquivalenz aller Präparate festgestellt. Auftraggeber der Studie war allerdings der Hersteller des Markenprodukts, der nun mit allen Mitteln versuchte, die Veröffentlichung zu verhindern. Zunächst überzogen Unternehmensvertreter Dong mit Vorwürfen angeblicher Mängel der Studie. Nachdem dies die Forscher nicht davon abhielt, eine Publikation anzustreben, und diese im renommierten *Journal of the American Medical Association* angenommen worden war, drohte das Unternehmen, die Forscher und die UCSF zu verklagen (die vertraglichen Abmachungen machten die Veröffentlichung der Ergebnisse von einer Zustimmung des Unternehmens abhängig). Es änderte seine Haltung erst, nachdem die Geschichte öffentliche Aufmerksamkeit auf sich zu ziehen begonnen hatte – bis hin zur Seite eins des *Wall Street Journal*.[94] Erst sieben Jahre nach Abschluss der Studie konnten ihre Ergebnisse daraufhin 1997 endlich veröffentlicht werden. Einschränkungen der Kommunikationsfreiheit in den Wissenschaften, die sich über

---

92 58 Prozent der Unternehmen, die in den USA biowissenschaftliche Forschung an akademischen Forschungseinrichtungen finanzieren, verlangen in Rahmen dieser Förderung regelmäßig eine mehr als halbjährige Verzögerung der Veröffentlichung von Ergebnissen – so eine Studie von David Blumenthal u.a., »Relationships between Academic Institutions and Industry in the Life Sciences. An Industry Survey«, in: *New England Journal of Medicine* 334 (1996), S. 268-373.

93 Siehe Drummond Rennie, »Thyroid Storm«, in: *Journal of the American Medical Association* 277 (1997), S. 1238-1243.

94 Ralph King, »How a Drug Firm Paid for University Study, Then Undermined It«, in: *Wall Street Journal*, 25. April 1996, S. 1.

verschiedene Mechanismen auch für akademische Forschung aus deren zunehmender Kommerzialisierung ergeben, können eine ebenso empfindliche Beeinträchtigung der gemeinschaftlichen Wissensproduktion bedeuten wie Einschränkungen methodologischer Freiheiten.

Während Geheimhaltung und intellektuelle Eigentumsrechte an Forschungsmitteln also zu Beschränkungen der epistemologisch bedeutsamen Mikroautonomie der Forscher führen, kann in einer anderen Hinsicht die erkenntnistheoretische Begründung der Forschungsfreiheit *nicht* für eine Kritik der Kommerzialisierung ins Feld geführt werden: Der wachsende Einfluss der Wirtschaft auf die Forschungstagesordnung, also auf die Auswahl der Fragestellungen, an denen auch in der akademischen Forschung überhaupt gearbeitet wird, stellt (im Allgemeinen) keine Einschränkung der erkenntnistheoretisch begründbaren Forschungsfreiheit dar. Denn wie wir gesehen haben, beinhaltet diese nur in sehr geringem Umfang auch eine Freiheit in der Wahl der Fragestellung. Weder die entscheidenden methodologischen Freiheiten der Forscher noch der begrenzte Spielraum bei der Wahl der Fragestellung, die für die wirkungsvollen und freien Mechanismen der kognitiven Arbeitsteilung erforderlich sind, werden dadurch bedroht, dass sich die großen Forschungsziele nach den Interessen der Wirtschaft richten.

Das bedeutet keineswegs, dass an der Ausrichtung der Forschungstagesordnung an wirtschaftlichen Interessen nichts auszusetzen wäre, sondern nur, dass sie als eine Bedrohung der *Freiheit* wissenschaftlicher Forschung falsch verstanden ist. Denn bei der erkenntnistheoretisch begründbaren Forschungsfreiheit geht es darum, durch Freiheiten der Forschung eine möglichst effiziente Bereitstellung desjenigen Wissens sicherzustellen, das für die Gemeinschaft von großem Wert ist. Dass dies nicht zwangsläufig mit denjenigen Erkenntniszielen zusammenfallen muss, die sich aus der inneren Dynamik der Disziplinen ergeben, hat sich in Teil II dieses Buches gezeigt.

Verteidiger der Kommerzialisierung akademischer Forschung argumentieren gerade, diese sei dazu geeignet, den aus der wissenschaftlichen Wissensproduktion hervorgehenden gesellschaftlichen Nutzen zu vergrößern. Die Wissenschaft werde aus dem Elfenbeinturm herausgelockt und in eine sinnvolle Ressource für technischen Fortschritt und die Erschaffung von wissensbasiertem ökonomischen Wachstum transformiert.[95] Implizit setzt diese Wertung voraus, dass die Mechanismen des Marktes dafür sorgen werden, dass durch die Kommerzialisierung die Wissenschaften auf diejenigen Erkenntnisziele ausgerichtet werden, die für die Gesellschaft insgesamt den größten Wert versprechen. Aus gleich mehreren Gründen ist diese Annahme jedoch nicht glaubwürdig. Wie wir in Kapitel 7 gesehen haben, ist Wissen zumindest im Hinblick auf seinen nichtbaconischen Nutzen ein *öffentliches* (nämlich nichtausschließbares und nicht-rivales) Gut; deshalb kann seine Verfügbarmachung nicht über Marktmechanismen erfolgen. Der Wert wissenschaftlichen Wissens für unser Verständnis der Welt sowie als Quelle von Freude und ästhetischem Genuss wird denn auch bei fast allen Verteidigungen der Kommerzialisierung systematisch ausgeblendet. Diese Wertdimension zu vernachlässigen kann jedoch zu einem empfindlichen Wert*verlust* der wissenschaftlichen Wissenserzeugung für die Gesellschaft führen.

Doch selbst wenn man sich auf den baconischen Nutzen beschränkt, kann die Annahme nicht überzeugen, die wirkungsvollste Ausrichtung der Forschungsagenda auf das gesellschaftliche Wohl würde durch die Mechanismen des Marktes vermittelt. Zwar lässt sich baconisch nützliches Wissen in manchen Fällen durch Patente in ein ausschließbares Gut verwandeln. Doch dies gilt eben nicht für alle Formen baconisch nützlichen Wissens, und es ist keineswegs glaubhaft, dass die für das Wohl aller bedeutsamsten Fälle nützlichen Wissens durchweg zu den patentierbaren gehören. In der bereits stark kommerzialisierten medizinischen Forschung beispielsweise ist schon eine erhebliche Verschiebung der Forschungsagenda hin zu solchen Therapien zu beobachten, die sich über Patente vermarkten lassen.[96] Auch deshalb spielen Medikamente eine so große Rolle in der heutigen Medizin. Andere Formen therapeutisch relevanten Wissens, wie etwa Wissen über Ernährungsweisen oder Formen der Krankengymnastik, können nicht effektiv in geistiges Eigentum verwandelt werden und sind deshalb für eine

---

95 So beispielsweise Henry Etzkowitz u. a., »The Future of the University and the University of the Future. Evolution of Ivory Tower to Entrepreneurial Paradigm«, in: *Research Policy* 29 (2000), S. 313-330.

96 Siehe James R. Brown, »The Community of Science®«, in: Martin Carrier u. a. (Hg.), *The Challenge of the Social and the Pressure of Practice. Science and Values Revisited*, Pittsburgh 2008, S. 189-216, hier S. 197-199.

rein auf kommerzielle Interessen ausgerichtete Forschung vollkommen uninteressant. Da die Vorbeugung und Behandlung von Erkrankungen durch diese nichtkommerzialisierbaren Therapien wirkungsvoller und billiger sein kann als die Pharmakotherapie, ist dem baconischen Nutzen durch die Kommerzialisierung nicht automatisch am besten gedient.

Und sogar wenn man sich auf diejenigen Formen baconisch nützlichen Wissens beschränkt, die sich patentieren und damit über Marktmechanismen verfügbar machen lassen, ist nicht gesagt, dass diese Mechanismen auch die wünschenswerteste Verteilung der kognitiven Arbeit auf verschiedene Erkenntnisziele garantieren. Denn der Markt ist keine Demokratie; Märkte bedienen die Interessen von Menschen nur in Proportion zu ihrer jeweiligen Kaufkraft. Ein augenfälliges Symptom dieses Umstands im Bereich der kommerzialisierten Forschung ist die als »10/90 gap« bekannte Tatsache, dass zur Bekämpfung von Krankheiten, die in Entwicklungsländern vorherrschen und geschätzte 90 Prozent der Gesundheitsprobleme der Welt ausmachen, nur etwa zehn Prozent der weltweiten Forschungsressourcen aufgewendet werden.[97] Sogar eine so weit verbreitete und schwere Erkrankung wie Malaria bietet den Pharmaunternehmen beispielsweise einen weniger attraktiven Markt als manches Wohlstandsleiden, weil die an Malaria Erkrankten typischerweise über keine nennenswerte Kaufkraft verfügen. Mit weniger drastischen Folgen funktioniert derselbe Mechanismus selbstverständlich auch innerhalb der Industrieländer. Bestimmte Interessen potenzieller Automobilkäufer an technischen Innovationen können über Marktmechanismen gut an die Wissenschaft vermittelt werden; analoge Interessen der den öffentlichen Nahverkehr nutzenden Rentner eher weniger gut. Da in der akademischen Forschung noch immer ganz überwiegend aus allgemeinen Steuern

97 Sarah Ramsay, »No Closure in Sight for the 10/90 Health-research Gap«, in: *The Lancet* 358 (2001), S. 1348. Relativ aktuelle Daten finden sich bei Mary Moran u. a., »Neglected Disease Research and Development. How Much Are We Really Spending?«, in: *PLoS Medicine* 6 (2009), S. 137-146. Die dort berechneten ca. 2,5 Mrd. Dollar Forschungsinvestitionen weltweit im Jahr 2007 für »vernachlässigte Krankheiten« (darunter Aids, Malaria, Tuberkulose, Typhus und Lepra) lassen erkennen, dass die Benennung »10/90 gap« möglicherweise noch zu optimistisch ist, denn schon allein der Forschungs-Jahresetat der amerikanischen *National Institutes of Health* ist mehr als zehnmal so groß.

stammende öffentliche Mittel zum Einsatz kommen, ist es auch deshalb sehr zweifelhaft, ob eine angemessene Verwendung dieser Mittel im Sinne des Gemeinwohls durch eine Ausrichtung der Forschungsziele auf kommerzielle Interessen erreicht werden kann.

Eine Wissenschaft im Dienst des öffentlichen Interesses ist im Hinblick auf ihre Ausrichtung auf bestimmte Erkenntnisziele deshalb sowohl von der an kommerziellen Zielen orientierten Forschung zu unterscheiden als auch von derjenigen Forschungsagenda, die sich ergeben würde, wenn man die Wissenschaften in ihrer Zielsetzung sich selbst überlassen würde. Zu einem ganz ähnlichen Ergebnis gelangt auch Martin Carrier, indem er darauf hinweist, dass Einseitigkeiten der anwendungsdominierten Forschung (*»application-driven research«*) nicht durch eine Betonung rein epistemischer, also in ihren Zielen der disziplinären Eigendynamik folgender Forschung (*»epistemic research«*) ausgeglichen werden könne, sondern dass zur Herstellung der Balance eine dritte, von beiden verschiedene Wissenschaft im öffentlichen Interesse (*»science in the public interest«*) erforderlich sei.[98] Der Einfluss wirtschaftlicher Interessen auf die Zielsetzungen innerhalb des öffentlichen Forschungsunternehmens lässt sich also mit guten Gründen wegen der daraus entstehenden Einseitigkeiten kritisieren – *nicht* als eine Bedrohung der erkenntnistheoretisch begründbaren Forschungsfreiheit, aber als eine Gestaltung der Forschungstagesordnung, die dem Wert wissenschaftlichen Wissens für das allgemeine Wohl nicht in seiner ganzen Bandbreite gerecht wird.

Bleibt noch die Frage, ob die Kommerzialisierung der akademischen Forschung als Einschränkung oder Bedrohung der *politisch* begründbaren Forschungsfreiheit angesehen werden muss. Immerhin gehen die beschriebenen Veränderungen, wie gezeigt, zum Teil auf gezielte Maßnahmen der Regierungen im Zuge einer Technologietransferpolitik zurück. Jedoch sind diese Maßnahmen (wie etwa die Änderung des Patentrechts oder die Gründung von Technologieparks) zwar geeignet, eine Verschiebung der Forschungsagenda zu bewirken. Sie scheinen aber nicht die Art von Maßnahmen zu sein, durch die eine politische Gewalt die Wissenschaft in Richtung bestimmter Ergebnisse lenken kann. Insofern stellen sie keine Gefahr einer Unterminierung der Wissensgrundlage des demokrati-

98 Carrier, »Knowledge, Politics, and Commerce«, insb. S. 16-20.

schen Prozesses dar, wie sie durch die Trennung der Wissenschaften von den politischen Gewalten verhindert werden soll.

Allerdings hat sich in Teil III dieses Buches gezeigt, dass aus der politischen Begründung auch eine Freiheit der Forschung von Beeinflussungen durch solche Akteure folgen muss, die in Macht und Möglichkeiten den politischen Akteuren nahe- oder gleichkommen.[99] Für einige Wirtschaftsunternehmen und -verbände trifft dies zu. Ihr Einfluss auf die kommerzialisierte Forschung scheint in einigen Fällen durchaus dazu zu führen, dass die Wissenschaft auch im Hinblick auf ihre Ergebnisse beeinflusst wird. So stellten die Mediziner Frederick vom Saal und Claude Hughes 2005 einen bemerkenswerten Unterschied zwischen den Ergebnissen von einerseits öffentlichen und andererseits durch die Wirtschaft finanzierten Tierversuchen zu Gesundheitsauswirkungen von geringen Dosen des Plastik-Weichmachers Bisphenol A fest: Während 90 Prozent der öffentlich finanzierten Studien signifikante Effekte vermeldeten, taten dies null Prozent der industriefinanzierten. (Es stellte sich später heraus, dass fast alle Industriestudien auf eine bestimmte Art von Laborratte zurückgegriffen hatten, die besonders unempfindlich auf Östrogen reagiert. Die gesundheitsschädigenden Eigenschaften von Bisphenol A werden schon seit langem mit seiner chemischen Ähnlichkeit zu Östrogen in Verbindung gebracht.)[100] Einflüsse auf die Ergebnisse der Forschung lassen sich auch insbesondere bei klinischen Studien zu Medikamenten nachweisen: 1986 untersuchte Richard Davidson 107 in fünf führenden Fachzeitschriften im Jahr 1984 veröffentlichte Vergleichsstudien. Es zeigte sich, dass 43 Prozent der Studien, die im Ergebnis die neue Therapieintervention gegenüber der herkömmlichen als überlegen darstellten, von der Pharmaindustrie gesponsert waren, von den Studien, die zum Vorteil der herkömmlichen Therapie ausgingen, aber nur 13 Prozent.[101] Seither haben zahllose weitere Studien die-

99 Siehe oben, insb. S. 287 f.

100 Frederick S. vom Saal, Claude Hughes, »An Extensive New Literature Concerning Low-Dose Effects of Bisphenol A Shows the Need for a New Risk Assessment«, in: *Environmental Health Perspectives* 113 (2005), S. 926-933; vgl. dazu auch mein »Bias and Values in Scientific Research«, in: *Studies in History and Philosophy of Science* 40 (2009), S. 92-101.

101 Richard A. Davidson, »Source of Funding and Outcome of Clinical Trials«, in: *Journal of General Internal Medicine* 1 (1986), S. 155-158.

sen *funding effect* mit zum Teil noch stärkeren statistischen Korrelationen bestätigt.[102] Weitere Beispiele der Einflussnahme mächtiger wirtschaftlicher Akteure auf die Ergebnisse der Forschung stellen etwa die starke Einmischung der Tabakindustrie in Forschungen zu Gesundheitsgefahren des Passivrauchens und die Beeinflussung epidemiologischer Untersuchungen zur Schädlichkeit von Vinylchlorid durch die *Chemical Manufacturers Association* dar.[103]

Nicht nur biomedizinische Forschung ist von solchen Einflüssen betroffen. Wie James R. Brown bemerkt, engagieren sich Wirtschaftsunternehmen und ihre Verbände auch stark in der wirtschaftswissenschaftlichen Forschung – etwa um die negativen Auswirkungen hoher Besteuerung auf die Produktivität zu erforschen. Ein weiterer Fall ist die Schätzung der ökonomischen Kosten von Gesetzesvorhaben, durch die den Unternehmen unliebsame Regulierungen auferlegt würden.[104] Die Vertreter der entgegengesetzten Interessen, wie Umwelt- und Sozialverbände, verfügen nicht annähernd über vergleichbare Ressourcen, um etwa Studien über die positiven gesellschaftlichen Folgen der von ihnen favorisierten politischen Maßnahmen oder über die schädigenden Auswirkungen von Armut auf die Entwicklung von Kindern zu finanzieren.

Politische Relevanz besitzen alle genannten Beispiele. Das Wis-

---

102 Einen Überblick bieten Justin E. Bekelman u. a., »Scope and Impact of Financial Conflicts of Interest in Biomedical Research. A Systematic Review«, in: *Journal of the American Medical Association* 289 (2003), S. 454-465 sowie Joel Lexchin u. a., »Pharmaceutical Industry Sponsorship and Research Outcome and Quality. Systematic Review«, in: *British Medical Journal* 326 (2003), S. 1167-1170. Siehe dazu auch Matthias Adam, »Promoting Disinterestedness or Making Use of Bias? Interests and Moral Obligation in Commercialized Research«, in: Martin Carrier u. a. (Hg.), *The Challenge of the Social and the Pressure of Practice. Science and Values Revisited*, Pittsburgh 2008, S. 235-254.

103 Naomi Oreskes, Erik M. Conway, *Merchants of Doubt. How a Handful of Scientists Obscured the Truths on Issues from Tobacco Smoke to Global Warming*, New York 2010; Jennifer Beth Sass u. a., »Vinyl Chloride. A Case Study of Data Suppression and Misrepresentation«, in: *Environmental Health Perspectives* 113 (2005), S. 809-812.

104 Brown selbst (*Who Rules in Science? An Opinionated Guide to the Wars*, Cambridge/Mass. 2001, S. 210) nennt das Beispiel der höheren Besteuerung. Der Fall der ökonomischen Kosten von Regulierungen lässt sich gut durch die zahlreichen Aktivitäten des von hunderten Großunternehmen geförderten, einflussreichen *Harvard Center for Risk Analysis* illustrieren (siehe Krimsky, *Science in the Private Interest*, S. 39-41).

sen, das in diesen Fällen aus der Forschung in politisch relevante Entscheidungsprozesse einfließt, lässt sich auch hier als Regulierungswissen bezeichnen. Allerdings macht bei einigen der hier genannten Forschungsbereiche wie klinische Pharmakologie, Toxikologie und Epidemiologie, anders als beim früheren Beispiel der Stammzellforschung, die Erzeugung von Regulierungswissen einen erheblichen Anteil der Gesamtforschung aus. Dabei wird das wissenschaftliche Wissen am Ende nicht nur zur Grundlage von eher administrativen Einzelentscheidungen wie der Zulassung eines bestimmten Medikaments. In aggregierter Form geht es auch in die Beurteilung größerer politischer Fragen ein, etwa der, ob die hohen Kosten für neu patentierte Medikamente, die das Gesundheitssystem stark belasten, durch einen entsprechend gestiegenen therapeutischen Wert der neuen Wirkstoffe gerechtfertigt sind.

Bei der Ausbildung ihrer politischen Präferenzen in Fragen der Wirtschafts-, Gesundheits-, Umwelt- und Industriepolitik sind Bürger auf verlässliche wissenschaftliche Informationen angewiesen. Ihre Befähigung, Präferenzen auszubilden, die ihre Werte und Interessen in angemessener Weise widerspiegeln, wird von politischen Einflüssen auf die Richtung von Forschungsergebnissen bedroht. Dazu können auch Einflüsse gehören, die von Wirtschaftsunternehmen und -verbänden ausgehen, sofern diese in den entsprechenden politischen Fragen selbst Partei sind und in Macht und Möglichkeiten den politischen Gewalten nahekommen. Bei Unternehmen, deren Jahresumsätze den Bruttoinlandsprodukten der kleineren US-Bundesstaaten entsprechen, wie es beispielsweise bei großen Zigaretten- und Pharmakonzernen der Fall ist, kann davon durchaus die Rede sein.

In Bereichen der kommerzialisierten akademischen Forschung, die sich mit der Herstellung von Regulierungswissen befassen (und dies betrifft erhebliche Bereiche der von der Kommerzialisierung berührten Wissenschaften), kann man daher mit guten Gründen von einer Bedrohung der politisch begründbaren Forschungsfreiheit sprechen. Die Antwort muss auch hier darin bestehen, öffentlichen Forschungseinrichtungen (wieder) eine Forschungsagenda zu geben, die sich am öffentlichen Interesse orientiert.[105] In zumindest einigen Bereichen sind die Einseitigkeiten bereits so stark, dass

---

105 Ähnlich Krimsky, *Science in the Private Interest*, Kapitel 13.

dafür zunächst eine gründliche Entflechtung von Forschung und Wirtschaft stattfinden müsste.[106]

Im Ergebnis lässt sich durchaus davon sprechen, dass von der Kommerzialisierung der akademischen Forschung Einschränkungen der Forschungsfreiheit ausgehen. Die Beeinflussung von Ergebnissen durch Forschungssponsoren im Bereich des Regulierungswissens schränkt die politisch begründbare Forschungsfreiheit ein, während die erkenntnistheoretisch begründbare Mikroautonomie der Forscher teilweise durch Entwicklungen auf dem Gebiet intellektueller Eigentumsrechte und Einschränkungen der akademischen Offenheit bedroht sind, die mit der Kommerzialisierung einhergehen. Dass sich insgesamt die Zielsetzungen der Wissenschaft durch die Kommerzialisierung verschieben, wäre dagegen, wiewohl mit guten Gründen kritisierbar, als Einschränkung der Forschungsfreiheit nicht richtig beschrieben. Vielmehr erinnert es an das Erfordernis, die öffentliche Wissenschaft gezielt auf öffentliches Interesse und allgemeines Wohl auszurichten.

13.5 Schluss

Nach Betrachtung der drei konkreten Debatten mag sich die Frage stellen: Was ist das noch für eine Freiheit, die abgewogen werden muss gegen konkurrierende gesellschaftliche Werte und Ziele? Was ist das für eine Freiheit, die in ihren wesentlichsten Hinsichten einer Zuerkennung bedarf, auf der Grundlage einer Bestimmung von Wert und Relevanz der jeweiligen Forschung für diejenige politische Gemeinschaft, in der die Forschungsfreiheit akzeptiert und garantiert werden soll?

Doch genau das ist die Forschungsfreiheit, die auf der Basis ihrer komplexen philosophischen Grundlagen etabliert und gerechtfertigt werden kann. Sie stimmt nicht mit dem juristischen Status überein, den die wissenschaftliche Forschung in irgendeinem bestimmten Rechtssystem besitzt (obgleich die hier diskutierten Begrenzungen in manchen Punkten mit juristisch anerkannten Grenzen der Forschungsfreiheit übereinstimmen). Die Grenzen der

106 Am stärksten lässt sich dieser Punkt für die vergleichende Beurteilung neuer Medikamente machen (unter anderem, weil dort die durch Interessenkonflikte bewirkten Einseitigkeiten am besten dokumentiert sind).

Forschungsfreiheit im Sinne dieses Buches und das Erfordernis der verschiedenen Abwägungen zu ihrer genauen Bestimmung sind in den inhärenten Begrenzungen ihrer philosophischen Grundlagen angelegt: Die kognitive Autonomie des Menschen ist kein vollständiges und absolutes moralisches Ideal. Wissen – auch wissenschaftliches Wissen – ist kein Wert an sich. Und nicht jede Forschungshandlung ist für die Befähigung der Bürger zur demokratischen Selbstregierung unabdingbar.

Dennoch: Alle in diesem Buch behandelten Begründungen der Forschungsfreiheit haben auch ihre Stärken. Sie verweisen auf wichtige Verbindungen zwischen den Praktiken freier wissenschaftlicher Forschung und den Dingen, die wir wertschätzen oder wertschätzen sollten. Zu diesen Dingen gehören nicht nur materieller Wohlstand, Gesundheit und die übrigen mit der Hoffnung auf baconischen Nutzen verknüpften Ziele. Zu diesen Dingen gehören Genuss und Freude an der Erkenntnis unserer Welt und unserer Stellung in ihr. Zu diesen Dingen gehört auch unsere Fähigkeit, unsere eigene Konzeption vom gelungenen Leben auf reflektierte Weise zu entwickeln und zu verfolgen. Zu diesen Dingen gehört ebenso die Pflege einer epistemischen Kultur der Unvoreingenommenheit, der neugierigen Offenheit und der besonnenen Urteilszurückhaltung, bis ausreichend Belege vorliegen. Und zu diesen Dingen gehört die Ermächtigung von Bürgern eines politischen Gemeinwesens, auf wohlinformierte Weise politische Präferenzen ausbilden zu können.

Die unterschiedlichen Arten und Weisen, auf welche die verschiedenen Begründungen die Verbindungen zu diesen bedeutenden Gütern herstellen, bedingen Unterschiede in Bedeutung und Gewicht der durch sie jeweils etablierbaren Forschungsfreiheitsformen für konkrete Kontroversen. Dabei lassen sich die drei Begründungen nicht in eine einfache Reihenfolge entsprechend ihrer »Stärkegrade« bringen – dazu sind ihre Abweichungen hinsichtlich der verschiedenen Dimensionen von Freiheit zu komplex. Die private Forschungsfreiheit, die durch das Argument aus Autonomiegründen gestützt werden kann, ist hinsichtlich der von ihr potenziell abgedeckten Forschungsinhalte unbegrenzt, dafür kann sie aber nur als eine individuelle Freiheit der Ziele verstanden werden. Selbst hinsichtlich dieser sind Begrenzungen nach Abwägung gegen die Autonomie anderer und gegen bedeutende

Werte, die sich nicht auf persönliche Autonomie zurückführen lassen, möglich. Die erkenntnistheoretische Begründung kann dagegen auch eine Freiheit der Mittel rechtfertigen, bei der einzelne Forscher (und Forschungsgruppen) in methodologischer Freiheit und bedingter Freiheit der Fragestellung auch auf (durch die politische Gemeinschaft verfügbar gemachte) Ressourcen zurückgreifen dürfen sollten. Allerdings ist diese (ebenfalls individuell getragene) Mikroautonomie der Forscher in noch stärkerem Maße abzuwägen als die private Forschungsfreiheit, denn ihr Wert ist immer nur relativ zum Wert der jeweiligen Erkenntnisziele für die politische Gemeinschaft. Die politische Begründung ist die einzige, bei der auch ein kollektives Freiheitssubjekt in Frage kommt. Die durch sie begründbare Trennung der Wissenschaft von den (anderen) politischen Gewalten kann so verstanden werden, dass es ganze wissenschaftliche Disziplinen sind, die unabhängig genug sein müssen, um eine Lenkung der Forschung auf bestimmte Ergebnisse hin auszuschließen. Dazu ist *auch* eine gewisse Freiheit der Mittel erforderlich, die jedoch nur proportional zur politischen Relevanz des jeweiligen Forschungsbereichs gewährt werden kann. Bei Abwägungen und Begrenzungen politisch begründeter Forschungsfreiheit (insbesondere im Sinne einer bloßen Freiheit der Ziele) ist besondere Vorsicht geboten; grundsätzlich möglich sind sie aber durchaus – insbesondere, wenn die Forschungsfreiheit in Konkurrenz zu anderen Voraussetzungen des demokratischen Prozesses oder zu individuellen Rechten tritt.[107]

Die Forschungsfreiheit, so hat sich gezeigt, hat in *allen* ihren Formen eine instrumentelle Bedeutung für wichtige Güter. Einschränkungen – auch dort, wo sie nach Abwägung aller relevanten Faktoren gerechtfertigt sind – gehen oft zu Lasten eines oder mehrerer dieser Güter. Leichtfertig aufgegeben werden sollte Forschungsfreiheit deshalb nie.

107 Für einen genaueren Vergleich dieser verschiedenen Formen der Forschungsfreiheit siehe oben, Abschnitt 13.1.

Literaturverzeichnis

Abels, Gabriele, Alfons Bora, *Demokratische Technikbewertung*, Bielefeld: Transcript 2004.

Ach, Johann S., Bettina Schöne-Seifert, Ludwig Siep, »Totipotenz und Potentialität. Zum moralischen Status von Embryonen bei unterschiedlichen Varianten der Gewinnung humaner embryonaler Stammzellen«, in: *Jahrbuch für Wissenschaft und Ethik* 11 (2006), S. 261-321.

Adam, Matthias, »Promoting Disinterestedness or Making Use of Bias? Interests and Moral Obligation in Commercialized Research«, in: Martin Carrier, Don Howard u. Janet Kourany (Hg.), *The Challenge of the Social and the Pressure of Practice. Science and Values Revisited*, Pittsburgh: University of Pittsburgh Press 2008, S. 235-254.

–, Martin Carrier, Torsten Wilholt, »How to Serve the Customer and Still Be Truthful. Methodological Characteristics of Applied Research«, in: *Science and Public Policy* 33 (2006), S. 435-444.

–, Torsten Wilholt, »Unternehmensforschung – Zum Verhältnis öffentlicher und privater Wissensproduktion«, in: Peter Weingart, Martin Carrier, Wolfgang Krohn (Hg.), *Nachrichten aus der Wissensgesellschaft. Analysen zur Veränderung von Wissenschaft*, Weilerswist: Velbrück 2007, S. 55-71.

Adams, John, »A Dissertation on the Canon and the Feudal Law«, in: Robert J. Taylor (Hg.), *The Papers of John Adams*, Bd. 1, Boston: Massachusetts Historical Society 1977, S. 120-121.

Agazzi, Evandro, »Responsibility. The Genuine Ground for the Regulation of a Free Science«, in: William Shea, Beat Sitter (Hg.), *Scientists and their Responsibility*, Canton: Watson 1989, S. 203-219.

Alston, Mary Niven, »The Attitude of the Church Towards Dissection Before 1500«, in: *Bulletin of the History of Medicine* 16 (1944), S. 221-238.

Alston, William, *A Realist Conception of Truth*, Ithaca: Cornell University Press 1996.

Anscombe, G. Elizabeth M., *Intention*, 2. Aufl., Oxford: Blackwell 1963 (dt.: *Absicht*, Berlin: Suhrkamp 2011).

Aristoteles, *Aristotelis ethica Eudemia*, hg. v. Franz Susemihl, Leipzig: Teubner 1884.

–, *Aristotle's Metaphysics*, hg. v. W. D. Ross, Oxford: Clarendon 1924.

–, *Ethica Nicomachea*, hg. v. Ingram Bywater, Oxford: Clarendon 1894.

–, *Metaphysik*, übers. v. Franz F. Schwarz, Stuttgart: Reclam 1970.

–, *Die Nikomachische Ethik*, übers. von Olof Gigon, München: Deutscher Taschenbuch Verlag 1991.

Arrow, Kenneth, »Economic Welfare and the Allocation of Resources for

Invention«, in: Richard R. Nelson (Hg.), *The Rate and Direction of Inventive Activity. Economic and Social Factors*, Princeton: Princeton University Press 1962, S. 609-625.

Attorney General of the State of California, »Text of Proposed Laws. Proposition 71«, ⟨vote2004.ss.ca.gov/voterguide/propositions/prop71text.pdf⟩, letzter Zugriff 13.9.2011.

Augustinus, *De civitate dei*, hg. v. Bernardus Dombart, Leipzig: Teubner 1905.

Bacon, Francis, *Meditationes Sacrae,* in: James Spadding, Robert Leslie Ellis, Douglas Denon Heath (Hg.), *The Works of Francis Bacon*, Bd. 7, Faksimile Neudr., Stuttgart-Bad Cannstatt: Frommann & Holzboog 1963, S. 227-242.

–, *New Atlantis*, in: James Spadding, Robert Leslie Ellis, Douglas Denon Heath (Hg.), *The Works of Francis Bacon*, Bd. 3, Faksimile Neudr., Stuttgart-Bad Cannstatt: Frommann & Holzboog 1963, S. 119-166.

–, *Novum Organum*, in: James Spadding, Robert Leslie Ellis, Douglas Denon Heath (Hg.), *The Works of Francis Bacon*, Bd. 1, Faksimile Neudr., Stuttgart-Bad Cannstatt: Frommann & Holzboog 1963, S. 119-365.

Baltimore, David, »Limiting Science. A Biologist's Perspective«, in: *Daedalus* 107 (1978), S. 37-45.

Barber, Bernard, *Science and the Social Order*, Neudr., New York: Collier 1962.

Barnes, Barry, *Interests and the Growth of Knowledge*, London: Routledge & Kegan Paul 1977.

Baumol, William J., »Public Support for the Arts«, in: *Columbia Journal of Art and the Law* 9 (1985), S. 214-228.

Bayertz, Kurt, »Drei Argumente für die Freiheit der Wissenschaft«, in: *Archiv für Rechts- und Sozialphilosophie* 86 (2000), S. 303-326.

Beckmann, Jan P., »Zur gegenwärtigen Diskussion um eine Novellierung des Stammzellgesetzes aus ethischer Sicht«, in: *Jahrbuch für Wissenschaft und Ethik* 12 (2007), S. 191-216.

Bekelman, Justin E. u. a., »Scope and Impact of Financial Conflicts of Interest in Biomedical Research. A Systematic Review«, in: *Journal of the American Medical Association* 289 (2003), S. 454-465.

Bergström, Lars, »Notes on the Value of Science«, in: Dag Prawitz u. a. (Hg.), *Logic, Methodology and Philosophy of Science IX*, Amsterdam: Elsevier 1994, S. 499-522.

–, »On the Value of Scientific Knowledge«, in: *Grazer philosophische Studien* 30 (1987), S. 53-63.

Berlin, Isaiah, »Two Concepts of Liberty«, in: ders., *Four Essays on Liberty*, London: Oxford University Press 1969, S. 118-172 (dt.: »Zwei Freiheitsbegriffe«, in: ders., *Freiheit: Vier Versuche*, Frankfurt/M.: Fischer 1995).

Bernal, John D., *Science in History*, 4 Bde., 3. Aufl., Cambridge/Mass.: MIT Press 1971 (dt.: *Die Sozialgeschichte der Wissenschaften*, 4 Bde., Reinbek bei Hamburg: Rowohlt 1978).

–, *The Social Function of Science*, Neudr., Cambridge/Mass.: MIT Press 1967 (dt.: *Die soziale Funktion der Wissenschaften*, Berlin: Akademie Verlag 1986).

Beseler, Georg, »Zur Beurtheilung der sieben Göttinger Professoren und ihrer Sache«, in: ders., *Erlebtes und Erstrebtes. 1809-1859*, Berlin: Hertz 1884.

Beyerchen, Alan D., *Scientists under Hitler. Politics and the Physics Community in the Third Reich*, New Haven: Yale University Press 1977 (dt.: *Wissenschaftler unter Hitler. Physiker im Dritten Reich*, Ungek. Ausg., Frankfurt/M.: Ullstein 1982).

Biddle, Justin, Eric Winsberg, »Value Judgments and the Estimation of Uncertainty in Climate Modeling«, in: P.D. Magnus, Jacob Busch (Hg.), *New Waves in the Philosophy of Science*, New York: Palgrave MacMillan, 2010, S. 172-197.

Bimber, Bruce, David H. Guston, »Politics by the Same Means. Government and Science in the United States«, in: Sheila Jasanoff u. a. (Hg.), *The Handbook of Science and Technology Studies*, Thousand Oaks: Sage 1995, S. 554-571.

Bird, Alexander, »What is Scientific Progress?«, in: *Noûs* 41 (2007), S. 64-89.

Block, Ned J., »How Heritability Misleads about Race«, in: *Cognition* 56 (1995), S. 99-128.

–, Gerald Dworkin (Hg.), *The IQ Controversy. Critical Readings*, New York: Pantheon 1976.

Bloor, David, *Knowledge and Social Imagery*, London: Routledge & Kegan Paul 1976.

Blumenthal, David, »Academic-Industrial Relationships in the Life Sciences«, in: *New England Journal of Medicine* 349 (2003), S. 2452-2459.

–, Nancyanne Causino, Eric Campbell, Karen Seashore Louis, »Relationships between Academic Institutions and Industry in the Life Sciences. An Industry Survey«, in: *New England Journal of Medicine* 334 (1996), S. 268-373.

Bohman, James, William Rehg, »Introduction«, in: dies. (Hg.), *Deliberative Democracy: Essays on Reason and Politics*, Cambridge/Mass.: MIT Press 1997, S. ix-xxviii.

Böhme, Gernot, »Die Wissenschaftsfreiheit und ihre Grenzen«, in: Michael Fischer, Heinrich Badura (Hg.), *Politische Ethik II. Bildung und Zivilisation*, Bern: Peter Lang 2006, S. 19-28.

Bok, Derek, *Universities in the Marketplace. The Commercialization of Higher Education*, Princeton: Princeton University Press 2003.

Boleyn-Fitzgerald, Patrick, »Experimentation on Human Subjects«, in: R. G. Frey, Christopher Heath Wellman (Hg.), *A Companion to Applied Ethics*, Oxford: Blackwell 2003, S. 410-423.

Borradori, Giovanna, *The American Philosopher. Conversations with Quine, Davidson, Putnam, Nozick, Danto, Rorty, Cavell, MacIntyre, and Kuhn*, Chicago: University of Chicago Press 1994.

Bradley, Francis H., *The Principles of Logic*, 2. Aufl., Bd. 2, Oxford: Oxford University Press 1922.

Braun, Ernest, »Selected Topics from the History of Semiconductor Physics and Its Applications«, in: Lillian Hoddeson, Ernest Braun, Jürgen Teichmann, Spencer Weart (Hg.), *Out of the Crystal Maze. Chapters from the History of Solid-State Physics*, New York u. a.: Oxford University Press 1992, S. 443-488.

Brennan, Geoffrey, Philip Pettit, »Hands Invisible and Intangible«, in: *Synthese* 94, 1993, S. 191-225.

Bridgman, Percy, »Scientists and Social Responsibility«, in: *The Scientific Monthly* 65 (1947), S. 148-154.

Brimelow, Peter, »For Whom the Bell Tolls«, in: *Forbes* 154, 24. Oktober 1994, S. 153-163.

Brown, James R., »The Community of Science®«, in: Martin Carrier, Don Howard, Janet Kourany (Hg.), *The Challenge of the Social and the Pressure of Practice. Science and Values Revisited*, Pittsburgh: University of Pittsburgh Press 2008, S. 189-216.

–, *Who Rules in Science? An Opinionated Guide to the Wars*, Cambridge/Mass.: Harvard University Press 2001.

Brown, Mark B., *Science in Democracy. Expertise, Institutions, and Representation*, Cambridge/Mass.: MIT Press 2009.

–, David H. Guston, »Science, Democracy, and the Right to Research«, in: *Science and Engineering Ethics* 15 (2009), S. 351-366.

Brush, Stephen G., *The Kind of Motion We Call Heat. A History of the Kinetic Theory of Gases in the 19th Century*, Bd. 1, Amsterdam: North-Holland 1976.

Bundesministerium für Bildung und Forschung, *Bundesbericht Forschung 2004*, Berlin: BMBF 2004.

–, *Bundesbericht Forschung und Innovation 2008*, Berlin: BMBF 2008.

Bundesverfassungsgericht, BVerfGE 35, 79 [»Hochschul-Urteil«] vom 29.5.1973, in: *Entscheidungen des Bundesverfassungsgerichts,* Bd. 35, Tübingen: Mohr 1974, S. 79-148.

Bush, Vannevar, *Science, the Endless Frontier. A Report to the President on a Program for Postwar Scientific Research,* Neudr., Washington: National Science Foundation 1960.

Campanella, Thomas, *Apologia per Galileo*, lateinisch u. italienisch, hg. v. Salvatore Femiano, Mailand: Marzorati 1975.

–, *The Defense of Galileo*, hg. u. übers. v. Grant McColley, Neudr., New York: Arno Press 1975.

Carrier, Martin, »Knowledge, Politics and Commerce. Science under the Pressure of Practice«, in: Martin Carrier, Alfred Nordmann (Hg.), *Boston Studies in the Philosophy of Science;* Bd. 274: *Science in the Context of Application*, Dordrecht: Springer 2010, S. 11-30.

–, »Science in the Grip of the Economy. On the Epistemic Impact of the Commercialization of Research«, in: Martin Carrier, Don Howard, Janet Kourany (Hg.), *The Challenge of the Social and the Pressure of Practice. Science and Values Revisited*, Pittsburgh: University of Pittsburgh Press 2008, S. 217-234.

Carter, Ian, *A Measure of Freedom*, Oxford: Oxford University Press 1999.

Ceci, Stephen, Wendy M. Williams, »Should Scientists Study Race and IQ? Yes: The Scientific Truth Must Be Pursued«, in: *Nature* 457 (2009), S. 788-789.

Charlson, Robert J., Francisco P. J. Valero, John H. Seinfeld, »In Search of Balance«, in: *Science* 308 (2005), S. 806-807.

Cherry, Michael, »South Africa Turns to Research in the Hope of Settling AIDS Policy«, in: *Nature* 405 (2000), S. 105-106.

Churchman, C. West, *Theory of Experimental Inference*, New York: Macmillan 1948.

Coehoorn, Reinder, »Twenty Years of Magnetism Research at the Philips Research Laboratories (1983-2003)«, in: Bart H. Huisman, Frits Dijksman (Hg.), *From Physics to Devices. A Survey of Materials Research at Philips Research Laboratories Eindhoven*, Eindhoven: Royal Philips Electronics 2004, S. 109-144.

Cohen, Joshua, »Deliberation and Democratic Legitimacy«, in: Alan Hamlin, Philip Pettit (Hg.), *The Good Polity. Normative Analysis of the State*, Oxford: Blackwell 1989, S. 17-34.

–, »Procedure and Substance in Deliberative Democracy«, in: Seyla Benhabib (Hg.), *Democracy and Difference. Contesting the Boundaries of the Political*, Princeton: Princeton University Press 1996, S. 95-119.

–, Review of Robert A. Dahl: Democracy and its Critics, in: *Journal of Politics* 53 (1991), S. 221-225.

Collins, Harry, *Changing Order. Replication and Induction in Scientific Practice*, London: Sage 1985.

Condorcet, Marie Jean Antoine Nicolas Caritat Marquis de, »Rapport et projet de décret sur l'organisation générale de l'instruction publique«, in: A. Condorcet O'Connor, M. F. Arago (Hg.), *Œuvres de Condorcet*, Bd. 7, Neudr., Stuttgart-Bad Cannstatt: Frommann 1968, S. 449-573.

–, *Entwurf einer historischen Darstellung der Fortschritte des menschlichen Geistes*, hg. von Wilhelm Alff, Frankfurt/M.: Suhrkamp 1976.

–, *Esquisse d'un tableau historique des progrès de l'esprit humain*, in: A. Condorcet O'Connor, M. F. Arago (Hg.), *Œuvres de Condorcet*, Bd. 6, Neudr., Stuttgart-Bad Cannstatt: Frommann 1968, S. 11-276.

Dahl, Robert A., *Democracy and its Critics*, New Haven: Yale University Press 1989.

–, *A Preface to Democratic Theory*, Chicago: University of Chicago Press 1956.

Dahlmann, Friedrich Christoph, »Die Zukunft unserer Universitäten«, in: *F. C. Dahlmann's kleine Schriften und Reden*, Stuttgart: Cotta 1886, S. 236-242.

–, *Die Politik*, hg. v. Wilhelm Bleek, Frankfurt/M.: Insel 1997.

Daley, George Q., »Cloning and Stem Cells – Handicapping the Political and Scientific Debates«, in: *New England Journal of Medicine* 349 (2003), S. 211-212.

Davidson, Richard A., »Source of Funding and Outcome of Clinical Trials«, in: *Journal of General Internal Medicine* 1 (1986), S. 155-158.

Degginger, Andrea, »Freedom of Research and Basic Rights«, in: William Shea, Beat Sitter (Hg.), *Scientists and Their Responsibility*, Canton: Watson 1989, S. 241-248.

Deichmann, Ute, *Biologen unter Hitler. Vertreibung, Karrieren, Forschung*, Frankfurt/M.: Campus 1992.

Delgado, Richard, David Millen, »God, Galileo, and Government. Toward Constitutional Protection of Scientific Inquiry«, in: *Washington Law Review* 53 (1978), S. 349-404.

Descartes, René, *Discours de la méthode*, in: Charles Adam, Paul Tannery (Hg.), *Œuvres de Descartes*, Bd. VI, Paris: Vrin 1965 (dt.: *Abhandlung über die Methode*, in: Artur Buchenau (Hg.), *Philosophische Werke*, Bd. 1, 4. Aufl., Leipzig: Meiner 1922).

–, *Epistola Renati Des Cartes ad celeberrimum virum D. Gisbertum Voetium*, in: Charles Adam, Paul Tannery (Hg.), *Œuvres de Descartes*, Bd. VIII-2, Paris: Vrin 1965, S. 1-194.

–, *Les Principes de la philosophie*, in: Charles Adam, Paul Tannery (Hg.), *Œuvres de Descartes*, Bd. IX-2, Paris: Vrin 1978 (dt.: *Die Prinzipien der Philosophie*, in: Artur Buchenau [Hg.], *Philosophische Werke*, Bd. 2, 4. Aufl., Leipzig: Meiner 1922).

Deutsche Forschungsgemeinschaft, *Forschungsfreiheit. Ein Plädoyer für bessere Rahmenbedingungen der Forschung in Deutschland*, Weinheim: VCH 1996.

Dewey, John, *Freedom and Culture*, in: ders., *The Later Works, 1925-1953*,

Bd. 13: 1938-1939, hg. v. Jo Ann Boydston, Carbondale: Southern Illinois University Press 1988, S. 64-189 (dt.: *Freiheit und Kultur, John Dewey Reihe*, Bd. 3, Zürich: Pestalozziarum 2003).

–, *The Public and Its Problems*, in: ders., *The Later Works, 1925-1953*, Bd. 2: 1925-1927, hg. v. Jo Ann Boydston, Carbondale: Southern Illinois University Press 1984, S. 235-372 (dt.: *Die Öffentlichkeit und ihre Probleme*, Bodenheim: Philo, 1996).

–, »Science and Society«, in: ders., *The Later Works, 1925-1953*, Bd. 6: 1931-1932, hg. v. Jo Ann Boydston, Carbondale: Southern Illinois University Press 1985, S. 50-63 (dt.: »Wissenschaft und Gesellschaft«, in: *Philosophie und Zivilisation*, Frankfurt/M.: Suhrkamp 2003, S. 310-322).

Dickert, Thomas, *Naturwissenschaften und Forschungsfreiheit*, Berlin: Duncker & Humblot 1991.

Douglas, Heather, »Border Skirmishes Between Science and Policy. Autonomy, Responsibility, and Values«, in: Peter Machamer, Gereon Wolters (Hg.), *Science, Values and Objectivity*, Pittsburgh: University of Pittsburgh Press 2004, S. 220-244.

–, »Inductive Risk and Values in Science«, in: *Philosophy of Science* 67 (2000), S. 559-579.

–. »Inserting the Public into Science«, in: Sabine Maasen, Peter Weingart (Hg.), *Democratization of Expertise? Exploring Novel Forms of Scientific Advice in Political Decision-Making*, Berlin: Springer 2005, S. 153-169.

–, »The Moral Responsibilities of Scientists. Tensions between Autonomy and Responsibility«, in: *American Philosophical Quarterly* 40 (2003), S. 59-68.

Droysen, Johann Gustav (Hg.), *Die Verhandlungen des Verfassungs-Ausschusses der deutschen Nationalversammlung*, Leipzig: Weidmann 1849.

Dummett, Michael, »Ought Research to Be Unrestricted?«, in: *Grazer philosophische Studien* 12/13 (1981), S. 281-298.

–, *Truth and Other Enigmas*, Cambridge/Mass.: Harvard University Press 1978.

Dupré, John, *The Disorder of Things. Metaphysical Foundations of the Disunity of Science*, Cambridge/Mass.: Harvard University Press 1993.

»The Durban Declaration«, [o. A.], in: *Nature* 406 (2000), S. 15-16.

Dutfield, Graham, »DNA Patenting, Implications for Public Health Research«, in: *Bulletin of the Word Health Organization* 84 (2006), S. 388-392.

Dworkin, Gerald, *The Theory and Practice of Autonomy*, Cambridge: Cambridge University Press 1988.

Dworkin, Ronald, *A Matter of Principle*, Cambridge/Mass.: Harvard University Press 1985.

Eisenberg, Rebecca S., »Bargaining over the Transfer of Proprietary Research Tools. Is this Market Failing or Emerging?«, in: Rochelle Dreyfuss u. a. (Hg.), *Expanding the Boundaries of Intellectual Property. Innovation Policy for the Knowledge Society*, Oxford: Oxford University Press 2001, S. 223-249.

Elliott, Kevin, »An Ironic *Reductio* for a ›Pro-Life‹ Argument. Hurlbut's Proposal for Stem Cell Research«, in: *Bioethics* 21 (2007), S. 98-110.

Ernst, Gerhard, *Die Objektivität der Moral*, Paderborn: Mentis 2008.

Estlund, David, »Introduction. Epistemic Approaches to Democracy«, in: *Episteme* 5 (2008), S. 1-4.

»Etat der Staatsoper wird um Millionen erhöht«, [o. A.], in: *Der Tagesspiegel*, 10. November 2007.

Etzkowitz, Henry, Andrew Webster, Christiane Gebhardt, Branca Regina Cantisano Terra, »The Future of the University and the University of the Future. Evolution of Ivory Tower to Entrepreneurial Paradigm«, in: *Research Policy* 29 (2000), S. 313-330.

Farber, Daniel, »Free Speech without Romance. Public Choice and the First Amendmend«, in: *Harvard Law Review* 105 (1991), S. 554-583.

Fehér, Márta, »Science and Liberalism. Michael Polanyi on the Freedom of Science«, *Polanyiana* 5 (1996), S. 47-62.

Feinberg, Joel, *The Moral Limits of the Criminal Law*, Bd. 3: Harm to Self, New York: Oxford University Press 1986.

–, *Social Philosophy*, Englewood Cliffs: Prentice-Hall 1973.

Feyerabend, Paul K., *Erkenntnis für freie Menschen*, veränd. Ausg., Frankfurt/M.: Suhrkamp 1980.

–, *Probleme des Empirismus*, Braunschweig: Vieweg 1981.

–, *Wider den Methodenzwang*, 4. Aufl., Frankfurt/M.: Suhrkamp 1993.

Feynman, Richard, *The Pleasure of Finding Things Out*, Cambridge/Mass.: Perseus Books 1999 (dt.: *Es ist so einfach: Vom Vergnügen, Dinge zu entdecken*, hg. v. Jeffrey Robbins, München: Piper 2001).

Fichte, Johann Gottlieb, *Zurückforderung der Denkfreiheit von den Fürsten Europens, die sie bisher unterdrückten*, in: Reinhard Lauth, Hans Jacob (Hg.), *J. G. Fichte-Gesamtausgabe*, Bd. I-1, Stuttgart-Bad Cannstatt: Frommann 1964, S. 163-192.

Fine, Arthur, »The Viewpoint of No-One in Particular«, in: *Proceedings and Addresses of the American Philosophical Association* 72 (1998), S. 9-20.

Finnis, John M., »Scepticism, Self-Refutation, and the Good of Truth«, in: P.M.S. Hacker, Joseph Raz (Hg.), *Law, Morality, and Society. Essays in Honour of H.L.A. Hart*, Oxford: Clarendon 1977, S. 247-267.

Fischer, Claude S., Michael Hout, Martin Sanchez Jankowski, Samuel R. Lucas, Ann Swidler, Kim Voss, *Inequality by Design: Cracking the Bell Curve Myth*, Princeton: Princeton University Press 1996.

Fischer, Klaus, *Galileo Galilei*, München: Beck 1983.

Forero-Pineda, Clemente, »The Impact of Stronger Intellectual Property Rights on Science and Technology in Developing Countries«, in: *Research Policy* 35 (2006), S. 808-824.

Fraser, Steven (Hg.), *The Bell Curve Wars. Race, Intelligence, and the Future of America*, New York: Basic Books 1995.

French, Andrew J., Catharine A. Adams, Linda S. Anderson, John R. Kitchen, Marcus R. Hughes, Samuel H. Wood, »Development of Human Cloned Blastocysts Following Somatic Cell Nuclear Transfer with Adult Fibroblasts«, in: *Stem Cells* 26 (2008), S. 485-493.

Friedman, Paul J., »The Impact of Conflict of Interest on Trust in Science«, in: *Science and Engineering Ethics* 8 (2002), S. 413-420.

Fröbel, Julius, *System der socialen Politik*, [2. Aufl. der »Neuen Politik«], 2 Bde., Leipzig: Verlagsbureau 1850.

Fuerstein, Michael, »Epistemic Democracy and the Social Character of Knowledge«, in: *Episteme* 5 (2008), S. 74-93.

Funtowicz, Silvio O., Jerome R. Ravetz, »Risk Management, Post-Normal Science and Extended Peer Communities«, in: Christopher J. Hood, David K.C. Jones (Hg.), *Accident and Design. Contemporary Debates in Risk Management*, London: UCL Press 1996, S. 172-181.

Galilei, Galileo, »Letter to the Grand Duchess Christina«, in: *Discoveries and Opinions of Galileo*, hg. u. übers. v. Stillman Drake, New York: Anchor Books 1957, S. 173-216 (dt.: *Lettera a Cristina di Lorena*, italienisch – deutsch (= Brief an Christine von Lothringen), übers. v. Thomas Steinhauser, hg. u. kommentiert v. Michael Titzmann, Passau: Stutz 2008).

–, *Le Opere di Galileo Galilei*, hg. v. Antonio Favaro u. a., Bd. 5, Florenz: Barbèra 1968.

Gärdenfors, Peter, »Is There Anything We Should Not Want to Know?«, in: Jens-Erik Fenstad, Ivan T. Frolov, Risto Hilpinen (Hg.), *Logic, Methodology and Philosophy of Science VIII*, Amsterdam: Elsevier 1989, S. 63-78.

Geison, Gerald L., *The Private Science of Louis Pasteur*, Princeton: Princeton University Press 1995.

Generalversammlung der Vereinten Nationen, »Allgemeine Erklärung der Menschenrechte«, ⟨www.ohchr.org/EN/UDHR/Pages/Language.aspx?LangID=ger⟩, letzter Zugriff 13. 9. 2011.

Goldman, Alvin I., *Knowledge in a Social World*, Oxford: Oxford University Press 1999.

–, James C. Cox, »Speech, Truth, and the Free Market for Ideas«, in: *Legal Theory* 2 (1996), S. 1-32.

Gould, Stephen Jay, »Curveball«, in: Steven Fraser (Hg.), *The Bell Curve Wars. Race, Intelligence, and the Future of America*, New York: Basic Books 1995, S. 11-22.

–, *The Mismeasure of Man*, New York: Norton 1981.

Graham, Loren R., *Between Science and Values*, New York: Columbia University Press 1981.

–, »Concerns about Science and Attempts to Regulate Inquiry«, in: *Daedalus* 107 (1978), S. 1-21.

Greene, Brian R., *The Elegant Universe. Superstrings, Hidden Dimensions, and the Quest for the Ultimate Theory*, 2. Aufl., New York: Norton 2003 (dt.: *Das elegante Universum. Superstrings, verborgene Dimensionen und die Suche nach der Weltformel*, Berlin: Siedler 2000).

Grice, Paul, *Studies in the Way of Words*, Cambridge/Mass.: Harvard University Press 1989.

Groß, Thomas, *Die Autonomie der Wissenschaft im europäischen Rechtsvergleich*, Baden-Baden: Nomos 1992.

Gundling, Nicolas, »De Libertate Fridericianae«, in: *Clarrissimorum virorum orationes selectae*, hg. v. Johann Erhard Kapp, Leipzig: Martini 1722, S. 803-836.

Guston, David H., *Between Politics and Science. Assuring the Integrity and Productivity of Research*, Cambridge: Cambridge University Press 2000.

–, »Forget Politicizing Science. Let's Democratize Science!«, in: *Issues in Science and Technology*, Fall 2004, S. 25-28.

Guyer, Paul, »The Value of Reason and the Value of Freedom«, in: *Ethics* 109 (1998), S. 22-35.

Habermas, Jürgen, *Die Einbeziehung des Anderen. Studien zur politischen Theorie*, 2. Aufl., Frankfurt/M.: Suhrkamp 1997.

–, *Faktizität und Geltung. Beiträge zur Diskurstheorie des Rechts und des demokratischen Rechtsstaats*, 4. Aufl., Frankfurt/M.: Suhrkamp 1994.

Hagendijk, Rob, Peter Healey, Maja Horst, Alan Irwin, *Science, Technology and Governance in Europe. Challenges of Public Engagement*, STAGE Final Report, Bd. 1, 2005, ⟨www.stage-research.net/STAGE/documents/STAGE_Final_Report_final.pdf⟩, letzter Zugriff 13. 9. 2011.

Hands, D. Wade, »Caveat Emptor. Economics and Contemporary Philosophy of Science«, in: *Philosophy of Science* 64 (1997), S. S107-S116.

–, »Social Epistemology Meets the Invisible Hand. Kitcher on the Advancement of Science«, in: *Dialogue* 34 (1995), S. 605-621.

Hayek, Friedrich, »The Use of Knowledge in Society«, in: *American Economic Review* 35 (1945), S. 519-530.

Heller, Michael A., Rebecca S. Eisenberg, »Can Patents Deter Innovation? The Anticommons in Biomedical Research«, in: *Science* 280 (1998), S. 698-701.

Hempel, Carl, »Science and Human Values«, in: ders., *Aspects of Scientific Explanation*, New York: Free Press 1965, S. 81-96.

Herrnstein, Richard J., Charles Murray, *The Bell Curve. Intelligence and Class Structure in American Life*, New York: Free Press 1994.

Hilgartner, Stephen, »Mapping Systems and Moral Order. Constituting Property in Genome Laboratories«, in: Sheila Jasanoff (Hg.), *States of Knowledge. The Co-Production of Science and Social Order*, London: Routledge 2004, S. 131-141.

Hollinger, David A., »Free Enterprise and Free Inquiry. The Emergence of Laissez-Faire Communitarianism in the Ideology of Science in the United States«, in: *New Literary History*, 21 (1990), S. 897-919.

Holm, Søren, »Going to the Roots of the Stem Cell Controversy«, in: *Bioethics* 16 (2002), S. 493-507.

Horwich, Paul, *Truth*, Oxford: Blackwell 1990.

–, »The Value of Truth«, in: *Noûs* 40 (2006), S. 347-360.

–, »The Value of Truth«, in: ders., *Truth, Meaning, Reality*, Oxford: Oxford University Press 2010, S. 57-77.

Hoyningen-Huene, Paul, *Reconstructing Scientific Revolutions. Thomas S. Kuhn's Philosophy of Science*, Chicago: University of Chicago Press 1993.

–, »Systematicity. The Nature of Science«, *Philosophia (Israel)* 36 (2008), S. 167-180.

Hübner, Rudolf (Hg.), *Aktenstücke und Aufzeichnungen zur Geschichte der Frankfurter Nationalversammlung aus dem Nachlaß von Johann Gustav Droysen*, Neudr., Osnabrück: Biblio Verlag 1967.

Hull, David L., *Science as a Process. An Evolutionary Account of the Social and Conceptual Development of Science*, Chicago: University of Chicago Press 1988.

Humboldt, Wilhelm von, *Ideen zu einem Versuch, die Gränzen der Wirksamkeit des Staats zu bestimmen*, in: ders., *Werke in fünf Bänden*, Bd. 1, hg. v. Andreas Flitner, Klaus Giel, 4. Aufl., Darmstadt: Wissenschaftliche Buchgesellschaft 2002, S. 56-233.

–, »Ueber die innere und äussere Organisation der höheren wissenschaftlichen Anstalten in Berlin«, in: ders., *Werke in fünf Bänden*, Bd. 4, hg. v. Andreas Flitner, Klaus Giel, 6. Aufl., Darmstadt: Wissenschaftliche Buchgesellschaft 2002, S. 255-266.

Husserl, Edmund, *Die Krisis der europäischen Wissenschaften und die transzendentale Phänomenologie*, hg. v. Elisabeth Ströker, Hamburg: Meiner 1977.

IIT Research Institute, *Technology in Retrospect and Critical Events in Science*, 2 Bde., Chicago: IIT Research Institute 1968-1969.

Institut für Museumskunde, *Eintrittspreise von Museen und Ausgabeverhalten von Museumsbesuchern*, (= *Materialien aus dem Institut für Museumskunde*, Heft 46), Berlin: Institut für Museumskunde 1996.

Ireland, Thomas R., »The Relevance of Race Research«, in: *Ethics* 84 (1974), S. 140-145.

Irwin, Alan, *Citizen Science. A Study of People, Expertise and Sustainable Development*, London: Routledge 1995.

Jasanoff, Sheila (Hg.), *States of Knowledge. The Co-Production of Science and Social Order*, London: Routledge 2004.

Jefferson, Thomas, *The Writings of Thomas Jefferson*, hg. v. Paul Leicester Ford, Bd. 7, New York: G. P. Putnam's Sons 1896, Bd. 9, 1898 u. Bd. 10, 1899.

–, *The Writings of Thomas Jefferson.*, hg. v. Andrew A. Lipscomb, Albert E. Bergh u. a., Bd. 15, Washington, D.C.: Thomas Jefferson Memorial Association 1907.

Jensen, Arthur R., »How Much Can We Boost IQ and Scholastic Achievement?«, in: *Harvard Educational Review* 39 (1969), S. 1-123.

Johannes Paul II, »Schreiben an den apostolischen Nuntius in Polen anläßlich der internationalen Konferenz zum Thema ›Der Interessenkonflikt und seine Bedeutung in Wissenschaft und Medizin‹«, 25. März 2002, ⟨www.vatican.va/holy_father/john_paul_ii/letters/2002/documents/hf_jp-ii_let_20020411_conference-poland_ge.html⟩, letzter Zugriff 13. 9. 2011.

Jonas, Hans, »Freiheit der Forschung und öffentliches Wohl«, in: Oskar Schatz (Hg.), *Brauchen wir eine andere Wissenschaft? X. Salzburger Humanismusgespräch*, Graz: Styria 1981, S. 101-116.

–, *Das Prinzip Verantwortung*, Frankfurt/M.: Insel 1979.

–, »Wissenschaft und Forschungsfreiheit. Ist erlaubt, was machbar ist?«, in: Hans Lenk (Hg.), *Wissenschaft und Ethik*, Stuttgart: Reclam 1992, S. 193-214.

Kannengießer, Christoph, »Art. 5«, in: Hans Hofmann, Axel Hopfauf (Hg.), *GG. Kommentar zum Grundgesetz*, 11. Aufl., Köln: Carl Heymanns 2008, S. 245-264.

Kant, Immanuel, »Beantwortung der Frage: Was ist Aufklärung?«, in: ders., *Was ist Aufklärung? Ausgewählte kleine Schriften*, hg. v. Horst D. Brandt, Hamburg: Meiner 1999, S. 20-27.

–, *Grundlegung zur Metaphysik der Sitten*, hg. v. Karl Vorländer, Hamburg: Meiner 1965.

–, »Kants Naturrecht gelesen im winterhalben Jahre 1784« [»Naturrecht Feyerabend«], in: *Kant's gesammelte Schriften*, Bd. 27, hg. v. d. Akademie der Wissenschaften der DDR, Berlin: de Gruyter 1979, S. 1317-1394.

–, *Kritik der reinen Vernunft*, hg. v. Raymund Schmidt, Hamburg: Meiner 1990.

–, *Metaphysik der Sitten*, hg. v. Bernd Ludwig, 2 Bde., Hamburg: Meiner 1990.

–, *Der Streit der Fakultäten*, hg. v. Horst D. Brandt, Piero Giordanetti, Hamburg: Meiner 2005.

–, »Über den Gemeinspruch. Das mag in der Theorie richtig sein, taugt aber nicht für die Praxis«, in: ders., *Über den Gemeinspruch. Das mag in der Theorie richtig sein, taugt aber nicht für die Praxis. Zum ewigen Frieden*, hg. v. Heiner F. Klemme, Hamburg: Meiner 1992, S. 1-48.

–, »Zum ewigen Frieden«, in: ders., *Über den Gemeinspruch. Das mag in der Theorie richtig sein, taugt aber nicht für die Praxis. Zum ewigen Frieden*, hg. v. Heiner F. Klemme, Hamburg: Meiner 1992, S. 51-103.

Kass, Leon, »Forbidding Science. Some Beginning Reflections«, in: *Science and Engineering Ethics* 15 (2009), S. 271-282.

Kaufmann, Georg, *Die Lehrfreiheit an den deutschen Universitäten im neunzehnten Jahrhundert*, Leipzig: Hirzel 1898.

Kenney, Martin, *Biotechnology. The University-Industrial Complex*, New Haven: Yale University Press 1986.

Kepler, Johannes, *Tertius interveniens*, in: ders., *Gesammelte Werke*, Bd. 4, hg. v. Max Caspar, Franz Hammer, München: Beck 1941, S. 145-258.

Kerker, Milton, »Sadi Carnot and the Steam Engine Engineers«, in: *Isis* 51 (1960), S. 257-270.

Kevles, Daniel J., »The National Science Foundation and the Debate over Postwar Research Policy, 1942-1945. A Political Interpretation of Science – The Endless Frontier«, in: *Isis* 68 (1977), S. 5-26.

King, Ralph, »How a Drug Firm Paid for University Study, Then Undermined It«, in: *Wall Street Journal*, 25. April 1996, S. 1.

Kitcher, Philip, *The Advancement of Science. Science without Legend, Objectivity without Illusions*, New York: Oxford University Press 1993.

–, »An Argument About Free Inquiry«, in: *Noûs* 31 (3), 1997, S. 279-306.

–, »The Division of Cognitive Labor«, in: *Journal of Philosophy* 87 (1990), S. 5-22.

–, *The Lives to Come. The Genetic Revolution and Human Possibilities*, erw. Aufl., New York: Touchstone 1997.

–, »On the Autonomy of the Sciences«, in: *Philosophy Today* 48 (2004), S. 51-57.

–, »Science, Religion, and Democracy«, in: *Episteme* 5 (2008), S. 5-18.

–, *Science, Truth, and Democracy*, New York: Oxford University Press 2001.

Koch, Rainer, *Demokratie und Staat bei Julius Fröbel. 1805-1893. Liberales Denken zwischen Naturrecht und Sozialdarwinismus*, Wiesbaden: Steiner 1978.

Kohler, Alfred, *Columbus und seine Zeit*, München: Beck 2006.

Kornberg, Arthur, »Understanding Life as Chemistry«, in: *Clinical Chemistry* 37 (1991), S. 1895-1899.

Kourany, Janet A., *The Gender of Science*, Englewood Cliffs: Prentice Hall 2002.

–, »A Philosophy of Science for the Twenty-First Century«, in: *Philosophy of Science* 70 (2003), S. 1-14.

–, »Replacing the Ideal of Value-Free Science«, in: Martin Carrier, Don Howard, Janet Kourany (Hg.), *The Challenge of the Social and the Pressure of Practice. Science and Values Revisited*, Pittsburgh: University of Pittsburgh Press 2008, S. 87- 111.

–, »Socially Responsible Directions for Philosophy of Science«, in: Cassandra L. Pinnick, Noretta Koertge, Robert F. Almeder (Hg.), *Scrutinizing Feminist Epistemology. An Examination of Gender in Science*, New Brunswick: Rutgers University Press 2003, S. 202-221.

Krauss, Lawrence, »Worth Every Penny«, in: *The Guardian*, 30. Juni 2008.

Krimsky, Sheldon, *Science in the Private Interest. Has the Lure of Profits Corrupted Biomedical Research?* Lanham: Rowman and Littlefield 2003.

Kuhn, Thomas S., »Objectivity, Value Judgment, and Theory Choice«, in: ders., *The Essential Tension*, Chicago: University of Chicago Press 1977, S. 320-339.

–, *The Structure of Scientific Revolutions*, 3. Aufl., Chicago: University of Chicago Press 1996 (dt.: *Die Struktur wissenschaftlicher Revolutionen*, 2., rev. Aufl., Frankfurt/M.: Suhrkamp, 1976).

Künne, Wolfgang, *Conceptions of Truth*, Oxford: Oxford University Press 2003.

Küppers, Günter, »Fusionsforschung – zur Zielorientierung im Bereich der Grundlagenforschung«, in: Wolfgang van den Daele, Wolfgang Krohn, Peter Weingart (Hg.), *Geplante Forschung. Vergleichende Studien über den Einfluß politischer Programme auf die Wissenschaftsentwicklung*, Frankfurt/M.: Suhrkamp 1979, S. 287-325.

Kvanvig, Jonathan, *The Value of Knowledge and the Pursuit of Understanding*, New York: Cambridge University Press 2003.

Lakatos, Imre, »Falsification and the Methodology of Scientific Research Programmes«, in: Imre Lakatos, Alan Musgrave (Hg.), *Criticism and the Growth of Knowledge*, Cambridge: Cambridge University Press 1970, S. 91-195.

Latour, Bruno, Steve Woolgar, *Laboratory Life. The Construction of Scientific Facts*, Beverly Hills: Sage 1979.

Laudan, Larry, *Science and Values*, Berkeley: University of California Press 1984.

Laughlin, Robert B., *Das Verbrechen der Vernunft. Betrug an der Wissensgesellschaft*, Frankfurt/M.: Suhrkamp 2008.

Lawler, Andrew, »NASA Terminates Gore's Eye on Earth«, in: *Science* 311 (2006), S. 26.

–, »A Space Race to the Bottom Line«, in: *Science* 311 (2006), S. 1540-1543.

Lee, Peter, »Patents, Paradigm Shifts, and Progress in Biomedical Science«, in: *The Yale Law Journal* 114 (2004), S. 659-695.

Lewontin, Richard C., »Race and Intelligence«, in: Ned J. Block, Gerald Dworkin (Hg.), *The IQ Controversy. Critical Readings*, New York: Pantheon 1976, S. 78-92.

Lexchin, Joel, Lisa A. Bero, Benjamin Djulbegovic, Otavio Clark: »Pharmaceutical Industry Sponsorship and Research Outcome and Quality. Systematic Review«, in: *British Medical Journal* 326 (2003), S. 1167-1170.

Locke, John, *Ein Brief über Toleranz*, Englisch-deutsch, hg. u. übers. v. Julius Ebbinghaus, 2. Aufl., Hamburg: Meiner 1966.

Longino, Helen E., »Cognitive and Non-Cognitive Values in Science. Rethinking the Dichotomy«, in: Lynn Henkinson Nelson, Jack Nelson (Hg.), *Feminism, Science, and the Philosophy of Science*, Dordrecht: Kluwer 1996, S. 39-58.

–, »Essential Tensions – Phase Two. Feminist, Philosophical, and Social Studies of Science«, in: Louise M. Antony, Charlotte Witt (Hg.), *A Mind of One's Own. Feminist Essays on Reason & Objectivity*, Boulder/Colorado: Westview Press 1993, S. 257-272.

–, *The Fate of Knowledge*, Princeton: Princeton University Press 2002.

–, *Science as Social Knowledge. Values and Objectivity in Scientific Inquiry*, Princeton: Princeton University Press 1990.

Lovell-Badge, Robin, »The Future for Stem Cell Research«, in: *Nature* 414 (2001), S. 88-91.

Lübbe, Hermann, »Legitimitätswandel der Wissenschaft nach der Aufklärung«, in: Oskar Schatz (Hg.), *Brauchen wir eine andere Wissenschaft? X. Salzburger Humanismusgespräch*, Graz: Styria 1981, S. 77-86.

Lynch, Michael, »Minimalism and the Value of Truth«, in: *The Philosophical Quarterly* 54 (2004), S. 497-517.

–, *True to Life. Why Truth Matters*, Cambridge/Mass.: MIT Press 2004.

MacCallum, Gerald C., »Negative and Positive Freedom«, in: *The Philosophical Review* 76 (1967), S. 312-334.

Mackie, John L., *Ethics. Inventing Right and Wrong*, London: Penguin 1977 (dt.: *Ethik. Die Erfindung des moralisch Richtigen und Falschen*, Stuttgart: Reclam 1986).

Madison, James, *The Writings of James Madison*, hg. v. Gaillard Hunt, Bd. 9, New York: Putnam's Sons 1910.

McColley, Grant, »Introduction«, in: Thomas Campanella, *The Defense of Galileo*, hg. u. übers. v. Grant McColley, Neudr., New York: Arno Press 1975, S. VII-XLIV.

McMullin, Ernan, »Values in Science«, in: Peter D. Asquith, Thomas Nickles (Hg.), *PSA 1982*, Bd. 2, East Lansing: Philosophy of Science Association 1983, S. 3-28.

Mehlhausen, Joachim, *Vestigia Verbi. Aufsätze zur Geschichte der evangelischen Theologie*, Berlin: de Gruyter 1999.

Meiklejohn, Alexander, »The First Amendment Is an Absolute«, in: *The Supreme Court Review* (1961), S. 245-266.

Meissner, Alexander, Rudolf Jaenisch, »Generation of Nuclear Transfer-Derived Pluripotent ES Cells from Cloned Cdx2-Deficient Blastocysts«, in: *Nature* 439 (2006), S. 212-215.

Merkel, Reinhard, *Forschungsobjekt Embryo. Verfassungsrechtliche und ethische Grundlagen der Forschung an menschlichen embryonalen Stammzellen*, München: Deutscher Taschenbuch Verlag 2002.

Merton, Robert K., »The Normative Structure of Science«, in: ders., *The Sociology of Science. Theoretical and Empirical Investigations*, hg. v. Norman W. Storer, Chicago: University of Chicago Press 1973, S. 267-278.

–, »Priorities in Scientific Discovery«, in: ders., *The Sociology of Science. Theoretical and Empirical Investigations*, hg. v. Norman W. Storer, Chicago: University of Chicago Press 1973, S. 286-324.

–, »Science and the Social Order«, in: *Philosophy of Science* 5 (1938), S. 321-337.

Meyer, Michael J., Lawrence J. Nelson, »Respecting What We Destroy. Reflections on Human Embryo Research«, in: *Hastings Center Report* 31 (2001), S. 16-23.

Mill, John Stuart, *On Liberty*, in: ders., *On Liberty and Other Essays*, hg. v. J. Gray, Oxford: Oxford University Press 1991, S. 1-128 (dt.: *Über die Freiheit*, hg. v. Manfred Schlenke, Stuttgart: Reclam 1988).

Milton, John, *Areopagitica*, hg. v. Richard C. Jebb, Cambridge: Cambridge University Press 1918.

Mintzes, Barbara, »Should Patient Groups Accept Money from Drug Companies? No«, in: *British Medical Journal* 334 (2007), S. 935.

Mirowski, Philip, »The Economic Consequences of Philip Kitcher«, in: *Social Epistemology* 10 (1996), S. 153-169.

–, »Economics, Science, and Knowledge. Polanyi vs. Hayek«, in: *Tradition and Discovery. The Polanyi Society Periodical* 25 (1998), S. 29-42.

Mittelstraß, Jürgen, *Der Flug der Eule. Von der Vernunft der Wissenschaft und der Aufgabe der Philosophie*, Frankfurt/M.: Suhrkamp 1989.

–, *Leonardo-Welt. Über Wissenschaft, Forschung und Verantwortung*, Frankfurt/M.: Suhrkamp 1992.

Mooney, Chris, *The Republican War on Science*, New York: Basic Books 2005.

Moran, Mary, Javier Guzman, Anne-Laure Ropars, Alina McDonald, Nicole Jameson, Brenda Omune, Sam Ryan, Lindsey Wu: »Neglected Disease Research and Development. How Much Are We Really Spending?«, in: *PLoS Medicine* 6 (2009), S. 137-146.

Munthe, Christian, Stellan Welin, »The Morality of Scientific Openness«, in: *Science and Engineering Ethics* 2 (1996), S. 411-428.

National Institutes of Health, »Inclusion of Public Representatives/Participants in Scientific Peer Review«, 11.12.2000, ⟨grants.nih.gov/archive/grants/peer/public_in_peer_review.htm⟩, letzter Zugriff 8.2.2012.

National Science Board, *Science and Engineering Indicators 2008*, 2 Bde., Arlington: National Science Foundation 2008.

Nelson, Lawrence J., Michael J. Meyer, »Confronting Deep Moral Disagreement. The President's Council on Bioethics, Moral Status, and Human Embryos«, in: *American Journal of Bioethics* 5 (2005), S. 33-42.

Nelson, Richard, »The Simple Economics of Basic Scientific Research«, in: *Journal of Political Economy* 67 (1959), S. 297-306.

Nida-Rümelin, Julian, *Demokratie und Wahrheit*, München: Beck 2006.

Nielsen, T. Hviid, »What Happened to the Stem Cells?«, in: *Journal of Medical Ethics* 34 (2008), S. 852-857.

Olschki, Leonard, *Geschichte der neusprachlichen wissenschaftlichen Literatur*, 3 Bde., Neudr., Vaduz: Kraus 1965.

Oreskes, Naomi, Erik M. Conway, *Merchants of Doubt. How a Handful of Scientists Obscured the Truth on Issues from Tobacco Smoke to Global Warming*, New York: Bloombury 2010.

Organisation for Economic Co-operation and Development, *Science, Technology and Industry Scoreboard 2009*, Paris: OECD Publications 2009.

Orwell, George, *1984*, übers. v. Kurt Wagenseil, 13. Aufl., Konstanz: Diana 1964.

Page, Benjamin I., Robert Y. Shapiro, *The Rational Public. Fifty Years of Trends in Americans' Policy Preferences*, Chicago: University of Chicago Press 1992.

Patzig, Günther, »Präimplantations-Diagnostik – Anmerkungen zu einer bioethischen Debatte«, in: Kurt Pawlik, Dorothea Frede (Hg.), *Forschungsfreiheit und ihre ethischen Grenzen*, Göttingen: Vandenhoeck & Ruprecht 2002, S. 19-33.

Paul, Harry W., *From Knowledge to Power. The Rise of the Science Empire in France 1860-1939*, Cambridge: Cambridge University Press 1985.

Paulsen, Friedrich, *Geschichte des gelehrten Unterrichts auf den deutschen Schulen und Universitäten*, Bd. 1, 2. Aufl., Leipzig: Veit 1896.

Peirce, Charles S., »How to Make Our Ideas Clear«, in: Charles Hartshorne, Paul Weiss (Hg.), *Collected Papers of Charles Sanders Peirce*, Bd. 5-6, Cambridge/Mass.: Belknap 1965, S. 248-271.

–, »Notes on Scientific Philosophy«, in: Charles Hartshorne, Paul Weiss

(Hg.), *Collected Papers of Charles Sanders Peirce*, Bd. 1-2, Cambridge/
Mass.: Belknap 1965, S. 50-72.

Pelz, Donald C., Frank M. Andrews, *Scientists in Organizations. Productive
Climates for Research and Development*, verb. Aufl., Ann Arbor: Institute
for Social Research 1976.

Pera, Marcello, »Should Science Be Supervised, and If So, by Whom?«,
in: William Shea, Beat Sitter (Hg.), *Scientists and Their Responsibility*,
Canton: Watson 1989, S. 58-72.

Perler, Dominik, *René Descartes*, München: Beck 1998.

Pernice, Ingolf, »Artikel 5 III. Freiheit der Wissenschaft«, in: Horst Dreier
(Hg.), *Grundgesetz. Kommentar*, Bd. 1, Tübingen: Mohr Siebeck 1996,
S. 457-484.

Pestre, Dominique, »The Technosciences between Markets, Social Worries
and the Political. How to Imagine a Better Future?«, in: Helga Nowotny
u. a. (Hg.), *The Public Nature of Science under Assault. Politics, Markets,
Science and the Law*, Berlin: Springer 2005, S. 29-52.

Pickering, Andrew, *Constructing Quarks. A Sociological History of Particle
Physics*, Edinburgh: Edinburgh University Press 1984.

Piller, Christian, »Desiring the Truth and Nothing but the Truth«, in: *Noûs*
43 (2009), S. 193-213.

Platon, *Nomoi (Gesetze). Buch IV-VII*, übers. v. Klaus Schöpsdau, Göttingen: Vandenhoeck & Ruprecht 2003.

–, *Platonis Opera*, Bd. 4 u. 5, hg. v. John Burnet, Oxford: Oxford University
Press 1963.

Polanyi, Michael, *Personal Knowledge. Towards a Post-Critical Philosophy*,
New York, Evanston: Harper & Row 1964.

–, »Planned Science«, in: ders., *The Logic of Liberty. Reflections and Rejoinders*, London: Routledge 1951, S. 86-90.

–, »The Republic of Science. Its Political and Economic Theory«, in: *Minerva* 1 (1962), S. 54-73.

–, »Self-Government of Science«, in: ders., *The Logic of Liberty. Reflections
and Rejoinders*, London: Routledge 1951, S. 49-67.

Popper, Karl R., *Objective Knowledge. An Evolutionary Approach*, Oxford:
Clarendon 1972 (dt.: *Objektive Erkenntnis*, Hamburg: Hoffmann und
Campe 1993).

President's Council on Bioethics, *Human Cloning and Human Dignity. The
Report of the President's Council on Bioethics,* New York: Public Affairs
2002.

Press, Eyal, Jennifer Washburn, »The Kept University«, in: *The Atlantic
Monthly* 285 (2002), S. 39-54.

Price, Derek J. de Solla, »Of Sealing Wax and String. A Philosophy of the
Experimenter's Craft and Its Role in the Genesis of High Technology«,

in: ders., *Little Science, Big Science ... and Beyond*, New York: Columbia University Press 1986, S. 237-253.

Pritchard, Duncan H., »Recent Work on Epistemic Value«, in: *American Philosophical Quarterly* 44 (2007), S. 85-110.

Proctor, Robert N., *Racial Hygiene. Medicine under the Nazis*, Cambridge/Mass.: Harvard University Press 1988.

Putnam, Hilary, »Scientific Liberty and Scientific Licence«, in: *Grazer philosophische Studien* 30 (1987), S. 43-51.

Quante, Michael, *Personales Leben und menschlicher Tod. Personale Identität als Prinzip der biomedizinischen Ethik*, Frankfurt/M.: Suhrkamp 2002.

Quine, Willard V. O., »On Empirically Equivalent Theories of the World«, in: *Erkenntnis* 9 (1975), S. 313-328.

–, »Two Dogmas of Empiricism«, in: ders., *From a Logical Point of View*, 2. Aufl., Cambridge/Mass.: Harvard University Press 1980, S. 20-46 (dt.: »Zwei Dogmen des Empirismus«, in: ders.: *Von einem logischen Standpunkt*, Frankfurt/M.: Ullstein 1979).

Radder, Hans, »The Commodification of Academic Research«, in: ders. (Hg.), *The Commodification of Academic Research. Science and the Modern University*, Pittsburgh: University of Pittsburgh Press 2010, S. 1-23.

Ramsay, Sarah, »No Closure in Sight for the 10/90 Health-research Gap«, in: *The Lancet* 358 (2001), S. 1348.

Rawls, John, *Political Liberalism*, erw. Aufl., New York: Columbia University Press 2005 (dt.: *Politischer Liberalismus*, Frankfurt/M.: Suhrkamp 2003).

–, *A Theory of Justice*, Oxford: Clarendon 1972 (dt.: *Eine Theorie der Gerechtigkeit*, Frankfurt/M.: Suhrkamp 1979).

Reichhardt, Tony, »US Space Scientists Rage over Axed Projects«, in: *Nature* 439 (2006), S. 768-769.

Rennie, Drummond, »Thyroid Storm«, in: *Journal of the American Medical Association* 277 (1997), S. 1238-1243.

Resnik, David, »Social Epistemology and the Ethics of Research«, in: *Studies in History and Philosophy of Science* 27 (1996), S. 565-586.

Revkin, Andrew C., »NASA's Goals Delete Mention of Home Planet«, in: *The New York Times*, 22. Juli 2006, A10.

Riker, William H., *Liberalism against Populism. A Confrontation between the Theory of Democracy and the Theory of Social Choice*, Prospect Heights: Waveland 1982.

Robertson, John A., »The Scientist's Right to Research. A Constitutional Analysis«, in: *Southern California Law Review* 51 (1978), S. 1203-1281.

Rose, Steven, »Should Scientists Study Race and IQ? No: Science and Society Do Not Benefit«, in: *Nature* 457 (2009), S. 786-788.

Rosenberg, Nathan, *Exploring the Black Box. Technology, Economics, and History*, Cambridge: Cambridge University Press 1994.

Ross, William D., *The Right and the Good*, Oxford: Clarendon 1930.

Rousseau, Jean-Jacques, *Über Kunst und Wissenschaft. Über den Ursprung der Ungleichheit unter den Menschen*, französisch und deutsch, hg. u. übers. v. Kurt Weigand, Hamburg: Meiner 1955.

Royal Society, *Charta secunda [Praesidi, Concilio, et Sodalibus Regalis Societatis Londini, a Rege Carolo Secundo] concessa, A.D. MDCLXIII*, ⟨royal society.org/uploadedFiles/Royal_Society_Content/about-us/history/ Charter2_Latin.pdf⟩ letzter Zugriff 13. 9. 2011.

Rudner, Richard, »The Scientist *qua* Scientist Makes Value Judgments«, in: *Philosophy of Science* 20 (1953), S. 1-6.

Sarewitz, Daniel, *Frontiers of Illusion. Science, Technology, and the Politics of Progress*, Philadelphia: Temple University Press 1996.

–, »How Science Makes Environmental Controversies Worse«, in: *Environmental Science & Policy* 7 (2004), S. 385-403.

–, »Science and Happiness«, in: Alan Lightman, Daniel Sarewitz, Christina Desser (Hg.), *Living with the Genie. Essays on Technology and the Quest of Human Mastery*, Washington: Island Press 2003, S. 181-200.

–, Edward Woodhouse, »Small is Powerful«, in: Alan Lightman, Daniel Sarewitz, Christina Desser (Hg.), *Living with the Genie. Essays on Technology and the Quest of Human Mastery*, Washington: Island Press 2003, S. 63-83.

Sass, Jennifer Beth, Barry Castleman, David Wallinga, »Vinyl Chloride. A Case Study of Data Suppression and Misrepresentation«, in: *Environmental Health Perspectives* 113 (2005), S. 809-812.

Scheidler, Karl Hermann, »Universitäten« in: Carl von Rotteck, Carl Welcker (Hg.), *Staats-Lexikon*, 2. Aufl., Bd. 12, Altona: Hammerich 1848, S. 621-640.

Schmidt, Walter, *Die Freiheit der Wissenschaft. Ein Beitrag zur Geschichte und Auslegung des Art. 142 der Reichsverfassung*, Berlin: Stilke 1929.

Schnabel, Ulrich, »Das Leiden der Affen«, in: *Die Zeit* 48 (2008), S. 41-42.

Schöne-Seifert, Bettina, »Forschung an embryonalen Stammzellen? Zur Rolle der philosophischen Ethik in der Politikberatung«, in: Kurt Pawlik, Dorothea Frede (Hg.), *Forschungsfreiheit und ihre ethischen Grenzen*, Göttingen: Vandenhoeck & Ruprecht 2002, S. 35-48.

Science & Technologies Facilities Council, »FAQs – Large Hadron Collider«, ⟨lhc.ac.uk/about-the-lhc/faqs.html⟩, letzter Zugriff 13. 9. 2011.

Scotchmer, Suzanne, »Standing on the Shoulders of Giants. Cumulative Research and the Patent Law«, in: *The Journal of Economic Perspectives* 5 (1991), S. 29-41.

Searle, John, *Intentionality. An Essay in the Philosophy of Mind*, Cambridge 1983 (dt.: *Intentionalität. Eine Abhandlung zur Philosophie des Geistes*, Frankfurt/M.: Suhrkamp 1990).

Seboldt, Wolfgang, »Möglichkeiten und Grenzen der Raumfahrt in Wissenschaft, Anwendung und Wirtschaft – ›Exploration und Nutzung von Weltraumressourcen‹ als Beispiele«, in: Carl Friedrich Gethmann, Nicola Rohner, Kai-Uwe Schrogl (Hg.), *Die Zukunft der Raumfahrt. Ihr Nutzen und ihr Wert*. Bad Neuenahr: Europäische Akademie zur Erforschung von Folgen wissenschaftlich-technischer Entwicklungen 2007, S. 61-97.

Sen, Amartya, »Freedom of Choice. Concept and Content«, in: *European Economic Review* 32 (1988), S. 269-294.

Sent, Esther-Mirjam, »The Economic Value(s) in and of Science«, Vortrag, gehalten auf der Konferenz *Science and Values* am Zentrum für interdisziplinäre Forschung, Universität Bielefeld, 9.-12. Juli 2003, unveröff. Manuskript.

Shapin, Steven, Simon Schaffer, *Leviathan and the Air Pump. Hobbes, Boyle and the Experimental Life*, Princeton: Princeton University Press 1985.

Shrader-Frechette, Kristin, *Ethics of Scientific Research*, London: Rowman & Littlefield 1994.

Singer, Wolf, »Neugier als Verpflichtung. Warum der Mensch unentwegt weiterforschen muss«, in: ders., *Der Beobachter im Gehirn. Essays zur Hirnforschung*, Frankfurt/M.: Suhrkamp 2002, S. 181-188.

Sinsheimer, Robert, »The Presumptions of Science«, in: *Daedalus* 107 (1978), S. 23-35.

Skinner, Quentin, »A Third Concept of Liberty«, in: Robert E. Goodin, Philip Pettit (Hg.), *Contemporary Political Philosophy*, 2. Aufl., Malden: Blackwell 2006, S. 398-415.

Solbakk, Jan Helge, Søren Holm, »The Ethics of Stem Cell Research. Can the Disagreements be Resolved?«, in: *Journal of Medical Ethics* 34 (2008), S. 831-832.

Solomon, Miriam, »Multivariate Models of Scientific Change«, in: David L. Hull, Micky Forbes, Richard M. Burian (Hg.), *PSA 1994*, Bd. 2, East Lansing: Philosophy of Science Association 1995, S. 287-297.

–, *Social Empiricism*, Cambridge/Mass.: MIT Press 2001.

Solter, Davor, Deryck Beyleveld, Minou B. Friele, Jacek Hołówka, Hans Lilie, Robin Lovell-Badge, Christoph Mandla, *Embryo Research in Pluralistic Europe*, Berlin: Springer 2003.

Sosa, Ernest, »The Place of Truth in Epistemology«, in: Michael DePaul, Linda Zagzebski (Hg.), *Intellectual Virtue. Perspectives from Ethics and Epistemology*, Oxford: Clarendon 2003, S. 155-179.

Space Studies Board, *An Assessment of Balance in NASA's Science Programs*,

Washington, D.C.: National Academies Press 2006.

Spinoza, Baruch de, *Die Ethik. Lateinisch und Deutsch*, übers. v. Jakob Stern, Stuttgart: Reclam 1980.

–, *Theologisch-politischer Traktat*, hg. v. Günter Gawlick, übers. v. Carl Gebhardt, Hamburg: Meiner 1976.

–, *Tractatus theologico-politicus*, in, ders.: *Opera*, Bd. 3, hg. v. Carl Gebhardt, Heidelberg: Winter 1925, S. 1-247.

Stich, Stephen, *The Fragmentation of Reason*, Cambridge/Mass.: MIT Press 1990.

Strong, Edward W., *Procedures and Metaphysics. A Study in the Philosophy of Mathematical-physical Science in the Sixteenth and Seventeenth Centuries*, Neudr., Hildesheim: Olms 1966.

Sullivan, Woodruff T., »Karl Jansky and the Discovery of Extraterrestrial Radio Waves«, in: ders. (Hg.), *The Early Years of Radio Astronomy. Reflections Fifty Years after Jansky's Discovery*, Cambridge: Cambridge University Press 1984, S. 3-42.

Sunstein, Cass, »Deliberation, Democracy and Disagreement«, in: Ron Bontekoe, Marietta Stepaniants (Hg.), *Justice and Democracy. Cross-Cultural Perspectives*, Honolulu: University of Hawaii Press 1997, S. 93-117.

Sutton, Robert B., »The Phrase *Libertas Philosophandi*«, in: *Journal of the History of Ideas* 14 (1953), S. 310-316.

–, *European and American Backgrounds of the American Concept of Academic Freedom, 1500-1914*, Dissertation, University of Missouri 1950.

»Taking Stock of Spin Science«, [o. A.], in: *Nature Biotechnology* 16 (1998), S. 1291.

Thomas von Aquin, *Vollständige, ungekürzte deutsch-lateinische Ausgabe der Summa Theologica*, hg. v. der Albertus-Magnus-Akademie Walberberg, Bd. 15, Heidelberg, Graz: Kerle/Pustet 1950; Bd. 21, Heidelberg, Graz: Kerle/Styria 1964.

Tucker, William H., *The Science and Politics of Racial Research*, Urbana: University of Illinois Press 1994.

Ullman-Margalit, Edna, »Invisible-Hand Explanations«, in: *Synthese* 39 (1978), S. 263-291.

Union of Concerned Scientists, *Federal Science and the Public Good. Securing the Integrity of Science in Policy Making*, Cambridge/Mass.: UCS Publications 2008, ⟨www.ucsusa.org/assets/documents/scientific_integrity/federal-science-and-the-public-good.pdf⟩, letzter Zugriff 13. 9. 2011.

–, »Scientific Freedom and the Public Good«, 2008, ⟨www.ucsusa.org/assets/documents/scientific_integrity/scientific_freedom.pdf⟩, letzter Zugriff 13. 9. 2011.

–/Government Accountability Project, *Atmosphere of Pressure. Political Interference in Federal Climate Science*, Cambridge/Mass.: UCS Publications 2007, ⟨www.ucsusa.org/assets/documents/scientific_integrity/atmosphere-of-pressure.pdf⟩, letzter Zugriff 13. 9. 2011.

United States House of Representatives Committee on Government Reform – Minority Staff Special Investigations Division, *Politics and Science in the Bush Administration,* [»Waxman Report«], Washington, D.C. 2003, ⟨oversight-archive.waxman.house.gov/documents/20080130103545.pdf⟩, letzter Zugriff 17. 2. 2012.

Van den Daele, Wolfgang, Wolfgang Krohn, Peter Weingart: »Die politische Steuerung der wissenschaftlichen Entwicklung«, in: dies. (Hg.), *Geplante Forschung. Vergleichende Studien über den Einfluß politischer Programme auf die Wissenschaftsentwicklung*, Frankfurt/M.: Suhrkamp 1979, S. 11-63.

Van Fraassen, Bas, *The Scientific Image*, Oxford: Clarendon 1980.

Varma, Roli, »Changing Research Cultures in U.S. Industry«, in: *Science, Technology, & Human Values* 25 (2000), S. 395-416.

Verwaltungsgericht Berlin, Pressemitteilung Nr. 32/2009 vom 20. 07. 2009, ⟨www.berlin.de/sen/justiz/gerichte/vg/presse/archiv/20090720.1535.132567.html⟩, letzter Zugriff 13. 9. 2011.

Vom Saal, Frederick S., Claude Hughes, »An Extensive New Literature Concerning Low-Dose Effects of Bisphenol A Shows the Need for a New Risk Assessment«, in: *Environmental Health Perspectives* 113 (2005), S. 926-933.

Wachelder, Joseph, »Democratizing Science. Various Routes and Visions of Dutch Science Shops«, in: *Science, Technology, & Human Values* 28, (2003), S. 244-273.

Wald, Abraham, *On the Principles of Statistical Inference* (= *Notre Dame Mathematical Lectures* 1), Notre Dame: University of Notre Dame 1942.

Waldron, Jeremy, »Social Citizenship and the Defense of Welfare Provision«, in: ders., *Liberal Rights. Collected Papers 1981-1991*, Cambridge: Cambridge University Press 1993, S. 271-308.

Walsh, John P., Ashish Arora, Wesley M. Cohen, »Working through the Patent Problem«, in: *Science* 299 (2003), S. 1021.

Weber, Marcel, »Wissenschaftstheorie der Evaluation«, in: Dagmar Simon, Hildegard Matthies (Hg.), *Wissenschaft unter Beobachtung. Effekte und Defekte von Evaluationen, Leviathan* Sonderheft 24, Wiesbaden: VS Verlag für Sozialwissenschaften 2007, S. 25-43.

Weber, Max, »Wissenschaft als Beruf«, in: ders., *Gesammelte Aufsätze zur Wissenschaftslehre*, hg. v. Johannes Winckelmann, 3. Aufl., Tübingen: Mohr 1968, S. 582-613.

Weingart, Peter, *Die Stunde der Wahrheit? Zum Verhältnis der Wissenschaft zu Politik, Wirtschaft und Medien in der Wissensgesellschaft*, Weilerswist: Velbrück 2001.

Weinstein, James, »Democracy, Individual Rights and the Regulation of Science«, in: *Science and Engineering Ethics* 15 (2009), S. 407-429.

Welcker, Carl Theodor, »Lehrfreiheit«, in: Carl von Rotteck, Carl Welcker (Hg.), *Staats-Lexikon*, 2. Aufl., Bd. 8, Altona: Hammerich 1847, S. 484-495.

–, »Die vollkommene und ganze Preßfreiheit nach ihrer sittlichen, rechtlichen und politischen Nothwendigkeit, und ihrer Uebereinstimmung mit deutschem Fürstenwort und nach ihrer völligen Zeitgemäßheit dargestellt in ehrerbietigster Petition an die Hohe Deutsche Bundesversammlung«, in: ders., *Kampf um publizistische Libertät*, hg. v. Heinz-Dietrich Fischer, Rainer Schöttle, Bochum: Brockmeyer 1981, S. 3-151.

Wigard, Franz (Hg.), *Stenographischer Bericht über die Verhandlungen der deutschen constituierenden Nationalversammlung zu Frankfurt am Main*, Bd. 3 u. Bd. 7, Frankfurt/M.: Sauerländer 1848.

Wigner, Eugene, »The Scope and Promise of Science«, in: Sidney Hook, Paul Kurtz, Miro Todorovich (Hg.), *The Ethics of Teaching and Scientific Research*, Buffalo: Prometheus 1977, S. 131-133.

Wilholt, Torsten, »Bedingungen wissenschaftlicher Innovation unter der Vorherrschaft von Anwendungsinteressen. Freiheit und Komplexität«, in: Günter Abel (Hg.), *Kreativität. XX. Deutscher Kongress für Philosophie, 26.-30. September 2005 in Berlin, Sektionsbeiträge*, Bd. 2. Berlin: Universitätsverlag der TU Berlin 2005, S. 377-388.

–, »Bias and Values in Scientific Research«, in: *Studies in History and Philosophy of Science* 40 (2009), S. 92-101.

–, »Design Rules. Industrial Research and Epistemic Merit«, in: *Philosophy of Science* 73 (2006), S. 66-89.

–, »Scientific Autonomy and Planned Research. The Case of Space Science«, in: *Poiesis and Praxis* 4 (2006), S. 253-265.

–, »Soziale Erkenntnistheorie«, in: *Information Philosophie* 5 (2007), S. 46-53.

–, Hans Glimell, »Conditions of Science. The Three-Way Tension of Freedom, Accountability and Utility«, in: Martin Carrier, Alfred Nordmann (Hg.), *Boston Studies in the Philosophy of Science*, Bd. 274: *Science in the Context of Application*,, Dordrecht: Springer 2010, S. 351-370.

Williams, Bernard, »Deciding to Believe«, in: ders., *Problems of the Self*, Cambridge: Cambridge University Press 1973, S. 136-151.

–, *Descartes. The Project of Pure Enquiry*, Hassocks: Harvester Press 1978 (dt.: *Descartes. Das Vorhaben der reinen philosophischen Untersuchung*, Königstein: Athenäum 1981).

–, *Truth and Truthfulness. An Essay in Genealogy*, Princeton: Princeton University Press 2002 (dt.: *Wahrheit und Wahrhaftigkeit*, Frankfurt/M.: Suhrkamp 2003).

Wilson, James, Rebecca Willis, *See-through Science. Why Public Engagement Needs to Move Upstream*, London: Demos 2004.

Winship, Christopher, »Lessons beyond ›The Bell Curve‹«, in: *The New York Times*, 15. November 1994, A29.

Wise, George, »Science and Technology«, in: *Osiris* (2nd series) 1 (1985), S. 229-246.

Wolff, Christian, *Discursus praeliminaris de philosophia in genere/Einleitende Abhandlung über Philosophie im allgemeinen*, hg., übers. u. eingel. v. Günter Gawlik, Lothar Kreimendahl, Stuttgart-Bad Cannstatt: Frommann & Holzboog 1996.

–, *Jus naturae methodo scientifica pertractatum*, pars VI (= *Gesammelte Werke* Abt. II Bd. 22), hg. v. Marcel Thomann, Hildesheim: Olms 1968.

–, *Vernünfftige Gedancken von dem gesellschaftlichen Leben der Menschen und insonderheit dem gemeinen Wesen*, [»Deutsche Politik«], (= *Gesammelte Werke* Abt. I Bd. 5), hg. v. Hans Werner Arndt, Hildesheim: Olms 1975.

Wollheim, Richard A., »The Arts, the Humanities, and Their Institutions«, in: *Columbia Journal of Art and the Law* 9 (1985), S. 179-186.

World Congress for Freedom of Scientific Research, »Concept Paper of the Second Meeting (Brussels, March 5-7, 2009)«, ⟨freedom.lucacoscioni.it/concept-paper-second-meeting-2009⟩, letzter Zugriff 13. 9. 2011.

Ylikoski, Petri, »The Invisible Hand and Science«, in: *Science Studies* 8 (1995), S. 32-43.

Zilsel, Edgar, »The Sociological Roots of Science«, in: *American Journal of Sociology* 47 (1942), S. 544-562.

Ziman, John, »The Continuing Need for Disinterested Research«, in: *Science and Engineering Ethics* 8 (2002), S. 397-399.

–, »Non-instrumental Roles of Science«, in: *Science and Engineering Ethics* 9 (2003), S. 17-27.

Zwirner, Henning, »Zum Grundrecht der Wissenschaftsfreiheit«, in: *Archiv des öffentlichen Rechts* 98 (1973), S. 313-339.

›Pragmatismus‹
im Suhrkamp Verlag
Eine Auswahl

Hans-Joachim Dahms. Positivismusstreit. Die Auseinandersetzung der Frankfurter Schule mit dem logischen Positivismus, dem amerikanischen Pragmatismus und dem kritischen Rationalismus. stw 1058. 446 Seiten

John Dewey
- Erfahrung, Erkenntnis und Wert. Herausgegeben und übersetzt von Martin Suhr. stw 1647. 468 Seiten
- Erfahrung und Natur. Übersetzt von Martin Suhr. 480 Seiten. Gebunden
- Kunst als Erfahrung. Übersetzt von Christa Velten und Dieter Sulzer. 411 Seiten. Kartoniert. stw 703. 416 Seiten
- Logik. Die Theorie der Forschung. Übersetzt von Martin Suhr. 636 Seiten. Gebunden
- Philosophie und Zivilisation. Übersetzt von Martin Suhr. stw 1674. 324 Seiten
- Die Suche nach Gewißheit. Eine Untersuchung des Verhältnisses von Erkenntnis und Handeln. Übersetzt von Martin Suhr. Gebunden und stw 1527. 319 Seiten

Philosophie der Demokratie. Beiträge zum Werk von John Dewey. Herausgegeben und eingeleitet von Hans Joas. stw 1485. 371 Seiten

Michael Hampe. Erkenntnis und Praxis. Studien zum Pragmatismus. stw 1776. 338 Seiten

William James. Pragmatismus und rationaler Empirismus. stw 1775. 201 Seiten

Hans Joas. Pragmatismus und Gesellschaftstheorie.
stw 1018. 323 Seiten

George Herbert Mead
- Geist, Identität und Gesellschaft. Aus der Sicht des Sozial-
  behaviorismus. Übersetzt von Ulf Pacher. stw 28. 456 Seiten
- Gesammelte Aufsätze. Band 1. Herausgegeben von Hans
  Joas. Übersetzt von Klaus Laermann u. a.
  476 Seiten. Gebunden. stw 678. 475 Seiten
- Gesammelte Aufsätze. Band 2. Herausgegeben von Hans
  Joas. Übersetzt von Hans Günter Holl, Klaus Laermann u. a.
  485 Seiten. Gebunden. stw 679. 484 Seiten

Charles W. Morris
- Pragmatische Semiotik und Handlungstheorie. Herausge-
  geben von Achim Eschbach. Übersetzt von Achim und
  Stefan Eschbach. stw 179. 423 Seiten
- Symbolik und Realität. Herausgegeben und übersetzt von
  Achim Eschbach. stw 342. 367 Seiten

Helmut Pape. Erfahrung und Wirklichkeit als Zeichenprozeß.
Charles S. Peirce' Entwurf einer Spekulativen Grammatik des
Seins. 530 Seiten. Kartoniert

Helmut Pape (Hg.). Kreativität und Logik. Charles S. Peirce
und das philosophische Problem des Neuen. stw 1110. 361 Seiten

Charles Sanders Peirce
- Naturordnung und Zeichenprozeß. Schriften über Semiotik
  und Naturphilosophie. Herausgegeben von Helmut Pape.
  Übersetzt von Bertram Kienzle. stw 912. 484 Seiten
- Phänomen und Logik der Zeichen. Herausgegeben und
  übersetzt von Helmut Pape. stw 425. 182 Seiten
- Semiotische Schriften. Band I-III. Herausgegeben und
  übersetzt von Christian J. W. Kloesel und Helmut Pape.

stw 1480-1482. 1445 Seiten. Auch einzeln lieferbar
- Das Denken und die Logik des Universums. Die Vorlesungen der Cambridge Conferences von 1898. Mit einem Anhang unveröffentlichter Manuskripte. Übersetzt von Helmut Pape. 412 Seiten. Gebunden

Hilary Putnam und die Tradition des Pragmatismus.
stw 1567. 445 Seiten

Hans-Joachim Schubert. Demokratische Identität. Der soziologische Pragmatismus von Charles Horton Cooley.
484 Seiten. Gebunden

Gerd Wartenberg. Logischer Sozialismus. Die Transformation der Kantschen Transzendentalphilosophie durch Charles S. Pierce. 254 Seiten. Kartoniert

Zu Charles Sanders Peirce

Gerhard Schönrich. Zeichenhandeln. Untersuchungen zum Begriff einer semiotischen Vernunft im Ausgang von Charles Sanders Peirce. 450 Seiten. Gebunden

Die Welt als Zeichen und Hypothese. Perspektiven der Peirceschen Semiotik. Herausgegeben von Uwe Wirth.
stw 1479. 456 Seiten

Geschichte und Theorie
der Naturwissenschaften

Bakteriologie und Moderne. Studien zur Biopolitik des Unsichtbaren 1870 – 1920. Herausgegeben von Philipp Sarasin. Silvia Berger, Marianne Hänseler und Myriam Spörri. stw 1807. 544 Seiten

Susan Blackmore. Gespräche über Bewußtsein. Gebunden. 380 Seiten

Lorraine Daston/Peter Galison. Objektivität. Aus dem Amerikanischen von Christa Krüger. Mit zahlreichen Abbildungen und farbigem Bildteil. Gebunden. 530 Seiten

John Dupré. Darwins Vermächtnis. Die Bedeutung der Evolution für die Gegenwart des Menschen. Aus dem Englischen von Eva Gilmer. 144 Seiten. Gebunden

Michael Esfeld. Naturphilosophie als Metaphysik der Natur. stw 1863 218 Seiten

Gene, Meme und Gehirne. Geist und Gesellschaft als Natur. Eine Debatte. Herausgegeben von A. Becker, C. Mehr, H. H. Nau, G. Reuter und D. Stegmüller. stw 1643. 330 Seiten

Geschichte, Theorie und Ethik der Medizin. Eine Einführung. Herausgegeben von Stefan Schulz u.a. stw 1791. 511 Seiten

Das Geschlecht der Natur. Feministische Beiträge zur Geschichte und Theorie der Naturwissenschaften. Herausgegeben von Barbara Orland und Elvira Scheich. Texte aus dem Amerikanischen von Xenia Rajewsky. Gender Studies. es 1727. 290 Seiten

Stephen Jay Gould. Der falsch vermessene Mensch. Aus dem Amerikanischen von Günter Seib. stw 583. 400 Seiten

Michael Hampe. Eine kleine Geschichte des Naturgesetzbegriffs. Die Gesetze der Natur und die Handlungen der Menschen. stw 1864. 201 Seiten

Lily E. Kay. Das Buch des Lebens. Wer schrieb den genetischen Code? Mit Abbildungen. Aus dem Amerikanischen von Gustav Roßler. stw 1746. 556 Seiten

Alexandre Koyré. Von der geschlossenen Welt zu unendlichen Universum. Aus dem Amerikanischen von Rolf Dornbacher. stw 320. 259 Seiten

Werner Kutschmann. Der Naturwissenschaftler und sein Körper. Die Rolle der »inneren Natur« in der experimentellen Naturwissenschaft der frühen Neuzeit. 428 Seiten. Gebunden

Humberto R. Maturana. Biologie der Realität. Aus dem Amerikanischen von Wolfram K. Köck. stw 1502. 400 Seiten

Naturerkenntnis und Natursein. Für Gernot Böhme. Herausgegeben von Michael Hauskeller, Christoph Rehmann-Sutter und Gregor Schiemann. stw 1327. 406 Seiten

Naturwissenschaft, Technik und NS-Ideologie. Beiträge zur Wissenschaftsgeschichte des Dritten Reiches. Herausgegeben von Herbert Mehrtens und Steffen Richter. stw 303. 289 Seiten

Philosophie der Biologie. Eine Einführung. Herausgegeben von Ulrich Krohs und Georg Toepfer. stw 1745. 456 Seiten

Physiologie und industrielle Gesellschaft. Studien zur Verwissenschaftlichung des Körpers im 19. und 20. Jahrhundert.

Herausgegeben von Philipp Sarasin und Jakob Tanner.
stw 1343. 529 Seiten

Die Transformation des Humanen. Beiträge zur Kulturge-
schichte der Kybernetik. Herausgegeben von Michael Hagner
und Erich Hörl. stw 1848. 464 Seiten

Hans-Jörg Rheinberger.
- Epistemologie des Konkreten. Studien zur Geschichte der
  modernen Biologie. stw 1771. 415 Seiten
- Experimentalsysteme und epistemische Dinge. Eine Geschichte der Proteinsynthese im Reagenzglas.
  stw 1806. 383 Seiten

Lothar Schäfer. Das Bacon-Projekt. Von der Erkenntnis,
Nutzung und Schonung der Natur. stw 1401. 279 Seiten